초·중등 국사 교과 과정에 맞춘 한국사 백과

한국의 역사

김용만 한국역사문화연구소 소장 글 | 오지은, 이연주, 하동심 그림

초·중등 국사 교과 과정에 맞춘 한국사 백과

한국의 역사

청솔

한국의 역사

인쇄일 2009년 2월 10일 초판 1쇄 인쇄 **발행일** 2009년 2월 15일 초판 1쇄 발행
글쓴이 김용만 **그린이** 오지은, 이연주, 하동심 **지도 그린이** 최주영
유적 사진 김용만, 김창숙, 김인배, 도희윤, 우리미래 체험학습 강사진, 양근모, 윤재운, 이근호, 이정운, 전향이, 최태식 외
유적 사진 국립중앙박물관, 국립고궁박물관, 국립경주박물관, 국립청주박물관, 국립부여박물관
전쟁기념관, 고려대학교박물관, 육군박물관 외 박물관
펴낸이 이성훈 **펴낸곳** (주)도서출판 청솔
주소 경기도 파주시 교하읍 문발리 출판문화정보산업단지 507-7
등록 1988년 5월 30일 제 312-2003-000047호
전화 031)955-0351~0354 **팩스** 031)955-0355 **홈페이지** www.청솔출판사.kr
책값은 표지 뒷면에 있습니다.
ISBN 978-89-7223-309-1(73900)

Copyright ⓒ 2009 by Kim Yong-man

이 책의 출판권은 (주)도서출판 청솔에 있습니다.
출판사의 허락 없이 내용의 일부를 인용하거나 발췌하는 것을 금합니다.

일러두기

- 역사 용어는 혼돈을 피하기 위해 교과서에서 사용되는 용어에 준하였습니다.
다만, 저자의 의견이 반영된 용어는 저자 의견에 준하였습니다.
- 문화재로 지정된 유적이나 유물의 경우 공식 명칭을 사용했습니다.
- 한자는 가급적 피하되, 부득이한 경우 이해를 돕기 위해 별도의 서체로 표시했습니다.
- 이 책에 사용된 사진은 복제 허가를 받아 실어 저작권 보호에 노력했습니다.
저작자를 알 수 없거나, 착오로 빠진 사진의 저작권은 연락을 주시면 조속히 해결해 드리겠습니다.

차례

한국의 역사를 읽기 전에 8

역사에서 무엇을 배울 것인가? 10

국가의 탄생 12
동아시아의 신석기 시대 14
고조선의 탄생과 변동 16
고조선의 문화와 생활상 18
부여, 삼한, 옥저, 동예 20

전쟁의 시대 22
고조선과 한나라의 전쟁 24
삼국의 건국 전쟁 26
전사의 시대에서 군대의 시대로 28
근초고왕과 고국원왕의 승패 30
광개토태왕과 장수왕 32
백제와 신라의 동맹과 반격 34
고구려와 수, 당나라의 대전 36
삼국 통일 전쟁 38
발해의 건국 전쟁 40

무역과 해양 시대 42
무역과 정치 44
철, 인삼, 도자기 교역 46
신라 물건이 필요하다 48
해상왕 장보고와 동아시아 무역 50
고려 벽란도의 한낮 52
바다를 잃어버리다 54

소외된 자들의 역사 56
노비의 생활 58
전쟁과 가뭄에 떠나는 농민들 60
우리 역사 속 여성 62
기술자들의 시대 64
제주도에 천년왕국이 있었다 66
유목민, 수렵민과 만나다 68
이 땅에 온 이방인들 70

통일의 시대 72
통일신라의 변화 74
남북국 시대 76
후삼국의 분리와 통일 78

종교와 정치 80
천신과 조상신, 신선 82
불교의 전래 84
불교와 삼국 시대 예술 86
유학인가 유교인가? 88
불교의 나라, 고려 90

문신과 무신 92
화랑도와 국학 교육 94
음서 제도와 과거 제도 96
문벌 귀족의 시대 98
무신정권의 탄생 100
최씨 무신정권 102
최영과 이성계 104

북방 민족과의 전쟁 106
거란을 물리친 서희의 혀 108
강감찬의 귀주대첩 110

윤관의 9성 개척 112

몽골의 침략 114

원 간섭기의 고려 116

세종의 야인 정벌 118

왕과 신하 120

사병혁파와 태종 이방원 122

세종 대왕의 이상적인 정치 124

사육신과 세조 126

임금의 종친을 제거한 외척들 128

연산군과 중종반정 130

누가 임금을 죽였는가? 132

세도 정치 134

왜란과 호란 136

조선의 외교 정책과 삼포왜란 138

일본 조총의 위력 140

이순신 장군의 승리 142

의병과 명나라군 144

도자기와 조선 통신사 146

광해군과 인조의 후금 정책 148

정묘호란과 병자호란 150

소현세자와 효종 152

성리학의 시대 154

훈구파와 사림파 156

정도전, 집현전, 조광조 158

서원, 향교, 성균관 160

이황과 이이 162

붕당의 시대 164

사회 변동과 성리학의 대응 166

실학의 발달 168

다산 정약용 170

천주교의 전파와 탄압 172

양인과 천민 174

특별한 신분 –양반 176

농민의 생활 178

농민의 저항 180

신분제의 변화 182

노비 해방 184

경제와 문화 186

수도의 건설 188

수레와 가마 190

세금과 조운 192

세금 제도 개혁과 상업 발달 194

수공업 발전과 광업 196

문인화와 민화 198

세시풍속과 제사와 놀이 200

세계적인 기록 문화 202

근대화의 진통 204
병인양요, 신미양요 206

개항과 불평등 조약 208

임오군란과 갑신정변 210

동학 농민 운동 212

위정척사 운동 214

근대 문물과 만난 조선 216

청·일 전쟁과 러·일 전쟁 218

대한 제국 220

식민지 시대 222
을사오적과 의병 투쟁 224

일제의 무단통치 226

비폭력 독립 만세 운동 228

독립군의 활약 230

임시정부 수립과 저항 운동 232

일제의 약탈 234

태평양 전쟁과 한국, 한국 사람 236

일제강점기 시대의 변화 238

나라를 떠난 동포들 240

분단과 민주국가의 진통 242
광복과 분단 244

6·25 전쟁 246

이승만 독재정권과 4·19 혁명 248

박정희 독재정권 250

5·18 민주화 운동과 군사독재정권의 연장 252

6월 민주 항쟁과 시민 사회의 형성 254

해방 이후 북한의 상황 256

경제 성장과 세계화 258
경제 개발 계획의 추진 260

경제 성장과 도시화 262

대중문화 발전과 생활의 변화 264

부록 266
연대표 268

역대 왕조표 278

찾아보기 280

한국의 역사를 읽기 전에

《한국의 역사》는 우리 역사의 큰 흐름을 살펴보는 책입니다. 한국사 전체를 다룬 역사책들은 대개 고대, 중세, 근대, 현대라는 시대 구분을 통해 연대순으로 시대를 이야기를 전개하고 있습니다. 어떤 책은 삼국 시대 이야기가 많고, 어떤 책은 조선 시대 이야기가 많습니다. 전쟁과 정치 변동에 대한 이야기가 중심인 책도 있고, 생활 문화나 제도에 대한 이야기가 중심이 되는 책도 있습니다. 우리 조상들이 살아온 모든 이야기가 역사가 될 수 있기 때문에 한국사를 단 한 권의 책을 통해 모두 다 알아본다는 것은 불가능할 것입니다.

《한국의 역사》의 특징

《한국의 역사》는 한국사 전체를 한 권의 책에서 다루면서 가장 중요한 한 가지 문제에 집중했습니다. 그것은 역사적 사건이 왜 이렇게 전개되었는지를 어린이·청소년들에게 이해시키고자 하는 것이었습니다.

한국사 전체를 다루면서도 역사적 사건의 전개를 보다 이해하기 쉽게 하기 위해 같은 주제는 묶어서 그 흐름을 살펴보았습니다. 이 책은 국가의 탄생, 전쟁의 시대, 무역과 해양 시대, 소외된 자들의 역사, 통일의 시대, 종교와 정치, 문신과 무신, 북방민족과의 전쟁, 왕과 신하, 왜란과 호란, 성리학의 시대, 양인과 천민, 경제와 문화, 근대화의 물결, 식민지 시대, 국민 국가의 진통, 경제 성장과 세계화 등의 주제별 묶음을 통해 우리 역사의 큰 흐름을 이해하는 데 중점을 두었습니다. 그래서 역사가 왜 이렇게 전개되고, 다르게 전개되지 않았는가를 이해할 수 있을 것입니다.

또한 역사 서술의 관점도 변화를 주려고 했습니다. 역사는 역사책과 유물을 통해 알 수도 있지만 결국 인간의 이야기입니다. 그래서 역사 기록에 있는 것을 그대로 옮기기보다는 과거 사람들의 눈으로 먼저 그 시대를 보고 기록의 뜻을 이해한 후에야 현대적인 문장으로 다시 풀어서 썼습니다.

역사 기록에 불교가 전래되었다는 기록이 있으니, 그 해부터 그 나라 사람들이 모두 불교를 믿었다고 생각한다면 그것은 역사를 죽은 역사로 이해하는 것입니다. 그리고 살수대첩이 을지문덕 한 개인의 힘만으로 이루어졌다고 볼 수 있을까요? 고구려 사람들이 왜 을지문덕을 따랐는지, 불교가 전파되기 시작했다면 어떻게 반응했는지 등을 당시 시대 사람의 입장에서 풀어서 서술해 보았습니다. 역사는 특별한 외계인의 이야기가 아니라, 일반 사람들의 이야기이기 때문입니다.

이 책에서는 꼭 알아야 하는 일부 용어를 제외하고는 어려운 용어는 가급적 쉽게 풀어 썼습니다. 역사를 서술하는 사람조차 그 뜻이 무엇인지 제대로 모르는 용어를 책을 읽는 여러분에게 이해하라고 강요해서는 안 된다고 생각했기 때문입니다.

역사는 시간과 인간을 다루는 학문이기도 합니다. 따라서 언제 일어났던 일인지를 아는 것은 중요합니다. 시간의 흐름을 놓친다면 역사를 혼동하기 쉽기 때문입니다. 각 주제마다 옆에 제시된 연대표를 참고하며 읽는다면 역사를 쉽게 이해할 수 있을 것입니다.

특별히 더 알아야 할 주제들은 따로 뽑아 서술하여, 자칫 놓치기 쉬운 중요한 사실들을 이해할 수 있게 했습니다. 풍부한 사진과 멋진 그림들은 과거를 이해하는 데 도움이 될 것입니다.

오랜 역사를 자랑하는 우리 역사의 흐름을 보다 효과적으로 이해하는 방법을 《한국의 역사》에 담고자 했습니다. 이 책을 읽는 청소년들이 우리 역사에 보다 많은 관심과 흥미를 갖고, 옛 역사를 한 번 더 생각해 보았으면 합니다.

저자 김용만

역사에서 무엇을 배울 것인가?

"역사의 목적은 자기를 아는 것이다. 자기를 아는 것은 인간에게 중요하다 여겨졌다. 그것은 다른 사람과 구별되는 개인적 특수성뿐 아니라, 인간으로서의 자기 본성을 알아야 한다는 것을 의미한다. 자기를 안다는 것은 무엇을 할 수 있는가를 아는 것이며, 무엇을 할 수 있는가는 해 보기 전에는 아무도 모르기 때문에 그것의 유일한 실마리는 '인간이 무엇을 했는가' 일 수밖에 없다. 역사의 가치는 인간이 무엇을 했으며 인간이 무엇인가를 가르쳐 주는 데 있다."

– 영국의 역사학자 콜링우드, 『The idea of history』

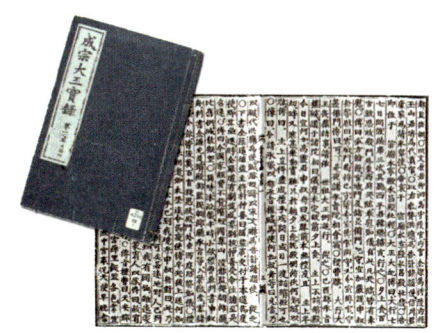

역사에서 오늘의 길을 찾다

1482년 조선 9대 임금인 성종은 신하들에게 다음과 같은 시험 문제를 냈습니다.

"짐은 항상 나라를 보존하고 변방을 방비하는 계책을 생각하고 있음에도 그 요령을 알지 못하겠노라. 그런데 고구려는 수나라와 당나라와 능히 대항하여 천하에서 강국으로 일컫게 되었으니, 그 적국을 방어할 수 있었던 것은 어떤 지혜이며 어떤 인재들이었는가?"

조선의 최고 경영자인 성종은 옛 역사의 경험을 오늘에 어떻게 활용하면 좋을까를 고민하면서 이같은 시험 문제를 냈던 것입니다. 고구려가 수, 당과 같은 거대 제국을 물리쳤던 이유를 안다면 조선을 보다 강한 나라로 만들 수 있을 것이라고 생각했던 것입니다.

역사에는 인류가 지금까지 살아 오면서 겪은 모든 삶의 경험이 담겨져 있습니다. 인류가 지닌 경험들은 우리에게 지혜를 주며, 그 지혜는 우리의 미래에게도 큰 도움이 될 것입니다.

식민사관과 황국사관의 차이

20세기 초 일본은 한국 사람들에게 한국사는 조그마한 반도의 역사라고 가르쳤습니다. '식민사관' 이라 불리는 일본의 역사 왜곡에 따르면 한국사는 정체되어 발전하지 않았으며 중국과 일본에 의해 좌우되는 역사로 한국 사람들은 혼자서는 독립해 살아갈 수도 없다는 것입니다. 일본 사람들은 이런 왜곡된 역사를 가르쳐 한국 사람들에게 노예 근성을 심어 주려고 했습니다.

반면 일본 사람들은 '황국사관' 이라는 역사 왜곡을 통해 일본 사람이야말로 신이 선택한 나라의 국민이라고 가르쳤습니다. 그렇게 키운 젊은 일본 사람들

을 태평양 전쟁에 내몰았습니다. 옳지 못한 역사 교육을 통해 국가를 위해 맹목적으로 충성하는 사람들을 길러 낸 것입니다.

과거의 역사를 어떻게 배웠느냐에 따라 사람들의 행동이 크게 달라지기도 합니다. 역사 교육의 효과가 이처럼 큰 만큼, 올바른 역사를 배우는 것이 무엇보다 중요할 것입니다.

역사라는 경험의 보물 창고를 잘 활용하자

역사는 과거의 기억이지만, 그것을 어떻게 기억해 내느냐에 따라 쓰임새와 효과가 다르게 나타납니다. 하지만 없던 사실을 애써 있었던 것으로 바꾸어 가르치는 것은 옳지 못합니다. 진실하지 못한 역사는 언젠가는 반드시 잘못됨이 드러나기 마련입니다. 우리 역사에 대한 비하도 잘못이지만 과장도 잘못입니다.

역사는 우리가 누구인지를 배우는 공부입니다. 우리를 알기 위해서는 우리 역사를 바로 아는 것이 필요합니다. 역사 공부의 목적은 과거에 있는 것이 아니라 미래에 있습니다. 인류가 만들어 온 경험과 지혜의 보물 창고인 역사를 어떻게 활용하여 미래를 준비할 것인가는 바로 우리에게 달려 있습니다.

국가의 탄생

초·중·고등학교에서 배우는 우리의 역사를 '국사'라고 합니다. 국사란 '국가의 역사'라는 의미를 갖고 있습니다. 국가란 일정한 경계선인 국경 안의 사람들을 지배하는 최고 권력에 의하여 결합된 조직체입니다. 국가는 영토 안에 거주하는 사람들에 대해서 배타적인 통제가 미치는 통치 기구를 갖추고 있습니다. 국가는 인간이 만든 가장 중요한 조직체입니다. 국가가 형성되면서 인류는 각 나라별로 다른 역사 발전을 이루게 됩니다. 따라서 우리 역사의 시작도 국가의 탄생과 밀접한 관련이 있다고 할 수 있습니다.

석기 시대

지구상에 모습을 드러낸 최초의 인간에 대해서는 여러 견해가 있으나, 대체로 300~450만 년 전 아프리카에 등장한 오스트랄로피테쿠스라고 합니다. 하지만 이들과 오늘날의 인류와는 직접적인 혈연 관계가 없습니다. 4만 년 전에 등장한 호모 사피엔스 사피엔스가 진정한 현생 인류의 조상이라고 합니다. 이 시대에 인류는 무리를 지어 살며 인간 사이의 평등한 삶을 누렸습니다. 돌을 부딪쳐 떼어 낸 뗀석기를 사용하며, 사냥과 채집을 하며 살던 이들은 구석기 사람들입니다. 각 나라에서는 자기 나라의 구석기 연대가 언제 시작되었는지에 관심을 갖기도 합니다. 우리 나라와 그 주변 지역에서도 약 70만 년 전에 구석기 사람들이 등장했습니다. 그러나 이들의 역사가 곧 우리 역사라고 할 수는 없습니다. 이때는 아직 국가 의식도 없었고, 이 땅에 살던 구석기 사람들이 우리의 직접적인 조상도 아니기 때문입니다.

그런데 서기전 1만년 경에 빙하기가 끝나고 지구 환경에 인류가 적응하면서, 지구상에는 농경과 목축을 하며 간석기와 토기를 사용하는 신석기 사람들이 등장하게 되었습니다. 신석기 사람들은 정착 생활을 하며 문명을 발전시켰습니다.

청동기 시대와 국가 탄생

농사짓기와 목축은 인류를 굶주림에서 벗어나게 해 주었습니다. 그리고 사람들이 모여 살며 마을을 이루게 되자, 점차 공동 노동에 의한 일들이 많아졌습니다.

마을의 담장, 해자, 성 건설, 다른 부족과의 전투, 사냥, 농사, 가축 기르기 등의 일이 여러 사람들의 손에 행해졌습니다. 따라서 자연스럽게 마을의 대표자가 생겼고, 마을 단위가 커지자 부족의 대표자가 생겨났습니다. 종교 지도자를 겸한 대표자 외에도, 부족 내에는 힘센 자와 약한 자, 재산을 많이 가진 자와 못 가진 자의 차별이 생겨나기 시작했습니다.

인간 세상에 본격적인 차별이 생긴 것은 청동기 시대입니다. 개인별 재산을 가지는 사유 재산 제도가 생겨나고, 계급_{신분}이 탄생하는 등, 이 시대에는 사회 전반에 큰 변화가 일어납니다. 특히 이때에 전 세계적으로 국가가 탄생하게 됩니다.

한국사에서 국가의 탄생

우리 역사상 최초의 국가는 고조선입니다. 청동기 시대에 탄생한 고조선은 단군왕검이 관리들과 군대를 거느리고, 넓은 영토를 다스렸습니다. 외국과의 무역도 활발히 하며 성장한 고조선은 우리 겨레 문화의 기틀을 마련하였습니다. 고조선 다음으로 등장한 부여는 700년 이상의 오랜 역사를 자랑하며, 고구려와 백제의 조상이 되는 나라입니다. 또 마한, 진한, 변한으로 이루어진 삼한은 벼농사를 발전시켜 한반도 중남부 지역에서 성장하였지만, 무려 78개국으로 나누어져 발전의 한계가 있었습니다. 마한은 백제, 진한은 신라, 변한은 가야로 차츰 통합됩니다. 옥저와 동예 등 수많은 작은 나라들이 탄생했지만, 고조선이나 고구려, 백제, 신라와 달리 부족, 부족 연맹 단계를 완전히 벗어나 고대 국가로 크게 발전하지 못하고, 삼국에 통합되어 버리고 말았습니다.

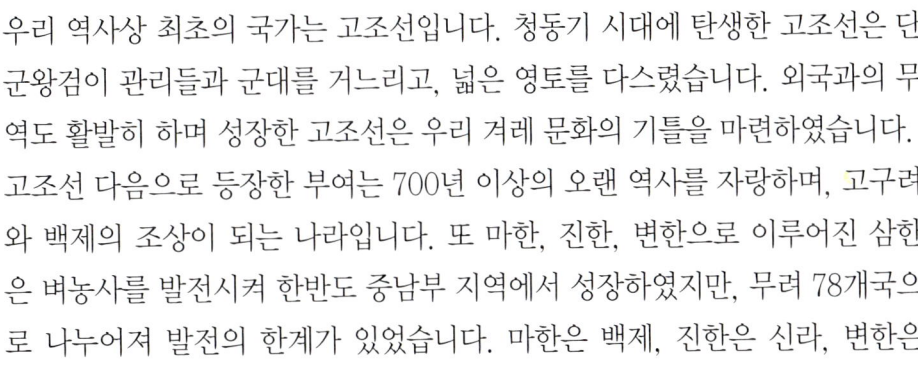

동아시아의 신석기 시대

만주와 한반도 일대에 사람이 살기 시작한 것은 약 70만 년 전인 구석기 시대부터입니다. 신석기 시대에 인간들은 지역에 따라 하나의 문화권을 형성하며 차츰 남과 다른 자기 정체성을 갖게 됩니다. 이때부터 서서히 우리 겨레의 뿌리가 형성되기 시작하다가, 청동기 시대에 와서 국가인 고조선이 출현하면서 우리 겨레의 범위가 구체화됩니다.

약 BC 70만 년	한반도 일대에 구석기 사람이 나타남.
약 BC 4만 년	현생 인류인 호모 사피엔스 사피엔스가 등장.
BC 8000년	신석기 시대가 시작됨. 돌을 갈아서 도구로 사용.
BC 7000년	동북아 지역 최초의 신석기 문화인 소하서 문화 등장.
BC 6000년	신석기 시대 토기를 대표하는 빗살무늬 토기 등장.
BC 4500~3000년	요서 지역에 신석기 말기 문화인 홍산 문화가 꽃핌.
BC 2333년	고조선의 건국.
BC 2000년	요서 지역에 청동기 문화인 하가점 하층 문화 발전.

신석기 사람들의 생활

인류가 오랜 구석기 시대를 마감하고, 보다 발전된 신석기 시대로 접어든 것은 대략 1만 년 전부터입니다. 신석기 사람들은 구석기 사람들과 달리 돌을 갈고 다듬어서 정교한 도구를 만들어 냈습니다. 그들은 사냥과 열매를 모아서 먹고 사는 구석기 사람들의 생활과 달리, 정교해진 도구를 이용해 집도 짓고 촌락도 만들며, 농사도 지으며 살았습니다. 식량 등이 남으면 저장고에 보관했습니다. 신석기 사람들은 한곳에 오래 정착하여 살며 여러 가족들이 모인 촌락 등 더 큰 공동체를 만들게 되었습니다.

촌락에는 주거지, 종교적 성지, 수공업 제품을 만드는 곳, 가축우리 등이 생겼습니다. 촌락 바깥에는 성벽, 목책, 해자 등을 만들어 가축, 농산물, 농기구 등의 물건과 아이와 여자 등을 외부의 침략자로부터 보호했습니다. 촌락 사람들은 차츰 외부와 다른 자신들만의 공동체 의식을 갖게 되었습니다. 이웃한 여러 촌락끼리 서로 영향을 주고받으며 하나의 문화권을 만들어 가면서 차츰 같은 종족이라는 생각을 갖게 되었습니다.

한반도에서 발견된 신석기 유적

한반도 지역에서는 서울 암사동 유적, 의주 미송리 유적 등 많은 신석기 유적이 있습니다. 양양 오산리 유적은 기원전 6000년까지 올라갑니다. 오산리를 비롯한 한반도와 만주 일대의 신석기 유적에서 발견되는 대표적 유물은 빗살무늬 토기입니다. 아래는 뾰족하고 위는 넓은 형태의 그릇을 가마에 넣어 구워서 만든 토기는 곡식 저장과 조리 도구 등 다양한 용도로 사용되었습니다. 토기는 지역마다 그 생김새가 조금씩 다릅니다. 밑바닥이 뾰족한 것, 평평한 것, 목이 긴 것과 짧은 것 등의 차이를 보입니다. 이

▶ 우리 나라 신석기를 대표하는 토기인 빗살무늬 토기 / 국립중앙박물관[중박 200901-26]

홍산 문화 여신상과 옥기
고조선을 상징하는 고인돌
신석기 시대 대표 토기인 빗살무늬 토기
김해의 조개 더미

▲ 우리 나라 대표 신석기 유적

▲ 북한에서 복원한 단군릉

것은 토기를 사용한 집단의 문화적인 특징과 지역적인 생활 습관이 다르기 때문에 나타난 현상입니다.

신석기 사람들은 원형과 네모난 움집에서 살았고, 물고기도 잡고 조개도 잡았습니다. 부산 동삼동 조개더미 유적은 그들이 버린 조개껍데기가 모여 있는 곳입니다. 여기서는 조개껍데기로 만든 예술품, 토기, 석기 등 다양한 유물이 발견되기도 했습니다.

동아시아의 다양한 신석기 문화

동북아시아에는 황하 중류를 비롯한 여러 지역에서 다양한 신석기 문화권이 탄생했습니다. 우리 역사와 밀접한 관련이 있는 요하 서쪽 지역에서도 기원전 6~7천 년 전에 발전한 소하서 문화를 비롯해, 세계 최초의 옥기와 빗살무늬 토기 등을 만든 흥륭와 문화, 용 형상을 만든 사해 문화, 봉황 형상물을 발전시킨 조보구 문화가 차례로 등장하며 수준 높은 신석기 문화가 발전했습니다. 특히 기원전 4500년~기원전 3000년에 발전한 신석기 말기 홍산 문화의 유적인 우하량 유적은 제단, 신전, 거대 적석총(돌무지무덤)이 함께 발견되어 약 5500년 전에 이미 초기 국가로서의 모든 조건을 갖춘 세력이 남긴 유적으로 평가되고 있습니다.

한반도 지역에서 출토된 빗살무늬 토기, 옥기 등의 유물은 요하 서쪽 지역 출토 유물과 매우 비슷합니다. 우리 겨레는 처음부터 한반도에서만 살지는 않았습니다. 우리 겨레는 신석기 시대를 거치면서 서서히 형성되어 왔기 때문에, 우리 문화 원류의 하나인 이 지역 문화도 우리가 앞으로 눈여겨보아야 할 것입니다.

▲ 홍산 문화를 대표하는 우하량 유적지 출토 여신상

고고학이란?

인류가 남긴 유적과 유물을 통하여 인류의 역사와 문화, 생활 방식 등을 연구하고 복원하고 해석하는 학문을 말합니다. 고고학은 인류의 과거를 연구하는 학문으로, 고고학자는 과거를 추적하는 수사관이라고 할 수 있습니다. 유적과 유물 조사를 통해 얻어진 고고학의 성과는 곧 역사 연구에 중요한 자료가 됩니다.

고조선의 탄생과 변동

우리 역사상 최초의 국가인 고조선은 청동기 문화를 바탕으로 탄생합니다. 고조선의 건국 신화는 많은 의미를 담고 있습니다. 신화를 통해 고조선의 여러 모습을 알 수 있습니다. 고조선은 철기가 보급되면서 더욱 강성해져 사방 수천 리의 큰 나라로 성장했습니다. 고조선은 뒤를 이어 등장한 부여, 고구려, 삼한 등의 나라에 큰 영향을 주기도 했습니다.

BC 2333년	고조선의 건국.
BC 2000년	요서 지역에 청동기 문화인 하가점 하층 문화 발전.
BC 1500년	만주와 한반도 북부 지역에 청동기 문화 시작.
BC 1122년	은나라 귀족 기자가 동쪽 조선으로 왔다고 사마천이 《사기》에 기록.
BC 10세기	한반도 남부 지역에 청동기 문화 시작.
BC 7세기	고조선과 산둥 반도의 제나라가 모직물 교역을 시작함. 고조선과 하북성 지역의 연나라 사이에 갈등이 빚어짐.
BC 300년경	연나라 장수 진개가 고조선의 서부 지역의 넓은 땅을 빼앗음.
BC 194년	위만이 고조선의 준왕을 몰아내고 왕위를 빼앗음.
BC 108년	고조선이 한나라에 멸망당함.

고조선의 건국 신화

일연 스님이 쓴 《삼국유사》에는 고조선의 건국 이야기가 실려 있습니다. 천신인 환인의 아들인 환웅이 세상을 다스리고 싶어 무리 3천을 이끌고 내려와 신시에 머뭅니다. 환웅은 우사, 운사, 풍백을 거느리고 인간을 이롭게 한다는 통치 이념을 내세워 곡식, 질병, 형벌, 선과 악 등 인간 세상 360가지 일을 주관하며 세상을 다스리고 가르칩니다. 그리고 사람으로 변하고 싶어 한 곰과 호랑이에게 과제를 주었는데, 호랑이는 실패하고 곰은 사람으로 변하여 웅녀가 됩니다. 환웅은 웅녀와 결혼하여 단군을 낳았고, 단군이 고조선을 세우게 됩니다.

이 이야기는 분명한 신화입니다. 하지만 신화는 믿지 못할 것이 아니라, 옛사람들 특유의 이야기 방식일 뿐입니다. 단군 신화는 청동기 기술과 문화를 가진 환웅 부족이 이동해 와서, 환웅의 말을 듣지 않는 호랑이 부족은 몰아내고, 환웅을 따르는 토착민인 웅녀 부족이 힘을 합치고, 고조선을 건국하였다는 이야기를 전하는 것입니다.

고조선의 건국 시기와 영토

《삼국유사》 등을 통해 계산한 고조선의 건국 연대는 기원전 2333년입니다. 고조선은 단군이 나라를 세운 후, 평양, 아사달, 장당경 등으로 도읍을 옮겨 가며 발전을 거듭했습니다. 기원전 12세기경에는 은나라 사람 기자가 고조

▶ 고인돌 만드는 과정

▲ 고조선을 대표하는 유물인 비파형 동검(요령식 동검)
국립중앙박물관[중박 200901-26]

유적 발굴 과정

유물은 땅속에 묻혀 있는 경우가 많기 때문에 땅을 파서 유물을 찾아야 합니다.
1. 유적이 있을 만한 곳을 찾습니다. 책을 통해 찾기도 하고, 도로 공사나 건물 공사를 통해 유물이 나타난 곳을 찾습니다.
2. 유적이 묻혀 있을 땅에 대한 사전 조사를 통해 발굴 방법과 계획을 세웁니다.
3. 발굴을 시작하여 유물을 찾습니다.
4. 유물을 복원하고 정리합니다.
5. 발굴 결과를 보고서로 만듭니다.

선으로 왔고, 기원전 7세기경에는 고조선이 황해를 건너 산둥 반도에 위치한 제나라와 무역도 했습니다. 기원전 4세기에 현재의 북경 일대에 있는 연나라와 전쟁을 하려 했었고 기원전 300년경에는 연나라 장군 진개의 공격을 받아 서쪽의 2천 리 영토를 빼앗겼습니다. 그렇지만 고조선은 요동과 한반도 북부 지역을 중심으로 다시 국력을 회복했습니다.

고조선에 관한 기록은 매우 적어 그 역사를 자세히 알기 어렵습니다. 건국 시점만 하더라도, 한반도와 만주 지역에서는 아직 청동기가 발전하지 않은 시점이라 의문이 남습니다. 다만 요하 서쪽 지역의 경우 기원전 2000년경 하가점 하층 문화 시기에 청동기 시대가 시작되고 있어, 고조선과의 관련성이 주목되고 있습니다. 고인돌과 비파형 동검이 출토되는 지역 분포를 통해 볼 때 고조선은 서쪽으로 요하를 넘어 요서 지역의 난하, 동쪽으로 동해안, 남쪽으로 예성강, 북쪽으로 송화강 유역에 이르는 큰 나라로 발전한 것으로 볼 수 있습니다.

▲ 고조선 시대 지배자의 무덤인 대형 고인돌(강화도 부근리)

위만 조선

기원전 194년 위만이 무리 1천 명을 이끌고 고조선에 항복해 온 사건이 생겼습니다. 고조선의 준왕은 위만에게 서부 국경을 방어하는 일을 맡겼다가 그에게 속아 왕위를 빼앗기고 말았습니다. 준왕은 가까운 신하들과 함께 남쪽 삼한 땅으로 도망가야 했습니다.

위만은 고조선 서쪽에 위치한 한나라에서 살다가 혼란을 피해 고조선으로 온 인물입니다. 그는 고조선에 올 때 상투를 틀고 고조선의 복장을 하고 왔습니다. 그래서 위만이 중국 한나라 사람인지, 또는 고조선 사람의 후예인지가 분명하지 않습니다. 그렇지만 위만은 왕위를 빼앗은 이후에도 여전히 국호를 조선이라고 하고, 고조선의 풍습이나 제도를 그대로 바꾸지 않았습니다. 왕은 달라졌어도 고조선의 역사는 변함없이 지속되었습니다.

고조선의 문화와 생활상

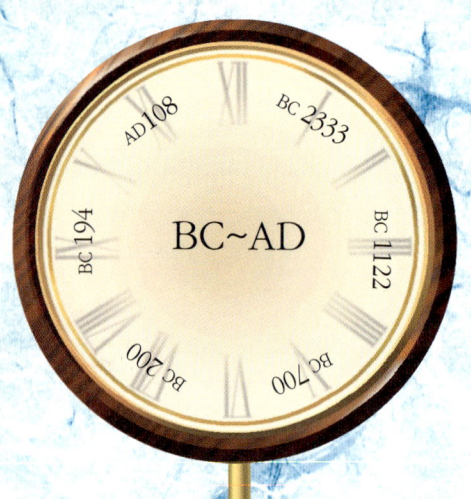

고조선 시대는 단군 신화로 인해 마치 신화 시대처럼 여겨지기가 쉽습니다. 그러나 고조선은 발달된 청동기 문화를 기반으로, 강력한 정부 조직을 갖춘 나라였습니다. 법에 의해 사회 질서가 유지된 고조선은 기술을 발전시키며 우리 문화의 기틀을 마련했습니다.

BC 2333년	고조선 건국.
BC 1122년경	은나라가 멸망하자 은의 후손 일부가 고조선 지역으로 이주해 옴.
BC 700년경	중국 제나라, 연나라와 교류.
BC 400년	한반도에 철기 시대가 시작됨.
BC 200년경	중국 진·한나라의 교체, 혼란기에 많은 유민들이 고조선으로 옴.
BC 194년	위만에게 왕위를 뺏긴 준왕이 남쪽 마한으로 감.
BC 108년	고조선이 한나라에 멸망당하면서, 한나라 문화가 퍼짐.
BC 1세기	고조선 유민들이 한반도 남부로 이주하여 문화를 전파함.

고조선의 정치 조직과 법

고조선은 초기에는 종교 지배자가 다스리는 성읍 국가였다가, 차츰 주변의 성읍을 제압하거나 연맹체를 만들어 대군장이 다스리는 나라로 성장했습니다. 이어 주변의 군장을 압도하는 왕이 다스리는 연맹 왕국으로 발전했다가 고조선 후기에 와서는 강한 권력을 가진 왕이 다스리는 갖춘 고대 국가로 발전했습니다. 왕 아래에 상, 대부, 장군 등의 관료 조직이 있었고, 왕위가 세습되는 나라였습니다. 왕이 머무는 수도, 왕검성은 5만 7천의 한나라 대군과 맞서서 1년 이상 버틸 만큼 튼튼한 성벽을 가진 성에 의해 보호되는 큰 도시였습니다.

고조선에는 사회 질서를 유지하기 위한 8조항의 법이 있습니다. 그 가운데 사람을 죽인 자는 죽이고, 상처를 입힌 자는 곡식으로 받으며, 도둑질을 하는 자는 노비로 만든다는 3개 조항이 알려져 있습니다. 도둑질한 자가 용서를 받고자 할 때는 50만 냥을 내게 하고 용서를 받아 보통 백성이 될 때에도 부끄러움은 씻지 못한다고 합니다. 고조선은 노예가 존재하는 계급 사회로 사유 재산을 보장되고 화폐가 널리 사용되었으며, 생명을 존중하며 명예를 소중히 여기는 사회였습니다.

고조선을 대표하는 유물

고조선 시대를 대표하는 유물은 미송리형 토기, 비파형 동검, 고인돌지석묘, 거친무늬 거울입니다. 토기는 농업의 발달로 차츰 수요가 늘어나면서 만드는 기술이 발전하여 차츰 단단해지며 질이 좋아졌습니다. 미송리형 토기는 밑이 납작한 항아리 형태에 양쪽 옆으로 손잡이가 달리고 표면에 여러 개의 선이 그어져 있습니다. 세계문화유산으로도 지정된 지석묘는 거대한 돌의 무게

▶ 고조선 사람들의 생활

▲ 청동기 시대 농사 모습을 보여 주는 농경문 청동기 국립중앙박물관[중박 200901-26]

를 자랑하는 지배자와 그 가족이 사용한 무덤입니다. 비파형 동검은 비파형으로 생긴 칼날과 손잡이가 따로 만들어진 조립식이라는 특징이 있습니다. 고조선 사람들이 사용한 청동 거울에는 거울 면 뒤쪽에 거칠게 무늬를 넣었습니다. 기술이 발전된 초기 철기 시대에 오면 아주 정교한 문양이 새겨진 다뉴세문경_{많은 줄이 있고 가는 문양이 새겨진 거울}과 같은 걸작을 만들기도 합니다. 구리보다 쉽게 얻을 수 있는 철기는 기원전 4세기 무렵부터 널리 보급되었습니다. 청동기와 달리 철기는 삽, 괭이, 낫, 쇠스랑 등 농기구로도 사용되었습니다.

▲ 북한에서 복원한 단군릉 앞에 세워진 고조선을 대표하는 유물인 비파형 동검(위)과 세형 동검(아래) 탑

고조선 사람들의 생활상

청동기와 철기의 보급은 전문 기술자를 탄생시켰습니다. 농업이 발전하면서 생산이 늘자 해외 무역도 활발해집니다. 고조선은 중국의 나라들과 모피 등을 교역하기도 하고, 한반도 남쪽 나라들과 중국과의 중계 무역에 간여하여 이익을 얻는 등 해외 무역에도 열심이었습니다. 죄를 용서하는 대가가 50만 냥이라는 법이 생길 만큼, 고조선은 명도전이란 화폐가 널리 사용되었습니다. 농민들은 조, 피, 수수, 기장, 콩, 보리 등을 재배했고, 일부 지역에서는 벼농사를 지어 쌀을 먹기도 했습니다. 농업이 중요해짐에 따라 기후 변화 등과 관련한 천문학이 발달하기 시작하여, 고인돌에는 별자리를 새기기도 했습니다.

고조선에는 하늘에 제사 지내며 풍요로운 수확과 집단의 안녕을 바라는 무천이라는 풍습이 있었고, 소 발굽으로 전쟁 등의 길함과 흉함을 점치기도 했습니다. 부와 권력을 쥔 자들은 장신구로 치장했고, 베, 비단, 가죽 등을 재료로 다양한 옷을 만들어 입었습니다.

고고학의 대발견들

고고학은 역사학이 밝히지 못한 과거의 역사를 밝혀내는 데 큰 공을 세우고 있습니다. 고대 그리스와 트로이의 전쟁이 신화가 아닌 사실임을 밝힌 슐레이만의 트로이 발굴, 이집트 투탕카멘 왕의 발굴, 중국 진시황 병마용의 발굴 등은 유명한 발굴 사례들입니다. 우리 나라에서는 화려한 신라 금관을 비롯한 엄청난 유물이 쏟아진 황남대총 발굴, 백제사를 새로 쓰게 만든 무령왕릉 발굴과 금동 대향로 발굴 등이 대표적인 사례라고 할 수 있습니다.

부여, 삼한, 옥저, 동예

한국사의 큰 흐름은 고조선 시대에서 삼국 시대로 이어집니다. 그런데 고조선이 멸망하기 전부터 등장하여 삼국과 함께 오랫동안 역사를 같이 한 나라들이 많습니다. 대표적인 나라들이 부여, 삼한, 옥저, 동예 등입니다. 우리 역사의 다양한 모습들을 보여 주는 이 나라들은 삼국보다 먼저 멸망했기 때문에 전해 오는 기록이 매우 부족합니다.

BC 3세기	부여가 이미 건국되어 주변 나라에도 알려지고 있었음.
BC 2세기	고조선 주변의 여러 나라들은 중국의 한나라와 무역을 함.
BC 108년 이후	고조선의 유민들이 진한 땅으로 내려와 사로국을 세움.
BC 37년	금와왕이 다스리던 부여에서 일부 세력이 남하하여 고구려 건국.
AD 22년	부여가 고구려의 공격을 받아 대소왕이 죽고 약해짐.
42년	삼한의 하나인 변진에서 금관가야가 탄생하며 가야 연맹으로 변화해 감.
3~4세기	동예, 옥저는 고구려에, 마한은 백제에 각각 합쳐짐.
494년	부여가 고구려에 자진해서 항복함.

고구려, 백제의 어머니 나라 부여

부여는 고조선과 함께 우리 역사의 중요한 뿌리가 되는 나라로 700년 이상의 오랜 역사를 자랑하며 대륙을 호령하던 강국이었습니다. 만주 한복판인 송화강 유역에서 자리한 부여는 여러 개의 부족으로 어우러진 연맹 왕국이었습니다. 왕 이외에 각 지방인 사출도를 다스리는 부족장인 마가, 우가, 저가, 구가 등이 있습니다. 이들 부족장의 이름은 말, 소, 돼지, 개를 의미하는 것으로, 부여가 농업과 함께 목축업을 중요하게 여긴 나라임을 말해 줍니다.

부여는 하늘에 제사 지내는 영고 풍습이 있었는데 고구려 동맹, 동예의 무천, 삼한의 계절제가 10월에 열린 것과 달리 12월에 열렸습니다. 이날에는 죄수도 풀어 주고 노래와 춤을 추며 축제를 즐겼습니다. 부여는 수백 년간 읍루(숙신)에게 세금을 받고 일을 시키는 강한 나라였고, 초기 고구려보다 훨씬 강한 나라였습니다. 하지만 고구려와 달리 왕의 권력이 강하지 못했던 부여는 나라의 힘을 집중시키지 못해 더 크게 발전하지 못했습니다.

옥저와 동예

옥저는 동해안 북부 해안가를 중심으로 농사와 어로를 하며 살던 나라입니다. 여러 부족으로 나누어진 이들은 내부의 통일이 늦어진 탓에 소금, 어물, 삼베 등의 특산물을 힘이 센 고구려에게 바치며 지배를 받아야 했

▶ 부여 영고 축제

▲ 남성자 유적 – 중국 길림성 지린시의 남성자 유적은 부여 초기의 수도로 추정된다.

▲ 나주 반남 고분군 – 마한의 지배자의 무덤으로, 백제와 다른 문화를 갖고 있었다.

유물의 연대 측정 방법

고고학에서 가장 많이 쓰이는 탄소 14 연대 측정법은 옛 유물들에 포함된 탄소 14가 세월이 지나면서 줄어드는 것을 이용해 지금부터 몇 년 전에 만들어졌는지를 알아내는 방법입니다. 또 나무의 나이테를 통해 연대를 측정하는 방법, 다른 것과 비교해서 연대를 정하는 방법 등이 있습니다. 과학의 발달로 앞으로 연대 측정은 더욱더 정확해질 것입니다.

습니다. 옥저는 고구려와 언어와 풍습이 대체로 같았습니다. 다만 고구려에서는 결혼을 하면 사위가 처가에서 살다가 남자 집으로 돌아오는 서옥제라는 풍습이 있었는데, 옥저는 반대로 여자가 10살이 되면 약혼을 하고 신랑 될 사람의 집에서 살다가, 신랑이 신부 가족에게 돈을 지불한 후에 결혼시키는 민며느리제 풍습이 있었습니다. 또, 한 가족의 뼈를 함께 매장하는 가족 공동묘 풍습이 있었습니다.

동예는 현재의 강원도 지역에 있었던 나라로, 동예 내부의 각 부족들은 자기 소유의 땅에는 다른 부족이 함부로 출입하는 것을 막는 책화라는 풍습을 갖고 있었습니다. 남의 땅에 함부로 들어가면, 소와 말로 배상을 해야 했습니다. 이러한 풍습은 동예를 통일된 나라로 만들지 못했고, 결국 동예도 고구려의 지배를 받다가 차츰 역사에서 사라졌습니다.

삼한

고조선의 남쪽인 한반도 중남부 지역에는 진국이 있었습니다. 진국은 기원전 2세기에 중국 한나라와 직접 무역을 하려다가 고조선의 방해를 받기도 했습니다. 이 진국이 후에 삼한이 되었습니다. 삼한 가운데 진한은 고조선의 유민들을 중심으로 이루어진 나라들입니다. 삼한 가운데 54개 소국으로 이어진 마한은 경기, 충청, 전라도 지방에서 있었는데, 그 가운데 목지국이 마한의 연맹장이 되었고, 삼한 전체를 이끌었습니다. 삼한의 78개 나라들은 각기 크기에 따라 세력이 큰 것은 신지, 작은 것은 읍차 등의 지배자를 부르는 칭호가 달랐습니다. 삼한에는 정치를 담당하는 신지 등과 달리, 제사장인 천군이 있었습니다. 천군이 관할하는 신성한 곳인 소도에는 신지 등의 지배력이 미칠 수가 없었습니다.

삼한은 벼농사를 발전하여, 저수지가 만들어지기도 했습니다. 매년 5월과 10월에 하늘에 제사를 지내는 풍습이 있었습니다.

이들 나라 외에도 우리 역사에는 황룡국, 개마국 등 많은 나라들이 있었으나, 차츰 고구려, 백제, 신라 삼국에게 통합되어 사라져 버렸습니다.

전쟁의 시대

고대 사회에서 전쟁은 일상생활이었습니다. 이웃 사회와의 갈등을 해소하기 위해, 또는 부족한 물자를 얻기 위해 전쟁은 아무 때나 일어났습니다. 힘이 강한 자는 마음만 먹는다면 언제든지 약자를 공격할 수 있었습니다. 전쟁은 승자와 패자를 갈랐습니다. 승리한 자는 지배자, 패배한 자는 피지배자 신분이 되었습니다. 지배자는 왕과 귀족 신분을, 피지배자는 평민과 노예의 신분을 자식에게 세습하며 신분 사회가 이루어졌습니다. 전쟁은 집단 간의 통합과 연합, 대립의 강도를 높였고, 마침내 강한 자를 중심으로 한 국가를 탄생시켰습니다. 전쟁은 인간의 삶을 파괴하기도 했지만, 인간의 역사를 발전시키기도 했습니다.

전쟁을 원하는 사람들

전쟁은 정치의 한 수단이기도 합니다. 대화를 통해 이루어질 수 없는 문제 해결을 위해 폭력을 동원한 전쟁이 일어납니다. 전쟁은 여러 가지 원인에 의해 일어납니다. 강한 자만이 승리를 확신하고 약한 자를 공격하는 것만은 아닙니다. 약한 자라고 하더라도, 자연재해 등으로 인해 굶주리게 되면 살기 위해서라도 강한 자를 습격하기도 합니다.

전쟁은 많은 것을 파괴하는 것이기에, 대다수 백성들은 전쟁을 원하지 않습니다. 그렇지만 전쟁이 일어나야 공을 세울 수 있는 장군들이나, 전쟁에서 많은 이익을 얻을 수 있는 상인들, 전쟁 후 재물을 분배 받는 왕이나 귀족들은 전쟁이 일어나기를 원합니다.

전쟁은 물건을 빼앗기 위해서만 일어나는 것만은 아닙니다. 종교적인 신념에 의해 일어나기도 하고, 개인적인 원한에 의해 일어나기도 합니다. 또한 전쟁에서는 승리를 위해 어떠한 반칙도 허락되기 때문에 전쟁은 언제든지 발생할 수 있습니다.

전쟁 대비

전쟁은 승리자에게는 영광을, 패배한 자에게는 고통을 줍니다. 승리한 자에 의한 약탈과 파괴, 강간과 살인, 그리고 자유의 박탈과 이별의 슬픔은 어떤 자연재해보다 인간에게 큰 고통을 줍니다. 따라서 인간들은 전쟁에서 패하지 않기

위해, 또 상대가 전쟁을 함부로 일으키지 못하게 대비를 해야 했습니다. 큰 전쟁이 없던 신석기 시대에도 마을 사람들은 사나운 동물이나 초대 받지 않은 이웃이 마을로 들어오지 못하도록 목책, 해자, 담장, 경계석 등을 만들었습니다. 이후 날카로운 금속 무기를 사용하는 국가가 동원하는 대규모 군대가 일으키는 전쟁에 대비하기 위해서는 보다 철저한 대비가 필요했습니다. 언제 일어날지 모르는 전쟁에 대비해 평상시에도 활쏘기를 비롯한 군사 훈련을 해야 했고, 국가는 많은 군대를 가져야 했습니다. 또한 평상시에 사람들을 동원하여 튼튼한 성벽, 더 깊은 해자를 만들어야 했습니다. 아울러 적의 무기가 날카로워질수록 이를 방어할 방패, 투구, 갑옷 등을 더욱 튼튼히 만들어야 했습니다.

또한 전쟁의 위협이 커질수록 이를 예방할 수 있는 각 나라 사이의 외교 활동도 활발해졌습니다.

무기 발달

누구나 전쟁에서 이기기를 원합니다. 이를 위해서는 많은 군대와, 전쟁을 계속 지속할 수 있는 물자가 필요했습니다. 전쟁이 자주 일어남에 따라 승리하는 방법을 연구하는 병법(군사학)도 생겨났고, 전쟁만을 담당하는 전문 군인도 탄생했습니다. 군사의 숫자가 적어도 무기가 강하다면 승리할 수가 있기 때문에, 보다 강한 무기들이 계속 발전하게 되었습니다. 활, 창, 칼은 물론, 성을 공격하기 위한 충차, 운제, 발석차, 포차, 비루, 마름쇠, 쇠뇌 등 다양한 무기가 만들어졌습니다.

고조선과 한나라의 전쟁

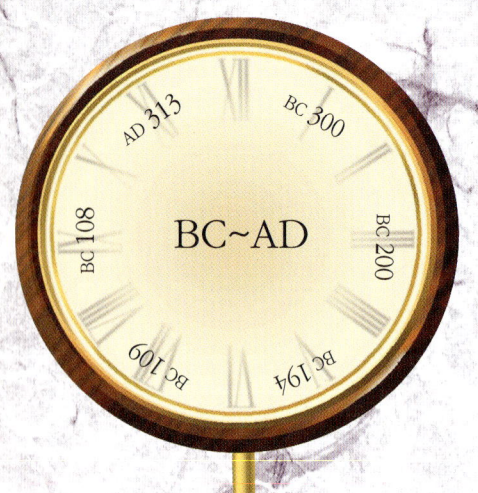

오랜 역사를 자랑하는 고조선에게 기원전 206년에 건국된 한나라는 최대의 위협이었습니다. 한나라는 중국 역사상 시황제의 진나라에 이은 2번째 통일 제국이었습니다. 특히 기원전 140년에 등장한 한나라 무제는 만리장성 북쪽의 흉노 제국마저 굴복시킨 최강의 군주였습니다.

고조선은 한나라의 적인 흉노와 친했을 뿐만 아니라, 한나라의 동방 무역을 방해하고 있었습니다. 또한 최강의 국가 한나라에게 고조선은 고분고분한 태도를 취하지도 않았습니다. 그 결과는 전쟁이었고 최종적으로 고조선의 멸망을 가져왔습니다.

BC 300년경	고조선, 연나라 진개의 침략을 받아 서쪽 2천 리 영토를 빼앗김.
BC 206년	고조선 서쪽 한나라의 등장은 고조선에게 큰 위협이 됨.
BC 194년	한나라의 내란을 틈타 고조선에 온 위만은 준왕을 몰아내고 왕이 됨.
BC 128년	예맥의 족장 남려가 고조선을 배신하고 한나라에 항복함.
BC 109년	고조선과 한나라의 전쟁이 시작됨.
BC 108년	고조선이 멸망함.
BC 82년	한나라가 세운 임둔군과 진번군이 멸망함.
AD 313년	고구려가 낙랑군을 멸망시킴.

고조선과 한나라의 갈등

기원전 195년 한나라에서 큰 내란이 생기자 위만이 무리를 이끌고 고조선으로 망명해 왔습니다. 고조선의 준왕은 그를 받아들였는데, 위만은 준왕을 속이고 고조선의 왕위를 빼앗았습니다. 한나라의 상황을 잘 아는 위만은 한나라의 동쪽 변방을 침략하지 않고, 그들이 동쪽 나라와의 무역을 돕는 조건으로 많은 재물을 얻었습니다. 위만은 한나라를 이용해 고조선을 더욱 큰 나라로 발전시켰습니다.

위만의 손자인 우거왕은 주변 나라들과 한나라의 교역을 중간에서 중계해 주며 큰 이익을 얻었습니다. 또 한나라의 적인 흉노와도 친하게 지내며 한나라를 견제했습니다. 한나라는 고조선이 자신들의 이익에 걸림돌이 되고 있었으므로 전쟁을 일으켰습니다.

한나라와 전쟁

한나라는 육군 5만, 수군 7천으로 고조선의 왕검성을 공격해 왔습니다. 상당수의 기병과 수만 명의 군대, 튼튼한 성벽을 가진 왕검성을 갖고 있는 고조선은 한나라 육군과의 첫 싸움에서 큰 승리를 거두었습니다. 또 적의 수군이 왕검성에 도착하자, 그들의 숫자가 적음을 알고 성을 나와 공격해 적을 물리쳤습니다. 한나라

▶ 왕검성에서의 전투

고조선의 수도 왕검성은 어디에?

고조선 마지막 수도 왕검성의 위치에 대해서는 논란이 많다. 왕검성은 시대에 따라 그 위치가 변하기도 하였다. 유력한 주장은 현재의 평양이라는 것이지만, 요동 지역에 있다는 주장도 많다. 다만 고조선이 멸망한 후에 세워진 낙랑군은 현재의 평양과 그 주변이라고 볼 수 있다.

▲ 진시황릉의 도용 – 당시 진, 한은 엄청난 군대를 보유한 세계 최고의 강국이었다.

의 대군도 고조선의 패수서군(고조선의 군대 편제 중 하나)과 맞섰으나 더 이상 진격할 수 없었습니다. 고조선이 이렇듯 강하게 대항하자 한나라는 사신을 보내 우거왕에게 평화를 제의했습니다.

그러나 두 나라의 오해가 생겨 전쟁이 계속되었습니다. 한나라의 육군과 수군이 합동으로 왕검성을 포위하였습니다. 그러나 왕검성은 1년이 지나도 함락되지 않았습니다. 하지만 인구와 병력에서 월등한 한나라와 장기간 싸우는 것은 고조선에게 불리할 수밖에 없었습니다.

고조선의 멸망과 한나라 동방군현

왕검성이 오랫동안 포위되자, 고조선의 귀족들 가운데 한나라에 항복하고자 하는 자가 생겼습니다. 그들은 우거왕을 죽이고 한나라에 항복했습니다. 하지만 고조선은 마지막 충신인 성기를 중심으로 끝까지 항전했습니다. 그러나 성기마저 배신자들에게 살해당하자, 마침내 왕검성이 함락되며 고조선도 멸망하고 말았습니다.

▲ 고조선의 세형 동검 – 고조선 후기에 사용된 칼이다.
국립중앙박물관[중박 200901-26]

고조선을 배신한 귀족들은 처음에는 한나라에서 높은 벼슬을 받았습니다. 하지만 몇 년이 지나자 죽임을 당하거나 쫓겨났습니다. 조국이 없는 배신자의 미래는 없었던 것입니다.

고조선의 옛 땅에 한나라는 낙랑, 현도, 임둔, 진번군을 세웠으나, 그 땅에 살던 사람들의 저항으로 낙랑군을 제외하고 곧 사라지거나 쫓겨났습니다. 낙랑군은 이후 중국의 문화와 물품의 동쪽 전파 통로의 역할을 하며 살아남았다가 고구려에 의해 313년에 멸망합니다.

▲ 낙랑군의 금제 허리띠(국보 89호) – 낙랑군의 대표적인 유물로, 고조선, 고구려의 것과는 전혀 다른 새로운 물건이다.
국립중앙박물관[중박 200901-26]

삼국의 건국 전쟁

고조선, 부여, 고구려, 신라, 가야 등의 건국 이야기를 흔히 건국 신화라고 합니다. 하늘의 자손이 땅에 내려오자, 많은 사람들이 저절로 복종하여 나라가 세워졌다는 신화는 사실 그 자체라고 믿기는 어렵습니다. 신화가 전하는 평화로운 해결 뒤에는 갈등과 전쟁이 있었다고 할 수 있습니다. 나라가 세워지려면 구심점이 될 강한 힘을 가진 왕이 전쟁에서 승리하여 주변 강자들의 복종을 받아야 합니다. 하지만 전쟁에서 패한 자들은 언제든지 왕에게 대항하고자 합니다. 따라서 왕의 등장과 나라의 건국은 그 누구도 거역해서는 안 되는 하늘의 뜻임을 말하는 신화가 탄생하여 사람들의 복종심을 만들어 내기 마련입니다.

BC 200년 이전	《삼국유사》는 기원전 58년 부여 건국을 전하나, 실제는 그보다 오래됨.
BC 57년	박혁거세가 사로국을 기반으로 신라를 건국.
BC 37년	부여에서 탈출한 추모왕, 고구려를 세움. 이때 비류국을 통합함.
BC 32년	고구려가 행인국을 정복하며 영토를 더욱 확장함.
BC 18년	고구려에서 출발한 온조왕, 한강 유역에서 백제를 세움.
AD 22년	고구려와 부여의 전쟁. 부여국 내분으로 고구려가 크게 성장함.
42년	김수로왕 변한 구야국을 기반으로 금관가야 건국.
74년	고구려 6대 태조대왕 주변 여러 소국들의 통합을 끝냄.

고구려 건국 전쟁

기원전 1세기 북만주에 위치한 부여국에서 추모(주몽) 일행이 탈출하여 남쪽으로 이동했습니다. 마리, 오이, 협부 등을 거느린 추모는 모둔곡에서 재사, 무골, 묵거 세 사람의 부족장을 부하로 맞이합니다. 또 졸본 땅에 와서 소서노 세력과 결혼을 통해 힘을 합쳤습니다. 강한 무사들과 소서노의 물질적 지원을 바탕으로 추모는 이웃한 비류국과의 전쟁에서 승리했습니다. 또 추모왕은 주변의 말갈, 행인국, 북옥저 등을 정복하며 영토를 넓혔습니다. 그러자 비류국을 비롯한 이웃의 소국들은 추모왕을 중심으로 뭉쳐 고구려를 이루게 되었습니다. 이 가운데 비류나부, 연나부, 환나부, 관나부는 추모왕이 직접 이끈 계루부와 함께 5부를 이루며 고구려의 중심 세력으로 성장했습니다.

백제 건국 전쟁

추모왕의 뒤를 이어 고구려의 왕이 된 사람은 부여에서 탈출해 온 유리왕자였습니다. 고구려 건국에 큰 공을 세운 소서노는 그녀의 아들인 비류와 온조를 고구려의 임금으로 만드는 데 실패했습니다. 유리 왕자와 소서노 세력의 다툼에서 소서노가 패한 것이었습니다. 그러자 소서노는 두 아들과 많은 부하들을 거느리고 고구려를 떠나 남쪽으로 내려갔습니다.

▶ 엄수대수를 건너는 주몽

▲ 오녀산성 – 고구려는 잦은 전쟁으로 인해 적의 침략을 방어할 튼튼한 도성이 필요했다. 따라서 험준한 산 정상에 성을 쌓고 수도로 삼았다.

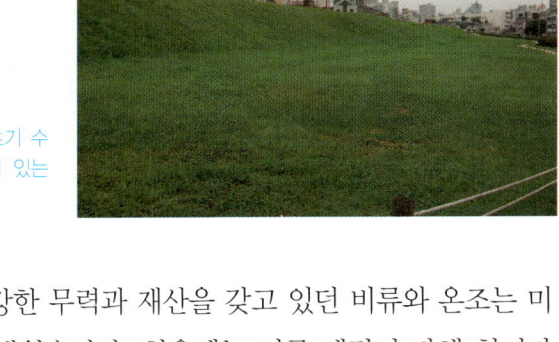

▶ 풍납토성 – 한강 변에 위치하며, 백제 초기 수도로 유력하다. 넓은 평야와 한강의 이점이 있는 곳에 온조는 나라를 세웠다.

고구려 건국에 공헌할 만큼 강한 무력과 재산을 갖고 있던 비류와 온조는 미추홀과 위례성에 각각 나라를 세웠습니다. 처음에는 비류 세력이 강해 형이라 불렸지만, 차츰 온조를 중심으로 두 세력이 통합되었습니다. 이 무렵 한강 유역은 마한 연맹에 속해 있었고, 백제도 마한 54국 가운데 하나였습니다.

《삼국사기》에는 백제가 건국 초기부터 말갈, 낙랑과 잦은 전쟁을 하였고, 그 탓에 수도를 하북 위례성에서 하남 위례성으로 도읍을 옮겼다고 합니다. 백제는 이때부터 마한의 소국들과 잦은 전쟁을 하게 되었고, 서서히 마한 세력을 남쪽으로 몰아내며 발전하게 되었습니다.

신라 건국과 전쟁

진한 12국 가운데 하나인 사로국은 여섯 부족장이 다스리는 나라였습니다. 신라의 발전은 외부에서 들어온 세력에 의해 이루어지게 되었습니다. 말이 지켜 준 알에서 태어난 박혁거세와 용의 옆구리에서 나온 알에서 태어난 알영은 부부가 되었고, 이들은 강한 무력과 종교적 권위를 앞세워 신라의 지배자가 되었습니다. 그런데 얼마 후 바다를 통해 들어온 대장장이 집단인 석탈해, 또 금을 다루는 김알지 집단이 신라에 왔습니다.

▲ 경주 계림 – 신라의 왕위를 배출한 박, 석, 김, 세 개의 성 가운데 김씨 족단의 출발지로 알려진 계림. 계림 옆에 신라의 왕성인 월성이 자리하고 있다.

박씨 집단은 곧 석탈해 집단과 연합하며 서로 왕위를 물려주며 나라를 다스렸습니다. 그런데 17대 내물이사금 이후에는 김알지의 후손들이 석씨 집단을 무너뜨리고, 왕위를 독차지하게 됩니다. 여러 세력의 연합을 통해 힘을 키운 신라는 진한의 소국들을 정복하며 차츰 큰 나라로 성장하게 되었습니다.

풍납토성

풍납토성은 오랫동안 잊혀져 왔으나, 발굴 결과 백제 초기 왕성임이 점차 분명해지고 있습니다. 풍납토성은 매우 거대한 성인 데다 연대를 측정한 결과 처음 만들어진 시기가 기원전으로 밝혀지고 있습니다. 지금까지 학자들은 삼국의 건국 연대를 《삼국사기》 기록보다 늦거나, 건국 당시에는 왕의 권력이 약해 큰 성을 쌓을 힘이 없었다고 보았습니다. 그러나 풍납토성의 발굴로 인해 삼국 초기의 역사를 다시 써야 할지도 모릅니다.

전사의 시대에서 군대의 시대로

부여와 초기 고구려에서 전쟁에 참여하는 전사는 선택된 사람들이었습니다. 적이 쳐들어오면 부족장인 제가들과 호민이라 불리는 자들은 나가서 싸웠고, 피지배층인 하호들은 그들에게 먹을거리를 가지고 가서 음식을 만들어 주어야 했습니다. 고구려도 초기에는 좌식자라 불리는 사람들이 전문적으로 전쟁을 담당했습니다. 전문적인 전투 훈련을 받은 이들의 숫자는 그리 많지 않았습니다. 반면 전쟁 규모가 커질수록 나라에서는 더 많은 군인이 필요했습니다.

좌식자와 경당 교육

고구려의 좌식자는 평소에는 농사도 짓지 않고 하호들이 가져다 준 음식을 먹고 마시며 살았습니다. 고구려는 초기에는 이들을 중심으로 전쟁을 할 수 있었습니다. 하지만 차츰 상대해야 하는 적들의 규모가 커지자, 고구려도 3만, 5만, 나중에는 최대 30만까지 많은 군대를 동원해야 했습니다.

좌식자만으로는 이렇게 많은 군대를 만들 수 없어 일반 백성들을 훈련시켜 군인으로 만들어야 했습니다. 대개 15세 이상 60세 미만의 남자들은 농사철에는 농사를 짓고 농한기인 겨울 등에는 군사 훈련을 했습니다. 특히 고구려의 소년들은 누구나 경당이란 학교에 가서 글쓰기와 활쏘기 등을 배워야 했습니다. 활쏘기는 장차 군인이 되기 위해서, 또 사냥을 잘하기 위해서 반드시 익혀야 하는 기술이었습니다. 활쏘기를 잘하는 자는 '주몽' 이라 불리며 사회에서 영웅 대접을 해 주었습니다. 평민이었지만 활쏘기를 잘해 장군이 되고, 임금의 사위가

BC 37년	고구려 추모왕이 명사수인 '주몽' 으로 불리며 전사들과 함께 나라를 세움.
AD 280년 이전	중국 삼국지 기록에 부여의 제가, 고구려의 좌식자 등장.
303년	고구려 3만 군사로 현도군 공격. 이 무렵 고구려 군사의 수가 크게 늘어남.
516년	신라 법흥왕이 군대의 일을 전담하는 병부 관청을 만듦.
540~576년	신라 진흥왕 화랑도 창설. 교육 기관인 동시에 군사를 양성하는 역할도 했다.
612년	고구려와 수나라의 전쟁은 200만에 달하는 엄청난 대군이 동원된 세계 대전.
997~1009년	고려 목종 16세 이상 남자들의 의무 복무제를 중심으로 한 군사 제도 완성.
1751년	조선 영조, 균역법 실시. 군대에 안 가는 남자들에 대한 세금을 줄여 줌.

▲ 전쟁은 살인과 방화 등 평상시에는 범죄였던 모든 행동들을 가능하게 한다.

▲ 고구려 무용총 수렵도 - 말 타고 활쏘기는 귀족들이라면 누구나 익혀야 했다.

▲ 덕흥리고분 활쏘기 경기 장면 - 활쏘기 경기는 귀족들의 오락이기도 했다. 5개의 과녁을 떨어뜨리는 고구려의 활쏘기 경기 장면은 조선 시대 무과 시험과 매우 유사하다.

▲ 고구려 무사의 모습 / 전쟁기념관

된 온달은 대표적인 '주몽'이었습니다. '주몽'이 되고자 백성들이 열심히 활쏘기를 익혔기에 고구려는 강한 군대를 가질 수가 있었습니다.

화랑도를 육성한 신라

고구려에 경당이 있다면, 신라에는 화랑도가 있습니다. 신라의 영토를 크게 키운 진흥왕 때 만들어진 화랑도는 강한 신라군을 만드는 힘이 되었습니다. 화랑도는 귀족의 자식 가운데 화랑을 선발하고, 그를 중심으로 많은 낭도들이 모여 함께 몸과 마음을 수련하는 청소년 단체였습니다. 화랑도에서 무예를 배운 이들은 높은 관리가 되거나, 군인이 되었습니다. 화랑도를 통해 신라는 높고 낮은 신분들 사이의 단결심을 높였습니다. 화랑 출신인 김유신, 관창 등은 신라가 삼국 통일을 하는 데 주역이 되었습니다.

군인이 되는 것을 피하게 되다

호민이나 좌식자는 전쟁의 결과 전리품을 나누어 가져 부자가 될 수가 있었습니다. 하지만 전쟁에 참여하는 군사들이 많아짐에 따라 전리품은 모두에게 나누어 줄 수가 없었습니다. 따라서 일반 백성에게는 전쟁에 참여하는 것이 스스로 선택한 일이 아니라, 강요에 의한 일이 되고 말았습니다. 짧은 시간 훈련을 받은 군사들은 전쟁에서 큰 공을 세우기 어려웠고 목숨을 잃기 쉬웠습니다. 더구나 한창 농사 등의 생업을 해야 할 나이에 군대에 몇 년간 복무하는 것은 성인 남자들에게는 괴로운 일이 되었습니다. 신라의 경우 3년의 복무 기간 동안 후임자가 오지 않아 6년으로 늘어나는 경우도 있었습니다.

전쟁이 발생하지 않아도 국가는 군대를 유지하여 반란 억제나 치안 유지에 대비해야 했습니다. 군대를 유지하기 위해 국가는 백성들을 강제로 군인으로 끌어갔고, 군 복무는 백성들에게 고된 의무가 되었습니다.

삼국 시대 이후 전쟁이 줄어들면서 군인으로 성공하기란 점점 어려워졌습니다. 그러자 귀족들은 제도를 바꿔 자식들을 군대에 보내지 않으려고 했습니다. 영광스러운 전사 집단과 강제로 입대한 병사들로 구성된 군대는 전쟁을 대하는 태도부터 달라져 갔습니다.

활과 쇠뇌, 총

활은 긴 세월 훈련해야 제대로 쏠 수 있는 무기입니다. 짧은 훈련을 통해 군인을 키우기 위해서는 활쏘기를 가르칠 수 없었습니다. 따라서 쉽게 배울 수 있는 방아쇠가 달린 기계 활인 '쇠뇌(노)'가 만들어졌습니다. 쇠뇌보다 더 쉽게 배울 수 있는 총이 발명되자, 오랜 기간 훈련한 전사와 짧은 훈련으로 키운 군인의 실력 차이가 사라졌습니다.

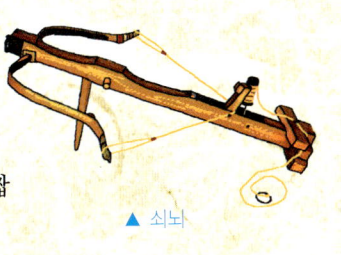
▲ 쇠뇌

근초고왕과 고국원왕의 승패

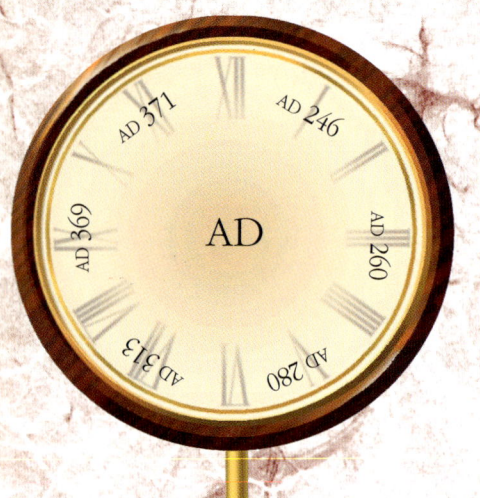

삼국 가운데 가장 먼저 발전한 나라는 고구려였지만, 가장 먼저 전성기를 누린 나라는 백제였습니다. 특히 백제 13대 근초고왕은 고구려를 격파하고 영토를 크게 넓혀 가장 먼저 삼국의 패자(어느 분야에서 으뜸이 된 사람이나 단체)가 되었습니다. 반면 고구려 16대 고국원왕은 백제보다 많은 인구와 영토를 갖고도 전쟁에서 패했을 뿐만 아니라, 백제군의 활에 맞아 죽음을 당해야 했습니다. 양국의 승패는 국력을 얼마나 집중시켰느냐에 달렸던 것입니다.

246년 고구려와 위나라 전쟁으로 일시 수도가 함락됨. 마한과 대방군도 전쟁을 벌임.

260년 백제 고이왕 6좌평과 16관등 제도를 실시함.

280년 고구려 북쪽에서 숙신이 쳐들어오자 이를 제압하고 영토를 넓힘.

313년 고구려 낙랑군을 멸망시킴. 다음 해 대방군을 멸망시키고 백제와 국경을 맞댐.

342년 고구려 전연의 공격을 받아 수도가 함락되고, 미천왕의 시신을 빼앗김.

366년 근초고왕이 마한을 정벌. 이때 마한이 실질적으로 멸망함.

369년 백제군이 치양 전투에서 고구려군을 크게 이김.

371년 평양성 전투에서 백제군이 고구려 고국원왕을 죽임.

고구려의 영토 확장과 불운

고구려는 기원후 22년 부여와의 전쟁을 계기로 부여를 제치고 만주와 한반도 북부 지역의 강자로 등장하였습니다. 6대 태조대왕은 주변 소국들의 통합을 마치고, 후한과의 전쟁에 나서 많은 재물을 뺏어 오는 등 발전을 거듭했습니다. 물론 위기도 있었습니다. 246년 위나라와의 전쟁에서는 수도가 함락당하는 수모를 겪기도 했습니다. 그러나 곧 고구려는 위나라의 침략을 물리치고, 북동쪽의 숙신을 제압하며 북쪽 부여 방면으로 영토를 넓혔습니다. 또 미천왕은 남쪽으로 낙랑, 대방군을 멸망시키고 서쪽으로 모용선비족을 공격하기도 했습니다. 하지만 16대 고국원왕 때인 342년 모용선비족이 세운 전연의 공격을 받아 수도가 함락당하고 미천왕의 시신을 뺏기는 수모도 겪었습니다. 고국원왕은 약 30년간 국력을 다진 후, 남쪽으로 영토를 넓히고자 백제와 전쟁을 벌였습니다.

백제의 발전과 영토 확장

백제 8대 고이왕은 관리들의 등급을 정리하고, 관리들의 임무를 정해 주는 등 법 질서를 정비하여 안으로 실력을 키웠습니다. 이때는 고구려가 위나라와 전쟁을 하고 있었는데, 마한의 여러 소국들도 위나라의 대방군과 전쟁을 했습니다. 이 전쟁으로 마한이 약해지자, 고이왕은 마한의 소국들을 차츰 통합해 한강 주변에서 가장 강한 나라로 성장시켰습니다.

13대 근초고왕은 백제의 힘을 모아 주변으로 영토를 확장했습니다. 먼저 소백산맥을 넘어 탁순국 등 가야 7개 소국을 정벌하고, 남쪽으로 전라도 지역의 마한 세력을 복종시켰습니다. 백제가 이들에게 승리할 수 있었던 것은 무기와 병력의 차이도 있었지만, 무엇보다 마한과 가야는 각기 소국들의 연합체인 반면 백제는 왕을 중심으로 국력을 하나로 모았기 때문입니다.

▲ 백암성에서 바라본 요동벌판 – 고구려는 요동 땅을 놓고 모용선비와 다투었다.

군대의 깃발

전쟁에서 왕이나 장군이 병사들에게 진격, 후퇴 등의 작전 지시는 북과 나팔 소리, 깃발 흔들기 등으로 전합니다. 또 어떤 부대인지를 알기 위해 각 부대는 각자 부대 깃발을 듭니다. 깃발은 대체로 네모난 모양에 글자, 호랑이나 용과 같은 강한 동물, 해와 달 등을 그려서 다른 부대와 구별이 되도록 했습니다.

▲ 조선 시대 왕의 의장용 깃발
국립고궁박물관

▲ 남한산에서 본 하남시 일대 – 이 지역은 몽촌토성, 풍납토성이 위치한 송파구 지역과 함께 백제가 성장한 무대였다.

근초고왕, 고구려를 격파하다

369년, 고국원왕은 보병과 기병 2만 명을 거느리고 치양(황해도) 지역을 공격했습니다. 이때 근초고왕은 근구수 태자와 함께 군사를 거느리고 나가 싸워 5천 명을 사로잡는 큰 승리를 거두었습니다. 371년 예성강 전투에서도 백제군은 군사를 숨겨 두었다가 고구려군을 기습하여 또 승리를 거두었습니다. 그해 겨울에는 근초고왕과 태자가 3만 군사를 거느리고 고구려 평양성을 공격했습니다. 이때 고국원왕은 직접 군사를 이끌고 맞서다가 백제군의 화살에 맞아 죽고 말았습니다.

백제군이 승리한 것은 국력을 하나로 모을 수 있었기 때문입니다. 당시 고구려군은 왕이 직접 지휘하는 강한 군사들과 달리 나머지 군사들은 싸울 의지가 약했습니다. 이러한 약점을 알고 있던 백제군이 먼저 고구려의 강한 군사들인 붉은색 깃발 군대를 격파하자, 나머지 군사들은 쉽게 무너지고 말았습니다. 백제군은 모두 황색 깃발을 사용하며 임금의 지휘를 받는 부대인 반면, 고구려는 임금이 지휘하는 부대와 귀족들이 내놓은 군사들의 협조가 원활하지 못했습니다. 인구가 많고 영토가 넓은 고구려였지만, 백제의 단결된 힘 앞에 지고 말았던 것입니다. 백제는 고구려를 거듭 격파하며 북쪽으로 크게 영토를 넓히는 등 삼국 가운데 가장 강한 나라로 우뚝 서게 되었습니다.

▲ 대성산성 남문 – 이 성은 평양 지역을 방어하기 위해 쌓은 성이다. 백제는 평양까지 쳐들어가서 고국원왕을 죽였다.

▶ 근초고왕의 활발한 정복 활동

광개토태왕과 장수왕

광개토태왕은 고구려의 영토를 크게 넓힌 임금이고, 장수왕은 아버지의 뒤를 이어 고구려의 전성기를 연 임금입니다. 광개토태왕은 고구려를 괴롭혔던 백제와 후연을 비롯해 거란, 숙신, 왜국, 동부여 등을 모두 다 굴복시키며 영토를 크게 개척하여 고구려를 제국으로 성장시켰습니다. 장수왕은 안으로는 실력을 다지고, 밖으로는 국제 정치의 조정자 역할을 하며 고구려를 동아시아 4대 강국으로 만들었습니다. 또 백제를 굴복시키고, 북쪽으로 더욱 영토를 넓혀 고구려를 경제와 문화가 번영한 나라로 만들었습니다. 고구려의 이러한 성공은 철저한 자기반성을 통한 변화 노력이 있었기 때문입니다.

372년	소수림왕 태학을 설립하고, 전진으로부터 불교를 받아들임.
373년	율령을 만들어 실시함.
396년	고구려 광개토태왕이 백제 수도 한성을 함락하고, 아신왕의 항복을 받음.
407년	고구려에게 거듭 패한 후연이 멸망하고, 고구려 후손에 의해 북연이 건국됨.
427년	장수왕이 국내성에서 수도를 남쪽 평양으로 옮김.
436년	북연이 멸망하자 북연왕과 백성들을 고구려로 데려오고, 북위와 대치.
475년	백제를 공격하여 개로왕을 죽임. 백제는 남쪽 웅진으로 도읍을 옮김.
479년	유연과 함께 지두우를 분할하고, 북쪽으로 세력을 확대함.

3대 개혁 정치를 실시한 소수림왕

고국원왕이 후연과 백제에게 거듭 수모를 겪으며 죽은 후, 왕위에 오른 소수림왕은 아버지의 원수들에 대한 복수보다는 안으로 실력을 다지기 위한 개혁 정치를 실시했습니다. 태학을 설립하여 학생들을 교육시켜 문서 행정에 능한 관리들을 키웠습니다. 불교를 받아들여 고구려 고유 종교 이외에 다른 종교를 믿는 사람도 받아들였습니다. 또 형벌과 도량형, 세금, 정부 조직 등 각종 제도를 정한 율령을 만들어 실시했습니다. 이러한 개혁이 있었기에 고구려는 국력이 빠르게 강해질 수가 있었습니다.

광개토태왕의 영토 확장

391년 왕위에 오른 광개토태왕은 고구려를 괴롭혔던 사방의 오랑캐들을 물리쳐 고구려를 천하의 중심 국가로 만들려는 꿈을 갖고 있었습니다. 백성들이 잘 사는 평안한 나라를 만들기 위해서 광개토태왕은 강한 적들과 전쟁을 벌였습니다. 먼저 광개토태왕은 유목민 거란을 공격하여, 그들이 납치해 갔던 1만의 고구려 사람들과 많은 소와 말, 양을 가져왔습니다. 소는 백성들의 농사에 도움을 주었고, 말은 고구려의 기병을 강하게 했습니다.

그는 고국양왕을 죽였던 백제를 다방면에서 공격하여 적을 지치

▶ 관미성 전투 - 백제와의 전쟁에서 고구려가 우위에 서게 된 결정적 계기가 되었다.

▲ 광개토태왕릉비 : 광개토태왕의 업적이 새겨진 높이 6.39미터의 거대한 비석이다.

말과 군대

말을 탄 기병은 걸어 다니는 보병에 비해 강력한 전투력을 가집니다. 말의 등장은 화약 무기의 사용과 함께 전쟁사의 혁명을 불러왔습니다. 각국은 기병의 확보와 기병을 막을 대책을 마련하게 됩니다. 고구려 사람들은 말을 타고 활을 쏘는 훈련을 게을리하지 않았고, 좋은 말을 확보하기 위해 유목민인 거란, 지두우를 정벌하기도 했습니다.

▲ 고구려 말 갑옷 / 전쟁기념관

게 했습니다. 그런 후 총공격을 감행하여 아신왕의 항복을 받았습니다. 또 신라를 속국으로 삼고, 신라에 쳐들어온 가야와 왜군을 물리쳐 남해안까지 고구려의 위력을 떨쳤습니다. 이어서 오랜 적이었던 후연을 거듭 격파해, 멸망하게 만들었습니다. 또한 동부여, 숙신 등도 제압하는 등 고구려의 영토를 크게 넓히는 데 성공했습니다. 고구려 사람의 힘을 모으고 희망을 제시하고 강하게 실천한 그의 활약으로 인해 고구려는 지역 강국에서 대제국으로 변신하게 되었습니다.

▲ 태왕릉 – 광개토태왕의 무덤으로 알려진 태왕릉. 한 변 길이가 65미터의 큰 무덤이다.

장수왕의 외교와 전쟁

전쟁은 또 하나의 정치입니다. 대화로 해결하지 못하면 무력을 사용할 수밖에 없습니다. 그러나 전쟁은 승리자에게도 막대한 피해를 주기 때문에, 싸우지 않고 승리하는 것이 가장 좋은 방법입니다. 장수왕은 대화를 통한 외교를 통해 국제 정치에서의 고구려의 이익을 확보하고 이를 지켰습니다. 5세기 동아시아 최강의 국가는 북중국의 북위였고, 북위는 한때 고구려를 공격할 계획을 세웠습니다. 장수왕은 북위와 사이가 나쁜 유목제국인 유연, 남중국의 송나라와 손잡고 북위를 포위하여, 북위로 하여금 고구려 공격을 포기하게 만들었습니다. 백제가 북위에게 함께 연합해 고구려를 공격하자는 제안을 했다는 소식을 북위로부터 전해 들은 장수왕은 백제 공격을 준비했습니다. 그는 먼저 도림 스님을 첩자로 보내 백제를 약하게 만든 후, 공격하여 백제 개로왕을 죽이고 한강 유역을 전부 차지했습니다.

장수왕은 또 북쪽 물길이 북위와 손을 잡으려고 하자, 유연과 손잡고 두 나라 사이에 지두우를 분할 점령하여, 물길이 북위로 연결하는 길목을 끊었습니다. 이 같이 국력을 낭비하지 않고 국제 정치를 좌우한 장수왕은 고구려를 동아시아 4강으로 만드는 데 성공했습니다.

▲ 장군총 – 장수왕의 무덤으로 추정되는 장군총. 한 변 길이가 31미터이다.

백제와 신라의 동맹과 반격

400년, 고구려가 신라를 구원해 가야와 왜의 침략군을 물리친 이후로, 신라는 고구려의 간섭을 받아야 했습니다. 고구려는 427년 수도를 국내성에서 남쪽인 평양으로 옮기며 백제와 신라, 가야를 더욱 억눌렀습니다. 하지만 시간이 변수였습니다. 신라는 고구려를 극복하기 위해 어제의 적이었던 백제가 제안한 동맹을 받아들였습니다. 두 나라가 힘을 합쳐 고구려에 대항하게 되자, 고구려도 이들을 막아 내기 어려웠습니다.

494년	북부여가 고구려에 항복해 옴. 고구려가 북쪽으로 영토를 더욱 넓힘.
520년	신라 법흥왕 등장. 율령을 시행하고, 불교를 받아들이며, 금관가야를 멸망시킴.
538년	백제 성왕이 수도를 웅진에서 사비로 옮김.
544년	고구려 안원왕의 외척들이 왕위 계승 문제로 내란을 일으킴. 전국적으로 확대됨.
551년	돌궐이 고구려 신성과 백암성을 공격해 왔으나, 이를 격퇴함. 백제와 신라 연합군이 고구려를 공격하여 한강 유역을 빼앗음.
553년	신라 진흥왕이 백제가 가진 한강 하류 일대를 기습 공격하여 빼앗음.
554년	관산성 전투에서 백제 성왕을 비롯한 3만 명 죽음. 신라의 대승.
562년	신라가 대가야를 정벌함. 가야 연맹이 완전히 멸망당함.

백제-신라 동맹

433년, 백제 비유왕은 신라 눌지마립간에게 좋은 말과 흰 매를 보냈습니다. 그러자 눌지마립간도 황금과 야명주를 백제에 보냈습니다. 이때부터 두 나라는 고구려에 대항하는 동맹 관계를 맺었습니다. 신라는 서서히 고구려의 영향에서 벗어나려고 노력했고, 백제 또한 힘을 회복하며 고구려에 대항했습니다.

▲ 청동 그릇 - 경주 호우총에서 발굴된 청동 그릇. 바닥에 '을묘년국강상광개토지호태왕호우십'이라는 글자가 새겨져 있어 당시 신라에 끼친 고구려의 영향력을 알게 해 준다. / 국립중앙박물관 [중박 200901-26]

하지만 백제는 475년 고구려의 공격을 받았습니다. 이때 백제 문주태자는 신라에 구원을 요청했습니다. 신라 자비마립간은 1만의 군사를 보내 주었습니다. 하지만 고구려군에 의해 백제 개로왕은 죽임을 당하고 수도인 한성은 폐허가 되었습니다. 결국 백제는 수도를 남쪽인 웅진으로 옮겨야 했습니다. 고구려가 강성할 때 양국의 동맹은 힘을 쓰지 못했습니다.

백제-신라 동맹의 고구려 공격

493년, 백제 동성왕과 신라 소지마립간은 혼인 동맹을 맺었습니다. 다음 해 고구려군이 신라 견아성을 포위하자, 백제 동성왕은 군사를 보내 신라를 돕습니다. 결국 고구려군은 포위를 풀고 물러났습니다. 495년, 고구려가 백제를

▶ 고구려는 돌궐과의 전쟁 탓에 남쪽에서 공격해 오는 백제와 신라군을 막기 어려웠다.

▲ 한강 – 서울을 가로지르는 한강과 그 주변은 삼국 모두가 탐내던 곳이다.

▲ 삼년산성 – 이곳 출신 고우도도가 백제 성왕의 목을 베었다.

돌궐은 어떤 족속인가?

터키 사람들의 조상인 돌궐족은 알타이 산맥 부근에서 대장장이 일을 하며 성장하여, 552년 몽골 초원을 지배하던 유연 제국을 멸망시키고 제국을 세웠습니다. 한때 동로마에서 고구려에 이르는 광활한 영토를 가진 이들은 고구려와 큰 전쟁을 하기도 했습니다. 589년 중국을 통일한 수나라가 등장하자, 돌궐과 고구려는 우호 관계를 맺으며 협력하기도 했습니다.

공격하자, 백제는 신라에 구원을 요청했고 신라군은 즉시 군사를 내어 고구려군을 쫓아 버렸습니다.

이처럼 혼인 동맹 이후 양국이 힘을 합치자 고구려는 두 나라를 넘보지 못했고, 백제와 신라는 빠르게 국력을 키울 수 있었습니다. 반면 고구려는 545년 왕위 계승 문제로 내란이 일어나고, 북쪽에서 돌궐이 쳐들어오는 위기에 빠졌습니다. 이때를 놓치지 않고 551년 백제 성왕과 신라 진흥왕은 고구려가 차지하고 있던 한강 일대를 함께 공격했습니다. 백제는 한강 하류 옛 백제의 터전을 되찾았고, 신라는 한강 상류의 산악 지역을 차지했습니다.

신라의 역습과 성왕의 죽음

고구려는 북쪽에서 돌궐과 전쟁을 해야 했으므로, 남쪽에서 두 나라와 싸울 힘이 부족했습니다. 고구려는 비밀리에 신라와 손을 잡았습니다. 신라 진흥왕은 넓은 평야가 있고, 해상 교통에도 유리한 한강 하류 지역이 탐나 고구려와 손을 잡았습니다. 552년 신라는 백제를 기습하여 한강 유역을 빼앗았습니다. 이때부터 백제와 신라는 치열하게 전쟁을 했습니다. 그런데 553년 백제 성왕은 소수의 군대로 이동을 하다가, 신라군의 기습을 받아 그만 죽고 말았습니다. 성왕이 죽자 당황한 백제군은 신라군의 공격으로 크게 패하였습니다. 신라는 백제를 물리치고 한강 유역을 독차지하고, 또 562년 대가야마저 멸망시켰습니다.

삼국 가운데 가장 약했던 신라는 고구려의 속국이었다가, 백제와의 동맹으로 이를 극복했습니다. 더 나아가 진흥왕의 빠른 판단으로 백제를 물리치고 영토를 넓혔고, 가야마저 멸망시켜 고구려도 무시하지 못할 강국으로 성장하게 되었습니다. 100년 후 신라의 삼국 통일은 우연이 아니라, 이와 같은 신라의 저력에서 비롯되었던 것입니다.

▲ 북한산 순수비 – 진흥왕이 한강 이북을 차지하고 기념하기 위해 세운 비석이다.

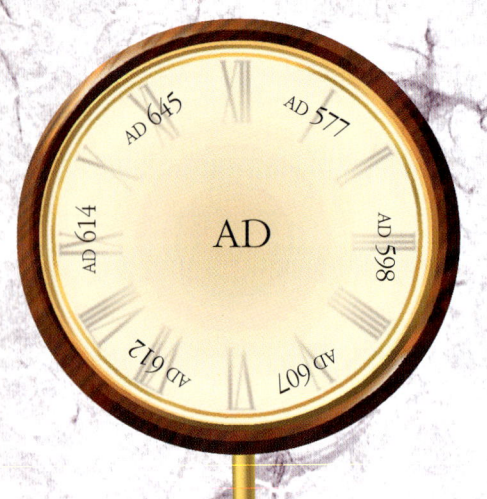

고구려와 수, 당나라의 대전

5~6세기 동아시아는 북방 초원, 동방, 북중국, 남중국을 지배하는 4대 강국을 중심으로 국제 질서가 유지되었습니다. 그런데 북중국에서 일어난 수나라가 남중국의 진나라를 멸망시키고, 북방 초원의 지배자인 돌궐마저 굴복시켰습니다. 수나라는 고구려를 굴복시켜 천하의 진정한 지배자가 되기를 원했습니다. 반면, 고구려는 천하의 중심국이며 천신의 자손이 세운 나라라는 자부심을 갖고 있었습니다. 이러한 야심과 자존심 때문에 두 나라의 전쟁이 시작되었던 것입니다.

고구려와 수나라의 전쟁

수나라가 큰 위협이 되자, 598년 고구려 26대 영양왕은 말갈 병사 1만을 거느리고 직접 적의 전진 기지인 영주를 공격했습니다. 그러자 수나라는 30만 대군으로 곧장 반격해 왔습니다. 이들은 요하를 넘지 못하고 대패하였고, 해군도 바다에서 참패했습니다. 수나라 문제 임금은 고구려의 강함을 알고 더 이상 전쟁을 원하지 않았습니다. 하지만 604년, 아버지 문제를 죽이고 임금이 된 양제는 전 세계를 굴복시키려는 야욕을 부렸습니다. 612년 수나라는 113만 8천 명의 정규군과, 이들의 2배에 달하는 군량 보급 인원을 동원해 고구려를 공격해 왔습니다. 고구려는 적을 요하와 요동성에서 막았습니다. 또 황해를 건너온 적의 수군을 수도인 평양으로 끌어들여 단번에 격퇴시켰습니다. 100만 대군으로도 요동성 하나를 몇 달 동안 함락시키지 못하자, 수나라는 30만 5천 명의 별동대로 하여금 곧장 평양을 공격하게 했습니다.

이때 을지문덕 장군은 적군이 군량 부족과 전투 의지가 약함을 알고, 이들을 지치게 한 후 살수에서 적을 크게 물리쳤습니다. 불과 2,700명만 살아서 돌아갈 수 있었던 이 전투가 유명한 살수대첩입니다. 고구려는 613년과 614년에도 수나라 침략군을 물리쳤습니다. 수나라는 고구려와의 전쟁에서 국력을 낭비해, 결국 618년에 멸망하고 말았습니다.

연표:
- 577년: 고구려와 북주의 전쟁. 온달의 활약으로 북주군을 물리침.
- 589년: 북주를 계승한 수나라가 남북중국을 통일한 초강대국으로 등장.
- 598년: 영양왕이 직접 1만 말갈군을 거느리고 수나라 영주를 침공함. 수나라가 즉각 30만 대군으로 반격해 왔으나 고구려군이 이를 격퇴함.
- 607년: 고구려 사신 돌궐 방문. 수나라 양제가 이를 보고 고구려에게 선전포고를 함.
- 612년: 고구려-수나라 2차 대전. 적의 대군을 요동성, 살수, 평양 전투에서 크게 격퇴함.
- 613-4년: 수나라가 거듭 침략해 왔으나, 고구려의 철벽 방어에 의해 성과 없이 물러남.
- 618년: 수나라가 멸망하고 당나라 등장, 고구려와 당나라 사이에 평화 관계 수립.
- 645년: 고구려와 당나라 1차 전쟁. 고구려군 안시성, 신성 등에서 당나라군 격퇴함.

▶ 을지문덕 장군의 지략과 고구려 백성의 단결로 수나라 대군을 물리친 살수대첩

고구려와 당나라의 전쟁

고구려는 살수대첩 등에서 적을 크게 물리치고 많은 포로와 물자를 얻었습니다. 하지만 전쟁으로 인해 농토가 파괴되는 등 피해도 많았습니다. 따라서 27대 영류왕은 수나라를 계승한 당나라와는 평화롭게 지내고자 했습니다. 당나라 2대 태종은 영류왕과 달리 고구려를 침략할 계획을 세웠습니다. 고구려 귀족 연개소문은 이를 알고 영류왕을 죽인 후 보장왕을 왕으로 모시고 당나라와 맞서게 되었습니다. 645년 당나라의 수십만 대군은 고구려의 요동 지방을 공격해 왔습니다. 전쟁 초기 당나라는 수나라와 달리 요동성, 백암성, 비사성 등 고구려의 성들을 함락시켰습니다. 하지만 곧 고구려군의 포위 작전에 말려들어 요동에서 고구려 내부로 진격하지 못했습니다. 겨울이 다가오고 군량마저 부족해진 당나라군은 마지막으로 안시성을 공격했으나 패배하자, 마침내 도망가기 시작했습니다. 당나라군은 고구려군에 쫓겨 요하의 늪지대인 요택으로 들어가 많은 병사들이 죽었습니다. 당나라는 패배를 만회하고자 다시 여러 차례 공격해 왔으나 그때마다 고구려군에 의해 격퇴됐습니다.

▲ 백암성 - 수, 당나라 군대와 맞선 고구려의 요동방어성이었다.

▲ 성산산성 - 요동반도 남부에 있는 고구려 성으로 당나라군을 물리쳤던 곳이다.

고구려의 승리 원인

고구려가 세계 최대의 인구와 영토, 군사를 가진 수나라와 당나라를 물리칠 수 있었던 것은 전쟁에 임하는 태도가 달랐기 때문입니다. 고구려 사람들은 나라를 지키기 위한 열정이 강한 반면, 전쟁터로 끌려온 적들은 그와 같은 의지가 없었습니다. 또 고구려는 강력한 방어력을 지닌 튼튼한 성을 중심으로 적을 지치게 한 후, 적의 약점을 노려 공격했습니다. 또 평소 활쏘기를 비롯한 군사 훈련을 게을리하지 않았기 때문에 병사들의 전투 능력 또한 강했습니다. 또한 국제 정세를 미리 파악하여 대비하고, 돌궐, 설연타, 거란 등 이웃 나라들을 잘 활용한 점도 중요했습니다. 무엇보다 승리할 수 있다는 믿음과 자부심이 전쟁 승리의 진정한 원인이었습니다.

▶ 고구려 중갑기병의 갑옷
전쟁기념관

을지문덕이 적장 우중문에게 보내는 시

"고대의 신기한 전략은 하늘의 이치를 알았고, 기묘한 계책은 땅의 이치마저 통달했네. 싸움에 이겨 공이 높았으니, 만족한 줄 알았거든 이제 그만 멈춤이 어떠하냐."

적장을 칭찬하는 것처럼 보이는 이 시의 숨은 뜻은 수나라 군대가 고구려에 와서 승리한 듯하지만 실제는 고구려군의 작전에 말려들었으니 도망가는 것이 좋을 것이라며 우중문을 놀리는 것입니다.

삼국 통일 전쟁

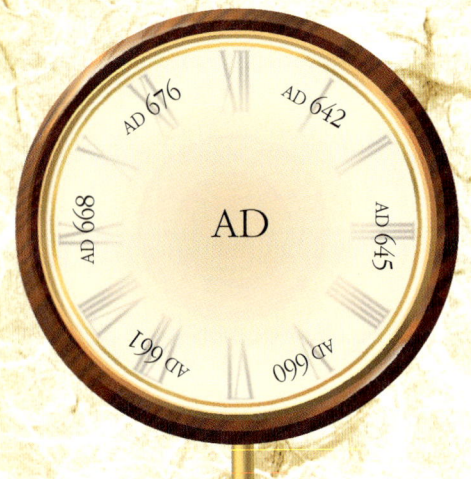

삼국 간의 경쟁이 날로 치열해지던 642년 백제는 신라를 공격하여 큰 승리를 거두었습니다. 삼국 간의 힘의 우위는 고구려, 백제, 신라순이었습니다. 그런데 가장 약한 신라는 당나라와 연합하여 660년 백제를 멸망시키고, 668년에는 고구려마저 멸망시키고, 676년에는 마침내 당나라마저 몰아내면서 삼국 통일을 완수할 수 있었습니다.

- 642년 — 백제 의자왕이 신라를 공격하여 40여 성을 점령함. 연개소문이 영류왕을 죽이고, 권력을 독차지함.
- 645년 — 고구려-당 전쟁에서 백제는 고구려, 신라는 당나라 편이 되어 도움.
- 648년 — 신라와 당나라의 동맹 체결.
- 660년 — 백제가 신라-당나라 연합군의 공격을 받아 멸망당함.
- 661-662년 — 고구려-당나라 2차 대전. 연개소문이 사수에서 당군을 크게 격퇴함.
- 663년 — 백제 부흥군과 왜국의 원군이 신라-당나라 연합군에 패배. 백제 부흥 운동 실패.
- 668년 — 고구려가 당나라-신라군의 공격을 받아 멸망당함.
- 676년 — 신라군이 당나라군을 완전히 몰아내고 삼국 통일을 완수함.

백제와 신라의 전쟁

642년 백제는 신라를 공격하여 대야성을 비롯한 40여 성을 함락시켰습니다. 백제에게 크게 패한 신라는 혼자의 힘으로는 복수를 할 수 없다고 판단하고, 고구려에 사신을 보내 동맹을 맺고자 했으나 실패했습니다. 도리어 고구려와 백제의 공격을 받아 나라가 멸망할지도 모르는 큰 위기에 빠졌습니다. 그러자 신라는 당나라와의 동맹으로 위기에서 벗어나고자 했습니다. 반면 백제 의자왕은 신라와의 전쟁에서 거듭 승리하자, 자만심에 빠져 차츰 정치에 소홀하게 됐습니다. 백제가 방심한 사이, 신라와 당나라는 먼저 백제를 공격해 멸망시킨 후, 고구려도 함께 멸망시킬 계획을 세웠습니다. 660년 신라의 5만 군대는 바다를 건너 보내온 13만 당나라 대군과 함께 백제를 공격했습니다. 신라와 당나라의 연합 공격을 예상하지 못한 백제는 황산벌 전투 등에서 저항을 하기도 했지만 너무도 쉽게 멸망하고 말았습니다. 자만심이 가져온 나태함이 백제를 망하게 한 것입니다.

고구려와 당-신라의 전쟁

백제를 멸망시킨 당나라는 신라의 도움을 얻어 661년 여름 고구려를 공격했습니다. 당나라군은 튼튼한 성들이 있는 고구려의 요동 지역을 피해, 수십만 대군이 바다를 건너 고구려 수도인 평양을 직접 공격해 왔습니다. 고구려는 662년 2월 당나라 대군을 사수 등지에서

▶ 백제 사람들의 강한 저항 의지가 돋보인 황산벌 전투

사수대첩?

을지문덕 장군이 612년 수나라 대군을 물리친 살수대첩은 너무도 유명합니다. 연개소문 장군도 662년 2월 평양 주변의 사수에서 당나라 장수 방효태가 이끄는 대군을 전멸시켰습니다. 이를 사수대첩이라고 합니다. 이 전투의 패배로 당나라는 한동안 고구려를 쳐들어오지 못했습니다. 사수대첩도 살수대첩에 못지 않은 커다란 승리였습니다.

크게 격퇴시켰습니다. 그런데 고구려의 권력자 연개소문이 죽고, 그 아들인 남생과 남건·남산 형제가 서로 권력을 놓고 싸우는 일이 생겼습니다. 게다가 싸움에 패한 남생이 당나라에 항복하며 나라를 배신하고 말았습니다. 그러자 당나라가 100만, 신라는 20만 대군을 총동원하여 고구려를 공격했습니다. 배신자로 인해 힘이 약해진 고구려는 마침내 668년 9월에 멸망하고 말았습니다.

신라와 당나라의 최후의 전쟁

신라와 당나라는 동맹을 맺을 때에 옛 백제 땅과 평양 남쪽의 고구려 땅은 신라가 차지하고, 그 북쪽은 당나라가 갖기로 약속했습니다. 하지만 힘이 강한 당나라는 약한 신라와의 약속을 저버리고 신라마저 멸망시키고자 했습니다. 이제 신라는 백제, 고구려보다 더 강한 당나라와 맞서야 했습니다. 당나라를 몰아내지 못하면 삼국 통일의 꿈도 사라지고 신라도 멸망하게 되는 최악의 위기였습니다.

신라는 과거에는 원수였던 고구려와 백제의 유민들을 설득하여 부대를 만들고, 이들과 함께 당나라와 전쟁을 시작했습니다. 이때 당나라는 고구려와의 오랜 전쟁으로 국력이 약해졌고, 토번(티베트)의 공격을 받아 당나라의 수도인 장안이 위협 받기도 했습니다. 신라는 당나라의 이와 같은 약점을 이용하여 전쟁에 유리하면 싸우고, 패하면 당나라에 사신을 보내 시간을 벌었습니다. 신라는 675년 매소성 전투에서 당나라 대군을 물리치고, 676년 기벌포 해전에서 크게 승리하였습니다. 세계 최강 당나라였지만, 토번과 신라 두 나라와 양쪽에서 전쟁을 하는 것은 힘겨웠습니다. 당나라는 신라와의 전쟁을 포기하고 물러나고 말았습니다.

비록 약한 신라가 선택한 전쟁이었지만, 승리에 대한 절박함이 앞섰던 신라 사람들의 강한 의지가 마침내 나태해진 백제, 내분에 빠진 고구려, 전쟁 의지가 약해졌던 당나라를 물리칠 수 있었던 것입니다.

▲ 낙화암 - 백제의 멸망 때 궁녀들이 이곳에서 자살했다는 전설이 전해져 온다.

▲ 김유신 무덤 - 삼국 통일의 영웅인 김유신 장군의 무덤

▲ 태종 무열왕 무덤 - 삼국 통일의 주역인 태종무열왕 김춘추의 무덤이다.

▶ 삼국통일을 이루어 낸 매소성 전투 - 675년, 신라는 매소성 전투에서 당나라 대군을 격파함으로써 당나라를 몰아내고 삼국통일을 완성할 수 있었다.

발해의 건국 전쟁

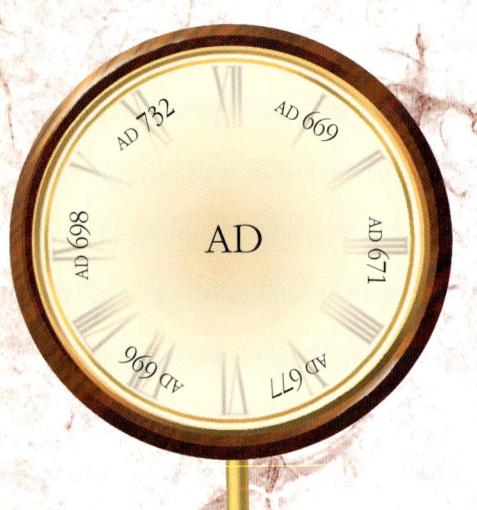

고구려를 멸망시킨 당나라는 고구려가 되살아나지 못하게 하기 위해 고구려 사람들을 잡아다가 이곳저곳에 흩어져 살게 하여 힘을 뭉치는 것을 막았습니다. 하지만 언제까지 당나라의 억압과 착취에 당할 고구려 사람들이 아니었습니다. 고구려 유민들은 고구려의 부활을 위한 투쟁을 계속했습니다. 특히 고구려 옛터와 가까운 영주 지역에 있던 고구려 유민들이 대조영을 중심으로 뭉쳐 나라를 세우는 데 성공했습니다. 그가 세운 나라가 곧 발해였습니다. 고구려를 부활시키려는 유민들의 강한 열망은 당나라도 막을 수가 없었습니다.

669년 고구려 사람 20만 명 당나라 내지로 끌려감. 안승, 검모잠 등이 고구려 부흥군 활동.

671년 고구려 안시성의 부흥군 당나라군의 공격을 받아 성이 함락됨.

672년 백수산 전투에서 고구려 부흥군과 신라 연합군 당나라군에게 패배함.

673년 호로하 전투에서 고구려 부흥군이 당나라군에게 패배함.

677년 보장왕이 고구려 고토에 설치된 안동도호부로 와 부흥 운동 펼치다 실패함.

696년 영주에 끌려갔던 고구려 유민들이 걸걸중상, 대조영 부자를 중심으로 탈출함.

698년 대조영에 의해 발해가 건국됨. 발해의 건국으로 고구려 부활을 알림.

732년 발해가 외교적 갈등 끝에 당나라 등주와 요서 지역 마도산을 공격함.

고구려 유민의 부흥 전쟁

고구려를 멸망시킨 당나라는 고구려 수도인 평양을 황폐화시키고, 왕과 귀족, 기술자 등 약 20만 명을 자기 나라로 끌고 갔습니다. 또한 고구려의 곳곳을 약탈하고 사람들을 죽였습니다. 고구려 사람들은 당나라의 억압에 맞서 고구려를 부흥시키고자 했습니다. 요동성, 안시성 등 당나라의 공격에 함락되지 않은 성들의 군사들과, 검모잠, 안승, 고연무 등 부흥군을 일으킨 사람들이 곳곳에서 당나라와 맞섰습니다. 부흥군은 때로는 신라와 연합하여 당나라와 맞서기도 했지만, 백수산 전투, 호로하 전투 등에서 크게 패했습니다. 고구려 유민들은 당나라에 의해 요서 지역인 영주를 비롯해 여러 곳으로 끌려가야 했습니다.

당나라는 고구려 유민들의 저항이 심해 요동의 일부 지역을 제외하고는 옛 고구려 땅을 제대로 지배할 수 없었습니다. 당나라는 요동에 고구려 마지막 임금이었던 보장왕을 보내 유민들이 당나라에 대항하지 못하게 했습니다. 그러나 고구려 옛터에 돌아온 보장왕은 당나라 몰래 고구려의 부활을 준비했습니다. 하지만 당나라에게 들켜 다시 당나라로 끌려가고 말았습니다.

▶ 천문령 전투 - 대조영은 천문령 전투에서 당나라 군대를 물리침으로써 발해를 건국할 수 있었다.

▲ 조양시 – 발해 유민들이 끌려갔던 유성 지역으로 요하 서쪽 대릉하 중류에 있다.

▲ 동모산 – 발해가 최초로 건국되었던 곳이다. 중국 길림성 돈화현에 있다.

대조영의 발해 건국

요하 서쪽에 위치한 영주는 당나라가 거란, 말갈, 고구려의 유민들을 모아서 감시하던 곳입니다. 당나라는 이곳에서 사는 여러 민족들을 괴롭혔습니다. 그러자 거란족이 군사를 일으켜 당나라 영주 자사를 죽이는 등 당에 대항했습니다. 이 틈을 타서 고구려 유민의 지도자인 걸걸중상과 그 아들 대조영은 말갈족 추장 걸사비우와 함께 옛 고구려 땅으로 탈출했습니다. 그러자 당나라는 군대를 보내 이들을 쫓았습니다. 당나라와의 전투에서 걸걸중상과 걸사비우가 죽자, 대조영이 이들 유민들을 이끌었습니다. 고구려의 옛터로 돌아온 대조영은 쫓아온 당나라군을 천문령 전투에서 크게 격파하고, 고구려 유민을 모아 세력을 크게 키웠습니다. 그러자 더 이상 당나라도 대조영을 막을 수 없었습니다. 대조영은 마침내 발해를 건국하며 고구려의 부활을 알렸습니다.

발해와 당나라의 전쟁

발해가 세워지자 구심점이 없어 흩어져 살던 고구려 유민들과 말갈족은 발해를 중심으로 빠르게 뭉쳤습니다. 하지만 북쪽에 사는 흑수말갈은 발해에 대항하고자 당나라와 손을 잡았습니다. 무왕은 흑수말갈을 공격하려고 했습니다. 그런데 당나라와의 전쟁을 염려한 동생인 대문예가 형에게 반대하다가 당나라로 도망쳤습니다. 대문예 문제로 당나라와 갈등이 생기자, 무왕은 당나라의 등주와 요서 지역을 공격했습니다. 그러자 당나라는 서둘러 신라에게 도움을 요청했습니다. 신라는 당과 친하게 지내기 위해 3만 군대를 보내 발해를 공격했으나, 큰 눈을 만나 성과를 거두지 못했습니다. 그러자 발해는 당과 신라를 견제하기 위해 돌궐, 일본에 사신을 보냈습니다.

무왕이 죽은 후, 발해 문왕은 당나라와 대결하기보다 평화를 원했습니다. 당시 선진국인 당나라와 교류를 통해 이익을 얻는 것이 발해에게 더 필요했기 때문이었습니다.

▲ 발해 병사가 썼던 투구

장문휴의 등주 공격

732년, 발해 무왕은 장군 장문휴를 시켜 바다 건너 산둥 반도의 등주를 공격했습니다. 발해군은 당나라 등주자사 위준을 없애는 성과를 거두었습니다. 장문휴의 등주 공격은 당나라를 크게 놀라게 만든 사건이었습니다.

무역과 해양 시대

인간은 살면서 많은 물건을 필요로 하지만 물건 전부를 직접 생산할 수가 없습니다. 따라서 필요한 물건을 가진 다른 사람과 자신이 가진 물건을 교환하기 마련입니다. 교환 규모가 커지자, 전문적으로 물건을 구해다가 필요한 사람에게 물건을 파는 상인들이 등장합니다. 상거래의 이익이 커지자 국가가 상업에 간여하기도 합니다. 국가는 중요 물자를 다른 나라에 공급하는 대가로 그 나라에 여러 가지를 요구하기도 합니다. 상거래의 이익은 국가를 부자로 만듭니다. 상거래가 활발해지자 사람들의 생활도 풍족해졌습니다. 물건을 구하고, 옮기기 위해서는 빠른 교통수단과 이동로가 필요합니다. 육지에서는 말과 수레가 다닐 수 있는 도로가 필요합니다. 바다에서는 바람과 조류를 잘 이용하면 배에 물건을 빨리 이동할 수 있습니다. 바다는 고속도로와 마찬가지로 사람과 물자의 이동의 통로였습니다. 우리 겨레의 터전인 만주와 한반도는 대륙과 해양이 서로 만나는 지점에 있습니다. 그래서 일찍부터 상거래가 활발했고, 사람들의 왕래도 많았습니다.

교역 물자

옛사람들은 먹을거리의 대부분을 스스로 농사를 지어 마련했고, 의복도 스스로 옷감을 짜서 만들어 입었습니다. 하지만 특별한 먹을거리와 고급 의복들은 다른 사람의 것과 교환을 해야 했습니다. 부자들의 경우는 남들이 갖지 못한 귀금속, 공예품을 얻기 위해 먼 곳에서 생산된 물자를 원하기도 했습니다. 또한 국가는 왕과 귀족의 권위를 높이기 위한 사치품, 무기를 생산하기 위한 철 등을 확보하는 데 큰 관심을 기울이기도 했습니다.

주로 교역된 물자는 금, 은, 철, 옥, 구리와 같은 광물, 고급 옷감, 장식품, 공예품, 약재, 향신료와 곡물, 소금을 비롯한 식재료, 짐승의 가죽, 진귀한 짐승, 목재 등이었습니다. 이들 제품들의 공통점은 특정한 지방에서만 생산되거나, 그 지방에서 생산된 것이 다른 지방에서 생산되는 것보다 월등히 좋은 것이기 때문입니다. 금, 은, 철, 모피, 실크류, 도자기, 인삼 등은 동아시아 교역에 있어서 아주 중요한 위치를 차지했습니다.

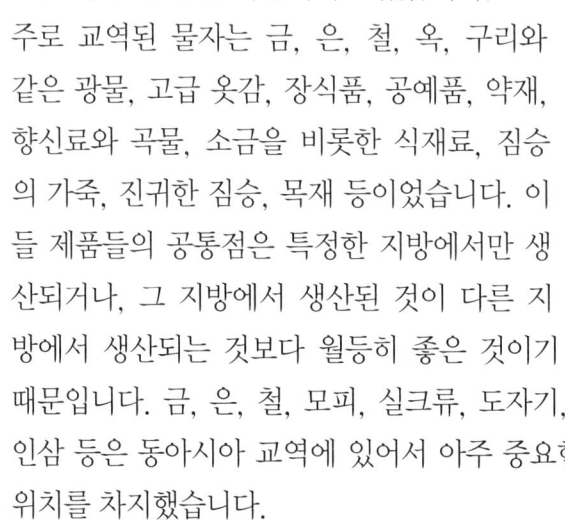

상인의 이동 수단

물건은 사람이 직접 손에 들거나, 머리에 이거나, 등짐을 지거나, 지게를 이용해 들고 갈 수 있습니다. 하지만 사람이 직접 옮기는 것보다는 말, 낙타, 소 등을 이용하는 것이 덜 힘들고 많은 물건을 옮길 수가 있습니다. 하지만 말과 수레 등이 다니기 위해서는 강을 건널 다리와, 잘 닦인 도로가 필요합니다. 국가에서는 군대를 빨리 이동시키거나 각 지역의 정보를 빨리 얻고, 상업을 활성화시키기 위해 도로와 다리를 만들었습니다. 도로와 다리가 잘 만들어진 나라일수록 상업이 발전하고 나라와 백성들이 부유해질 수 있었습니다. 하지만 수레보다 효과적인 운송 수단은 배입니다. 육로로는 대량의 곡식이나, 무거운 철, 다량으로 소비되는 도자기를 옮기는 데 힘이 많이 듭니다. 강과 바다를 이용해 거대한 배를 띄워 물자를 옮기면 수레보다 더 많은 짐을 한 번에 옮길 수 있습니다.

동아시아 바다와 우리 나라

우리 나라는 삼면이 바다이며, 대륙과 일본 열도를 연결하는 길목에 위치하고 있습니다. 고조선 시대부터 고려 시대까지 우리 역사의 나라들은 동아시아 바다의 주인이었습니다. 장보고를 비롯한 우리의 바다 사람들은 진취적인 기상을 갖고 험한 파도를 넘어 먼 나라와도 활발히 무역 활동을 했습니다.

무역과 정치

BC 7세기	고조선과 산동 반도의 제나라에 가죽 제품 수출.
BC 2세기	위만 조선은 한나라와 한반도 남부 여러 나라와의 중계 무역에서 이익을 취함.
BC 1세기	창원 다호리 유적에서 나온 붓은 교역 물품을 목간에 기록하기 위한 것이었음.
AD 1세기	풍납토성에서 한나라 도자기가 출토됨.
1세기 말	후한은 책구루를 설치하여 고구려에게 값비싼 물건을 줌.
2세기 초	후한은 부여에게 왕이 죽을 때 사용할 옥갑을 선물함.
313년	중국의 동방 무역 기지인 낙랑군 멸망. 고구려와 백제가 무역 이익을 놓고 다툼.
605년	유성에 있는 고구려 시장에서는 한 번에 2만 명의 상인이 왕래함.

국가의 수입은 농민들로부터 세금을 걷는 것이 가장 많지만, 그에 못지않게 상거래에서 얻는 이익도 컸습니다. 소금이나 철 등 중요 물건은 국가가 독점하여 팔아 이익을 얻기도 했습니다. 또한 외국과의 무역도 국가가 종종 상인을 대신해서 독점하기도 했습니다. 여러 부족이 연합한 나라의 경우 외국과의 무역을 독점하는 부족장이 힘을 키워 왕으로 등장하기도 합니다. 금관가야가 가야 연맹의 리더가 된 것이나, 고구려 계루부가 5부족의 리더가 되어 왕을 배출한 힘은 대외 무역의 이익을 독점했기 때문입니다. 또 왕은 외국의 진귀한 물건을 얻어 귀족들에게 나누어 주었고, 귀족은 왕으로부터 받은 물건을 통해 자신의 지위를 다른 이들에게 과시하기도 했습니다.

약탈과 교역

고구려 6대 태조대왕은 동아시아에서 가장 물자가 풍부한 후한을 공격하여 재물을 약탈하고, 포로들을 잡아 왔습니다. 큰 나라인 후한은 워낙 상대할 적이 많기 때문에 고구려와 전쟁하는 것이 부담스러웠습니다. 그래서 포로 1명을 비단 40필과 교환해 주고, 책구루를 설치하여 물건을 정기적으로 주며 고구려에게 침략하지 말라고 요구했습니다. 약탈은 필요한 물자를 쉽게 얻을 수는 있지만 매우 위험한 방법입니다. 후한이 크게 화가 나서 대군을 동원한다면 고구려가 승리할 수 없기 때문입니다.

차츰 고구려는 후한의 비위를 맞춰 주며 필요한 물건을 얻고 후한은 고구려가 소란을 일으키지 않는 조건으로 물자를 주는 교역을 하게 되었습니다. 양국이 교역에서 불만이 없다면 두 나라는 전쟁 없이 평화롭게 지낼 수 있습니다. 반면 전쟁은 교역에서 더 큰 이익을 얻고자 하거나, 더 큰 손해를 보지 않으려는 자들에 의해 일어나기도 합니다.

위세품과 사치품

강원도 원주시 법천리 유적에서는 중국 동진에서 만들어진 양 모양의 청자가 출토된 바 있습니다. 이 무덤의 주인공은 양 모양의 청자를 한강 하류에 있는 백제를 통해 얻은 것입니다. 백제는 동진 등 외국과의 교역을 통해 진귀한 물건을 구하여, 이를 백제 내부의 귀족들은 물론, 주변 작은 나라들에게 나누어 주었습니다. 힘이 강한 자는 더 좋은 물건을 가졌고, 힘이 약한 자는 백제에게

▲ 원주 법천리 출토 양 모양 청자

▲ 황남대총의 화려한 금관은 무덤 주인공의 지위를 상징하는 위세품이었다. / 국립중앙박물관[중박 200901-26]

책구루

고구려가 후한의 변경을 자주 약탈하자, 후한은 고구려와의 국경 지역에 작은 성을 쌓고 비단 등 값이 나가는 물건을 그곳에 두어 고구려로 하여금 가져가게 했습니다. 후한은 약탈을 당하거나, 고구려를 공격하는 것보다 고구려에게 물건을 주고 전쟁을 피하는 것이 더 이익이었습니다. 고구려는 책구루에 물건이 적으면, 언제든지 약탈자로 변하기도 했습니다.

충성을 바쳐 더 좋은 물건을 얻고자 했습니다. 좋은 물건은 그것을 가진 자의 지위를 과시하는 데 사용되었습니다. 이런 물건을 위세품이라고 합니다.

다이아몬드, 금 등 값비싼 것은 구하기 어렵기 때문에, 그것을 가진 사람들을 돋보이게 하기 때문입니다. 남보다 돋보이고자 하는 마음에서 사람들은 굳이 필요가 없는 값비싼 사치품을 구하기도 합니다. 위세품은 흔히 구할 수 없는 사치품이었고, 외국과 교역을 통해 얻는 것이 많았습니다.

위세품, 사치품은 고대에 중요한 교역 물품으로 교역 활성화에 큰 기여를 했습니다. 또 기술자들이 보다 좋은 물건을 만들도록 부추겨 고대의 과학 기술과 예술을 발전시키는 원인이 되기도 했습니다.

조공 무역

위세품을 얻기 위해 약소국은 강대국에게 자국의 물건을 바치고 머리를 조아립니다. 강대국은 자국의 힘을 과시하기 위해 받은 물건 이상으로 귀한 물건을 줍니다. 이런 행위를 통해 이루어지는 무역을 조공 무역이라고 합니다. 조공 무역은 강국과 약소국의 평화를 유지시켜 주는 힘이 되기도 합니다.

강대국인 한나라는 남월, 부여 등 주변 나라의 왕이 죽으면 옥 조각을 비단 실로 꿰어 만든 귀한 수의인 옥갑을 선물로 보냈습니다. 강대국은 약한 나라의 복종을 얻기 위해 값비싼 물건을 주어야 했습니다. 강대국은 강대국의 지위를 유지하기 위해 많은 비용이 들었으니, 조공 무역이 약소국에게 불리한 것만은 아니었습니다.

▲ 백제 왕이 일본 왕에게 하사한 칠지도

▲ 일본과 무역을 하기 위해 떠나는 발해 무역선

철, 인삼, 도자기 교역

철은 칼, 창과 같은 무기와 갑옷을 비롯해 괭이, 보습과 같은 농기구는 물론, 솥을 비롯한 각종 생활용품 등도 만들 수 있는 쓸모가 많은 금속입니다. 하지만 철을 생산하는 광산은 그 분포가 한정되어 있습니다. 인삼 역시 만병통치약으로 생각될 만큼 중요한 약재였지만, 주로 고구려와 백제 등 생산지가 제한되어 있습니다. 도자기도 널리 쓰이는 생활용품이었지만, 질 좋은 도자기는 고대에는 중국에서만 생산되었습니다. 물건을 원하는 사람들은 많은 반면, 생산지는 한정된 만큼 이들 물건은 활발히 교역이 이루어졌습니다.

철의 왕국

소백산맥과 낙동강 사이에 위치한 변한은 철을 많이 생산했습니다. 변한은 마한, 예, 왜는 물론 후한의 낙랑, 대방군에게 철을 수출했습니다. 철이 많이 생산되다 보니 시장에서의 거래도 철을 화폐로 사용하였습니다. 변한의 후예인 가야 연맹 역시 철의 왕국으로 불렸습니다. 특히 낙동강 하구에서 좋은 항구를 갖고 있던 금관가야는 외국과의 무역을 독점하여 가야 연맹의 리더가 되었습니다.

6세기까지 철을 생산하지 못했던 일본 열도의 나라들은 가야로부터 철을 공급 받아야 했습니다.

고구려는 요동의 무순, 함경북도의 무산 등에서 많은 철이 생산되었습니다. 고구려는 이웃한 거란, 실위 등에 철을 수출했습니다. 철은 무기 생산과 관련이 있기 때문에 이들 나라들은 철을 얻기 위해 고구려에게 잘 보이려고 했고, 고구려는 이들 나라에게 큰 영향력을 미칠 수 있었습니다. 백제 역시 가야가 멸망한 후, 철을 공급해 줄 나라를 찾던 왜국에게 큰 영향력을 끼칠 수가 있었습니다.

인삼의 교역

인삼은 만주와 한반도 일대에서 자라는 최고의 약재입니다. 과거 인삼은 씨를 뿌려 재배하는 것이 아니라, 산에서 캐내는

42년	가야 건국. 철 교역으로 활발한 무역.
313년	낙랑군 멸망. 백제와 고구려가 서해 해상 교역권 다툼.
5세기	고구려는 백제의 중국 인삼 교역권을 빼앗아 대신 수출함.
5~7세기	고구려는 실위와 거란에 철을 수출하고 말, 유제품, 군사 지원 등을 받음.
6세기	백제는 가야를 대신해 일본 열도에 최대의 문화상품 수출국으로 등장.
723년	신라 성덕왕이 당나라에 인삼, 우황, 각종 실크 제품을 전함. 이후 인삼, 실크, 금, 은, 해표피, 과하마 등이 당나라에 수출됨.
830년경	장보고가 강진에 도요지를 만들고 도자기를 만들어 수출함.
1616년	임진왜란 때 일본에 끌려간 도공 이삼평이 일본 최초의 아리타 도자기를 만듦.
1821년	무역상 임상옥이 청나라에서 인삼을 거래하여 막대한 재화를 벌음.

▶ 백제 사람들의 기와 굽는 과정

▲ 철정 - 가야 무덤에서 발견된 철덩이로 화폐로도 널리 쓰였다.

▲ 고려 인삼 - 인삼은 우리 나라의 대표적인 수출품이었다.

산삼이었으니 그 효능은 실로 대단했습니다. 약효가 좋은 만큼, 인삼은 외국에도 널리 수출되었습니다. 고구려 중기까지만 해도 중국에서는 인삼의 약효를 알지 못했지만 차츰 고구려와 백제의 인삼이 좋다는 것을 알고 수입을 했습니다. 500년 무렵에 만들어진 중국의 의서에는 고구려에서 불리는 인삼 노래마저 적혀 있습니다. 고구려의 마다산에서 인삼이 나온다는 사실을 알고 있을 만큼 중국에서 인삼의 인기는 많았습니다. 광개토태왕이 백제를 제압한 이후, 고구려는 백제 인삼의 수출권을 빼앗아 중국에 수출하기도 합니다. 인삼은 은, 담비가죽과 함께 고구려의 대표 수출 상품이었습니다. 통일신라 시대에는 인삼이 한 번에 200근 이상 거래되기도 했습니다. 인삼은 고려와 조선 시대에도 대표적인 수출 상품으로 더욱 각광을 받았습니다.

도자기의 교역

음식을 저장할 때 사용하는 토기는 물이 새거나 스며드는 단점이 있습니다. 그런데 좋은 흙으로 빚은 토기에 그림을 그리고 유약을 발라 높은 온도에 구운 도자기는 물이 새지 않고 아름다워 생활용품으로, 장식품으로 많은 이들의 사랑을 받았습니다. 도자기는 중국에서 가장 먼저 발달했고, 그 기술은 고대의 최첨단 기술로 오랫동안 중국만이 독점했습니다.

중국의 도자기는 삼국 시대 초에 수입되어 왕과 귀족들의 사치품으로, 위세품으로 사용되었습니다. 7세기 이후 당나라는 도자기를 세계 최대의 교역 상품으로 만들었습니다. 신라의 장보고는 당의 기술을 들여와 전남 강진에서 청자를 생산해 외국에 수출했습니다. 고려는 비취색이 나는 도자기인 청자, 특히 상감청자 등을 발전시켜 외국에 널리 수출했습니다. 조선은 청화백자 등을 생산했습니다. 하지만 조선은 외국 수출에는 관심이 적었습니다. 반면 조선의 백자 기술이 탐난 일본은 임진왜란 때 도자기 기술자들을 데려가서 도자기를 생산해, 유럽 등에 일본 자기를 수출해 큰돈을 벌었습니다.

▲ 고려 청자 - 비취색이 나는 고려청자는 최상품으로 인기가 높았다.
국립중앙박물관[중박 200901-26]

인삼의 약효

인삼은 최고의 좋은 약재로 알려져 있습니다. 인삼은 심장 기능을 강화시켜 주며 사람의 힘을 나게 하는 효능, 병병 원균에 대한 저항력을 증진시키고 지적, 신체적 능력을 회복시켜 주며 노화를 방지하는 효능도 있습니다.

신라 물건이 필요하다

삼국 통일은 신라의 영토를 크게 넓혔을 뿐만 아니라, 경제 규모도 크게 키웠습니다. 고구려와 백제 유민을 받아들인 탓에 기술이 크게 발전하여 좋은 상품을 생산할 수 있었습니다. 703년 이후 당나라와 사신 왕래가 다시 시작되면서 신라는 차츰 당나라, 일본 등과 교역을 하게 되었고, 아라비아 상인과도 거래를 했습니다. 신라의 귀족들은 직접 제품을 생산하여 외국에 수출하는 일에 종사하기도 했습니다. 수공업과 상업이 발달한 통일신라는 외국인이 스스로 찾아오는 경제적 번영을 누리는 풍요한 나라였습니다.

703년	신라와 당나라에 사신을 보내, 양국 간의 교류가 다시 시작됨.
723년	신라가 당나라에 우황, 해표 가죽, 인삼, 금, 은 등을 선물하자, 당나라가 금 허리띠, 비단 2천 필 등을 답례품으로 보냄.
752년	신라 상인 김창겸이 일본에 가서 대량으로 교역을 함.
828년	장보고가 청해진을 설치함.
834년	흥덕왕이 신분별로 진귀한 외래품 사용을 규제하는 법령을 시행함.
846년	이븐 쿠르다지바의 《왕국과 도로 총람》이 발간됨.
879년	아라비아 사람으로 추정되는 처용이 신라에 와서 살게 됨.
935년	신라가 고려에 항복하면서 멸망함.

매신라물해

752년 3월 신라 왕자 김태렴은 700명을 거느리고 7척의 배를 타고 일본에 도착하여 대규모로 무역을 했습니다. 김태렴이 일본 수도에 도착하자, 일본 정부는 고위 관리들에게 신라 물품 구입을 신청하도록 '매신라물해'라는 문서를 만들었습니다. 일본 귀족들은 염물이라고 하여 신라 물건을 꼭 사게 해 달라고 문서에 쓰기도 했습니다.

일본이 김태렴에게서 구입한 물건은 거울, 가위, 젓가락, 마구, 비단, 잣, 꿀, 소반, 양탄자, 주사를 비롯한 안료, 각종 염색 재료, 사향, 용뇌향 등의 각종 향료, 인삼과 감초를 비롯한 약재 등 그 종류가 너무도 다양합니다. 대부분은 신라에서 생산하여 세계 각국에 수출했던 물건들입니다. 서역과 동남아, 아라비아 특산물을 신라가 수입했다가 일본에 다시 수출하는 중계 무역품도 많았습니다.

김태렴은 일본의 후한 대접을 받고 7척의 배에 실린 물건을 모두 팔았습니다.

신라 귀족들, 상업에 나서다

조선 시대에는 '사농공상'이라고 하여 글 읽는 선비와 농부, 수공업자, 상인의 직업 구분이 분명했습니다. 특히 상업은 말업이라고 하여 선비들이 해서는 안 되는 일로 천대를 받았습니다. 하지만 과거에는 달랐습니다. 신라의 귀족들은 직접 수

▶ 신라 경주의 장터 모습

▲ 유리잔 - 신라에서 사용된 유리잔으로 페르시아, 로마 지역에서 생산되어 전해진 물품이다.
국립경주박물관

▲ 양가묵 - 신라의 묵은 질이 좋은 최상품으로 인기가 높았다. 일본 정창원에서 발견되었다.

정창원

정창원은 8세기 초에 만들어진 일본 나라현 도다이사에 위치한 일본 왕실의 보물 창고입니다. 이곳에는 미술품, 공예품 등 9천 점이 소장되어 있는데, 통일신라에서 만들어진 가위, 유리잔, 칼, 양탄자 등 신라의 문화재가 상당수 소장되어 있습니다.

▲ 신라의 수출품이 많이 남은 일본의 정창원

공업장을 경영했습니다.

일본의 왕실 창고인 정창원에는 신라에서 수입한 물건이 지금도 남아 있습니다. 그 가운데 양탄자에는 자초랑 댁에서 만들었다는 꼬리표가 붙어 있습니다. 또 양가, 무가 가문에서 만든 좋은 먹도 있습니다. 신라의 귀족 가문인 자초랑 댁, 양가, 무가 등에서는 수공업 제품을 생산하여 이를 외국에 팔았던 것입니다.

신라의 거대 사찰에서도 수공업장을 운영했습니다. 승장이라 불리는 기술자들이 있어서 사찰에서 짓는 건축물이나 물건을 만들어 냈습니다. 신라 정부도 직접 운영하는 공장이 있어서 많은 제품들을 생산했습니다.

신라에 온 아랍 사람

846년 발간된 이븐 쿠르다지바의 《왕국과 도로 총람》에는 아라비아 사람들이 신라에 직접 왔다는 기록이 있습니다. 이 책에는 신라가 금이 많고, 비단, 담비 가죽, 알로에, 사향 등을 생산하는 나라며, 너무도 아름다운 나라라고 적혀 있습니다. 경주 괘릉에는 아랍 사람의 모습을 한 석상이 있는데 신라 사람이 직접 이들을 만났기 때문에 이와 같은 석상이 만들어졌던 것입니다. 당시 아라비아 상인들은 인도와 동남아를 거쳐 당나라에 와서 살기도 했습니다. 이들은 신라 사람들과 만났고 신라까지 와서 물건을 구입하기도 하고, 신라에서 살기도 했던 것입니다.

이들은 신라의 돛베, 비단, 도자기, 칼, 말안장 등을 구입했습니다. 특히 이들이 돛베를 구입해 간 것은 당시 신라의 배가 우수하여, 돛을 만드는 기술도 뛰어났음을 알려 줍니다. 신라는 아랍 사람들로부터 상아, 향수, 유리제품 등을 구입했습니다. 신라 정부에서는 외국의 진귀한 물건을 구하여 낭비하는 사회 풍조가 일어나자, 각 신분별로 차등을 두어 값비싼 외제 물건을 사용하지 못하도록 법으로 통제할 정도였습니다.

▲ 경주 괘릉에 있는 아라비아 사람의 모습

해상왕 장보고와 동아시아 무역

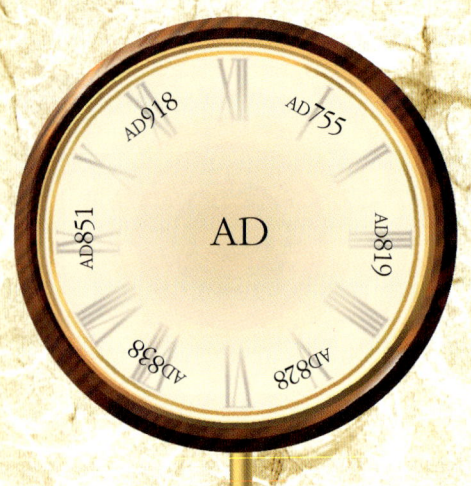

통일신라 시기 바다를 통한 동아시아의 국제 교역이 활발해지자 해적들이 생겼습니다. 해적들은 무역선을 약탈할 뿐만 아니라, 사람들을 잡아다가 노예로 팔았습니다. 장보고는 왕에게 해적 소탕을 위하여 청해에 진영을 설치할 것을 요청했습니다. 청해진 대사 장보고는 해적을 소탕하였고 무역 상인으로 큰 성공을 했습니다.

755년	이정기가 당나라 산둥 지역을 다스리는 평로치청절도사가 됨. 차츰 독립 세력이 됨.
819년	고구려 유민의 후손인 이정기에 의해 세워진 제나라가 55년 만에 멸망함.
828년	장보고에 의해 청해진 설치.
838년	일본 스님 엔닌이 장보고의 도움으로 당나라에 유학. 장보고와 재당신라인에 대한 기록이 많은 《입당구법순례행기》를 지음.
846년	장보고, 신라 정부가 보낸 염장에 의해 살해됨.
851년	청해진 사람들을 벽골제로 강제 이주시켜 청해진 해체됨.
893년	신라 해적이 일본 곳곳을 침입하여 일본에 큰 위협이 되기도 함.
918년	송악 지방의 해상 호족 출신인 왕건에 의해 고려 건국.

신라방

통일신라 시기 당나라는 세계 최고의 경제, 문화 강국이었습니다. 불교와 유교를 배우기 위해 신라의 많은 스님과 학생이 당나라로 유학을 떠났습니다. 또 많은 신라 상인들이 당나라와 교역하고자 당나라로 건너갔습니다. 또한 골품제라는 신분적 차별이 덜한 당나라에서 새로운 기회를 얻고자 하는 신라 사람도 있었고, 해적에게 납치되어 노예로 팔려 간 신라 사람도 있었습니다. 당나라의 과거인 빈공과에 합격하여 당나라 관리가 된 최치원, 당나라 장군이 된 장보고와 같은 신라 사람도 생겼습니다. 신라 사람들은 차츰 신라방이라 불리는 집단 거주지에서 모여 살기 시작했습니다. 산둥 반도, 강소성 등 해안가와 양주 등 국제 무역 도시에 특히 많은 이들이 살았습니다. 신라방에는 신라 사람들의 구심점이 되는 법화원과 같은 사찰도 생겼습니다. 이들은 상업, 운송업, 공인 등 신라와 관련된 일을 많이 했습니다.

장보고의 시대

신라의 장보고는 뛰어난 무예 실력으로 당나라 장군이 되어 당나라에서 공을 세운 후, 무역업에 일찍부터 눈을 돌렸습니다. 그는 신라로 돌아와 왕에게 요청하여 청해진을 설치하고, 1만 군사를 이끌고 해적들을 소탕하기 시작했습니다. 청해진은 중국과 한반도, 일본 열도를 잇는 해

▶ 해상 무역의 중심지였던 청해진에는 많은 배들이 왕래했다.

▲ 낭혜화상비 – 당나라 관리를 지낸 최치원의 비명이 적혀 있는 비석

상 교통의 요지인 전남 남해안에 있는 완도 옆의 장도입니다. 해상 무역을 하기에 가장 좋은 곳에 자리한 장보고는 바다의 질서를 바로잡고, 무역업에 적극 나섰습니다. 그는 당, 신라, 왜, 아라비아의 물건들을 서로 중계해 주는 역할뿐만 아니라, 스스로 생산품을 만들어 팔았습니다. 장보고는 완도 주변의 강진에 가마터를 만들었

▲ 장보고가 세운 청해진이 있던 전남 완도군 장도 / 완도군청

습니다. 이곳에서 중국의 도자기 기술을 익힌 도공들이 만든 청자는 청해진의 주된 수출품이었습니다. 장보고는 이름 그대로 보물이 많은 큰 부자가 되어 바다의 왕자가 되었습니다. 큰 힘을 갖게 된 장보고는 신라 정치에도 간여하게 되었습니다. 그러다 장보고의 힘을 두려워한 신라 귀족들의 질투로 인해 암살을 당하고 말았습니다.

해상 호족들의 시대

장보고가 죽고 청해진이 서서히 해체되면서 신라의 해상 무역은 새로운 시대를 맞이했습니다. 청해진에 가렸던 각 지역의 해상 호족 세력들이 활발한 활동을 펼치며 재물을 축적하며 군사력을 키웠습니다. 송악의 왕건, 나주의 오다련, 강주의 왕봉규, 순천의 박영규 등은 무력을 갖춘 상인단이었습니다. 이들은 무장을 한 상인단으로 때로는 해적질도 했습니다. 신라 해적들은 일본 곳곳을 침략하기도 했습니다. 일본에서는 신에게 신라 해적을 물리쳐 달라는 제사를 지낼 정도였습니다.

신라 정부가 지방에 대한 통치력을 잃어 가면서 망해 가고 있을 때, 이들 해상 호족들은 각자 살길을 찾았습니다. 송악의 왕건은 궁예와 힘을 합쳤고, 나주의 오다련은 왕건과 혼인 관계를 맺었고, 순천의 박영규는 견훤의 사위가 되었습니다. 이들 해상 호족들 가운데 송악의 왕건이 마침내 고려를 건국했습니다.

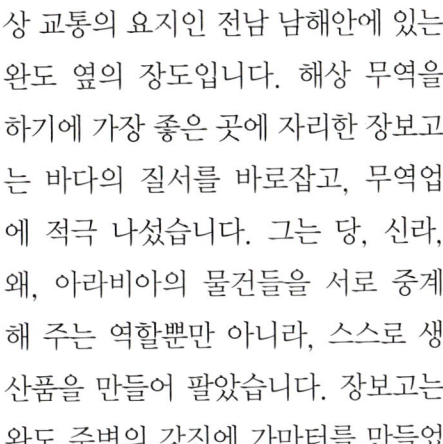

▲ 왕건과 나주 지역 호족인 오다련의 딸이 만난 나주 완사천 우물

법화원

산둥 반도 문등현 적산촌에 장보고가 세운 사찰로, 당나라에 사는 신라 사람들의 신앙 중심지가 되었습니다. 법화원은 경제적 기반이 튼튼하여 한때 승려가 무려 300명이나 거주하는 큰 절이었습니다. 수시로 열리는 불교 행사에는 많은 신라 사람들이 참석했다고 합니다.

▲ 법화원

고려 벽란도의 한낮

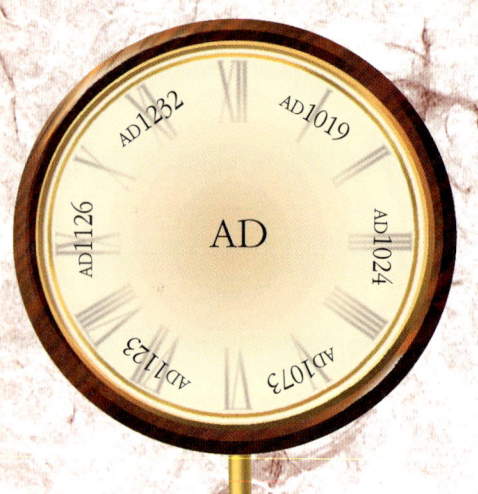

고려를 건국한 왕건이 해상 무역으로 성장한 호족 출신이었던 만큼, 고려는 건국 초기부터 외국과의 무역을 활발히 했습니다. 특히 고려를 대표하는 항구인 벽란도는 수많은 배들로 북적였습니다. 벽란도에서 들어온 외국 사신이나 상인들은 개경의 도성에서 가장 커다란 서쪽 문인 선인문을 통과하여 넓은 십자대로를 지나 개경의 번화한 시장과 궁성에 도착할 수 있었습니다. 벽란도는 고려 번영의 상징이었습니다.

1019년	고려 요나라와 평화 관계를 맺고 활발히 교역을 시작함.
1024년	아라비안 상인 열라자 등 100명이 고려 방문하여 교역함.
1039년	송나라 대신 소식은 고려와 교역을 금지하자고 주장했으나, 거부됨.
1058년	고려에서 동남아 등과 교역이 활발하니 송나라와 교역이 필요 없음을 주장.
1073년	일본 상인 42명이 고려를 방문하여 공물을 바치고 교역함.
1123년	송나라 사신 서긍이 고려를 방문함. 《선화봉사고려도경》 저술.
1126년	금나라 건국 후 84년간 고려와 사신 왕래하여 300여 회 교역.
1232년	몽골의 침략을 받아 고려가 수도를 강화도로 옮김.

벽란도의 풍경

바닷물은 밀려갔다 다시 밀려오고 오가는 뱃머리 서로 잇대었도다.
아침에 이 누각 밑을 떠나며 한낮이 못되어 남만에 이르리라.

고려를 대표하는 시인인 이규보는 예성강 누각에서 수많은 배들이 꼬리를 물고 떠나는 벽란도 예성강의 풍경을 시로 읊었습니다. 남만은 지금의 동남아시아를 말합니다. 벽란도는 고려 수도인 개경의 서쪽에 이웃한 예성 강변의 항구로 많은 배들이 오가는 번화한 곳입니다.

송나라 사신 서긍은 고려를 방문한 것을 기록으로 남긴 사람입니다. 그는 1123년 5월 24일, 중국 상해 앞바다에서 출발하여 흑산도를 거쳐 6월 12일 벽란도에 도착했습니다. 서긍은 항구에 내려서 해안가에 고려 사람들이 세워 놓은 화려한 깃발과 많은 구경꾼들을 만났습니다. 벽란정에서 입국과 관련된 일을 마치고, 다음 날 육로를 따라 개경으로 향했습니다. 그는 십자대로 양쪽에 늘어선 수십 집 가량의 누각을 볼 수 있었고, 종이, 기름, 차, 만두 등 다양한 물건을 파는 시전 거리인 남대가의 저잣거리를 지났습니다. 그는 많은 물건들이 거래되고, 웅장한 건물들이 많은 개경이 큰 도시임을 한눈에 알 수 있었습니다.

고려의 수출입품

고려의 무역 상대국은 송, 거란, 여진, 일

▶ 고려의 대외 무역항인 벽란도에는 다양한 외국 상인이 왕래했다.

▲ 고려 사람들의 해상 무역을 엿볼 수 있는 청동 거울 속 배 모습 / 국립중앙박물관[중박 200901-26]

▲ 이규보의 《동국이상국집》 – 그는 벽란도의 풍경을 시로 읊기도 했다.

쌍화점

쌍화점은 고려 시대 불렸던 노래입니다. 쌍화란 만두를 말합니다. "쌍화점에 쌍화 사러 갔더니 회회아비가 내 손목을 잡더라." 라는 가사에서 회회아비란 아라비아 사람을 말합니다. 노래 가사처럼 고려 시대에는 외국인도 많이 와서 살았던 것입니다.

본, 아라비아 등입니다. 특히 송나라와 가장 많은 물건을 거래했습니다. 고려는 주로 금, 은, 구리, 유황 등의 광물, 잣, 대추 등 농산물, 인삼, 산수유, 감초 등 약재, 금·은·동으로 만든 그릇과 칼, 명주, 모시, 삼베 등의 옷감, 부채, 종이, 붓, 먹, 자기, 나전칠기, 황칠옻, 호피 등의 수공업품을 팔았습니다. 반면 비단, 약재, 서적, 자기, 물소뿔 등을 송나라에서 사들였습니다.

고려가 많은 물건을 수출하자, 송나라에서는 고려와의 교역이 손해라며 교역을 중단하자는 주장도 나왔습니다. 반대로 고려에서는 송나라와 교역을 하지 않더라도 벽란도에 외국 배들이 늘 넘치니 걱정 없다는 반응을 보였습니다. 경제적 자신감이 차 있던 고려는 은, 인삼, 곡물, 옷감 등을 거란, 여진, 일본 등에 수출하고, 그들의 특산물인 모피, 말, 유황, 수은 등을 수입했습니다. 또 아라비아 상인들로부터는 향료, 산호, 수은 등을 수입했습니다. 고려는 은, 인삼 등 자연에서 얻는 것 외에도 도자기, 나전칠기, 종이 등 질 좋은 수공업품을 많이 생산해 외국에 팔아 큰 이익을 얻었습니다.

벽란도의 번영과 쇠퇴

고려는 백제-통일신라에게 물려받은 배 만들기 기술을 갖고 있었습니다. 길이 35미터가 넘는 큰 배도 많았습니다. 고려 사람들은 송나라를 한 돛대 바람이면 닿을 이웃 나라로 여겼고, 동남아시아와 거래하는 것도 쉽게 여길 만큼 바다를 친숙하게 여겼습니다.

매년 10월 개경에서 팔관회 행사가 열리면, 송, 왜국, 아라비아, 동남아 등에서 사신과 상인이 왔습니다. 외국인들을 쉽게 만날 수 있는 벽란도와 개경은 국제 도시로 번영했습니다.

하지만 고려가 몽골의 침략을 피해 수도를 강화도를 옮기면서 벽란도의 밤을 밝히던 불빛들은 꺼져 버렸습니다.

▲ 강화도 고려 궁터 발굴 현장

바다를 잃어버리다

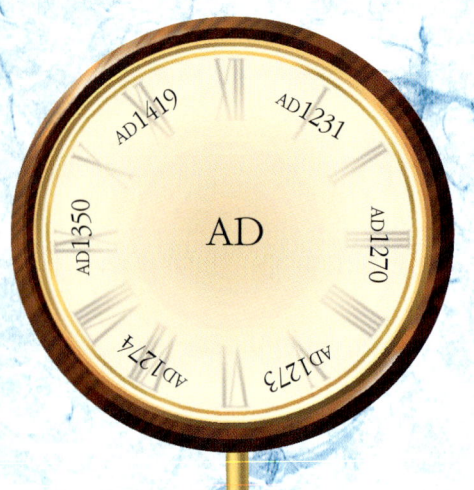

동아시아 바다의 주인공이던 고려는 몽골군의 침입을 받았습니다. 고려는 장기간 항쟁을 할 작정으로 강화도로 도읍을 옮겼습니다. 해군이 약한 몽골군은 거듭된 공격에도 고려를 굴복시키지 못했습니다. 그러나 나라가 황폐해진 고려가 몽골에 항복하자, 이번에는 고려의 최강의 군대인 삼별초가 진도, 제주도를 기지로 삼아 몽골에 대항했습니다.
삼별초를 제압한 몽골은 고려의 해양 세력을 철저히 제압했습니다. 고려가 바다를 잃어버리자, 주인을 잃은 바다에는 왜구가 등장하기 시작했습니다. 이제 우리 역사에서 바다는 두려움의 공간, 육지의 끝이 닫힌 공간으로 변해 갔습니다.

1231년	몽골군의 1차 침략.
1232년	강화도로 도읍을 옮김. 몽골군의 2차 침략.
1270년	고려 몽골에 항복하고, 개경으로 돌아감. 삼별초 몽골에 대한 항쟁.
1271년	고려와 몽골 연합군이 진도 공격. 삼별초군 제주도로 옮겨 항쟁 지속. 거제도에는 사람이 살지 못하게 비움.
1273년	삼별초군 전멸. 몽골에 의해 제주도에 탐라총관부 설치됨.
1274년, 1281년	1차·2차 몽골-고려 연합군의 일본 공격 실패. 고려 해군 몰락 시작.
1350년 이후	진도, 남해도, 압해도, 장산도, 흑산도 등에 사람이 살지 못하게 함.
1352년	왜구가 개경 인근까지 침략해 옴. 최영, 이성계, 최무선 등이 왜구를 격퇴함.
1389년	박위가 왜구의 소굴인 쓰시마 정벌.
1419년	이종무의 쓰시마 정벌로 왜구가 줄음.

몽골의 침입과 해상 세력의 몰락

몽골의 침략을 받아 40년간 저항하던 고려는 마침내 개경으로 돌아가며 몽골에 항복했습니다. 그런데 고려의 삼별초 부대는 항복하지 않고 몽골과 싸우기 위해 강화도에서 배 1천 척을 이끌고 남쪽 진도로 옮겨갔습니다. 이들은 진도에 또 하나의 고려를 세우고, 제주도와 남해안의 거제도, 남해도 등을 장악하며 몽골에 대항했습니다. 이곳의 해상 세력들은 적극적으로 삼별초를 도와 몽골과 싸웠습니다. 하지만 곧 몽골과 고려 연합군에게 진도와 제주도 등이 차례로 함락당하며 삼별초의 항쟁은 실패하고 말았습니다.

몽골은 고려의 해상 세력이 그들의 지배에 걸림돌이 된다고 판단하여 이들을 철저히 제압했습니다. 거제도에는 아예 사람이 살지 못하게 섬을 비우게 했습니다. 몽골에 대항하는 세력이 섬에 들어가 세력을 키울 것을 염려했기 때문입니다. 몽골은 또한 2차례에 걸쳐 일본을 침략했는데, 이때 고려의 해군과 배들을 동원해 전쟁을 했습니다. 이 전쟁으로 고려의 해군력은 큰 타격을 받았습니다. 몽골은 일본 침략을 위해 설치했던 정동행성이란 기관을 고려에 남겨 두면서 고려를 감시했습니다. 그래서 고려가 다시 해군을 강화시킬 수가 없었습니다.

▶ 몽골은 고려의 해군력을 약화시키기 위해 섬에서 사람이 살 수 없게 했다.

▲ 진도 용장산성 – 삼별초 대몽 항쟁지

▲ 강화도 고려 궁궐 터

고려의 배

고려의 배는 워낙 튼튼해서 몽골은 고려 배를 이용해 일본을 공격했습니다. 신라의 배는 돛이 뛰어났다고 합니다. 고려도 기술을 더욱 발전시켜 화포의 반동도 견딜 수 있는 대형 배들을 만들었습니다. 고려의 배 만드는 기술은 조선으로 이어져 임진왜란을 승리로 이끄는 데 크게 기여했고, 뛰어난 성능의 판옥선과 거북선을 탄생시켰습니다.

▲ 전남 완도에서 인양된 고려의 배

왜구의 등장

고려의 해군력이 약해지자, 동아시아 바다는 서서히 왜구들이 장악하게 되었습니다. 왜구는 고려의 해안가로 쳐들어와 주변 마을을 약탈하며 엄청난 피해를 입혔습니다. 그런데 고려는 섬 등에서 왜구를 막기보다는 진도, 남해도 등 더 많은 섬에서 사람들을 살지 못하게 했습니다. 섬사람들이 왜구와 합세하여 고려에 반항할 것을 염려했기 때문입니다. 1376년 최영의 홍산대첩, 1380년 최무선의 진포해전, 이성계의 황산대첩 등을 통해 왜구를 격퇴하다가 마침내 박위를 보내 왜구의 본거지인 쓰시마로 쳐들어가 왜구를 소탕하기도 했습니다. 왜구가 크게 준 것은 1419년 조선의 이종무가 다시금 쓰시마를 정벌한 이후부터였습니다.

해금 정책

1392년 건국된 조선은 적극적으로 해양 세력을 키우려는 의지가 없었습니다. 조선의 최대 교역 상대국인 명나라는 과거의 송나라와 달리, 해외 무역을 거의 하지 않는 해금 정책을 펼쳤습니다. 조선의 사신도 배가 아닌, 육로로 오라고 시켰습니다. 바다를 통한 명나라와의 교역과 왕래가 어려워지자, 조선에서는 해상 세력이 성장하기가 어려워졌습니다. 또한 조선은 왜구의 침략으로 황폐화된 섬을 다스리기 힘들다는 이유로 섬에 사람을 비우는 공도 정책을 계속 실시하여, 울릉도에도 오랫동안 사람이 살지 못하게 했습니다.

또한 농업을 중심으로 정책을 펼친 조선은 육지로 명나라와 제한된 무역을 하였고, 일본과도 소극적인 무역을 했을 뿐입니다. 조선을 찾아오는 외국의 배도 거의 없어졌습니다.

▲ 몽골과 일본의 전쟁 – 이 전쟁은 고려 해군의 몰락을 알리는 신호탄이었다.

소외된 자들의 역사

역사 기록은 승리자와 지배자를 위한 것이라는 말이 있습니다. 전쟁이 끝난 후, 전쟁 상황을 기록한 것은 대개 승리자였고, 패배자의 기록은 승리자에 의해 사라지기도 합니다. 과거 역사 기록에는 임금에 대한 기록은 많지만, 어민이나 노비에 대한 기록은 찾아보기 어렵습니다. 히스토리(History)라는 말은 있어도 허스토리(Herstory)라는 말은 없습니다. 글을 쓸 줄 아는 선비들의 역사는 자세하지만 글을 잘 모르는 고대 기술자들의 삶은 자세하게 기록되지 않습니다. 또 고구려, 백제, 신라 등 큰 나라로 발전한 나라의 역사는 널리 알려져 있지만, 제주도에 있었던 탐라국이나, 울릉도의 우산국에 대해서는 기록도 부족하고 널리 알려져 있지 않습니다. 또한 이 땅에 온 이방인들의 역사 또한 소홀히 취급되어 왔습니다. 역사는 과거에 살았던 모든 인간들의 삶의 흔적입니다. 기록에서 소외된 자들의 역사를 살펴보는 것은 역사를 균형감 있게 이해할 수 있게 해 줄 것 입니다.

영웅 혼자 공을 세울 수는 없다

우리 역사상 적을 물리친 가장 큰 승리는 612년 고구려가 30만 수나라 군대를 살수에서 격퇴시킨 살수대첩을 손꼽습니다. 고구려 역사를 기록한 고려 시대 김부식은 《삼국사기》에 이렇게 썼습니다. "수나라 양제의 고구려 공격은 과거에 없던 대군의 침략이었다. 고구려가 그 군사를 다 섬멸한 것은 을지문덕 한 사람의 힘이었다. 군자(뛰어난 인물)가 있지 않으면 어찌 능히 나라를 다스릴 수 있겠느냐는 옛사람의 말이 참으로 옳구나."

그런데 살수대첩은 정말 을지문덕 장군 한 사람이 세운 업적일까요? 역사

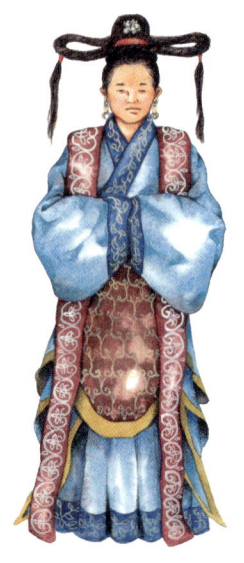   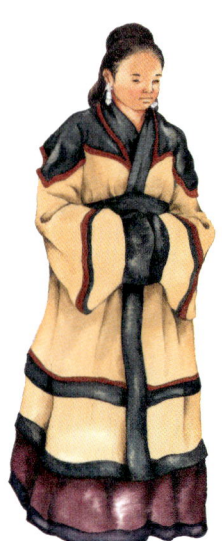 

기록에는 살수대첩에 참여한 장군이 을지문덕 한 사람뿐이지만, 그를 돕는 많은 장수들이 있었을 것입니다. 무엇보다 살수대첩이 성공을 거둘 수 있었던 것은 고구려 백성들 덕분입니다. 을지문덕은 들판을 비워 수나라 군대가 먹을 것을 구할 수 없게 하여 지치게 하는 청야 작전을 실시합니다. 그의 작전에 따라 고구려 백성들은 자신이 힘써 농사짓고 있던 들판의 곡식을 모두 태우고 산에 있는 성으로 이사를 해야 했습니다. 자신의 집이 불타 힘써 모았던 재산이 전부 사라질 수 있었음에도 적을 물리치기 위해 작전에 협조했습니다.

만약 배신자가 있어 수나라 군대에게 식량을 건네거나, 을지문덕의 작전을 적에게 알렸다면 살수대첩의 승리는 없었을 것입니다.

을지문덕도 대단한 영웅이지만 그에 못지않게 전장에 나가 창을 휘두르고 적진을 향해 돌격한 고구려의 병사들과, 청야 작전에 적극 협조한 백성들의 역할도 컸던 것입니다.

역사의 주인은 모든 인간

인류는 과거 신분제에 얽매여 인간을 차별적으로 바라보기도 했습니다. 하늘의 선택을 받은 임금과, 신이 버린 노예는 결코 같은 사람으로 보지 않았습니다. 그렇기 때문에 과거 역사 기록은 높은 신분을 가진 왕이나 귀족들을 중심으로 쓰여 있습니다. 따라서 과거의 일들을 알기 위해서는 기록이 많이 남아 있는 특별한 사람들을 중심으로 알 수밖에 없기도 합니다. 을지문덕과 고구려 병사 한 사람이 역사에 끼친 영향은 분명 다릅니다. 그렇지만 역사가 을지문덕과 같은 몇몇 사람들과 일부 선택된 집단만으로 만들어진 것은 결코 아닙니다. 오늘을 사는 우리들은 인간은 누구나 신 앞에 평등하다는 생각을 갖고 있습니다. 인간은 누구나 존중 받아야 하고, 귀한 존재들임을 인정하고 있습니다. 기록으로 전해지지 못하고 과거에는 대접 받지 못했던 소외 받은 사람들의 역사 또한 분명 우리가 알아야 할 역사입니다.

노비의 생활

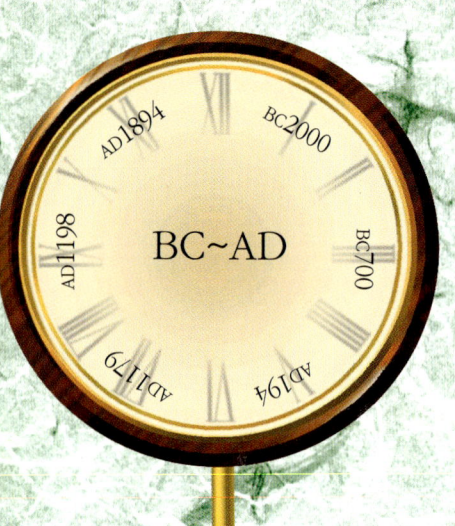

노비는 인간으로 누릴 수 있는 권리나 자유를 빼앗기고 상품이나 가축처럼 취급되어 강제 노동에 사용되거나 사고 팔렸습니다. 노비는 대개 신석기 시대 말에서 청동기 시대의 전쟁의 결과로 시작되었습니다. 승리한 종족은 패한 종족 사람들을 노비로 삼았습니다. 패한 자들을 신께 바치는 제물로 삼기도 하고, 강제로 노동을 시켰습니다. 또 저항을 하지 못하게 폭력을 휘둘러 주인의 명령에 복종하게 했습니다. 노비의 자식도 노비가 되었습니다. 결국 노비는 수천 년 동안 이 땅에 있어 왔습니다.

BC 2천 년	신석기 시대 말, 청동기 시대 초기에 노비가 탄생하기 시작.
BC 700년경	고조선 귀족의 무덤인 강상무덤에 많은 노비들이 함께 묻힘.
AD 194년	고구려에서 농민들의 생활 안정을 위한 진대법이 실시됨.
1176년	공주 명학소에서 망이·망소이가 봉기를 일으킴.
1179년	노비의 자식인 이의민이 고려 최고의 권력자가 됨.
1198년	만적이 개경에서 노비 반란을 계획하였으나, 실행 전에 발각되어 죽음.
1592년	임진왜란 때 왕이 피난을 가자, 노비문서를 관리하는 장예원이 가장 먼저 불탐.
1801년	관노비를 해방시켜 양인을 증가시키고자 함.
1894년	갑오개혁에서 노비의 매매 금지와 신분제를 폐지함.

노비의 생활

고조선의 8조법에는 도둑질한 사람을 노비로 삼으며, 노비에서 벗어나기 위해서는 50만 전을 내야 한다는 조항이 있습니다. 고조선 시대에는 이미 노비가 많았고, 전쟁 포로뿐 아니라 범죄자나 돈을 못 갚는 사람도 노비가 될 수 있었습니다. 고조선이나 부여 등에서 노비들은 주인이 죽을 때에 함께 무덤에 묻히는 순장을 당하기도 했습니다. 노비는 죽어서까지 주인에게 봉사해야 하는 존재로 생각되었습니다.

왕과 귀족들은 많은 노비를 거느리고 이들을 자신들의 농장이나 수공업장에서 일을 시켰습니다. 노비가 생산한 물건은 곧 주인의 것이 되었습니다. 따라서 주인이 더 부자가 되기 위해서는 노비가 많아야 했습니다. 흉년이 들어 일반 백성들이 빌려 간 곡식을 갚지 못하면, 그들을 자신의 노비로 만들기도 했습니다. 노비는 생산 활동 외에도 부엌일 등 다양한 집안일을 했고, 주인의 명을 받드는 호위 무사가 되기도 했습니다.

노비의 봉기와 노비 해방

농민이 가난해져 노비가 되면 국가에 세금을 내는 사람이 줄어들게 되어 국가도 가난해집니다. 또 노비를 많이 가진 귀족들의 힘이 강해지면 왕의 권력이 약해지게 됩니다. 고구려의 고국천왕과 을파소가 농민들이 봄에 먹을 것이 부족해 굶주릴 때에 나라의 곡식을 빌려 주고, 가을에 되돌려 받는 진대법을 실시한 것은 농민들이 노비가 되지 않도록 하기 위함이었습니다. 고려 광종은 귀족들이 가진 노비 가운데 본래 일반 백성들이었던 사람들은 노비에서 해방시켜 주는 노비안검법을 실시했습니다. 그것은 귀족들의 힘을 약화시키고 왕의 권력을 강화시키기 위한 것입니다.

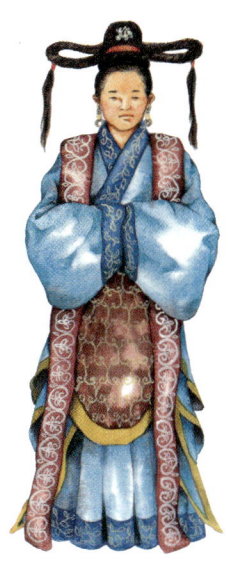   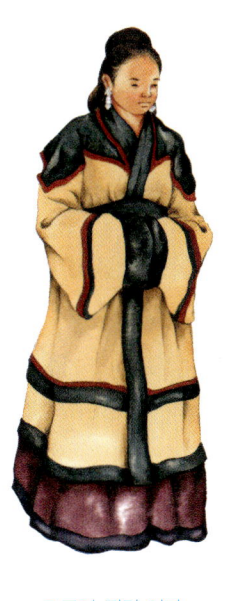 

고구려 왕족　　고구려 귀족　　고구려 평민 남자　　고구려 평민 여자　　고구려 노비

▲ 고구려 수산리 벽화에 그려진 노비(오른쪽 우산 든 사람). 주인에 비해 아주 작게 그려졌다.

▲ 안악3호분 부엌 그림에 그려진 노비 – 아비, 즉 노비라고 쓰여 있다.

　고단한 삶을 살았던 노비들은 신분의 해방을 꿈꾸었습니다. 노비 가운데는 주인의 배려, 또는 전쟁에서의 공로 등으로 신분이 해방되고 심지어 노비의 자식인 이의민의 경우는 고려에서 최고 권력자가 되기도 합니다. 고려 시대 만적이란 노비는 동료들과 함께 "임금과 재상, 장군의 씨가 따로 있는가!"라며 노비 해방을 위한 봉기를 일으키려다 실패한 바 있습니다.

천민 집단

　고려 시대에는 노비처럼 사고 팔리지는 않지만, 사회적으로 천대를 받는 사람들이 모여 사는 향, 소, 부곡이란 지역이 있었습니다. 반란자와 관련된 곳이거나, 뱃사공이나 도축업자와 같이 천한 일로 취급 받는 일을 하는 사람들의 거주지, 죄인의 집단 유배지, 전쟁에서 패해 귀순한 사람들의 집단 마을 등에서 시작된 향, 소, 부곡의 사람들은 일반 백성들과 같은 대접을 받는 것이 소원이었습니다. 공주 명학소 사람들은 봉기를 일으켜 차별에 항의하기도 했습니다. 향과 부곡 사람들은 농사를 짓고, 소에 사는 사람들은 각종 수공업 제품을 생산하여 고려 경제에도 큰 기여를 했습니다. 향, 소, 부곡은 조선 시대에 와서 사라졌습니다.

솔거노비, 외거노비

노비 가운데는 주인의 집에 함께 사는 솔거노비와, 주인집과 떨어져 스스로 가정을 이루며 사는 외거노비가 있었습니다. 외거노비는 솔거노비보다 자유로웠는데, 이들 가운데는 스스로 재산을 모아 신분에서 해방되는 경우도 있었습니다. 또 귀족들뿐만 아니라, 국가도 관노비를 갖고 있었습니다. 궁궐이나 관청에 소속된 관노비는 일반 노비들처럼 많은 일들을 해야 했습니다. 조선의 과학자 장영실은 동래현의 관노비 출신이었습니다.

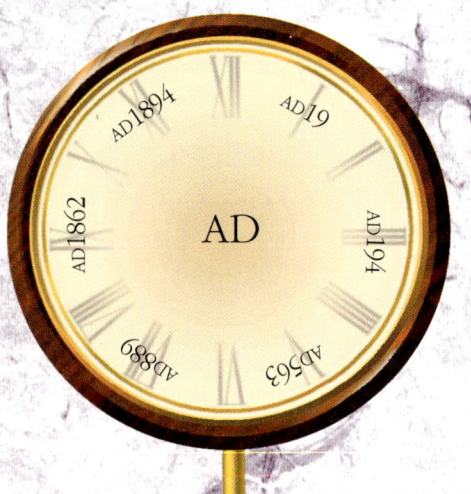

전쟁과 가뭄에 떠나는 농민들

영웅들의 이야기에서는 특별한 한 사람의 목적을 달성하기 위해 많은 사람들이 아무런 죄 없이 죽임을 당하기도 합니다. 역사는 위대한 영웅만을 기억할 뿐, 한 사람의 잘못된 선택 때문에 죽어 가는 사람들은 모르고 지나가 버립니다. 또 왕실의 슬픈 이야기는 자세히 기록되지만 자연재해로 수백만, 수천만이 죽어도 죽은 이들에 대한 기록은 한 줄도 기록되지 않는 경우가 많습니다.

고향을 떠나는 농민들

사람들이 고향을 떠나 외국으로 가는 것엔 여러 이유가 있습니다. 과거에는 굶주리지 않기 위해 떠나는 경우가 가장 많았습니다. 유목민들은 땅에 큰 미련이 없이 가축과 함께 자유롭게 이동할 수 있지만 농민들은 자신들이 힘써 일궈 놓은 논과 밭을 가져갈 수가 없으므로 쉽게 떠나기 어려웠습니다. 그렇지만 전쟁, 흉년, 정부나 귀족들의 횡포로 더 이상 고향에서 살 수가 없을 때 사람들은 떠나게 됩니다. 농민들이 떠나면 세금을 거둘 수가 없으므로 나라에서는 농민들이 떠나지 못하게 막아야 했습니다. 또한 외국에서 도망쳐 온 농민들을 적극 받아들여 정착시켜 살게 하는 것이 나라에 큰 도움이 되었습니다.

나라에서는 농민의 생활 안정을 위한 대책을 마련해야 했습니다. 고구려에서 진대법이 시행되자, 당시 전쟁의 피해를 겪던 후한의 많은 농민들이 고구려로

19년	백제에 가뭄이 들어, 한강 동북 부락 1천여 가구 사람들이 고구려로 도망감.
194년	고구려에서 농민들의 생활 안정을 위한 진대법이 실시됨.
552년	북제는 고구려로 도망 온 유민들을 돌려 달라고 요청. 5천 호를 돌려줌.
563년	고구려에 기근이 들자 평원왕은 먹는 것을 줄이고 산천에 기우제 지냄.
816년	기근이 들어 신라 사람 170명이 배를 타고 중국 절강성으로 이주함.
889년	우리 역사에 기록된 최초의 농민 반란인 원종과 애노의 반란이 일어남.
1170년	무신의 난으로 일어난 후, 농민들이 봉기가 크게 증가함.
1862년	진주 민란 발생을 시작으로 삼남 지방에서 대대적인 농민의 봉기가 일어남.
1894년	고부군수 조병갑의 수탈에 대항하여 농민 봉기가 일어나 동학 농민 운동으로 확대됨.

▲ 나라를 잃고 당나라로 끌려가는 고구려 유민들

▲ 굶주리는 백성을 위해 진대법을 실시한 고구려

▲ 임금이 가뭄이 들면 기우제를 지내던 사직단

▲ 동학 농민 운동을 주도한 녹두 장군 전봉준

메뚜기의 피해
메뚜기는 한두 마리일 때는 농산물에 별다른 피해를 입히지 않습니다. 그러나 수천만 마리로 숫자가 크게 많아지면 엄청난 속도로 곡식을 갉아먹어 메뚜기 떼가 지나간 곳은 농사를 완전히 망치게 됩니다. 역사 기록에 전하는 메뚜기 떼의 피해는 삼국 시대에 32회, 고려 시대 61회가 있었으며, 조선 시대 말까지 메뚜기 떼의 피해가 계속되었습니다.

이주해 왔다고 합니다.

자연재해의 피해
백성들을 괴롭힌 자연재해는 삼국 시대에 기록된 것만 해도 무려 500번이 넘습니다. 메뚜기 떼의 피해, 때 이른 서리나 우박, 폭풍과 지진, 전염병, 홍수 등 다양한 재해가 있었지만 가장 무서운 자연재해는 가뭄이었습니다. 가뭄은 모든 식물들을 말라 죽게 하고 동물들을 굶주려 죽게 하고 마침내 사람들도 죽게 합니다. 그래서 임금은 비가 오게 해 달라고 기우제를 지내고, 나라 창고의 곡식을 풀어 백성들에게 나누어 주기도 합니다. 가뭄에 대한 가장 중요한 대책은 저수지를 만드는 일입니다. 하지만 저수지의 물 사용권을 놓고 백성들을 괴롭히는 귀족들이 생기기도 합니다. 자연재해가 너무 심해지면 백성들은 봉기를 일으키기도 합니다. 굶주림에 지쳤던 신라 사람들은 아예 배를 타고 먼 나라까지 가기도 했습니다.

전쟁과 세금의 피해
백성들의 삶을 괴롭히는 것은 자연재해뿐만이 아니었습니다. 인간이 만든 재앙인 전쟁, 그리고 나라와 귀족들이 거두어 가는 가혹한 세금이었습니다. 전쟁은 가뭄 이상으로 농토를 파괴하고, 심지어는 농민들의 목숨까지 빼앗아 버립니다. 백제 아신왕은 고구려 광개토태왕과의 전쟁에서 패하자 백성들을 군대로 끌고 갔습니다. 그러자 병사로 끌려가는 것이 괴로운 백성들이 신라로 많이 도망갔다고 합니다. 신라 말 진성여왕은 기근으로 굶주린 백성들에게 세금을 내라고 독촉했습니다. 그러자 농민들은 봉기를 일으켰습니다. 또 고려 시대 권력을 잡은 무신들이 정치를 잘 못하자, 전국 곳곳의 백성들이 봉기를 일으켰습니다. 조선 시대의 동학 농민 운동의 시작도 고부군수 조병갑이 백성들의 재물을 빼앗은 것에서부터 시작되었습니다.

힘이 없어 가난하여 굶주림을 피하기 위해 고향을 떠났던 이름 없는 백성들. 역사는 그들의 몸부림을 도망, 반란으로 기록하기도 했지만, 그들의 입장에서는 생존을 위한 마지막 선택이었던 것입니다.

우리 역사 속 여성

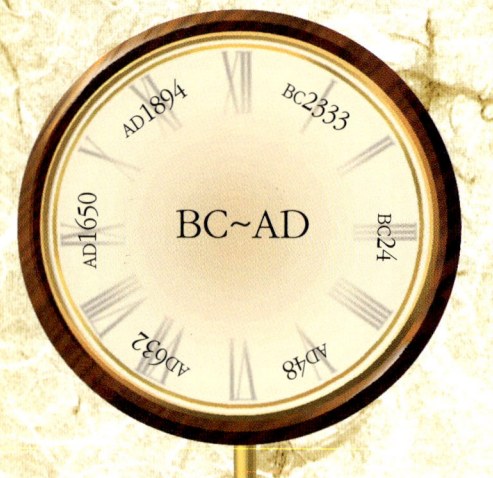

과거의 역사는 남성을 중심으로 움직여 왔던 것이 사실입니다. 인류의 절반인 여성이 어떤 일을 했는지 남성의 그늘에 가려 제대로 보이지 않습니다. 역사에서 소외되었던 여성들은 아무것도 하지 않은 무기력한 존재들이었을까요? 조선 시대에는 암탉이 울면 집안이 망한다는 등 여성의 사회 활동을 철저히 억압하는 사회였고, 남자는 귀하고 여성은 천하다는 편견이 강하게 지배하던 사회였습니다. 하지만 모든 시대가 그랬던 것은 아니었습니다.

BC 2333년	웅녀의 아들 단군이 고조선을 건국하다.
BC 24년	유화부인이 부여에서 죽자, 신묘를 세움. 고구려에서 부여신으로 섬겨짐.
AD 48년	아유타국의 공주 허황옥이 가락국에 와서 김수로왕과 결혼함.
197년	고국천왕의 왕후 우씨가 시동생인 산상왕과 결혼해 다시 왕후가 됨.
632년	선덕여왕이 우리 역사 최초의 여왕이 됨.
1230년경	손변의 재판. 고려 시대에는 유산을 딸, 아들의 차별 없이 상속했음을 보여 줌.
1650년경	혼인 풍습이 장가들기에서 시집오기로 바뀌는 등 여성 차별이 심해짐.
1894년	갑오개혁 때 조혼 금지, 첩 제도 폐지, 과부의 재혼 허용 등 여성 차별을 줄임.

신으로 모셨던 여성

신석기 유물들 가운데는 여신의 모습을 한 조각품들이 많이 있습니다. 옛사람들은 여성이 생명을 낳는 능력을 가진 것에 대해서 신비감을 갖고 있었습니다. 여성이 있기에 종족이 보존될 수 있었기 때문에, 여성을 존중해 주고 대표 여성은 신으로 섬기기도 했던 것입니다.

널리 알려진 단군신화에는 단군이 태어나서 고조선을 세웠다는 이야기가 나오지만 실제 신화 속의 주인공은 온갖 어려움을 참고 사람으로 변신하여 단군을 낳은 웅녀입니다. 고구려 건국신화에도 주인공은 유화부인과 그 아들 추모왕(주몽)일 뿐, 추모왕의 아버지는 제대로 등장하지도 않습니다. 고구려 사람들은 유화부인을 부여신을 섬기며, 고등신으로 모신 추모왕과 더불어 매년 동맹 행사에서 제사를 올렸습니다. 여성들은 땅의 어머니, 풍요와 대지의 여신으로 섬겨졌습니다. 신라에서도 선도산 성모를 여신으로 섬겼고, 백제에서는 온조왕의 어머니인 소서노를 나라의 어머니로 모시고 제사를 지냈습니다.

▶ 고구려 귀족 여인의 모습

남녀 차별이 적었던 시대

신라 2대 유리명왕의 두 딸들은 나라의 여성들을 두 패로 나누어 7월 16일부터 8월 15일까지 아침부터 밤늦게까지 모여 길쌈을 하여, 승패를 겨루게 했습니다. 여성들이 옷감을 짜는 것은 남성의 농사만큼이나 중요한 일로 취급되었습니다. 여성들은 시장에서 물건을 직접 사고팔며 재산을 모을 수도 있었습니다. 추모왕의 둘째 부인이 된 소서노는 자신의 재산으로 고구려 건국을 도운 인물로 유명합니다. 8세기 중엽 일본에 양탄자를 팔았던 자초랑은 신라의 귀족 여성이었습니다. 고구려에서는 여자들도 남자들과 똑같이 수레를 타고 외출할 수 있었고, 남자들과 자유롭게 연애결혼을 할 수 있었습니다.

고려 시대까지도 한 번 결혼했다가 이혼한 여자도 왕후가 될 수 있었습니다. 여성에 대한 차별이 심했던 조선 시대에는 불가능한 일이었지만, 신라에서는 한 명도 아닌 선덕여왕, 진덕여왕, 진성여왕 세 명의 여왕이 탄생하기도 했습니다. 고려 시대에는 재산 상속에 있어서도 남녀의 차별이 없었고, 딸도 부모님에 대한 제사를 지낼 수 있었습니다. 여성이 남성과 다르기에 구별을 하지만 뿌리 깊은 차별은 없던 시대였습니다.

조선 시대의 여성 차별

조선은 중국에서 탄생한 유교의 사회 윤리를 사람들의 실생활에 적용시키려고 했던 나라입니다. 조선 초기에 간행된 삼강행실도, 오륜행실도 등을 통해 유교의 가치관을 널리 퍼뜨렸습니다.

조선의 남성 유학자들이 강요한 것은 여성은 어려서는 아버지, 결혼해서는 남편, 늙어서는 아들의 말을 따른다는 삼종지도의 길을 걸어야 한다든가, 남성은 많은 첩을 두어도 되지만 여성은 남편이 죽으면 결혼하지 않고 의리를 지켜야 한다는 것이었습니다. 조선 시대 사람들은 며느리가 아들을 낳지 못하면 쫓아내도 된다고 생각하였지만, 이것은 본래 우리 역사 전통과는 다른 것이었습니다. 남녀 차별이 한층 심해진 17세기 이후의 조선 시대 여성들의 모습이 우리네 전통 여성상은 아닌 것입니다.

▲ 고구려 벽화 속 안주인의 모습(안악3호분). 화려한 치장을 한 안주인이 앉아 있다.

▲ 덕흥리고분에 그려진 수레를 타고 외출하는 여성

골품 제도

부모 혈통의 높고 낮음에 따라 생활 전체에 걸쳐 특권과 제약이 가해지는 신라만의 독특한 신분 제도로 성골과 진골, 6두품부터 1두품까지 나누어집니다. 최고 신분인 성골은 진덕여왕을 끝으로 사라집니다. 진골은 왕족과 이에 버금가는 사람들이며, 신라 17관등 가운데 5위 이상의 높은 관직을 가질 수 있습니다. 6, 5, 4두품은 벼슬을 할 수 있되, 두품에 따라 각각 승진에 제한을 둡니다. 나머지는 일반 백성들입니다.

기술자들의 시대

고구려 오회분4호묘 벽화에는 대장장이 신, 수레바퀴 신이 그려져 있습니다. 자격루 등을 발명한 장영실이 노비 출신이고 기술자들이 천한 장인, 쟁이로 대접 받던 조선 시대와는 달리, 고려, 삼국 시대에는 기술자가 신으로까지 숭배를 받았습니다.

BC ??년	환웅이 신단수 아래에 내려와 풍백, 우사, 운사를 거느리고 곡식, 질병 등 인간의 360여 가지 일을 주관하며 세상을 다스리고 가르침.
AD 330년	백제 비류왕때 저수지인 벽골제가 쌓아짐.
558년	신라의 신득이 포와 노를 만들어 나라에 바침.
6세기말	고구려 오회분4호묘, 5호묘 고분벽화에 대장장이 신 등이 그려짐.
669년	신라 노 기술사 구진천이 당나라로 끌려갔으나, 노의 비밀을 감춤.
718년	신라에서 물시계를 담당하는 관청인 누각전이 만들어져 사람들에게 시간을 알려 줌.
751년	세계 최초의 목판인쇄물인 무구정광대다라니경 간행.
1377년	세계 최초의 금속활자로 간행된 직지심체요절이 간행됨. 최무선이 화통도감 설치, 화약무기 제작.
1441년	장영실이 해시계, 물시계, 측우기 등을 만듦.
1883년	근대식 무기 제작을 위한 기기국 설치.

기술자가 대접 받았던 이유

농사를 잘 짓는 것도 기술입니다. 가래나 보습으로 땅을 일구는 것과 쇠보습으로 땅을 가는 것은 큰 차이가 납니다. 철제 농기구의 개발, 소를 이용한 쟁기질의 보급은 농산물의 수확을 늘어나게 했습니다. 의학이 발전하면 창과 칼에 죽는 이들이 줄고, 사람이 오래 살게 되어 나라의 인구를 늘어나게 합니다. 전쟁은 병사의 많고 적음도 중요하지만 무기의 성능에 따라 승패가 결정되기도 합니다. 무기 기술자 한 사람의 역할이 나라의 운명을 결정할 수도 있습니다. 고구려, 백제, 신라는 주위의 많은 나라들과 치열한 생존 경쟁을 해야 했습니다. 더 잘살고, 더 강해지기 위해서는 앞선 기술을 가진 사람들이 필요했습니다. 따라서 기술자들을 우대하고, 심지어는 신으로까지 숭배하기도 했습니다.

이름을 전해 오는 기술자

신라 선덕여왕은 신라를 대표할 높은 탑을 만들고 싶었습니다. 그래서 백제의 기술자인 아비지를 불러 황룡사 9층탑을 만들게 했습니다. 구진천은 신라의

▲ 백제는 앞선 농사 기술을 기반으로 삼국 중 가장 먼저 발전했다.

석굴암은 수학자의 작품?

한국을 대표하는 예술 작품인 석굴암은 신라 과학의 결정체라고 합니다. 도형 연구를 주된 목적으로 하는 수학의 한 분야인 기하학을 이용해 완벽한 아름다움의 비례를 계산하여 만든 건축물이 석굴암입니다. 정사각형과 그 대각선의 길이의 비례인 1.414, 원 안쪽에 접한 육각형과 팔각형의 비례 구성 등 다양한 기하학 방법이 사용되었습니다. 석굴암을 설계한 신라 사람들은 원주율인 파이(π)값인 3.141592…를 정확하게 알고 있고 있었습니다.

▲ 오회분4호묘 벽화의 대장장이 신(왼쪽)과 수레바퀴 신(오른쪽)

가장 강력한 무기인 화살을 천 걸음 거리의 먼 곳까지 날려 보낼 수 있는 기계 활인 노를 만드는 기술자였습니다. 전쟁의 승패를 가르는 무기였기에, 당나라 임금은 그를 데려가서 노를 만들게 하였습니다. 구진천은 자신이 신라 노의 비밀을 알려 주면 그 노가 신라 사람을 겨냥할 것임을 잘 알았습니다. 그는 자신의 목숨을 내놓고도 끝내 비밀을 지켜 신라가 당나라를 몰아내고 삼국 통일을 할 수 있는 힘이 되었습니다. 백제 금속공예 기술자 다리는 왕비가 사용한 팔찌에 자신의 이름을 새겼고, 신라 주종대박사 박종일도 자신이 만든 성덕대왕신종에 이름을 남겼습니다. 삼국 시대 기술자들은 박사 등으로 불리며, 높은 관등의 벼슬도 했습니다.

기술자가 소외되다

직업의 귀천이 없던 삼국 시대에는 기술자들이 큰 권력을 누리기도 하고, 좋은 대접을 받았습니다. 왜국은 백제에 사신을 보내 기술자를 보내 달라고 애원했고, 통일신라 시대 뛰어난 기술자는 높은 보수를 받고 불려 다녔습니다.

▲ 신라 사람들의 금속공예를 엿볼 수 있는 안압지 출토 금동보살판불상 / 국립경주박물관

하지만 고려 시대에 접어들면서 중국에서 들어온 유학을 배워 과거 시험에 합격하여 관리가 된 사람들을 중심으로 공부하는 학자가 가장 존귀하다는 생각을 퍼뜨립니다. 그들은 글을 잘 모르는 무신들을 얕잡아 보았고, 상인이나 기술자의 자손들이 벼슬하는 것을 방해하기 시작합니다. 특히 조선 시대에는 글을 공부하는 선비를 가장 귀한 것으로 여겨 이들 가운데 나라를 다스리는 관리가 나와야 하며, 다음은 농민이며, 물건을 만드는 공인이 그 다음이며, 상인은 물건을 이리저리 팔아 이익을 챙기는 가장 천한 직업이라고 여기게 했습니다.

글을 쓰는 선비들이 역사를 쓰면서 기술자들에 대한 기록을 거의 남기지 않았습니다. 그 탓에 우리 역사는 기술자들이 소외 받고, 과학기술이 발전하지 못한 것으로 착각하기 쉽습니다. 그러나 석굴암, 고구려 고분벽화, 백제 금동 대향로, 고려청자, 금속활자 등을 만들어 낸 우리 조상들은 훌륭한 과학 전통을 갖고 있었습니다.

▲ 장영실이 만든 물시계인 자격루

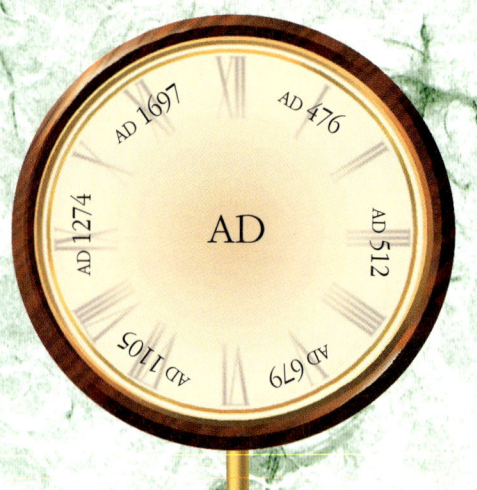

제주도에 천년왕국이 있었다

우리 나라는 약 3천 개가 넘는 섬을 갖고 있는 나라입니다. 이 가운데 제주도, 거제도, 강화도, 진도, 울릉도, 완도 등에는 다양한 역사가 살아 숨쉬고 있습니다. 제주도에는 구석기 시대부터 사람들이 살았음이 빌레못 동굴 유적을 통해 확인된 바 있으며, 울릉도에도 고인돌을 비롯한 선사 시대 제사 유적지가 발견되었습니다. 이처럼 오래전부터 사람들이 살았기에 제주도와 울릉도에는 각기 나라가 세워져, 육지의 고구려, 백제, 신라 등과 함께 우리 역사를 수놓았던 것입니다.

476년	탐라에서 백제에게 처음 공물을 바침. 삼국사기에 처음 탐라국 등장.
512년	신라 장수 이사부, 우산국 정벌함.
589년	수나라 선박이 탐라에 표류해 옴. 백제에 명을 받아 수나라 사람을 보냄.
679년	신라에서 사신을 보내 탐라국을 복속시킴.
935년	탐라국 왕 고자견이 고려에게 복속. 고려는 고자견을 탐라 성주로 삼음.
1105년	탐라 국호가 폐지되고 탐라군으로 변경.
1274년	몽골에 의해 탐라 총관부 설치. 1356년 고려가 되찾음.
1416년	조선이 제주도에 제주 목사를 파견하기 시작함.
1697년	안용복의 활약으로 일본에서 울릉도와 독도가 조선 땅임을 확인하는 문서 보냄.

제주도의 탐라국

삼국 시대 초기에 제주도에는 나라가 있었습니다. 고을나, 양을나, 부을나 세 사람이 땅으로부터 솟아 나와 나라를 세웠다는 건국신화도 전해지고 있습니다. 농경지가 적어 식량이 부족했던 탐라국은 일찍부터 주변 나라와 교류를 많이 했습니다. 말린 고기, 전복 등을 수출하고, 탐라국에 부족한 철을 비롯해 유리, 도자기, 금동 장식품을 수입했습니다. 탐라국은 476년 백제에게 물건을 바친 이후, 지리적으로 가까운 백제의 영향을 가장 많이 받았습니다. 탐라국은 고구려, 당, 일본, 유규국과도 교류를 했습니다.

탐라국은 고려가 건국되었을 때는 복종하기를 거부했습니다. 하지만 고려가 군사를 보내 공격하려고 하자, 어쩔 수 없이 태자를 보내 고려에 복종하게 되었습니다. 이후 탐라국은 해마다 감귤을 비롯한 제주도 특산물을 고려에 바쳤고, 탐라국 사람들 중엔 고려의 높은 관직에 오른 이도 있었습니다. 제주도는 원나라에 대항한 삼별초의 마지막 항쟁 기지가 되었고, 삼별초가 패망한 이후부터 몽골의 탐라 총관부가 설치되기도 했습니다. 고려 말 조선 초기에는 탐라 성주와 왕자가 있었지만, 곧 조선의 제주 목사가 파견되며 제주도의 독립국 역사는 끝이 났습니다.

울릉도의 우산국

삼국 시대 초기에 울릉도에 우산국이란 나라가 세워졌습니다. 울릉도는 육지에서

▶ 신라 장수 이사부의 우산국 정벌

▲ 제주도 삼성혈 – 탐라국을 세운 고을나, 양을나, 부을나가 태어난 곳이다.

멀리 떨어져 있고 땅이 험해 적이 쉽게 공격할 수 없는 장점을 갖고 있었습니다. 우산국의 인구는 많지 않았지만 섬에서 얻는 물자만으로는 풍족하게 살 수가 없었습니다. 따라서 우산국 사람들은 부족한 물자를 얻기 위해 뱃길이 닿는 곳을 공격해 재물을 빼앗기도 했습니다. 가장 큰 피해를 입은 신라의 지증왕은 마침내 512년 이사부 장군을 보내 우산국을 공격하게 했습니다. 우산국은 신라에 항복을 하고, 토산물을 바쳤습니다. 하지만 우산국은 완전히 멸망한 것이 아니어서, 여전히 우산국은 우산국주에 의해 다스려졌습니다.

930년 고려 왕건이 신라 동쪽 해안가의 110성의 항복을 받으며 후삼국을 통일할 준비를 하자, 우산국은 사신을 고려에 보내 공물을 바쳤습니다. 우산국은 고려의 도움이 더욱 절실해졌고, 마침내 11세기 이후에는 고려에 완전히 편입되어 역사에서 사라졌습니다.

여러 섬들의 역사

강화도는 선사 시대 고인돌이 많기로 유명한 섬입니다. 고려 시대에는 임시 수도가 되어 몽골과의 항쟁의 기지였습니다. 또 조선 시대에는 프랑스, 미국과 전쟁을 치렀던 역사의 섬입니다. 진도는 삼별초가 몽골과 항쟁하던 기지였고, 완도는 장보고가 청해진을 설치했던 곳입니다. 거문도는 영국이 러시아 해군의 남하를 막기 위해 강제로 점령할 만큼 중요한 지리적 위치에 있던 섬입니다. 3천 개가 넘은 우리 나라 섬들에는 이런 역사적 사건 외에도 수많은 사람들이 살아가며 만들어 낸 많은 역사가 깃들어 있답니다.

▲ 강화도 용두포대 – 1871년 신미양요 때 미군과 치열한 접전이 벌어졌던 곳이다.

울릉도와 독도를 지킨 안용복

1417년부터 조선은 울릉도를 관리할 뿐, 사람이 살지 않는 섬으로 만들었습니다. 그러자 일본 어민들이 울릉도에 자주 침입했습니다. 1693년 부산 출신 어민인 안용복은 이들을 쫓아 일본에 가서 일본 정부로부터 울릉도가 조선의 영토임을 확인하는 문서를 받았습니다. 1696년 다시 울릉도에서 일본 어선을 발견한 그는 스스로를 울릉도와 독도 두 섬을 감독하는 관리라 부르며, 일본에 다시 가서 관리들을 만나 항의를 했습니다. 결국 1697년 일본은 울릉도와 독도가 조선 땅임을 확인하는 문서를 보냈답니다.

▲ 독도 – 독도는 작은 섬이 아닌, 우리 땅의 대표적인 상징이 되었다.

유목민, 수렵민과 만나다

우리 역사에는 다양한 이웃들이 있었습니다. 중국과 일본은 오래전부터 지금까지 우리의 중요한 이웃으로 우리 역사와 깊은 관련을 맺고 있습니다. 두 나라 외에도 북방의 유목민, 수렵민들은 우리 역사에서 매우 중요한 이웃이었습니다.

고려는 중국의 송나라보다는 북방 유목민인 거란의 요나라, 여진족의 금나라, 몽골족의 원나라와의 관계가 훨씬 더 중요했습니다. 이들과는 치열한 전쟁을 했고, 원나라에게는 100년 이상의 간섭을 받았습니다. 조선의 경우도 만주족은 중요한 이웃이었으나, 그들이 세운 청나라에 의해 굴욕을 당하기도 했습니다.

BC 2세기	고조선과 흉노는 서로 밀접한 관계를 맺고 중국의 한나라를 견제함.
BC 9년	고구려 유리명왕과 부분노의 계략으로 유목민인 선비족 일파를 굴복시킴.
AD 280년	고구려 중천왕이 동생인 달가를 시켜 숙신족을 굴복시킴.
342년	모용선비족의 공격을 받고 고구려 수도가 일시 함락됨.
395년	광개토태왕이 거란족을 격파하고 소, 말, 양을 많이 가져옴.
435년	고구려가 유목제국인 유연 등과 손잡고 북중국의 북위를 견제함.
551년	유목제국인 돌궐이 고구려를 침략해 오자 격퇴함.
645년	고구려가 유목제국인 설연타와 합세하여 당에게 반격을 가함.
668년	고구려가 멸망하자, 고문간 등이 돌궐로 망명함.
926년	유목민 거란족이 발해를 공격하여 멸망시킴.

말갈족과 우리 겨레

고구려 동북쪽 삼림지대에는 말갈족이 살고 있었습니다. 시대에 따라 숙신, 읍루, 물길 등으로도 불렸고, 지역에 따라 여러 부족이 있었습니다.

말갈은 농업보다는 수렵과 목축, 채집에 치우친 생활을 했기 때문에, 먹을거리가 부족해지면 고구려의 농민들을 습격하거나 반란을 일으키기도 했습니다. 고구려는 때로는 이들을 무력으로 다스리고, 때로는 재물을 주어 적극적으로 고구려 사람으로 끌어들이기도 했습니다. 고구려는 말갈을 이용해 수나라를 공격하기도 했고, 당나라와 전쟁에서는 이들과 함께 싸웠습니다. 이렇게 공동 운명체이었기에, 고구려 유민들과 말갈이 함께 발해를 건국할 수 있었습니다. 하지만 발해가 멸망한 후, 고려는 이들을 적극적으로 포용할 힘이 부족했기 때문에 차츰 이들은 우리 역사에서 멀어져 갔습니다.

말갈의 후손인 여진족은 금나라를 세웠고, 그 후손인 만주족은 청나라를 세웠습니다. 우리 역사에서 중국, 일본만큼이나 이들은 중요한 상대였던 것입니다.

유목민과 고구려, 발해

고구려는 유목민이 세운 흉노, 유연, 돌궐과 깊은 관련을 맺었습니다. 고구려는 돌궐과 전쟁을 하기도 했

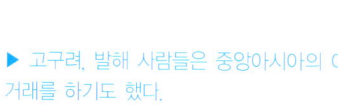

▶ 고구려, 발해 사람들은 중앙아시아의 여러 유목민과 상거래를 하기도 했다.

▲ 아프랍시아 벽화 속 고구려 사람(오른쪽)의 모습 – 고구려는 멀리 사마르칸트(우즈베키스탄)까지 사신 왕래를 하였다.

고구려 괴유는 백인?

괴유는 서기 22년 고구려가 부여를 정벌할 때 대무신왕을 찾아와 부하가 된 장수입니다. 그는 부여 대소왕을 죽인 명장이었는데, 키가 2미터가 넘고, 얼굴이 희고 눈에 광채가 있었다고 합니다. 그의 출신지는 먼 북쪽 바닷가, 즉 바이칼호라고 합니다. 그의 외모로 볼 때 그는 당시 중앙아시아와 몽골 초원에 널리 살았던 백인종이 아닐까 짐작합니다.

지만, 이들은 고구려가 중국 세력을 견제할 때 중요한 파트너이기도 했습니다. 유목민 가운데 힘이 약했던 거란, 지두우, 실위 등은 고구려가 직접 군대를 동원해 정벌하기도 하고, 철을 실위와 거란에 수출하여 이들을 고구려 편으로 만들기도 했으며, 거란, 지두우 등으로부터는 좋은 말과 소 등을 공급 받기도 했습니다.

고구려는 유목국가를 통해 유럽과 중앙아시아의 문화와 물자를 받아들일 수 있었습니다. 고구려는 전쟁에 능한 이들을 상대하기 위해 기병을 비롯한 강한 군대를 늘 갖고 있어야 했습니다.

반면 발해는 힘이 강해진 거란족의 침략을 받아 나라가 멸망했습니다. 고려는 거란이 발해를 멸망시킨 것에 불만을 품었고, 3차례 거란의 침략을 받아 힘겹게 막아 내야 했습니다.

▲ 유목민들은 주로 양을 키우며 살았다.

유목민이 전해 준 풍습

유목민들이 즐겨 사용하던 굽은 술잔인 각배, 야외에서 사용하는 솥인 동복이 고구려, 신라, 가야 지역에서 출토된 바가 있습니다. 신라, 가야에도 유목민의 생활 풍습이 전해졌던 것입니다. 현재 우리 곁에서 볼 수 있는 유목민이 전해 준 풍습은 대체로 몽골이 고려에 전해 준 것들입니다. 여성들이 족두리 쓰고 연지, 곤지를 찍는 풍습이나, 고기를 삶아 먹는 조리법 등은 몽골이 전해 준 것입니다. 임금의 식사를 '수라'라고 하는 것이나, '벼슬아치', '장사치'라고 할 때 '치'라는 말은 몽골어에서 사람을 뜻하는 말이 지금까지 전해져 온 것입니다.

▲ 김해에서 출토된 유목민이 사용하는 솥인 동복

이 땅에 온 이방인들

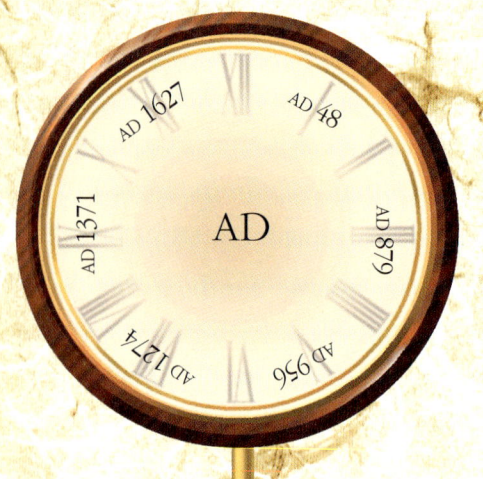

48년	아유타국에서 온 허왕후가 가야 김수로왕의 부인이 됨.
879년	처용이 신라에 와서 살게 됨.
956년	후주의 쌍기가 고려에 귀화하여 과거 제도를 실시할 것을 왕에게 권함.
1226년	베트남 왕자가 고려에 망명하여 이용상이란 이름을 얻음.
1274년	충렬왕의 부인인 원나라 제국대장공주를 따라 장순룡이 고려에 옴.
1371년	여진족 출신 이지란이 고려에 귀화함.
1592년	임진왜란이 일어나자 일본 사람 사야가 조선에 와서 귀화하여 김충선이 됨.
1627년	네덜란드 벨테브레의 배가 표류하여 제주도에 도착. 귀화하여 박연이 됨.

우리 나라는 단일민족국가라고 합니다. 그런데 정말로 우리 나라가 하나의 조상을 공통으로 삼아 이루어진 단일 민족이 세운 국가일까요? 최근 우리 주변에는 외국에서 온 사람들이 귀화해서 한국 사람이 된 사람들이 많습니다. 뿐만 아니라 외국인과 결혼하여 사는 사람들도 많습니다. 이제 전 세계 어떤 나라든지 순수한 단일민족국가는 있을 수가 없습니다. 고대로 올라갈수록 이 땅에는 외국인들이 많이 와서 살았습니다. 외국인이 스스로 찾아와 살고자 하는 나라가 과거에는 잘사는 나라였던 것입니다.

허왕후와 석탈해

고조선, 부여, 신라, 가야의 시조들은 대개 하늘에서 내려왔다고 할 뿐, 어디에서 왔는지는 분명하지 않습니다. 그런데 가야의 시조 김수로왕의 왕비인 허왕후는 아유타국에서 배를 타고 왔다고 합니다. 아유타국은 현재의 인도 등으로 추정되는 먼 나라입니다. 신라 4대 임금인 석탈해의 경우도 본래 다파라국 또는 용성국 출신으로 그 나라는 왜국보다 더 먼 곳이라고 합니다. 일본 열도에 가야 사람, 백제 사람이 많이 진출했던 것과 마찬가지로 우리 나라에도 다양한 사람들이 와서 살았습니다.

과거에는 인구가 곧 국력이었기 때문에, 외국에서 온 사람들을 적극 받아들여 백성으로 삼는 것이 나라가 발전하는 지름길이었습니다. 삼국과 고려, 조선에서는 외국에서 온 사람들에게 호적을 주거나 성씨를 주고, 집과 논밭, 그리고 가축 등을 주어 살아갈 수 있게 해 주었습니다. 또 능력이 있는 사람은 벼슬을 주거나 큰 땅을 주었습니다.

최근 전 세계의 나라들은 뛰어난 능력을 가진 운동선수, 과학자 등을 많은 돈을 주어 가며 귀화시키려고 합니다. 마찬가지로 경쟁이 치열했던 삼국 시대에는 뛰어난 장군, 관리, 기술자, 예술가 등을 서로 받아들이려고 했습니다.

귀화인의 활약

956년 후주 나라의 쌍기는 사신으로 왔다가 병이 나서 고려에 머물게 되었습니다. 광종은 그를 고려에 귀화시켰습니다. 쌍기는 958년 광종에게 과거 제도 실시를 건의하였습니다. 과거 제도는

▲ 인도 출신으로 알려진 가야 김수로왕의 부인인 허왕후의 능

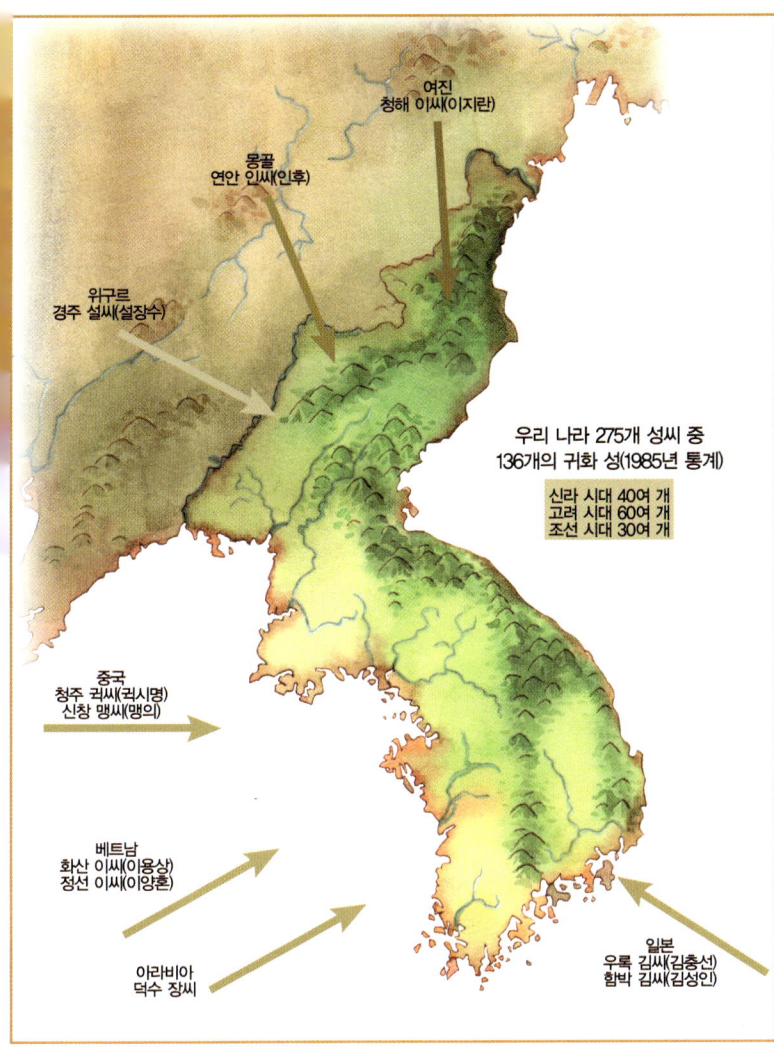
▲ 우리 나라의 귀화 성씨

고려와 조선의 학문 발전에 큰 계기가 되었습니다.

중국에서 온 쌍기와 함께, 일본 출신 귀화인으로는 김충선이 있습니다. 그는 일본의 좌선봉장으로 조선을 침략하였으나, 조선의 뛰어난 문화를 사랑하여 귀화했습니다. 그는 조총을 만드는 기술을 갖고 있었으며, 전쟁에 능하여 10년간 조선의 국경 방어 임무도 맡았습니다. 또한 병자호란 때에는 적군 500명을 베는 공을 세우기도 했습니다.

이들뿐만 아니라 조선 건국의 일등 공신으로 이성계의 아우로 대접 받은 여진족 출신인 이지란, 조선 후기 조총 등 무기 개발에 공을 세운 네덜란드 출신인 박연 등 귀화인으로서 우리 역사에 큰 업적을 남긴 사람들이 많이 있습니다.

다민족국가 한국

현재 우리 나라에는 많은 외국인들이 와서 살고 있습니다. 미국, 일본, 유럽은 물론 최근에는 중국, 몽골, 베트남, 필리핀 등 다양한 나라에서 온 사람들이 한국에서 공부하거나 일을 하며 살고 있습니다. 특히 이들 가운데는 한국 사람들과 결혼하여 한국 국적을 취득한 사람들도 있습니다. 최근 농촌을 중심으로 국제결혼이 늘어나고 있습니다.

우리 역사에는 귀화인이 많기는 했지만, 대개 단일민족국가로 생각되어 왔습니다. 하지만 이제 우리 나라는 다민족국가로 변해 가고 있습니다. 고구려가 크게 발전한 이유는 다민족국가로 다양한 종족들을 널리 포용하고 그들을 능력에 맞추어 활용했기 때문입니다. 이제 우리도 외국인, 귀화인에 대한 보다 열린 사고가 필요해지고 있습니다.

▲ 김충선 신도비

▲ 근대 최초의 중국 사람 거주지인 인천 차이나타운

외국 유래 성씨들

1985년 한 통계에 의하면 우리 나라 275개 성씨 가운데 136개가 귀화 성씨로 나타났습니다. 대표적인 귀화 성씨로는 13세기 초 베트남에서 온 이용상을 시조로 하는 화산 이씨, 고려 충렬왕 때 원나라에서 온 장순룡을 시조로 한 덕수 장씨 등을 비롯해 연안 이씨, 청해 이씨, 경주 설씨, 정선 이씨 등이 있습니다.

통일의 시대

만주와 한반도에는 수많은 나라들이 있습니다. 이들 가운데 마한, 부여, 가야를 비롯한 많은 나라들이 사라지고, 6세기 말에는 고구려, 백제, 신라 삼국만이 살았습니다. 삼국은 치열한 전쟁을 했습니다. 잦은 전쟁은 백성들의 삶을 괴롭게 만들었습니다. 삼국 가운데 가장 약자였던 신라는 고구려, 백제보다 전쟁이 없는 평화로운 시대에 대한 열망이 컸습니다. 신라는 백제, 고구려를 멸망시키고, 당나라마저 몰아내고 삼국 통일을 완성했습니다. 삼국 통일은 신라에게 많은 혜택과 함께 과제를 남겨 주었습니다.

통일 후의 과제와 그 해결

고구려, 백제, 신라 삼국은 언어가 같고 문화도 크게 다르지 않아 왕래를 하면서 서로를 잘 알고 있었습니다. 하지만 삼국은 오랫동안 각자 자신들만의 나라를 갖고 살았습니다. 하나의 국가로 통일되었다고 해서, 옛 백제 사람들과 고구려 사람들이 쉽게 신라 사람이 될 수는 없습니다. 신라는 금관가야가 항복해 오자, 구형왕과 그 자손들을 신라 왕족과 같은 진골 신분을 주어 우대했습니다. 그 결과 구형왕의 증손자인 김유신이란 보물을 얻어 삼국 통일을 이룰 수 있었습니다. 마찬가지로 신라는 고구려의 왕족인 안승은 진골로, 고구려와 백제의 귀족들을 6두품, 5두품 등 높은 신분을 주며 우대해 주었습니다. 또한 백제 유민들과 고구려 유민들을 대상으로 군부대를 만들었습니다. 그럼으로써 이들이 자신도 신라 사람이란 생각을 갖도록 했던 것입니다. 이런 노력 덕에 백제 사람과 고구려 사람들은 차츰 신라 사람이 되어 갔습니다.

통일의 효과

삼국 통일이 완성된 이후, 신라는 큰 전쟁을 치루지 않게 되었습니다. 전쟁을 하지 않으니, 나라의 국력이 허비되는 일이 크게 줄었습니다. 병장기는 녹여서 농기구를 만들어 쓰니 농사가 잘되었습니다. 인구가 늘고 영토가 커짐에 따라 물자가 더 많이 생산되고 소비되니 경제가 발전하게 되고 신라는 부자가 될 수 있었습니다. 무엇보다 전쟁으로 가족이 헤어지고, 형제가 칼을 맞

대는 비극이 사라졌습니다. 전쟁이 줄어드니 학문과 예술이 발전할 수 있었고, 삼국의 기술자들이 만나 서로 보고 배우니 기술도 발전했습니다. 또 평화로운 신라에 살고자 아라비아 등에서도 사람들이 찾아오기도 했습니다.

하지만 통일로 인한 오랜 평화는 신라 사람에게 게으름과 사치를 가르쳤습니다. 삼국 시대 상대국의 위협으로부터 자기 나라를 지키려는 화랑도의 강한 애국심은 어느덧 사라졌습니다. 통일신라 말기의 부패한 모습은 오랜 평화의 부작용이었습니다.

새로운 통일로 가는 길

신라가 점점 살기 어려운 나라로 변하자, 백성들은 새로운 나라를 꿈꾸었고 과거 조상들이 세웠던 나라를 그리워하기 시작했습니다. 이런 백성들의 마음을 읽은 견훤, 궁예가 백제와 고구려를 다시 세우겠다고 나서니, 옛 백제, 고구려 지역의 사람들은 이들을 반기게 되었던 것입니다. 다시 신라는 삼국으로 갈라졌습니다.

신라의 통일은 처음부터 완벽한 통일은 아니었습니다. 신라로 간 고구려 유민들도 있었지만, 다시 고구려의 부활을 꿈꾸다가 발해를 세운 이들이 있었습니다. 발해와 신라는 남과 북에서 서로 함께 발전을 하였습니다. 하지만 두 나라는 적극적으로 통일을 하려는 의지를 갖지 못했습니다. 후백제, 후고구려, 신라 삼국은 물론, 발해의 백성들까지 함께 통일하는 새로운 나라가 필요해졌던 것입니다. 삼국 시대에서 남북국 시대를 거쳐 새로운 통일 국가 고려로 우리 역사는 흘러가게 되었습니다.

통일신라의 변화

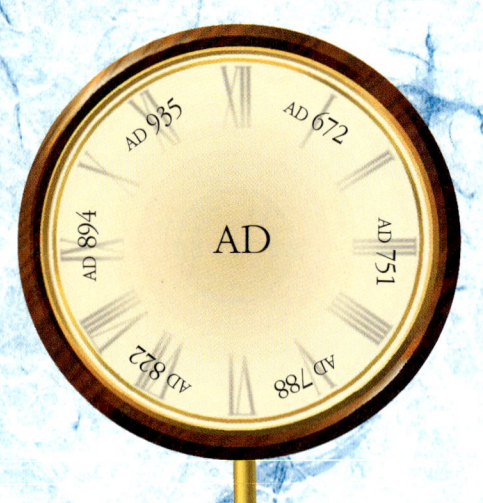

통일된 신라는 영토가 커진 만큼 넓은 영토를 다스릴 수 있는 제도와 지방 지배를 위해 도시를 만들어야 했습니다. 신라는 수도에 사는 왕과 진골 귀족들의 나라였습니다. 왕과 귀족들은 평화로운 신라에서 오랫동안 영화를 누렸습니다. 하지만 이들은 곧 서로가 왕이 되겠다고 싸우게 되었습니다. 그들만의 다툼을 벌이는 사이 지방에서 작은 변화의 물결들이 생기더니, 차츰 커져서 신라를 뒤집을 파도가 되어 버렸습니다.

672년	백제 유민으로 백금서당, 고구려 유민으로 황금서당 부대를 만듦.
682년	넓은 지역을 다스리기 위해 5소경을 설치함.
703년	신라와 당나라에 사신을 보내, 양국 간의 교류가 다시 시작되며 평화 정착.
751년	불국사와 석굴암 건립.
785년	김경신이 38대 원성왕이 되고, 김주원이 왕이 되지 못하였다.
788년	독서삼품과를 설치하여 하급 관리들을 뽑음.
822년	김헌창의 반란으로, 신라 귀족 사회 혼란 시작.
894년	최치원이 시무 10조의 개혁안을 올렸으나, 시행되지는 못함.
935년	경순왕이 고려에 항복함으로써 멸망당함.

통일신라의 변화

신라는 오늘날의 도-군-면, 시-군-동과 같이 넓어진 영토를 9개의 주로 나누고 그 아래에 군-현을 두었습니다. 주에는 도독, 군에는 태수, 현에는 현령을 두고 다스렸습니다. 주의 도독이 머무는 곳인 전주, 광주, 진주, 강릉 등은 지역의 중심 도시로 성장하게 되었습니다. 9개 주 이외에도 신라는 5개의 작은 수도를 두었습니다. 국원경, 북원경, 금관경, 서원경, 남원경 등은 수도인 경주가 국토의 한쪽에 치우친 단점을 보완해 주었습니다. 신라는 5소경에 귀족들을 강제로 이주시키며 전국을 골고루 발전시켰습니다. 한 예로 중원경(충주)은 뛰어난 문장가인 강수, 서예가 김생 등이 활약하는 예술의 고장으로 발전하게 되었습니다. 이렇게 경주 외의 지역들이 발전하자 각 지역에서 힘을 가진 세력가들이 나타났습니다. 이들을 호족이라고 불렀는데 장차 이들이 후삼국과 고려를 만드는 핵심 세력이 됩니다.

진골 귀족들의 왕위 다툼

통일 후 신라는 한동안 번영을 누렸으나, 시간이 흐르면서 진골 귀족들의 왕위 다툼으로 정치가 어지러워지면서 나라가 기울어 가기 시작했습니다. 38대 혜공왕이 왕이 된 이후부터 150년간 무려 20여 명의 왕이 바뀌는 큰 혼란을 겪게 됩니다. 822년, 김헌창은 자신의 아버지가 왕이 되지 못한 것에 불만을 품고 있다가 반란을 일으켰습니다. 그의 반란은 전국으로 퍼졌습니다. 청해진을 지키던 장보고도 45대 신무왕의 왕위 계승에 간여하는 등 왕위 다툼은 신라를 큰 혼란으로 빠뜨렸습니다. 귀족들은 자

▶ 성덕 대왕 신종은 통일신라 불교 예술의 대표 예술품이다.

▲ 옛 백제 출신 귀족과 신라 귀족이 함께 만든 계유명전씨아미타삼존불 비상 / 국립청주박물관

신들의 힘을 키워 언제든지 왕위를 넘볼 수 있었습니다. 따라서 더 많은 재물이 필요해진 귀족들은 자신의 농토 등을 넓히고 백성들의 재물도 넘보았습니다. 또한 왕이 자주 바뀌다 보니 좋은 정치가 이뤄지지 못했습니다.

세상을 변화시키려는 사람들

진골 귀족들끼리의 왕위 다툼에 질린 사람들은 새로운 세상을 꿈꾸게 되었습니다. 신라 17관등 가운데 6위 아찬 이상이 될 수 없었던 6두품 사람들은 골품의 한계를 벗어나길 원했습니다. 이들 가운데 신분 제도가 신라보다는 덜 엄격한 당나라에 유학을 하고 돌아온 자들도 많았습니다. 또 신라 사람들이 널리 믿는 불교의 새로운 종파인 선종은 기존의 종파인 교종이 왕실과 진골 귀족들을 위하며 전통적인 질서를 강조한 것과 달리, 전통적인 권위를 부정하는 교리를 갖고 있었습니다. 선종은 새로운 질서를 원하는 백성들과 호족의 지지를 받았습니다.

호족은 지방에서 나름의 경제력과 군사력을 가진 자들입니다. 이들 가운데는 특정 지역에 뿌리를 내리고 성장한 촌주 출신이 많았지만, 장보고, 왕건과 같은 해상 세력, 견훤과 같은 장군 출신의 군사 세력, 또 여러 이유로 수도에서 지방으로 내려온 세력 등도 있었습니다.

▲ 신라를 대표하는 예술품인 석굴암

호족들은 백성들을 동원해 마을 주위에 성을 쌓고 군대를 거느리며 성주나 장군이라고 불리기도 했습니다. 지방을 다스리며 직접 농민들에게 세금을 거두기도 한 호족들은 6두품 지식인이나 선종의 승려들을 끌어들이면서 통일신라가 아닌 새로운 나라를 만들 준비를 시작했습니다.

▲ 신라 말 상황

대왕암

삼국 통일의 주역인 문무왕은 681년 사망하기 전에 유언을 남겼습니다. 자신의 시신을 불교식으로 화장하여 유골을 동해에 묻으면, 용이 되어 나라를 평안하게 지키겠다고 했습니다. 그가 죽은 후 그의 시신은 능지탑에서 화장하여 동해에 뿌리고 큰돌에서 장례를 치렀습니다. 경주 동쪽 감포 앞바다에 있는 대왕암이 그곳입니다.

▲ 대왕암

남북국 시대

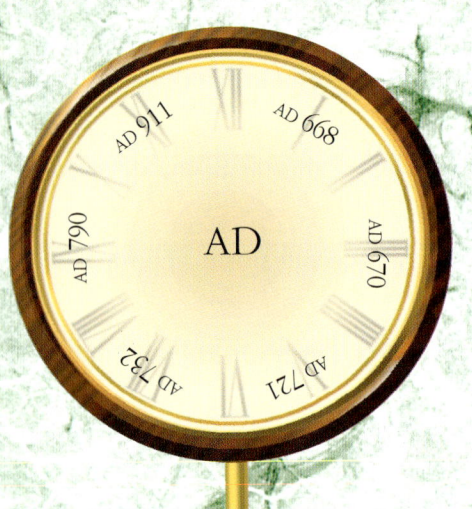

백제와 고구려가 멸망하고 신라는 삼국 통일을 이루었습니다. 그래서 삼국 통일 이후 신라를 통일신라라고 합니다. 하지만 이때 우리 역사에 통일신라만 있었던 것은 아닙니다. 고구려가 멸망한 후 30년 만에 고구려 유민에 의해 발해가 세워졌습니다. 발해와 신라는 228년간 함께 존재했으므로, 이 시기를 남북국 시대라고 합니다. 두 나라가 서로 경쟁하며 발전한 것은 우리 역사를 더욱 풍요롭게 했습니다.

668년	대조영이 동모산에서 발해 건국.
670년	발해가 신라에 사신을 보내 건국을 알림. 신라가 발해 건국을 인정함.
721년	신라가 북쪽 국경에 장성을 건설함.
726년	흑수말갈 공격, 대문예가 당나라로 망명.
732년	장문휴의 해군이 산동 반도에 위치한 당나라 등주 공격, 육군은 마도산 지역 공격. 당나라 요청을 받은 신라가 발해를 공격했으나, 성과 없이 물러남.
757년	발해와 신라가 탄항관문에서 왕래함.
790년	신라 사신 백어가 발해를 방문. 812년에도 사신 숭정이 발해를 방문.
875년	당나라 빈공과 시험에서 발해와 신라 사람이 수석의 영광을 놓고 경쟁함.
911년	발해는 거란을 견제하기 위해 신라에 사신을 보내 구원을 요청해 약속 받음.

발해와 신라의 경쟁

발해는 건국된 후, 신라에 사신을 보냈고 신라는 발해 건국을 인정해 주었습니다. 신라는 발해 건국을 계기로 당나라의 위협으로부터 완전히 벗어날 수 있었습니다. 하지만 신라는 발해가 빠르게 영토를 넓혀 가자, 북쪽에 장성을 쌓고 만약을 대비했습니다. 발해 북쪽의 흑수말갈은 발해의 성장에 두려움을 느끼고 당나라와 비밀리에 동맹을 맺었습니다. 그러자 발해의 무왕은 흑수말갈을 공격하려고 했으나, 그의 동생 대문예는 당나라와 전쟁할 수 없다며 형과 대립하다가 당나라로 도망갔습니다. 동생을 보호하는 당나라가 미운 발해 무왕은 장문휴에게 명령하여 바다 건너 당나라 등주를 공격해 등주자사를 없앴습니다. 발해의 공격에 놀란 당나라는 신라에 구원을 요청했고, 신라는 당나라와 잘 지내기 위해 군사를 내어 발해를 공격하기도 했습니다.

당나라는 외국 사신이 방문해 오면 신라 사신을 1위, 발해를 2위 자리에 앉게 했습니다. 그런데 발해가 당나라에 자리 바꿈을 요청합니다. 또 외국인을 상대로 한 과거 시험인 빈공과에도 발해와 신라 사람을 번갈아 1등을 줍니다. 발해와 신라의 사이를 나쁘게 하여 서로 견제하게 하는 것이 당나라에게는 유리했습니다. 하지만 두 나라 사이의 전쟁은 1회뿐이었습니다.

발해와 신라의 우호 관계

발해에는 5개의 수도와 5개의 주요

▶ 정효공주의 무덤 – 발해의 대표적인 벽화 무덤이다.

▲ 발해 돌사자상

발해 상경성

발해는 수도를 동모산(구국) → 중경현덕부 → 상경용천부 → 동경용원부 → 상경용천부로 자주 옮겼습니다. 상경용천부는 발해 228년의 역사 가운데 약 160년간 수도로 전성기 발해의 위용을 과시할 만큼 거대한 궁성과 큰 도로를 가진 계획 도시였습니다. 목단강 주변인 현재 흑룡강성 영안현에 자리한 상경성은 현재 성터, 왕궁터가 남아있습니다.

▲ 상경성터

도로가 있습니다. 그 가운데 상경용천부에서 동경용원부를 지나 남경남해부를 통과해 남쪽 신라로 가는 '신라로'라는 길이 있습니다. 이것은 발해와 신라가 서로 자주 왕래했음을 말해 줍니다. 신라 사신이 발해를 방문한 기록도 남아 있고, 두 나라 사이에 탄항관문을 만들어 서로 왕래한 기록도 보입니다.

또한 발해가 멸망의 위기에 처했을 때는 신라에 사신을 보내 구원을 요청하기도 합니다. 또 일본이 신라를 공격할 계획을 세울 때에는 일본 편에 서지 않았습니다.

▲ 발해를 대표하는 유물인 높이 6미터의 거대한 석등

발해의 문화

발해 왕은 일본에 사신을 보낼 때 자신을 고구려 왕이라고 했습니다. 또 연호를 사용하며 당나라와 마찬가지로 발해가 제국임을 과시했습니다. 발해는 9세기 초 10대 선왕 시기에는 사방 5천 리의 넓은 영토를 가진 큰 나라로 발전했습니다. 그래서 발해는 해동성국, 즉 동쪽에 크게 발전한 나라로 불렸습니다. 고구려 문화와 당 문화, 그리고 담비길, 초원길을 통해 들어온 서역의 문화와 말갈의 문화를 고루 발전시켜 발해 특유의 문화로 발전시켰습니다. 정효공주묘의 무덤 벽화, 두 분 부처님이 나란히 앉은 이불병좌상, 커다란 석등 등은 발해를 대표하는 유물입니다. 넓은 영토만큼 특산물도 다양해, 철, 된장, 다시마, 비단, 모피 등이 유명했습니다.

발해의 남자 3명이 모이면 호랑이를 한 마리를 당한다는 기록이 전하지만, 발해 여자들은 그런 남자들을 첩도 두지 못하게 꽉 쥐고 살았다 합니다.

발해는 신라와 통일을 하지 못하고, 926년 거란족에게 멸망당합니다. 하지만 발해 태자 등 많은 발해 사람들이 고려로 투항하여 우리 역사의 물줄기에 참여하게 됩니다.

▲ 발해 여인상

후삼국의 분리와 통일

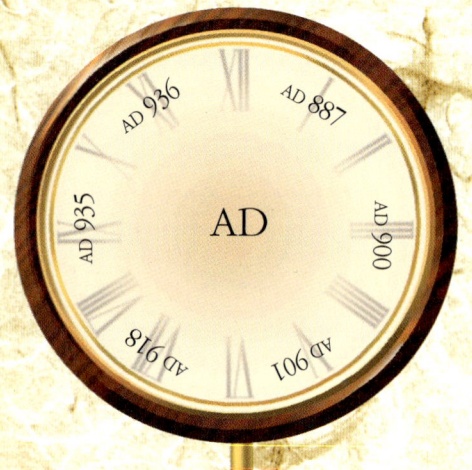

삼국 통일을 달성한 신라는 200년 넘게 평화와 풍요를 누릴 수 있었습니다. 하지만 골품 제도와 경주 중심의 폐쇄성을 극복하지 못한 나라였습니다. 왕위를 놓고 진골 귀족들이 다투는 사이 지방의 호족들과 6두품이 세력을 키웠고, 농민들은 과다한 세금과 기근으로 불만이 커졌습니다. 진성여왕이 왕위에 오른 후부터 신라 정부의 지방에 대한 통제력이 크게 약해졌고, 이때를 기회로 궁예와 견훤은 각기 나라를 세워 후삼국 시대를 열었습니다. 하지만 후삼국을 통일한 인물은 궁예의 부하였던 왕건이었습니다.

887년	신라 진성여왕 왕위에 오름.
889년	원종과 애노의 반란.
900년	견훤이 전주를 도읍으로 삼고 후백제 건국.
901년	궁예가 철원에 도읍을 삼고 후고구려 건국.
918년	왕건이 궁예를 제거하고 고려 건국.
927년	견훤이 신라 공격. 경애왕 죽임. 공산전투에서 왕건의 고려군 격파.
930년	고창전투에서 왕건이 견훤에 대승.
934년	발해 왕자 대광현, 고려에 투항.
935년	견훤이 쫓겨나고 신검이 왕위에 오름. 신라 경순왕이 왕건에 투항. 신라 멸망.
936년	일리천전투에서 고려가 후백제군 격파. 고려가 후백제를 통합함.

후삼국의 분열

진성여왕이 왕위에 오를 무렵, 신라는 힘 있는 여러 귀족들이 지방에 많은 땅을 갖고서 나라에 세금을 내지 않았습니다. 세금이 걷히지 않자 여왕은 백성들에게 세금을 거두라고 관리들을 재촉했습니다. 흉년마저 크게 들어 먹고 살기 힘든 백성들은 세금 납부를 거부하고 관청을 습격하여 봉기를 일으켰습니다. 상주 지방에 일어난 원종과 애노의 농민 반란은 그 규모가 커져 나라에서도 제압을 못했습니다. 이 무렵 북원의 양길, 죽주의 기훤을 비롯해 곳곳에서 신라에 대항하는 세력들이 생겼습니다. 해외 무역, 거대 농장 경영 등을 통해 힘을 키운 각 지방의 호족들은 신라 사회에 불만을 가진 6두품 출신의 지식인들과, 승려들, 농민봉기 집단과 결합하여 차츰 신라와의 관계를 끊고 제 살길을 모색했습니다. 특히 신라 장군 출신으로 서남해의 해적들을 제압하며 힘을 키운 견훤과, 승려 출신이지만 양길의 부하로 들어가 강릉, 철원 등지에서 크게 세력을 키운 궁예는 새로운 나라를 세웠습니다.

후백제와 후고구려

▲ 안성 국사암에 있는 궁예 미륵

궁예는 철원에 도읍을 정하고 후고구려를 세웠습니다. 그는 신라를 적으로 삼고, 옛 고구려 땅을 되찾겠다는 의지를 내보이며 한반도 중부 지역의 호족들에게 지지를 받았습니다. 또 스스로를 미륵불이라고 내세우며 새로운 세상을 열겠다는 뜻으로 백성들의

▲ 신라 멸망의 슬픈 사연을 갖고 있는 포석정

발해 부흥 운동

발해 태자 대광현이 발해 멸망 8년 후에 고려로 투항한 것은, 발해를 되살리기 위한 부흥 전쟁에 참여했기 때문이었습니다. 발해 유민들은 정안국, 올야국, 흥요국 등의 나라를 세워 발해 부활을 시도했습니다. 압록강 주변에서 930년경 건국된 정안국은 985년까지 오랜 시간 거란과 투쟁했습니다. 또 대발해국은 1116년에 세워졌으나, 금나라에게 멸망합니다. 발해 멸망 200년이 지난 후에도 발해 사람들의 발해 부흥 열망은 계속되었던 것입니다.

왕건의 무덤 부근에서 발견된 왕건상

지지를 받았습니다. 그는 신라의 폐쇄적인 골품 제도를 벗어버리고, 북진 정책을 추진하는 등 빠르게 나라를 발전시켰습니다. 하지만 종교와 정치를 일치시키며 지나치게 왕의 권력을 강화시키다가 이에 불만을 품은 왕건을 비롯한 호족들에게 쫓겨나고 말았습니다.

한편 견훤은 한반도 서남부 지역에 후백제를 세웠습니다. 그는 호족들의 자식들을 수도인 완산주(전주)로 불러들여 호족의 이탈을 막고, 자신의 자식들에게 중요 지역을 다스리게 하는 등 강력한 권력을 발휘했습니다. 후백제는 저수지를 개발하고 농경지를 늘려 가면서 나라를 부강하게 한 후, 소백산맥을 넘어 신라 지역의 땅을 빼앗았습니다. 그리고 경주까지 쳐들어가 포석정에서 놀고 있던 신라 경애왕을 죽였습니다. 그러자 신라는 왕건이 세운 고려에 구원을 요청했습니다. 후백제군은 고려군을 공산전투에서 크게 이겼습니다.

왕건의 통일

후백제는 삼국 가운데 최강을 자랑했습니다. 하지만 신라를 적으로 만든 탓에, 신라를 고려 편이 되게 하였습니다. 고려가 고창전투에서 후백제군을 크게 격파한 이후부터는 신라의 많은 호족들이 고려에 항복했습니다. 그러자 신라는 천년의 역사를 접고 고려에 항복했습니다. 후백제에서는 견훤이 큰아들인 신검에게 왕위를 빼앗기고, 고려로 탈출해 왔습니다. 936년 왕건은 신검과의 마지막 전투에서 승리하며 후백제를 멸망시키고 후삼국을 통일하는 데 성공하였습니다.

궁예나 견훤이 힘으로써 호족들을 억압하고 왕권을 강화시키려고 했던 것에 비해, 왕건은 호족의 딸들과 결혼을 통해 지지를 얻는 방법으로 나라의 힘을 모았습니다. 왕건은 후삼국뿐만 아니라, 많은 발해 사람들을 포용하여 진정한 민족의 통합을 이루었습니다.

◀ 경순왕을 어른으로 공경하며 맞이하는 왕건

종교와 정치

종교와 정치는 인류 역사에 엄청난 영향을 끼쳐 왔습니다. 종교는 신의 축복과 심판을 무기로 인간의 정신을 지배해 왔고, 정치는 무력을 바탕으로 제도적으로 자국 영토 안에 있는 국민들의 생활 전반에 영향을 미치고 있습니다. 아주 오래전에는 종교 지도자와 정치 지도자가 같은 사람이었습니다. 하지만 정치와 종교를 담당하는 사람이 서서히 분리되었습니다. 우리 역사에서는 대체로 정치 지도자가 종교 지도자를 압도했습니다. 정치 지도자는 그들의 필요에 의해 새로운 종교를 받아들이기도 하고, 때로는 억압하기도 했습니다. 하지만 종교도 정치에 큰 영향을 끼쳐 임금의 일상생활도 종교의 규율에 의해 좌우되기도 했습니다. 종교는 사람의 생활과 생각을 바꾸었을 뿐만 아니라, 예술 작품을 만드는 것에도 크게 영향을 끼쳤습니다.

종교 지도자의 힘

인간이 자연의 비밀에 대해 알지 못했을 때, 사람들은 자연의 급격한 변화와 죽음 등에 두려움을 갖고 있었습니다. 이때 사람들의 두려움과 궁금증을 풀어 준 것이 종교였습니다. 신석기 사람들은 자연의 변화를 신의 조화로 여겼고, 모든 생명체에는 우리가 알지 못하는 정령이 있다고 믿었습니다. 자기 부족의 기원을 특정한 동식물과 연결시켜 숭배하기도 했습니다. 또 신은 소원을 빌면 인간이 바라는 것을 이루어지게 해 주는 존재이기도 하지만, 반대로 신을 인간이 위로해 주어야 신의 노여움을 받지 않을 수 있다고 믿었습니다. 각 지역마다 다르게 만들어 낸 신에 대한 믿음은 곧 인류의 다양한 문화의 기원이 되기도 했습니다. 신성한 신의 말은 모든 이들이 듣고 체험할 수 없는 것으로 여겨졌고, 따라서 신의 말과 뜻을 전해 주는 종교 지도자를 필요로 하게 되었습니다. 종교 지도자는 샤먼, 무, 천군, 사제, 제사장 등 다양하게 불렸는데, 이들은 곧 부족을 통솔하는 족장이 되기도 했습니다. 신의 말씀을 내세워 사람들의 생각과 행동을 통제하고, 대규모 신전이나 무덤 등의 건축물도 만들게 했습니다.

종교와 정치의 분리

고조선 초기의 단군은 제사장이면서 임금이었습니다. 초기 부여의 경우 나라에 흉년에 들면 신의 대리자인 임금이 잘못해서 하늘이 벌을 내린다고 여기고 임금을 바꾸거나 죽여야 했습니다. 그만큼 신의 대리자는 책임도 컸습니다.

삼한에서는 정치 지도자인 신지, 읍차 등과 종교 지도자인 천군이 나누어져 있었습니다. 정치 지도자는 종교적 책임에서 벗어났고, 종교 지도자는 신에게 제사를 지내고, 병을 치료하고 예언을 하며 점을 치는 일을 맡으며 차츰 기능이 구분되기 시작했습니다. 삼국 시대 임금들은 스스로를 신의 아들이라고 내세우며 동맹 행사 등을 주관하며 종교 지도자로서의 역할을 하기도 하지만, 무당, 일관, 점복, 제사장 등 종교 전문가를 거느리고 나라를 통치했습니다. 종교 지도자는 정치에 조언을 하기도 했지만, 임금의 권력에는 미치지 못했습니다.

불교와 유교의 도입

삼국 시대 임금들은 강한 군대와 천신의 아들이라는 권위를 바탕으로 백성들을 다스렸습니다. 나라가 커져 다른 생각을 가졌던 새로운 사람들을 다스리게 되자, 차츰 천신의 아들이라는 것만으로는 임금에 대한 충성심을 끌어내기가 부족하다는 것을 느끼게 되었습니다. 이때 임금들에게 매력적으로 다가온 것이 불교와 유교였습니다. 불교는 윤회사상을 강조하며 임금과 백성의 차별은 당연함을 내세웠고, 임금은 곧 부처님이라는 왕즉불사상을 내세워 임금의 호감을 얻었습니다. 불교의 깊은 교리체계와 스님들로 구성된 교단체계는 기존의 천신신앙을 대체하며 삼국 시대 후기에 널리 퍼지기 시작했습니다.

충성과 질서를 강조하는 유교는 종교보다는 학문과 정치 이론으로 삼국에 널리 전해졌습니다. 임금 중심의 국가 통치 질서를 강조하는 유교는 임금들은 물론, 임금 곁에서 나라를 다스리는 신하들에게도 환영 받았습니다. 따라서 태학, 국학 등의 교육기관이 설립되어 유교 경전을 가르치게 되었습니다. 고려 시대에는 유교 경전에 익숙한 자를 뽑아 관리로 삼는 과거 제도가 실시되면서 유교가 널리 퍼지게 되었습니다.

천신과 조상신, 신선

불교가 전래되기 전에 우리 조상들이 믿은 최고의 대상은 하늘의 신인 천신이었습니다. 해와 달은 천신의 대행자로 믿었습니다. 각 나라의 시조 또한 신으로 섬겨졌습니다. 영고, 동맹 등의 제천 행사는 대표적인 종교 활동이었습니다. 삼국 시대 사람들은 나라를 세운 건국 시조뿐만 아니라, 자신들의 조상들은 죽어서 신이 되어 후손들에게 영향을 준다고 생각했습니다. 아울러 사람은 죽은 후에도 신선이 되어 영원히 즐거움을 누리며 살 수 있다고도 생각했습니다.

천신에게 제사를 지내다

우리 조상들은 매년 정해진 달에 하늘에 제사를 올리는 제천 행사를 했습니다. 고조선에서는 무천이라고 불렀고, 부여는 영고, 고구려는 동맹, 동예는 무천, 그리고 삼한은 5월과 10월에 계절제를 지냈습니다. 신라는 8월 15일에 가배 행사를 했는데, 이 또한 제천 행사의 한 종류입니다. 무천이란 춤출 무(舞), 하늘 천(天)이란 뜻으로, 하늘에 제사를 올리면서 그 자리에 모인 사람들이 함께 춤추며 노래하는 것에서 비롯된 말입니다. 영고는 북을 치며 맞이한다는 뜻으로, 영고 행사에는 천신이나 조상신을 북을 치면서 맞아들이는 광경이 있었습니다. 고구려의 경우는 나라 동쪽의 큰 동굴에서 수신을 맞이하여 강 위에서 모시고 제사를 지내며 동맹 행사를 했습니다. 이 행사는 해모수와 유화부인이 만나서 추모왕을 탄생시키는 고구려 건국신화를 재현하는 것입니다. 이때 함께 모여서 술 마시고 춤추고 노래하며 즐기며, 고구려 사람이라는 공동 운명체의 단결력을 키웠습니다.

신라에 전해 오는 아사달과 아사녀 설화는 해와 달을 천신에 버금가게 숭배했음을 보여 줍니다. 고구려 고분벽화에도 해신과 달신이 많이 그려졌습니다.

조상신을 섬기다

우리 조상들은 효도를 무엇보다 소중한 가치로 여겨 왔습니다. 죽은 조상님들은 영원히 후손들과 이별한 것이

▶ 고구려 벽화 속에서 그들이 믿었던 신들의 모습을 볼 수 있다.

BC 2333년	하늘의 아들인 환웅의 아들 단군이 나라를 세움.
BC 200년 이전	고조선에서 하늘에 제사를 올리는 무천 행사가 시행됨.
BC 200년 무렵	부여에서 하늘에 제사를 지내는 영고 행사가 시행됨.
BC 18년	백제에서 동명왕묘를 세움.
AD 6년	신라에서 혁거세의 사당을 세움. 남해차차웅의 여동생 아로가 제사를 맡음.
487년	신라에서 시조가 탄생한 땅에 나을신궁을 창립하고 제사를 지냄.
6세기말	고구려 고분벽화에 다양한 신선이 그려짐.
943년	왕건이 훈요 10조를 통해 제천행사 등을 꾸준히 하라고 지시함.

▲ 하늘에 제사를 지내는 강화도 마니산 참성단

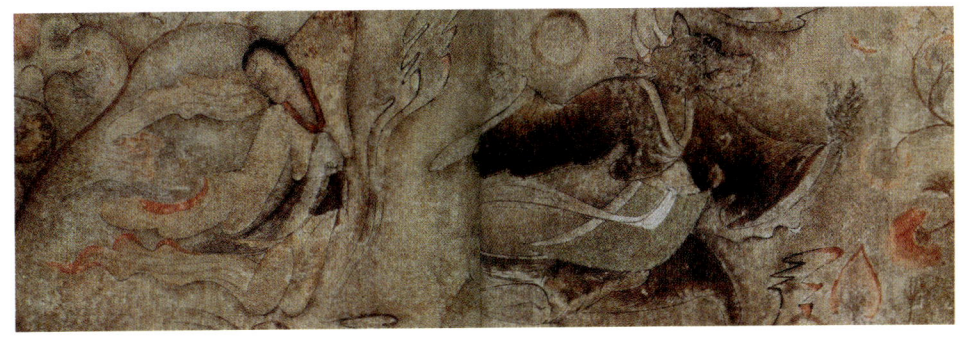
▲ 고구려 벽화 속에 그려진 불의 신, 농사의 신

▲ 금동대향로에 표현된 신선의 모습 / 국립부여박물관

아니라 무덤이나 하늘에서 영혼으로 살면서 후손들을 보살펴 준다고 믿었습니다. 따라서 조상님이 살아 계실 때에는 효도를 하며 공경하고, 돌아가신 후에는 무덤을 잘 만들어 보살피며 때마다 제사를 지내는 일을 게을리하지 않았던 것입니다.

삼국의 거대한 무덤들은 조상님들을 숭배한 우리 겨레의 신앙 흔적입니다. 삼국은 각 나라의 시조신 사당을 만들어 매년 제사를 올렸고 백성들도 죽은 조상님들을 위해 길게는 3년간 상복을 입으면서 효도를 다했던 것입니다. 그렇기 때문에 우리 겨레는 일찍부터 예의 바른 민족으로 널리 알려졌습니다.

신선의 삶을 꿈꾸다

영원히 살면서 늙지도 않고 하늘 세계로 자유롭게 날아다니며 사는 신선이 되는 것은 우리 조상님들의 소망이었습니다. 고구려 고분벽화에는 악기를 연주하거나, 용이나 학, 봉황 등을 타고 날아다니는 신선들의 그림이 많이 그려져 있습니다. 신선이 되기 위해서는 열심히 수련을 하거나, 선약(신선이 되는 약)을 먹는 방법이 있습니다. 선약을 만드는 방법을 연금술이라고 합니다. 고구려에서는 연금술이 발달해 고구려의 금은 먹어도 된다고 했습니다. 신라의 적석목곽분에는 선약을 만드는 성분인 주사, 운모 등이 다량으로 출토되기도 합니다. 백제 금동 대향로에는 다양한 신선들의 세계가 조각되었습니다.

깨끗하고 고고한 인격을 갖추고, 자유롭게 하늘을 노닐며 즐기고, 영원한 삶을 살아가는 신선의 모습은 우리 조상들이 생각했던 가장 이상적인 삶의 모습이었습니다.

고분벽화에 그려진 다양한 신들

고조선, 고구려, 백제, 신라 등에서는 천신과 해신, 달신 외에도 구름신(운사), 바람의 신(풍백), 비의 신(우사), 가한신, 영성신, 부여신(유화부인), 고등신(추모왕), 선도산 성모신, 용신을 비롯해 많은 신을 섬겼습니다. 고구려 고분벽화에도 여러 신들이 그려져 있습니다. 해신과 달신 외에도 벼를 들고 있는 농사의 신, 수레바퀴를 만드는 수레바퀴의 신, 대장장이의 신, 불의 신 등 문명을 창조한 신들이 그려져 있습니다.

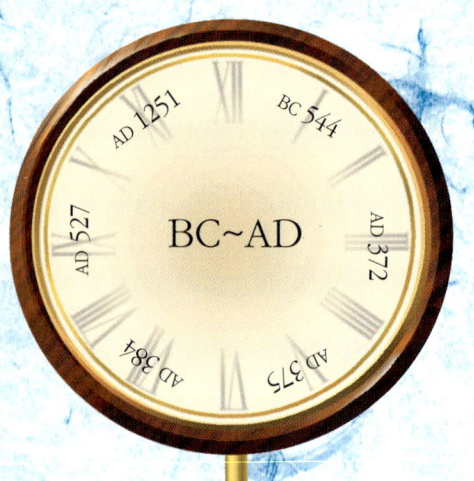

불교의 전래

불교는 우리 역사에서 가장 크게 영향을 끼친 종교입니다. 372년 불교가 처음 전해진 이후, 불교는 정치와 사상은 물론 경제와 예술, 과학 등 다방면에 걸쳐 우리 역사를 바꾸어 놓았습니다. 불교는 동아시아의 보편 종교로 널리 퍼졌고, 천신신앙을 비롯한 고유신앙을 포용하는 포용성을 보여 주었습니다.

BC 544년	석가모니가 입적함. 이 해를 불기 원년으로 삼음.
AD 372년	전진에서 온 순도 스님이 고구려에 불교를 전함.
375년	고구려에서 초문사와 이불란사가 처음 생김.
384년	동진에서 마라난타 스님이 백제에 불교를 전함.
527년	신라 이차돈이 순교함으로써 신라에 불교가 공인됨.
530년	백제 겸익 스님이 인도에서 공부하고 돌아옴. 많은 불경을 가져와서 번역을 함.
552년	백제가 일본에 불교를 전해 줌.
821년	도의 스님이 당나라에서 선종을 들여와 가지산문을 개창. 신라에 선종 9산이 발달.
1251년	고려에서 몽골의 침략을 막기 위해 팔만대장경을 만듦.
1392년	조선 건국, 승려 출가 제한, 사찰 토지 회수, 종단 통폐합 조치 등 억불정책 실시.

불교의 전래

인도에서 탄생한 불교는 372년 북중국에 있는 전진에서 순도 스님을 고구려에 보내면서 우리 나라에 전파되기 시작했습니다. 백제 또한 남중국의 동진에서 온 마라난타 스님에 의해 불교가 전파되었습니다. 신라는 400년 무렵에 고구려로부터 불교가 전해지기는 했으나 국가에서 인정을 하지 않았습니다. 귀족들이 강한 힘을 갖고 있던 만큼 귀족들이 신앙하고 있던 고유 종교를 대신하기가 어려웠습니다. 불교의 '왕은 곧 부처'라는 '왕즉불사상'은 왕실에서 크게 환영할 교리였습니다. 왕실의 힘이 강했던 고구려와 백제는 쉽게 불교를 받아들였지만, 신라

▲ 신라 불교 전래를 위해 목숨을 바친 이차돈의 순교비
국립경주박물관[경박200901-009]

는 그렇지 못했습니다. 법흥왕은 이차돈의 순교를 기회로 뒤늦게 불교를 국가 종교로 받아들였습니다. 이후 신라에서는 불교가 제1의 종교가 되었습니다. 백제도 불교를 왜국에 전해 줄 정도로 불교가 성행했습니다. 반면 고구려는 정릉사 등 사찰과 장천1호분의 불교식 그림이 그려지기는 했으나 신라에 비하면 덜 활성화되었습니다.

삼국 시대를 대표하는 스님

불교는 인도에서 발생한 종교지만, 중국을 거쳐 전해져 왔습니다. 불교의 수많은 경전들이 다 한문으로 번역된 것이 아니다 보니, 새로운 경전이 번역되면 새로운 종파가 생기기도 했습니다. 삼국의 스님들 가운데는 중국으로 유학을 가는 경우가 많았고, 심지어 먼 인도에 가서 불

▶ 신라 황룡사에서는 나라의 안녕을 비는 법회가 열렸다.

스님이 된 왕

신라 24대 진흥왕은 생전에 많은 전쟁을 통해 신라를 크게 발전시킨 임금입니다. 그는 불교를 매우 열심히 믿었는데, 늙어서는 스스로 머리를 깎고 스님의 옷인 법의를 입었고, 스스로를 법운이라 부르며 스님처럼 행동했습니다. 왕비 또한 스님이 되었습니다. 그는 자식들을 금륜, 사륜, 동륜이라고 이름을 지었는데, 이 역시 불교에서 나온 이름입니다. 자장 스님도 왕족으로 스님이 되었고, 대각국사 의천은 고려의 왕자였습니다.

▲ 철원 도피안사의 철조비로사나불좌상(국보 63호)

교를 배워 오기도 했습니다. 특히 백제 겸익 스님은 인도에 직접 가서 공부하고, 인도 스님과 함께 귀국하며 불교 경전을 가져와 이를 번역해 백제 불교를 발전시킵니다. 200년 후 혜초 스님 또한 인도를 여행하고 《왕오천축국전》이란 책을 남기기도 했습니다.

불교를 널리 전하는 데 큰 공을 세운 분은 단연 원효 스님이 손꼽힙니다. 원효 스님은 《십문화쟁론》등의 책을 저술하며 불교 교리를 하나로 통일시키려는 노력을 기울였습니다. 삼국 통일 전쟁으로 많은 사람들이 죽고, 남은 백성들이 위안을 얻고자 할 때 원효 스님이 가르친 '나무관세음보살' 만이라도 열심히 외우면 극락에 갈 수 있다는 설교는 크게 환영을 받았습니다. 그리하여 불교는 왕실과 귀족의 불교에서 대중을 위한 불교로 크게 확산되었습니다. 원효 외에도 화엄종을 창시한 의상 스님, 계율종을 만든 자장 스님 등이 유명합니다.

▲ 원효는 의상과 당나라로 유학을 가던 중 해골에 고인 물을 마시고 크게 깨달음을 얻었다.

교종과 선종

불교는 깨우침의 종교입니다. 부처님처럼 큰 깨달음을 얻기 위해 스님들은 세상과의 인연을 끊고 사찰에 들어가 열심히 수행을 합니다. 수행은 먼저 부처님의 가르침이 담긴 경전을 공부하거나, 열심히 참선을 하는 것입니다. 그런데 화엄종, 계율종, 열반종, 법성종, 법상종 등의 통일신라 시대에 번영한 불교의 종파들은 경전을 위주로 공부하며 귀족 중심의 종파인 교종이라고 합니다.

반면 경전 공부에 매달리지 않아도 한순간 깨달음을 얻는 참선을 중요하게 생각하는 선종이란 교파가 9세기에 널리 유행하게 되었습니다. 가지산문, 성주산문 등 9개의 선종은 지방의 호족 등 변화를 바라는 사람들의 호응을 얻었습니다. 교종과 선종은 이후 두 종파 사이에 서로 영향을 주고받으며 한국의 불교를 발전시켜 왔습니다.

불교와 삼국 시대 예술

불교는 불상, 탑, 탱화, 범종, 석등 등 다양한 물건을 만들어 사람들에게 교리를 전할 때 사용하거나 신앙의 대상으로 삼게 합니다. 중세 유럽의 예술이 크리스트교와 함께 발전했듯이, 한국 고대와 중세의 예술은 불교로 인하여 크게 발전하게 됩니다. 불교가 도입되기 이전의 천신신앙은 특별한 상징물이 필요하지 않았고, 차츰 쇠퇴한 탓에 제사 터 정도 외에는 전해 오는 유물이 적습니다. 반면 불교는 지금까지도 많은 이들이 믿고 있어 전국 곳곳에 수많은 유물들이 남아 있습니다.

375년	고구려에서 이불란사, 초문사를 세움.
500년경	고구려 장천1호분 벽화에 불상과 보살상이 그려짐.
552년	백제가 왜국에 금동부처와 불경 등을 전함.
600년경	백제 최대의 사찰인 미륵사가 건립됨.
645년	신라 황룡사 9층탑이 세워짐.
720년	신라 최고의 석등인 법주사쌍사자석등이 만들어짐.
751년	신라 불국사와 석굴암을 세움.
771년	성덕 대왕 신종이 완성됨.

삼국 시대의 불상

372년 순도 스님은 불상과 경문을 가지고 고구려에 와서 불교를 전했습니다. 부처님의 모습을 표현한 불상은 사람들의 신앙의 대상이 된 덕분에 많은 불상들이 만들어졌습니다. 삼국 시대를 대표하는 불상으로는 금동미륵반가사유상과 석굴암, 서산마애불상 등이 있습니다. 금동미륵반가사유상은 의자에 앉아 오른발을 굽혀 왼쪽 무릎 위로 걸치고, 오른 팔을 굽혀 오른 뺨을 살짝 받치도록 자세를 하고 생각에 잠긴 미륵부처님의 모습을 표현한 것으로, 국보 중의 국보로 손꼽이고 있습니다. 일본 국보 1호도 미륵반가사유상인데, 이것은 삼국 사람이 만들어 준 것이라고 합니다.

서산마애불상은 화강암을 쪼아내 만든 불상으로 부처님의 미소가 너무나 아름다워 백제의 미소라고 불립니다. 석굴암은 동양의 3대 미술품으로 불릴 만큼 그 예술적 가치가 높습니다. 불상이 가장 많이 만들어진 곳은 경주 남산으로, 남산의 골짜기와 바위에는 수백 기의 부처님과

▲ 국보 83호 반가사유상
국립중앙박물관[중박 200901-26]

▲ 백제 사람의 미소라 불리는 서산마애불상

▲ 최고의 예술적 가치를 가진 석굴암

석굴암의 가치

석굴암은 정교한 수학적 설계를 활용한 완벽한 조형미와 생명력 넘치는 부처님의 모습을 탁월하게 표현한 본존불상의 아름다움을 자랑합니다. 본존불상 주위의 사천왕, 팔부신중, 금강역사 등의 조각품도 빼어납니다. 하지만 높이 3.26미터의 불상은 외국의 거대한 불상에 비하면 매우 작아 보입니다. 그러나 외국의 불상들이 대리석, 사암과 같은 조각하기 쉬운 재료로 만든 반면, 석굴암은 조각하기 가장 어려운 화강암으로 만들었다는 점을 생각해 보면 단연코 세계 최고의 돌 조각품이라고 할 수 있습니다.

탑이 조각되어 있습니다. 부처님께 소망을 빌려는 신라 사람들의 신앙심이 야외 불교박물관인 경주 남산을 만들었던 것입니다.

▲ 한국 석탑의 시원이 된 백제 정림사탑

탑과 부도

부처님의 사리, 치아를 넣어 둔 탑은 법당과 함께 사찰에서 가장 중요한 구조물로, 신앙의 대상이 되기도 합니다. 아유타국 출신의 허황후가 가야에 올 때 배에 싣고 온 것은 사리탑이었습니다. 중국에는 벽돌탑이 많고, 일본은 나무로 된 목탑이 많은 것에 비해, 우리 나라는 돌로 된 석탑이 많습니다. 백제 미륵사탑은 삼국 시대 탑 가운데 가장 오래되고 큰 것으로 유명하며, 백제 정림사탑은 이후 석탑의 모델이 되었습니다. 신라 불국사의 석가탑과 다보탑은 그 예술적 가치가 높은 최고의 석탑이라 불립니다. 부도는 고승들이 남긴 사리를 모신 것으로, 스님들의 무덤이라고도 할 수 있습니다. 8세기 통일신라 시대에 선종이 유행하면서 본격적으로 만들어졌습니다. 쌍봉사철감선사탑을 비롯한 많은 국보와 보물로 지정된 유물들이 남아 있습니다. 사찰의 야외 조명을 위해 만들어진 석등은 돌로 만든 또 하나의 중요한 예술 작품입니다. 특히 단아하면서도 균형 잡힌 조형미가 돋보이는 법주사쌍사자석등, 6미터 높이의 거대한 발해 석등이 유명합니다.

▲ 석가탑과 다보탑

범종

사찰에는 예불 시간 등 모임을 알리는 데 사용하는 범종, 법고, 운판, 목어가 있습니다. 범종과 법고는 사람들에게 부처님의 가르침을 깨우치라는 소리를 전하며, 운판은 날짐승에게, 목어는 물고기들에게 소리를 전합니다. 특히 통일신라 시대에 뛰어난 범종이 많이 만들어졌습니다. 특히 에밀레종으로도 알려진 성덕 대왕 신종은 무게 20톤이나 되는 거대한 규모와 아름다운 비천상이 새겨져 유명합니다. 게다가 맑고 장중하며 긴 여운을 남기는 종소리는 세계 최고의 종소리라고 할 만합니다.

▲ 성덕 대왕 신종

유학인가 유교인가?

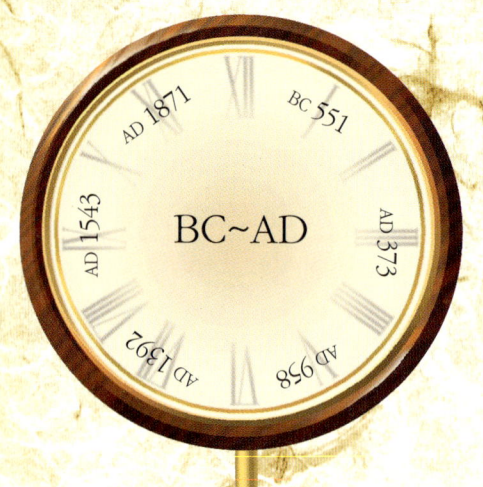

공자님을 교주로 하는 유교는 종교보다 유학이란 학문으로 더 알려져 있습니다. 유교는 다른 종교와 달리 도덕적인 생활 윤리에 가까운 것들이 많고 죽음에 대한 교리가 없어 종교와 학문의 구분이 뚜렷하지 않습니다. 그렇지만 유교는 조상에 대한 제사 의식을 중요하게 여기고, 불교, 도교와는 구분되는 세계관을 갖기 때문에 단순한 학문만은 아닙니다. 조선은 유교를 국교로 삼은 나라입니다. 공자, 맹자, 주자 등 유교의 성인의 말씀은 왕의 어명보다 더 큰 가치를 갖기도 했습니다.

유교의 전래

유교가 언제 전해졌는지는 확실하지 않지만, 4세기경 삼국 시대 사람들은 공자님의 말과 행동을 기록한 《논어》를 잘 알고 있었습니다. 고구려에 태학이 세워지고, 신라에 국학이 세워졌을 때 교육용 교재에는 논어를 비롯한 유교 경전도 포함되어 있었습니다. 백제의 왕인 박사는 일본에 천자문과 함께 논어를 전해 주면서 유학을 전해 주기도 했습니다.

유교가 널리 퍼진 것은 통일신라가 당나라의 문화를 받아들이고, 유교의 예법에 맞추어 제사 의식을 개혁하면서부터입니다. 다섯 분의 조상을 모시는 오묘를 세우고, 대사, 중사, 소사 등 격식에 맞추어 산천에 제사를 지내는 것은 유교의 교리에 따른 것입니다.

과거 제도 실시와 유교의 보급

고려 시대에는 유교가 널리 퍼져 차츰 불교와 대등한 힘을 갖게 됩니다. 고려 시대 유교가 널리 퍼진 결정적인 원인은 쌍기가 건의한 과거 제도의 실시입니다. 과거에는 명경업, 제술업, 잡업 등이 있었는데, 명경업은 유교 경전에 밝은 자를, 제술업은 논리적인 글을 잘 쓰는 자를, 잡업은 전문 기술자를 선발하는 분야였습니다. 과거에 합격하면 관리가 될 수 있었기 때문에 귀족의 자제들과 지방 향리층의 자제들이 많이 응시를 했습니다.

과거에 합격하기 위해서는 국립대학인 국자감이나, 최충이 세운 문헌공도를 비롯

BC 551년	유교의 시조인 공자 태어남 (BC 479 사망).
AD 373년	고구려 소수림왕 태학을 설립. 유학을 학교에서 가르침.
600년경	원광법사가 화랑인 귀산과 추항에게 세속오계를 가르침.
958년	쌍기의 건의로 고려 광종이 최초로 과거를 실시함.
1055년	최충 문헌공도를 세워 사학을 일으킴.
1392년	유교 국가인 조선이 건국됨.
1432년	맹사성 등이 《삼강행실도》를 편찬하여, 유교적 가치관을 백성들에게 널리 전파.
1543년	주세붕이 최초로 백운동 서원을 건립. 서원은 이후 유교 보급의 중심이 됨.
1871년	대원군이 사액 서원 47곳 외 전국의 서원 철폐.

▶ 조선 시대 종묘제례 모습

▲ 공자 영정

공자

공자님은 유교의 시조라고 합니다. 그는 중국의 춘추 시대 말기를 살면서 '자기 자신을 이기고 예의에 따른 삶'인 '인' 사상을 내세운 사상가였습니다. 인격의 완성자인 성인 군자를 가장 이상적인 삶의 모습으로 여긴 그는 많은 제자를 길러 냈습니다. 맹자 등이 더욱 발전시킨 공자의 사상은 기원전 2세기 한나라 때에 와서 국가의 통치 이념으로 받아들여졌고, 이후 동양 문화에 큰 영향을 끼쳤습니다. 그의 말과 행동을 기록한 《논어》는 유교의 가장 대표적인 경전으로 손꼽힙니다.

▲ 궁중에서 쓰던 제기들 / 국립고궁박물관

한 사학 12공도와 같은 사립학교에서 공부를 해야 했습니다. 이들 학교에서 가르친 유교 경전을 익힌 관리들은, 차츰 유교적 교양을 바탕으로 고려의 귀족 문화를 발전시킬 수 있었습니다.

고려 시대를 대표하는 유학자로는 《삼국사기》의 저자인 김부식, 뛰어난 시인 정지상, 《동명왕편》을 쓴 이규보, 《제왕운기》의 이승휴 등이 있습니다. 고려 말에는 안향이 성리학을 원나라에서 배워 온 이후로, 이색, 정몽주, 길재, 정도전 등의 성리학자들이 대거 등장했습니다.

▲ 공자를 모시는 대성전을 갖고 있는 성균관

유학의 폐해, 사대주의

유교의 중요한 덕목 중 하나는 질서입니다. 임금은 임금답게, 신하는 신하답게, 부모는 부모답게, 자식은 자식다워야 한다는 것입니다. 이것이 정치 논리가 되면 작은 나라는 작은 나라답게 큰 나라를 섬겨야 하며, 그것은 하늘이 정해 준 이치라고 설명이 됩니다. 유교는 본래 고대 중국에서 시작되었기에 중국에게 유리한 내용들이 너무도 많습니다.

조선이 유교를 국교로 채택한 후, 외교 관계에 있어서는 큰 나라인 명나라를 섬기는 것은 유교의 가르침으로서는 당연한 것이 되었습니다. 조선은 명나라를 큰 나라로 섬기고, 스스로를 제후국이며 주변국이라고 여기게 되었습니다. 이러한 사대주의는 조선의 발전을 크게 가로막았습니다. 또한 유교의 명분과 질서 의식은 지나친 격식과 허례허식에 빠지게 만드는 단점을 낳기도 했습니다. 그렇지만 유교가 가르친 충성, 효성, 어짊, 예의, 의리, 믿음, 양보 등의 윤리관은 우리 겨레의 심성을 깨끗하고 맑게 만들어 주는 데 기여했습니다.

▲ 조선 유학의 기지 역할을 한 도동 서원

불교의 나라, 고려

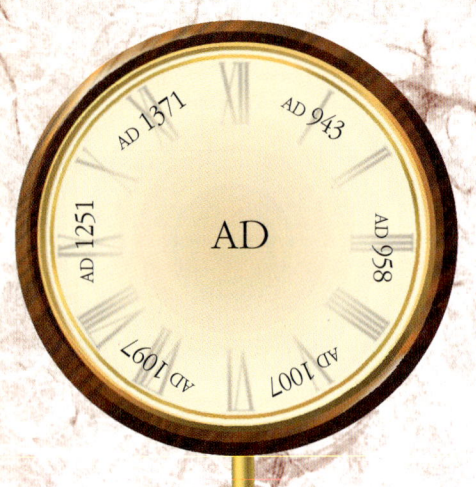

고려는 불교를 나라의 종교로 삼은 나라입니다. 불교의 나라답게 고려에는 많은 사찰들이 만들어졌습니다. 스님은 사람들의 존경을 받았고, 대각국사 의천의 경우처럼 왕과 귀족의 자제들 가운데서 스님이 되는 자들이 많았습니다. 고려 시대에는 모든 백성들이 불교를 열심히 믿었기에 팔만대장경과 같은 세계적인 문화유산이 만들어질 수 있었습니다.

943년	고려 태조 왕건이 자손들에게 훈요 10조를 남김.
958년	과거 제도가 실시되면서 승과가 만들어짐. 승려들에게도 등급이 주어짐.
1007년	월정사 8각 9층 석탑이 만들어짐.
1086년	대각국사 의천이 송나라에서 귀국함.
1097년	의천이 천태종을 개창함.
1190년	보조국사 지눌이 정혜결사 운동을 시작함.
1251년	팔만대장경이 완성됨.
1371년	공민왕의 신임으로 개혁정책을 펼치던 신돈 스님이 권력을 잃음.

거대해진 불교

고려는 건국 초부터 수도 개경에 거대한 사찰을 지으며 불교를 지원하며 발전시켰습니다. 승려를 위한 과거인 승과 제도를 실시하여 합격한 자에게는 승려의 계급(승계)을 주어 신분을 보장했습니다. 스님을 나라의 스승인 국사, 왕의 스승인 국사로 모시기도 했습니다. 왕과 귀족들은 거액의 재산을 사찰에 기부하였고, 사찰과 승려는 세금을 내지 않아도 되는 특혜를 받았습니다. 이를 이용해 귀족들은 자신들의 재산을 기부한 사찰을 개인의 사찰로 활용하여 자신들의 세력을 키우는 장소로 사용하기도 했습니다.

고려 후기로 갈수록 통도사, 해인사 등 거대 사찰들은 많은 땅을 가져 산과 산의 경계를 넘을 지경이었습니다. 사찰에서 열리는 법회에는 사람들이 붐볐고, 사찰에서는 숙박시설인 원을 세워 사람들을 머물게도 했습니다. 또한 사찰에서는 스님들과 불교 행사에 필요한 물건을 만들기 위해 수공업장도 유지했는데, 나중에는 여기서 만든 물건을 팔아 재물을 모으기도 했습니다. 심지어 절에서 술도 만들어 팔기도 했습니다. 결국 사찰이 비대해지면서 많은 문제점이 나오자 불교를 개혁하려는 움직임도 생겨났습니다.

고려를 대표하는 스님

신라 말에 5개의 교종과 9개의

▶ 고려 최고 불교 행사인 팔관회

선종 종파가 발전하던 불교는 고려 시대에 와서 종파 간의 통합을 위한 노력이 생깁니다. 11대 문종의 아들인 대각국사 의천은 송나라에 가서 많은 불경을 가져왔고, 속장경을 간행하는 등의 일을 했습니다. 또 국사라는 최고 승려의 지위를 활용하여 교종과 선종을 통합하는 데 노력을 기울였습니다. 특히 선종의 종파들을 천태종이란 종파로 통일시켰으며, 이론 공부와 수행을 아울러 강조하는 주장을 펼쳤습니다.

보조국사 지눌은 고려의 불교가 점차 재물을 바라고, 정치권에 연결해 권력을 행사하는 등 타락한 모습을 보이자, 이를 비판하고 스님 본연의 자세인 수행과 노동에 힘쓰자는 개혁 운동인 수선사 결사 운동을 펼칩니다. 그는 또 선종과 교종의 일치를 내세우며 선종을 통합하는 조계종을 창시하였습니다. 그는 깨달음을 얻었다 해도 꾸준한 수행으로 깨달음을 확인하는 것이 필요하다는 주장을 펼쳐 고려 불교를 더욱 발전시켰습니다.

▲ 대각국사 의천 영정

억압 받은 불교

유교 국가 조선은 고려의 재정을 위태롭게 할 정도로 커진 거대 사찰의 토지를 빼앗고, 불교를 억압했습니다. 승과 제도를 없애고, 승려의 도성 출입을 금하여 사찰은 산으로 옮겨 가야 했습니다. 고려 시대 존경 받았던 승려는 백정과도 같은 8개 천민의 하나로 떨어졌습니다.

불교는 크게 억압 받았지만, 불교에 대한 신앙심은 사라질 수 없었습니다. 특히 조상이 죽어서 극락에 가기를 바라며 비는 천도제, 관세음보살에게 아들 낳기를 바라는 여인들의 기복 행위는 유교에서도 말릴 수가 없었습니다. 천도제를 지내는 극락전, 자식을 기원하는 관음전, 복을 바라는 산신각 등은 사찰이 살아남기 위해 비대해진 건물들이었습니다. 사찰이 백성들의 기복 신앙의 터전으로까지 쇠퇴한 것은 조선 정부의 지속적인 불교 탄압 정책이 가져온 어쩔 수 없는 결과였습니다.

▲ 탑골공원에 있는 원각사지 10층 석탑

▲ 월정사 8각 9층 석탑

불교를 중요하게 여긴 훈요 10조

고려를 건국한 태조 왕건은 후손들에게 뒷날 교훈으로 삼을 말들을 남겼습니다. 그 가운데 불교에 관련된 것들이 많습니다. 고려의 탄생이 부처님의 도우심 때문이니, 불교를 숭상하라는 것이 첫 번째 유언입니다. 또 연등회, 팔관회와 같은 불교 행사를 소홀히 다루지 말라고 했습니다. 그렇지만 지나치게 절을 많이 만드는 일은 경계하게 했습니다.

문신과 무신

나라의 가장 중요한 일은 전쟁과 제사였습니다. 나라가 유지되려면 외적들의 침략을 막을 수 있는 군사력이 있어야 합니다. 과거로 갈수록 전쟁은 많았고, 왕들도 직접 전쟁에 참여하고 지휘해야 했습니다. 과거 국가를 세운 임금은 거의 대부분이 강력한 힘을 가진 무장 출신이었고, 귀족들 역시 왕과 함께 전장에 나가 공을 세운 무장들이 더 많았습니다. 하지만 전쟁이 적어지면 무장들이 할 일도 적어졌습니다. 결국 백성들을 잘 다스리고 중요한 종교적인 행사를 잘 치르기 위해선 꼼꼼하게 기록을 잘하고 일 처리를 제대로 할 줄 아는 문신들이 필요했습니다.

학문보다 무예가 필요했던 삼국 시대

삼국 시대 왕들은 평소 무예를 연마하여 전쟁이 생기면 직접 군사를 이끌고 적진 깊숙이 쳐들어갔습니다. 고구려의 시조 추모왕의 별명이 '활을 잘 쏘는 사람'이란 뜻을 가진 주몽이었던 것처럼, 유리명왕, 평원왕 등도 활을 잘 쏘는 임금이었습니다. 백제 비류왕, 계왕, 동성왕도 명사수였습니다. 고구려 고국원왕은 백제군과 싸우다가 활에 맞아서 죽었고, 백제 성왕도 전투 중에 신라군에 잡혀 죽었습니다.

삼국 시대 왕들은 궁궐 안에만 있지 않고, 수시로 신하들과 함께 사냥을 한다거나, 지방을 돌아다니며 백성들과 만났습니다. 왕들은 하늘과 시조 어른에게 제사를 지내고, 동맹 등의 축제에서 백성들과 함께 축제를 즐겼습니다. 함께 춤추며 노래하는 축제에 굳이 복잡한 문서와 절차는 필요하지

않았습니다.
　귀족들도 평소 사냥과 춤과 노래를 즐겼습니다. 고구려 고분벽화에 글공부하는 귀족의 모습은 찾기 어려운 반면, 사냥하는 귀족들의 모습은 많습니다. 많은 백성들은 무예가 뛰어나 전쟁에서 공을 세워 임금의 사위가 된 온달과 같은 사람들을 부러워했습니다.

글공부가 중요해진 고려 시대

　삼국이 중국과 교류가 많아지면서, 외교 문서 작성 등 중국 사람이 사용하는 한문을 제대로 쓸 줄 아는 사람들이 필요해지기 시작했습니다. 삼국은 각기 태학 등의 교육기관을 두어 유학을 가르치기 시작했지만, 교육기관에서 배출된 사람들은 높은 벼슬을 얻지 못했습니다.
　고려 초기에 과거 제도가 실시되어 글공부를 많이 한 사람을 관리로 뽑자, 새로운 변화가 생겨나기 시작했습니다. 과거에 합격한 문신들은 칼이 아니라 붓으로써 나라를 다스리는 데 공을 세우게 되었습니다. 무신들을 억제하고, 문신들을 중심으로 나라를 다스렸던 중국 송나라와 잦은 교류를 하면서 고려도 점차 문신들을 우대하기 시작했습니다. 문신들은 병법서를 읽어 칼을 휘두르지 않더라도 군대를 지휘할 줄 알았습니다. 강감찬, 윤관, 김부식 등은 문신이지만, 대장군이 되어 전쟁의 영웅이 될 수도 있었습니다.

　고려의 어린이들은 국자감이나 최충의 문헌공도 등에 들어가서 학문을 배워 과거에 급제하여 관리가 되는 것을 목표로 삼았습니다.

무신정권의 한계

글을 배우지 않고 단지 무예만 뛰어난 사람은 그저 호위무사, 전쟁 기술자로 취급될 뿐이었습니다. 심한 차별 대우에 무신들의 불만은 커져만 갔습니다. 마침내 무신들은 문신들을 죽이고, 무신들이 직접 권력을 잡았습니다. 하지만 어떻게 나라를 다스려야 하는지에 대한 계획도 없이 힘 있는 자가 권력을 쥐는 무신정권은 고려를 크게 후퇴시켰습니다. 무신이 권력을 잡았음에도 국방력은 약화되었고, 안으로는 반란이 계속 일어났습니다. 나라를 다스리는 법질서를 다시 세우기 위해 최고 권력자 최우는 문신들을 기용하기 시작했습니다.

고려 말의 무신인 이성계는 문신인 정도전과 손을 잡고 새로운 나라 조선을 세울 수 있었습니다. 조선의 왕은 이성계였지만 조선을 설계한 것은 문신인 정도전이었습니다.

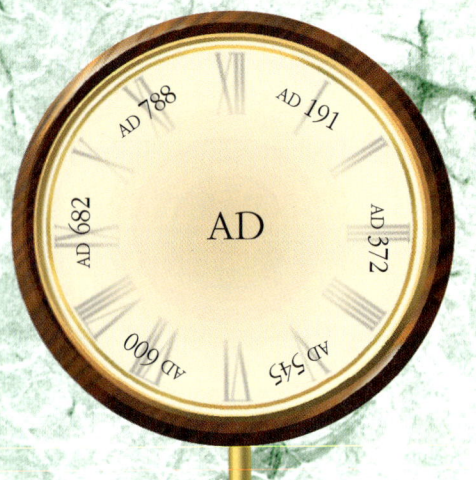

화랑도와 국학 교육

191년	고구려 을파소가 안유의 천거로 국상이 됨.
3~4세기	인천 계양산성에서 백제 목간이 출토됨.
372년	고구려 태학이 설립됨.
545년	거칠부가 신라 진흥왕의 명을 받아 국사를 편찬함.
6세기 중엽	신라에 화랑 제도가 성립됨.
600년	고구려 태학박사 이문진 신집 5권 편찬.
682년	신라에서 국학을 설치함. 유교 경전을 주로 가르침.
788년	신라, 처음으로 독서출신과를 설치.

원시 시대 사람들은 생활의 지혜를 부모의 행동을 보고 배우면서 익혔습니다. 공동체 생활을 하게 되면서 아이들에 대한 교육 문제는 공동체 전체의 문제가 되었습니다. 경험과 지혜가 많은 어른들이 아이들을 모아서 가르쳤습니다. 무기를 다루고 사냥하는 법, 각종 농기구의 활용과 농사짓는 법, 공동체에서 모시는 신에 대한 이야기와 제사 지내는 법, 조상들의 유래, 주변 세계에 대한 지식 등 배울 것이 많았습니다. 무엇보다 마을 구성원으로써 협동심과 충성심 등을 배웠습니다. 국가도 마찬가지로 백성들에게 교육을 시켜야 했습니다.

경당과 화랑도의 교육 목적

고구려의 어린이들은 신분을 가릴 것 없이 경당이라 불리는 학교에서 글공부와 함께 활쏘기와 말타기를 배웠습니다. 신라에는 귀족의 자식들 가운데 뽑은 화랑을 중심으로 그를 따르는 낭도 무리들이 전국을 돌아다니며 무예와 학문을 배우며 몸과 마음을 기르는 화랑도가 있었습니다.

삼국 시대는 전쟁이 치열했던 시대입니다. 각국은 전쟁에 필요한 군대의 지휘관과 병사를 키워야 할 필요가 있었습니다. 어린 학생들이 익혀야 할 것은 전쟁에 나가 활을 쏘며 창과 칼을 휘두를 줄 아는 무예 실력이었습니다. 글은 부대의 표시나 명령문 정도만 알아도 큰 문제가 없었습니다. 경당, 화랑도 등에서는 우리 나라가 어떻게 건국되었고 얼마나 대단한지 등을 가르쳐 나라에 충성하는 사람들로 길러 냈습니다.

학생들의 목표는 활쏘기를 잘하여 '주몽'이라 불리며, 온달과 같이 출세하는 것이었습니다. 화랑도에서 배운 사람들은 곧 신라의 재상과 장군이 되기도 했고, 낭도들도 관리가 되거나 군대에 들어가 군인이 되었습니다.

신라 국학의 교육

삼국의 교육기관으로는 태학, 국학 등이 있었습니다. 학생들은 이곳에서 보다 깊게 학문을 배울 수가 있었습니다. 귀족들 가운데 을지문덕과 같이 글공부를 잘하여 시도 잘 쓰는 사람이 있었으나 학문을 깊이 공부한 귀족들은 많지 않았습니다. 신라가 당나라에 외교문서를 보내는 일을 담당한 것은 진골 귀족이 아닌 6두품 학자인 강수였습니다.

◀ 임신서기석 – 화랑들이 함께 학문을 익히자고 맹세했던 내용이 담겨 있다.
국립경주박물관[경박200901-009]

▶ 화랑들이 지켜야 할 세속오계는 임금에게 충성하고 부모님께 효도하며, 벗들과 사이좋게 지내며, 함부로 생명을 죽이지 않고, 전쟁터에서 물러서지 않는 것이다.

▲ 신라 화랑의 모습 - 신라의 삼국 통일에 커다란 역할을 했지만 신라 후기에는 놀이와 향락에 빠지면서 타락해 갔다.

▲ 신라 화랑의 대표격인 김유신의 묘

통일신라는 682년 국학이란 교육기관을 설치하여 글을 아는 학자들을 키웠습니다. 국학에는 박사와 조교를 두어 학생들을 가르쳤습니다. 국학의 입학 자격은 신라 17관등 가운데 12위 이하의 벼슬을 갖거나 가질 자들로 6두품, 5두품 출신이 많았습니다. 15세에서 30세까지의 나이에 9년간 주역, 논어, 효경 등의 유교 경전을 공부하였는데, 공부를 못하면 퇴학을 당해야 했습니다. 국학에서 졸업하면 벼슬이 10위 대내마까지 이를 수 있었습니다. 따라서 더 높은 벼슬을 할 수 있는 진골과 6두품들은 국학에 다닐 필요성을 느끼지 못했습니다.

독서삼품과

신라는 국학 내에 독서출신과라는 졸업 시험을 만들었습니다. 유교 경전을 얼마나 잘 아느냐에 따라, 상, 중, 하 3등급으로 구분하는 시험으로 성적에 따라 관직에 나갈 때 차등을 두었습니다. 독서삼품과에서 곡례, 예기 등이 시험 과목이었던 것은 당시 신라가 중국의 종교 제사 절차를 받아들여 시행했을 때라 그와 관련된 경전을 아는가를 알기 위해서였습니다. 또 좋은 문장을 모아 놓은 문선, 사마천이 쓴 사기와 같은 중국의 역사책이 시험 과목이었던 것은 당나라와의 외교문서 등을 잘 쓰기 위해 좋은 문장과 그들의 역사를 아는 것이 필요했기 때문이었습니다. 하지만 독서삼품과는 고려 시대의 과거처럼 최고의 시험이 되지 못했습니다. 신라는 학문보다는 골품에 따라 승진할 수 있는 범위가 정해져 있었기 때문입니다. 열심히 공부만 한다고 성공하는 시대는 아니었습니다.

사다함

신라 진흥왕 때 화랑인 사다함은 어린 나이에 화랑으로 추대되어 1천 명의 낭도를 거느렸습니다. 그는 15세의 나이로 이사부 장군이 대가야를 정벌할 때 선봉장이 되어 큰 공을 세워 상을 받았습니다. 그런데 친구 무관랑이 죽자 7일 동안 통곡하다가 따라 죽었습니다. 나라에 충성하고 친구와 우정을 소중히 하는 화랑의 모습을 가장 잘 보여 준 인물입니다.

음서 제도와 과거 제도

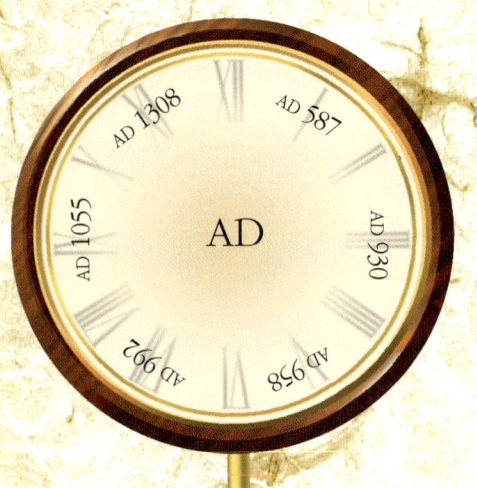

고대에는 아버지가 귀족이면, 자식도 귀족인 신분 세습 사회였습니다. 특히 삼국 시대에는 아버지가 어떤 벼슬을 하면, 아들도 그 벼슬을 물려받는 것을 당연하게 여긴 사회였습니다. 따라서 국가가 필요한 인재는 늘 한정된 귀족 가문에서만 나오기 마련이었습니다. 그런데 고려에서는 과거 제도를 채택하여 새로운 인재 선발 방법을 찾았습니다. 그렇지만 과거의 전통을 무시할 수는 없어서, 과거를 보지 않아도 관리가 될 수 있는 음서 제도가 있었습니다.

음서 제도

음서 제도란 조상의 음덕에 따라 그 자손에게 벼슬을 주는 것으로 벼슬길에 나갈 수 있는 권리를 보장하는 것입니다. 국왕의 후손, 공신의 자손, 5품 이상 고급 관료의 자손들은 음서제에 따라 관직을 얻을 수 있었습니다. 이렇게 얻는 관직을 음직이라고 하는데, 음직을 받는 대상은 아들, 손자, 외손자, 사위, 조카, 외조카, 동생 등 그 범위가 매우 넓었습니다. 음직으로 벼슬길에 나갔다고 해서 승진에 제한이 있는 것도 아니었습니다. 고려가 귀족 사회라고 하는 것은 한 번 귀족이 되면 자식들에게 계속해서 관직을 이어 가게 할 수 있는 음서 제도 때문입니다. 거듭해서 높은 관직을 배출한 가문은 문벌 귀족이라 불렀습니다. 이들은 다른 문벌 귀족들과 혼인을 하며 고려의 최고 권력층으로 자리 잡았습니다.

과거 제도

고려는 송악의 호족 출신인 왕건을 중심으로 각 지역의 호족들이 연합하여 만든 나라였습니다. 왕건과 혼인을 맺은 호족들이나, 건국에 공을 세운 호족들을 중심으로 고려의 지배층이 만들어지기 시작했습니다. 그런데 이들이 지나치게 강해져서 왕실을 위협하자, 고려 광종은 귀족들이 가진 노비를 해방시키는 노비안검법을 실시하여 본래 양민이었던 자들을 풀어 주었습니다. 그러자 귀족들의 사병이 줄고 농장 규모도 줄면서 귀족들의 힘은 약해졌습니다. 광종은 귀족들을 견제하기

587년	중국 수나라 문제가 처음으로 과거 제도를 실시.
930년	고려 태조가 서경에 행차하여 학교를 세움.
956년	광종이 노비안검법을 실시하여, 귀족의 노비를 많이 해방시킴.
958년	쌍기의 건의로 과거제가 실시됨.
992년	국자감 개편 설치.
1055년	최충의 사학이 설립됨. 이후 여러 사학이 설립됨.
1101년	국자감 안에 국립도서관에 해당하는 서적포를 설치함.
1107년	교과 과정을 체계화하기 위해 국자감 안에 전문 강좌인 7재를 설치함.
1119년	국학에 처음으로 장학재단인 양현고를 설치하여 학생들을 지원함.
1308년	국자감이 성균관으로 이름을 고침. 조선 시대까지 그 명칭이 이어짐.

▲ 최충의 글씨

▲ 개성에 있는 고려 성균관

사학 12도

최충이 만든 9재 학당에서 배출된 학도들인 문헌공도들이 국자감을 능가하는 성적을 내자, 이를 모방한 개인 학당들이 생겼습니다. 시중(중시) 벼슬을 지낸 정배걸의 홍문공도를 비롯해 광헌공도, 충평공도 등 11개의 사숙이 생겨, 최충의 문헌공도와 함께 사학 12학도라 불렸습니다. 이들 학당의 설립자는 과거 시험관을 지낸 이들로, 요즘의 사립학교 교장 혹은 학원장과 같았습니다.

위해 새로운 관리 선발 제도인 과거 제도를 실시했습니다.

과거는 제술업, 명경업, 잡업으로 나누어집니다. 제술업은 문학적 재능과 정책 등을 시험하고, 명경업은 유교 경전에 대한 이해 능력, 잡업은 법률, 회계 등 기술 분야를 시험하여 기술관을 뽑았습니다. 제술업과 명경업에 응시하는 사람은 주로 귀족과 지방 향리의 자식들이었고 일반 백성들은 잡업에 응시했습니다. 과거 제도의 실시로 고려는 삼국 시대보다는 능력을 중시하는 사회가 되어 갔습니다.

국자감과 사학 12도

과거 제도가 실시됨에 따라, 지방의 향리 출신도 관직을 얻을 수 있게 되었습니다. 따라서 관직을 얻기 위해 과거제를 준비하는 학생들이 늘어 갔습니다. 고려에는 지방에도 학교가 있었지만 역시 대표 학교는 국자감입니다. 국자감은 아버지의 벼슬에 따라 3품 이상의 자식들을 가르치는 국자학, 5품 이상의 자식들을 가르치는 태학, 7품 이상의 자식들을 가르치는 잡학부로 나누어져 있었습니다. 특히 잡학부에서는 사문학, 법, 수학, 글씨 등을 가르쳤습니다.

그런데 과거 시험관을 지낸 최충이 사립학교를 세우고, 그 출신들이 과거에 많이 합격하게 되자, 국립학교인 국자감의 인기가 떨어졌습니다. 국자감은 전문학과를 새로 설치하고, 장학금을 주고, 도서관을 만드는 등 노력을 기울였지만, 학생 정원을 다 채우지는 못했습니다. 반면, 사립학교 출신들은 관직에 오른 후 서로 끌어 주면서 파벌을 만들기도 했습니다.

귀족들도 자식들을 학교에 보내 공부를 시켰고, 음서를 받을 수 있음에도 과거를 통해 관직에 나가게 하기도 했습니다. 물론 고려의 관리 가운데는 음직을 받은 이들이 더 많았습니다.

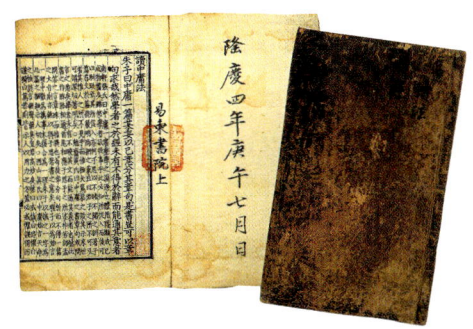

▲ 중용 – 논어, 맹자, 대학과 함께 유학의 대표 경서인 사서의 하나다.

◀ 고려의 과거 시험 모습

문벌 귀족의 시대

고려에서는 노비안검법, 과거제, 토지 제도인 전시과를 실시하여 귀족 세력이 강해지는 것을 막으려고 했습니다. 그렇지만 제도의 허점을 이용해 권력과 부를 독차지하며 오랫동안 막강한 권력을 가진 집단인 문벌 귀족이 등장하게 되었습니다. 학문과 교양을 갖춘 이들은 고려 문화를 발전시켰으나, 현실에 안주하며 새로운 변화를 꺼렸고 또 무신들을 차별하여 고려 사회의 갈등을 일으키기도 했습니다.

문벌 귀족을 위한 나라

광종이 힘센 귀족들의 힘을 약화시키기 위해 노비안검법을 실시했지만, 일회적인 것이었습니다. 귀족들은 다시 노비를 더 많이 모으고 사병을 키울 수가 있었습니다. 전시과는 고려의 관리들에게 직위에 맞게 토지를 주었다가 임기를 마치면 다시 나라에 토지를 돌려주는 제도였습니다. 하지만 전시과에는 나라에 공을 세운 자들에게 주는 세습 가능한 공신전이란 것이 있었습니다. 귀족들은 이 허점을 노려 공신전을 받아 계속해서 자신들의 땅을 늘려갈 수 있었습니다. 또 과거가 실시되었다고는 하나 여전히 음서를 통해 계속 관직을 세습할 수가 있었으므로 한 번 고급 관리를 지낸 귀족이라면 그 지위를 자손들에게 계속해서 물려줄 수가 있었습니다. 과거의 경우에도 응시자는 4대 조상의 관직까지 적어야 했습니다. 과거 시험의 심사자 역시 귀족이다 보니 이름 없는 집안 출신보다는 벼슬아치를 많이 배출한 귀족의 자손들에게 유리한 심사를 하게 되었습니다. 따라서 과거도 귀족들이 계속 관직을 갖는 데 도움이 되었습니다.

이자겸의 난

고려의 대표적인 문벌 귀족인 경원 이씨 가문은 11대 문종부터 17대 인종까지 7대 80년간 5명의 왕에게 무려 9명의 딸들을 왕비로 시집보냈습니다. 특히 이자겸은 예종에게 딸을 시집보냈는데 예종의 아들 인종이 왕이 되자 다시 왕의 이모가 되

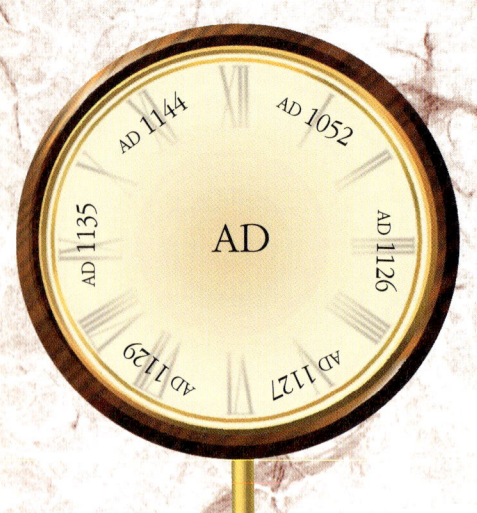

1052년 이자연의 세 딸이 문종에게 시집을 감. 인예태후가 낳은 세 아들이 임금이 됨.

1108년 이자겸의 딸이 예종의 비가 되자, 이자겸이 문하평장사가 됨.

1122년 예종이 죽고 인종이 왕이 되자 이자겸이 중서령이 되어 최고 권력자가 됨.

1126년 이자겸이 궁궐을 태우고, 인종을 개인 집으로 옮김.

1127년 척준경이 권세를 부리다가, 정지상의 탄핵으로 유배됨.

1129년 묘청이 서경 천도 주장.

1135년 묘청의 난이 일어났으나 김부식에 의해 평정됨.

1144년 김부식의 아들 김돈중이 과거에 2등을 했으나 왕이 김부식을 고려해 1등으로 삼음.

▶ 고려 문신들의 모습

▲ 문벌 귀족들이 즐겨 사용했을 듯한
고려 청자 투각 무늬 향로
국립중앙박물관[중박 200901-26]

는 두 딸을 또 시집보냈습니다. 경원 이씨는 왕실뿐만 아니라, 경주 김씨를 비롯한 당대 최고 귀족들과도 사돈 관계를 맺었습니다.

이자겸은 왕의 장인이자 외할아버지로서 임금을 능가하는 힘을 갖게 되었습니다. 그러자 그의 권력 독점에 반대하며 왕을 지지하는 세력들이 모여 이자겸을 제거하려고 했습니다. 그러나 이자겸은 부하인 척준경과 함께 군대를 이끌고 궁궐로 쳐들어가 반대파를 제거하고 더욱 권세를 누렸습니다. 그러나 이자겸과 척준경이 사이가 나빠지자, 왕은 척준경을 달래서 이자겸을 제거하게 했습니다.

묘청의 난

이자겸의 난 이후, 인종은 왕의 권위를 다시 회복하고 정치를 개혁하려고 했습니다. 이때 김부식을 중심으로 유교 이념에 충실한 나라를 만들려는 개성의 귀족들과 묘청, 정시상을 중심으로 새로운 개혁이 필요하다는 세력들 사이에 갈등이 빚어졌습니다. 묘청 등은 풍수지리설을 내세워 서경으로 도읍을 옮기면 고려가 금나라를 제압하는 강한 나라가 될 것이라고 주장했습니다. 그런데 인종이 서경으로 도읍을 옮기는 문제에 대해서 확실한 태도를 보이지 못하자 묘청은 서경에서 스스로 대위국을 세우고 임금에게 서경으로 오라고 제안을 했습니다. 묘청의 서경천도운동은 김부식이 이끈 고려군에 의해 1년 만에 제압되고 말았습니다.

▲ 문벌 귀족의 생활에 어울리는 잔과 잔받침
국립중앙박물관[중박 200901-26]

이자겸의 난과 묘청의 난은 고려 문벌 귀족 내부의 분열을 드러낸 사건이었습니다. 귀족 가문들 사이의 지역 갈등, 사상의 갈등을 보여 주었습니다. 문벌 귀족들은 새로운 변화보다는 사치와 나태함에 빠져들었습니다. 그러자 이들에게 차별 대우를 받던 세력들의 불만이 점점 커져 갔습니다.

▲ 김부식이 쓴 삼국사기

▲ 귀족의 생활을 보여 주는 거울걸이
국립중앙박물관[중박 200901-26]

고려 시대 근친혼

우리 나라는 16세기 이후 남자와 여자가 같은 성씨면 결혼을 하지 않는 동성동본불혼 풍습이 최근까지도 있었습니다. 하지만 그 이전에는 사촌끼리는 물론 삼촌과 조카, 이모와 조카, 배다른 남매 간에도 결혼이 가능했습니다. 고려 태조 왕건은 많은 아들, 딸을 두었습니다. 서로 어머니가 다른 남매 사이에 결혼한 경우도 많습니다. 따라서 인종이 이모와 결혼한 것은 당시로서는 자연스러운 일이었습니다.

▲ 고려 귀족 부인의 모습

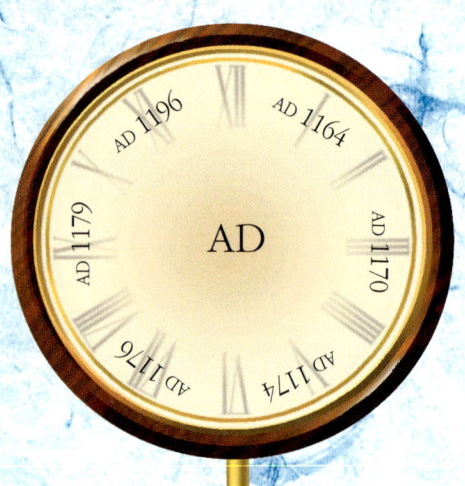

무신정권의 탄생

고려는 군사를 지휘하는 무신들보다는 글을 잘하는 문신들을 우대했습니다. 무신들은 아무리 높아져도 정3품 상장군 이상 높은 관직을 가질 수가 없었습니다. 따라서 군의 실질적인 지휘권도 문신들이 차지했습니다. 강감찬, 윤관과 같은 장군들도 무신이 아닌 문신이었습니다.

1164년	의종 인지재 행차, 밤 늦게까지 놀며 무신들을 시중들게 해, 무신들이 분노함.
1170년	보현원 사건으로 무신의 난이 일어남. 의종을 추방하고, 명종을 왕위에 올림.
1173년	동북병마사 김보당이 반란을 일으킴. 문신이 대부분 제거됨.
1174년	서경유수 조위총이 반란. 이의방이 제거되고 정중부가 문하시중이 됨.
1176년	망이·망소이의 난. 남부 지방에 민란 성행.
1179년	경대승, 정중부를 죽이고 반대파를 처형. 도방을 설치.
1184년	경대승이 죽자, 이의민이 정권 장악함.
1193년	김사미의 난 일어남.
1196년	최충헌이 이의민을 죽이고, 정권을 장악함. 최씨 무신정권 성립.

문신과 무신의 갈등

무신들 가운데는 미천한 노예나 농민 출신도 있었습니다. 문신들은 무신들을 글도 모르는 무식한 자들이라고 무시했습니다. 무신들은 단지 전투 기술자나 왕과 귀족의 호위병 취급을 받았습니다. 의종 임금은 보현원에 놀러가서 문신들과 연회를 하다가 호위하고 있던 무신들에게 수박희 대결을 시켰습니다. 그런데 나이 든 대장군 이소응이 젊은 무인에게 지자, 젊은 문신인 한뢰란 자가 이소응을 쫓아가 뺨을 쳤습니다. 직위도 높은 이소응이 모욕을 당하자, 오랫동안 문신들로부터 차별 대우를 받아 온 무신들의 감정이 폭발하고 말았습니다. 무신들은 자신들의 생활을 보장하는 군인전이란 토지가 제대로 지급이 되지 않자 불만이 커진 상태였습니다. 그날 밤 젊은 무신인 이고와 이의방이 칼을 뽑아 문신들을 마구 죽였습니다.

무신정권의 탄생

이날 이후 무신들은 권력을 잡고 무신정권을 탄생시켰습니다. 이들은 상장군과 대장군이 모이는 집회소인 중방을 중심으로 나랏일을 결정했습니다. 무신과 친했던 몇몇 문신을 제외하고는 높은 관직은 모두 무신들 차지였습니다. 하지만 무신들은 문신들에 대한 복수로 권력을 잡기는 했지만, 나라를 어떻게 다스릴 것인가에 대한 계획이 없었습니다. 백성들을

▶ 문신들에게 불만이 많았던 무신들이 문신들을 죽이고 권력을 잡았다.

주먹으로 권력을 쥔 이의민

이의민은 아버지는 소금 장수였고, 어머니는 절의 노비였습니다. 그는 힘이 장사여서, 군인이 될 수 있었습니다. 수박희를 잘해 의종 임금의 총애를 받아 별장이 되고, 무신의 난에 참가해 장군으로 승진했습니다. 김보당의 난, 조위총의 난을 평정한 공으로 상장군에 올랐다가, 경대승이 권력을 잡자 경주로 피했습니다. 경대승이 죽자, 명종은 그가 반란을 일으킬까 두려워 개경으로 불렀고, 그는 권력을 쥐게 되었습니다.

▲ 안악3호분 수박희 장면 - 고려 무인들은 수박희를 연습했다.

위한 정치를 하기는커녕, 오히려 고려의 법과 질서를 무너뜨렸습니다.

권력을 쥔 무신들은 자기 마음대로 부하들에게 권력과 땅을 나누어 주었습니다. 무신정권은 힘이 있는 자가 언제든지 힘으로 권력을 쥘 수가 있었습니다. 따라서 무신들은 저마다 자신의 힘을 키우기 위해 개인이 거느리는 군사와 재산을 모으는 일에만 관심을 가졌습니다. 비정상적으로 재물을 구하다 보니 곧 뇌물을 비롯한 부정부패가 만연하게 되고, 농민들에 대한 수탈도 심해지게 되었습니다. 결국 백성들의 생활은 크게 나빠졌습니다.

살기 위해서 농민과 천민들은 봉기를 일으켰습니다. 백성들은 문벌 귀족이 하루아침에 무너지고, 천민 출신 이의민이 최고 권력자가 되는 엄청난 변화를 보면서 새로운 세상을 만들 수 있다는 기대를 갖게 되었습니다. 그렇기 때문에 이 시기에 농민과 천민들의 봉기가 유독 다른 시기보다 많았습니다.

▲ 공민왕릉 앞에 서 있는 무인상은 문인상보다 아래에 위치한다.

무신정권의 변화

무신정권 탄생에 공이 큰 이고, 이의방, 대장군 정중부 세 사람은 벽상공신이란 칭호를 받으며, 권력을 나누어 가졌습니다. 그런데 성질이 과격했던 이고가 혼자 권력을 차지하려고 반란을 일으켰다가 이의방에게 제거되었습니다. 무신정권에 반대하는 문신인 김보당, 조위총의 반란을 마무리하자 다시 권력 다툼이 생겼습니다. 이의방이 정중부의 아들 정균에 의해 죽임을 당하였습니다. 결국 정중부가 모든 권력을 독차지하게 되었습니다. 정중부는 수상인 문하시중에 올랐고, 아들과 사위도 높은 벼슬을 갖고 권력을 휘둘렀습니다. 하지만 그도 청년 장수 경대승에게 죽임을 당하고 말았습니다.

경대승은 자신 역시 죽임을 당할 수 있다는 불안감을 가져, 개인 경호조직인 도방을 두고 정치를 했으나, 불과 4년 만에 병으로 죽고 말았습니다. 권력은 결국 이의민에게로 돌아갔습니다. 이의민이 최고 권력을 누리던 시기에 농민 반란은 더욱 심해졌습니다. 이의민은 최충헌과 최충수 등에 의해 제거되고 말았습니다.

▲ 청동으로 만들어진 말 - 고려의 무인들이 탔던 말을 청동으로 만든 것이다.
국립중앙박물관[중박 200901-26]

▲ 무섭게 보이는 무인상

최씨 무신정권

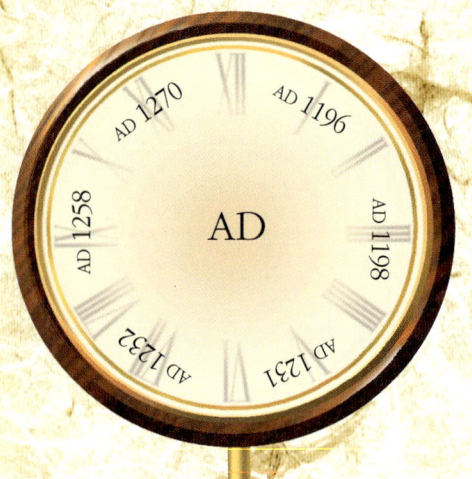

정중부, 경대승, 이의민 등 무신정권의 권력자들은 오랜 기간 권력을 유지하지는 못했습니다. 하지만 최충헌은 달랐습니다. 그는 다른 권력자와 달리 정치 개혁을 하려는 시도라도 했고 자신의 권력을 안정적으로 유지할 수 있는 도방, 교정도감을 설치했습니다. 권력이 안정되자 그는 아들 최우에게 권력을 넘겨 주었습니다. 최씨 무신정권은 다시 최항, 최의까지 4대에 걸쳐 63년간 지속되었습니다.

1196년	최씨 무신정권 성립. 최충헌이 이의민을 몰아내고 정권을 장악.
1198년	최충헌의 가노 만적의 난이 일어남.
1219년	강동성을 점거한 거란군을 몽골군과 함께 격파. 최충헌 죽고, 아들 최우 집권.
1231년	제1차 몽골군 침입.
1232년	강화도 천도. 몽골과 장기간 항쟁 시작.
1249년	최우 죽고, 최항이 정권 장악.
1257년	최항 죽고, 최의 집권.
1258년	최씨 무신 정권 붕괴.
1270년	강화에서 개경으로 수도 옮김. 삼별초군 몽골에 항쟁 시작.

도방과 교정도감

최충헌은 다른 무인과 달리 권력을 잡자 정치 개혁을 요구하는 봉사십조를 명종에게 올려 권력을 잡는 명분으로 삼았습니다. 그는 명종을 몰아내고 신종을 왕으로 추대하며 확고한 권력을 잡았습니다. 그는 만적의 난 이후, 도방을 설치하여 신변 보호를 강화했습니다. 그는 관리들의 승진과 이동 등의 일, 세금 징수와 관리, 관리에 대한 비리 감찰 등의 일을 하는 교정도감이란 관청을 만들어 최씨 무신정권의 최고 기관으로 만들었습니다. 이후 수상인 문하시중이 아니라, 교정도감의 수장인 교정별감이 최고의 권력자가 되었습니다. 최충헌은 이규보를 비롯한 문신을 다시 발탁하여, 문화를 다시 발전시키려고 했습니다.

최우의 정치

최충헌이 죽자 그의 아들 최우가 교정별감이 되어 권력을 쥐었습니다. 최우는 백성들의 인심을 얻기 위해 상당한 재산을 왕에게 바치고, 아버지가 빼앗은 백성들의 땅도 다시 나누어 주었습니다. 그는 자신의 집에 정방을 설치하여 관리들의 인사권을 장악했고, 서방을 설치하고 유명한 학자를 소속시켜 그에게 자문을 하도록 했습니다. 최우는 무신임에도 불구하고 서예에 뛰어난 재주가 있었고, 학자들을 존중하고 학교를 키우는 등 문신들을 배려하는 권력자였습니다. 나라를 다스리기 위해서는 문신도 필요하다는 것을 그는 알고 있었습니다.

최우는 기병이 포함된 마별초를 조직하여 최씨 무신정권의 경호를 맡게 했습니다. 야간 순찰과 도둑을 단속하기 위해 야별초도 만들었는데 이들이 뒷날 삼별초가 되었습니다.

하지만 최우는 몽골이 침략해 오자 자신의 권력을 유지하기 위해 수도를 강화도로 옮겨 버렸습니다. 최씨 무신정권은 그곳에서 여전히 호화로운 생활을 즐겼습니다. 고려에 쳐들어온 몽

▲ 칭기즈 칸

▲ 강화도 수로 – 이 좁은 곳을 몽골군은 넘지 못했다.

골군은 여러 차례 고려 왕이 개경으로 돌아와 항복하라고 요구했습니다. 하지만 최씨 무신정권은 계속 거절했습니다. 개경으로 돌아가면 자신들의 권력을 잃어버릴까 두려웠기 때문입니다. 그 때문에 백성들은 몽골의 거듭된 침입을 받아 괴로움을 당해야 했으며, 세금도 꼬박꼬박 내야 했습니다. 그러다보니 백성들의 생활은 더욱 비참해졌습니다.

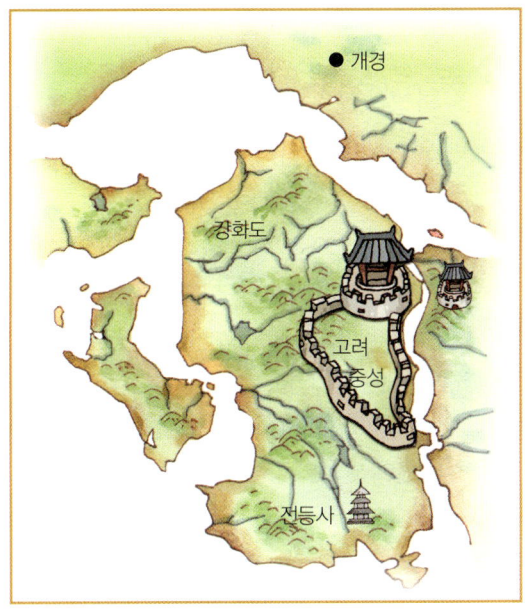
▲ 몽골 항쟁의 중심 강화도

최씨 무신정권의 몰락

최우가 죽자 권력은 그의 아들 최항이 이어받았습니다. 최항은 몽골의 요구를 거부하고 강화도에 성을 더 쌓았습니다. 최항이 죽자, 권력은 그의 아들 최의가 이어받았습니다. 그런데 최의는 권력을 잡은 후 1년 만에 유경과 김인준 등에게 살해되고 말았습니다. 이로써 최씨 무신정권은 끝이 났습니다.

최씨 무신정권은 다른 무신들이 권력을 가졌을 때와 달리 문신들을 서서히 우대해 주고, 새로운 조직을 만들며 나라를 다스리는 방법을 찾으려고 했습니다. 하지만 이들 역시 권력 욕심에 몽골과의 무모한 항쟁을 지속하며, 백성들의 생활을 적극 돌보지 못했습니다. 새로운 제도 개혁을 제시해 놓고도 그들 스스로는 더 많은 부정부패를 저질렀습니다.

나라를 다스릴 준비가 되지 않은 상태에서 권력을 장악한 무신들은 고려의 발전을 크게 후퇴시켰습니다. 또한 정예 병사를 국토 방어가 아닌 개인의 사병 양성을 위해 씀으로써 고려의 국방력을 약화시켜 몽골과의 항쟁에서 더 큰 피해를 입게 했습니다.

▲ 몽골군의 침략을 부처님의 힘으로 막기 위해 만든 팔만대장경

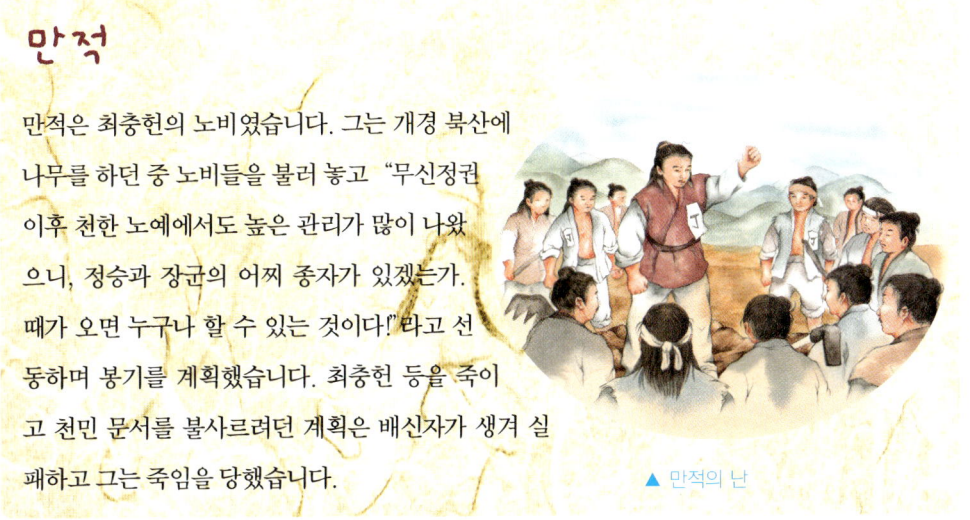

만적

만적은 최충헌의 노비였습니다. 그는 개경 북산에 나무를 하던 중 노비들을 불러 놓고 "무신정권 이후 천한 노예에서도 높은 관리가 많이 나왔으니, 정승과 장군의 어찌 종자가 있겠는가. 때가 오면 누구나 할 수 있는 것이다!"라고 선동하며 봉기를 계획했습니다. 최충헌 등을 죽이고 천민 문서를 불사르려던 계획은 배신자가 생겨 실패하고 그는 죽임을 당했습니다.

▲ 만적의 난

최영과 이성계

1352년 왕위에 오른 공민왕은 원나라의 간섭으로부터 고려를 해방시키고자 노력했던 임금입니다. 그는 원나라의 힘을 믿고 권력을 휘두른 자들을 제거하고, 고려를 새롭게 바꾸어 갔습니다. 하지만 그가 다스리던 시기에 홍건적, 왜구와 같이 고려를 침략하는 세력들 때문에 개혁은 성공할 수 없었습니다. 그때 공민왕에게 큰 힘이 되어 준 두 사람의 무장이 등장했습니다. 최영과 이성계가 그들이었습니다.

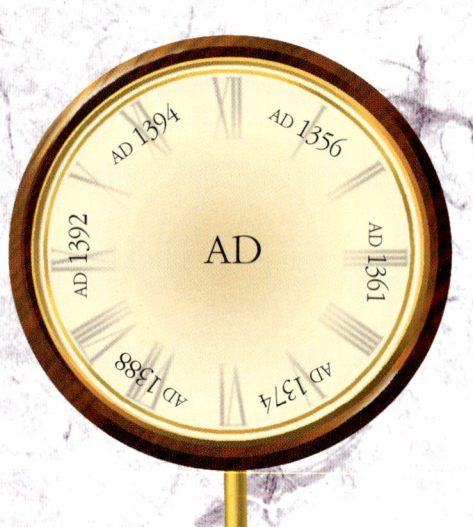

1356년	원나라 연호 사용을 중지. 쌍성총관부 회복. 이자춘, 이성계 부자가 활약.
1361년	홍건적 10만으로 제2차 침입. 개경 함락. 최영, 안우 등이 이를 격파함.
1370년	이성계, 원나라 요양에 위치한 동녕부 공격함.
1374년	공민왕 살해되고, 우왕이 즉위함.
1376년	최영, 홍산에서 왜구를 크게 격파함.
1380년	이성계가 황산에서 왜구를 크게 격파함.
1388년	이성계가 위화도에서 회군해 최영을 죽임. 우왕을 폐하고 창왕을 세움.
1392년	이성계가 조선을 건국하여 태조가 됨.
1394년	수도를 한양으로 옮김.

최영과 이성계의 활약

최영은 명문 귀족 출신으로 왜구와 홍건적을 물리칠 때 큰 공을 세워 문하시중이란 최고의 직위까지 오른 사람입니다. 특히 1358년 1차 홍건적의 침략과 3년 뒤, 2차 홍건적의 침략 때 이들을 물리친 공으로 일등 공신이 되었고 왜구가 남부 지방을 노략질할 때 홍산에서 적을 크게 물리쳐 고려 제일의 장군이 되었습니다.

최영보다 19살 적은 이성계는 변방의 이름 없는 집안에서 태어났습니다. 고려가 쌍성총관부를 원나라로부터 되찾을 때 아버지 이자춘과 함께 공을 세워 벼슬길에 오른 그는, 뛰어난 활 솜씨로 여러 차례 공을 세웠습니다. 특히 원나라 동녕부 공격에 나서 요양까지 쳐들어가 일시 점령하는 전공을 세웠고, 아기발도가 이끄는 왜구를 홍산에게 크게 격퇴하는 등 고려의 젊은 무장들 가운데 대표자로 떠올랐습니다.

두 사람의 다른 생각

두 사람은 출신이 달랐고 생각도 차이가 있었습니다. 최영은 '황금을 보기를 돌같이 하라'는 부친의 당부를 지키는 곧은 성품을 가졌지만, 그는 고려의 명문 귀족이었습니다. 그는 가진 것이 많았고 기존의 질서를 조금씩 변화시키려고 했을 뿐이었습니다. 외교 정책에 있어서 최영은 원나라와 친해야 한다는 입장이었으나, 이성계는 명나라와 친해야 한다는 생각이었습니다. 이성계는 정도전을 비롯한 고려의 근본적인 개혁을 원하는 신진사대부들의 지지를 받고 있었습니

▶ 위화도 회군하는 이성계

▲ 압록강가에서 본 위화도

▲ 경기도 고양시에 위치한 최영 장군 묘소

위화도

위화도는 평안북도 신의주시에 있는 압록강 안에 있는 섬입니다. 압록강이 운반한 모래가 쌓여서 이루어진 섬으로, 길이 9킬로미터, 폭 1.4킬로미터 정도로 한강의 여의도보다 1.3배 큰 크기입니다. 지금도 사람이 살고 있으며, 땅이 비옥해 옥수수, 콩 등 농사가 잘되는 곳입니다. 국방의 요지로 이성계가 이곳에서 요동으로 가는 것을 포기하고 조선으로 되돌아왔습니다.

다. 신진사대부들은 지방의 향리 출신으로 당시 새로운 학문인 성리학을 배우고, 과거에 합격해 중앙정부의 관직에 진출했습니다. 하지만 인사권을 쥔 기존의 귀족들 탓에 자신들의 이상을 실현하지 못하고 있었습니다. 당시 귀족들이 대토지를 소유한 탓에 정부가 관리들에게 줄 토지가 부족했고 급료인 녹봉도 제대로 주지 못할 정도였습니다. 그러자 정도전은 군사력을 가진 이성계와 손잡고 급격한 개혁을 추진하려고 했습니다.

위화도 회군과 고려의 멸망

1368년 건국된 명나라는 원을 북쪽으로 몰아내고 중원의 패자가 되어 과거 원나라가 고려에 가졌던 권리의 계승을 주장하며 고려를 압박해 왔습니다. 특히 서경을 포함한 철령 북쪽 땅마저 고려에 요구하자, 고려는 대군을 동원해 요동 정벌을 하게 되었습니다. 이때 최영은 우왕과 함께 개경에 남았고, 이성계는 조민수와 함께 정벌군을 이끌고 나섰습니다. 그런데 압록강에 있는 위화도에서 이성계는 돌연 군대를 돌려 개경으로 진격했습니다. 이성계는 작은 나라가 큰 나라를 칠 수 없다는 이유 등을 들어 위화도 회군을 정당화시켰습니다. 이성계는 왕명을 어기고 돌아와 자신의 최대 경쟁자인 최영을 죽이고 말았습니다.

위화도 회군으로 권력을 잡은 이성계는 정도전 등이 원한 개혁적인 토지 제도인 과전법을 실시하여 대토지를 소유했던 귀족들을 몰락시켰습니다. 더 나아가 온건한 개혁파인 정몽주 등을 죽이고 고려를 멸망시키고 마침내 스스로 왕이 되어 조선을 건국했습니다. 그는 무신이었지만, 문신인 정도전의 도움을 받아 고려를 바꾸고 새로운 나라를 건설할 수 있었습니다. 고려의 질서 안에서 귀족으로 충분히 모든 것을 갖고 있던 최영과 새 나라를 세우려는 정도전의 뒷받침을 받고 있던 변방민 출신 이성계의 차이는 컸습니다.

▲ 정몽주가 죽은 선죽교

북방 민족과의 전쟁

우리 민족은 북쪽에서 성장한 여러 이민족들과 전쟁을 자주 해야 했습니다. 중국의 한족과의 전쟁보다 선비, 돌궐, 거란, 여진, 몽골 등과 싸운 역사가 더 많았습니다. 특히 고려 시대에는 북방 민족과의 오랜 항쟁을 해야 했습니다.

고려와 거란의 뿌리 깊은 갈등

고려는 고구려를 계승하고자 하는 의지를 가진 나라였습니다. 고려는 고구려의 수도인 평양을 제2의 수도인 서경으로 삼고 북쪽으로 영토를 넓히고자 했습니다.

하지만 고려의 북쪽에는 큰 제국을 건설한 거란족의 요나라가 있었습니다. 요나라는 고구려를 계승한 발해를 멸망시킨 나라입니다. 고려 태조 왕건은 발해를 친척의 나라로 생각하고 발해의 원수인 거란을 미워했습니다. 고려는 경제적으로나 문화적으로 큰 도움이 안 되는 거란보다는 당시 문화와 경제가 앞선 송나라와 친하게 지내고자 했습니다. 고려의 이러한 정책은 송나라와 대립 관계에 있던 요나라를 자극했습니다. 요나라는 송나라를 공격하기 전에 먼저 고려를 제압할 필요가 있었습니다. 서로 다른 생각을 가진 두 나라의 충돌은 피할 수 없었습니다.

다원화된 세계에서 고려의 위상

고려가 요나라의 침략을 잘 막아 내자 요나라는 송나라를 굴복시킬 수가 없게 되어 고려와 송, 요나라 삼국과, 요나라 서쪽의 서하 등이 함께 대등하게 대립하는 국제 질서가 형성되었습니다. 다원화된 세계에서 고려는 황제국임을 자처하고 요, 송나라와 대등한 관계를 맺고자 했습니다. 가장 강한 국력을 가진 요나라도 고려를 함부로

할 수 없었습니다.

요나라를 멸망시키고, 송나라를 남쪽으로 쫓아낸 금나라가 들어서자, 고려는 금나라의 힘을 인정하고 금나라를 큰 나라로 섬기기로 결정하여 전쟁을 피했습니다. 고려가 금나라를 큰 나라로 섬긴 것은 조선이 명나라에 사대의 예를 한 것과는 크게 달랐습니다. 금나라도 고려의 임금을 황제로 인정하기로 했고, 고려도 문화적 우월감을 바탕으로 남송, 금나라와 대등하게 교류했습니다.

세계 제국 몽고와의 만남

요나라, 금나라와 달리 몽골족의 원나라는 고려에게 전혀 다른 충격을 주었습니다. 압도적인 무력을 바탕으로 고려를 침략하여 고려 사람들에게 공포를 심어 주었습니다. 남송마저 멸망시키고, 유럽에 이르는 원제국을 건설한 그들에게 고려는 약자에 불과했습니다. 고려는 오랫동안 치열하게 저항한 탓에 나라는 보존할 수 있었지만, 약 100년간 원나라의 간섭을 받으며 원나라의 경제권에 포함되어야 했습니다.

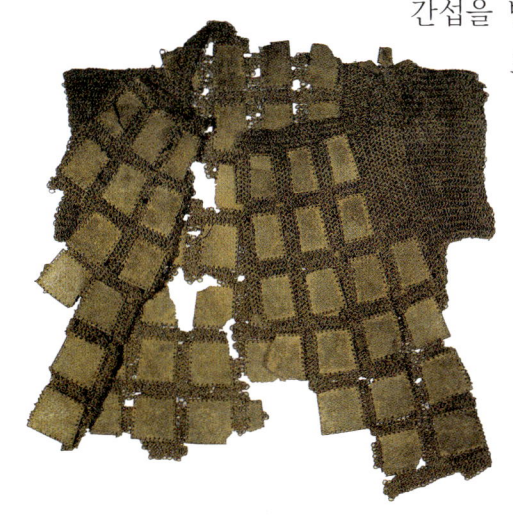

거란을 물리친 서희의 혀

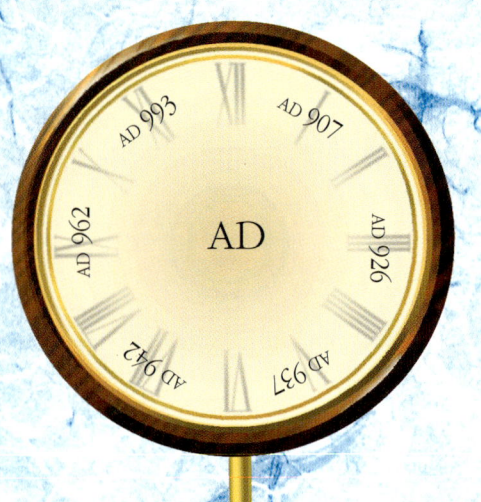

고려 태조 왕건은 북쪽으로 영토를 넓혀 옛 고구려 땅을 회복할 꿈을 갖고 있었습니다. 하지만 북쪽에는 거란이 강대국으로 등장하고 있었습니다. 태조는 발해 태자 이광현을 비롯한 발해 사람들을 적극 받아들이고, 중국의 후진, 송나라와 함께 거란을 공격할 것을 준비하기도 했습니다. 하지만 막강한 거란은 후진, 송을 차례로 격파하고 고려를 침략해 왔습니다. 이 위기에서 고려를 구한 것은 서희의 혀, 즉 그의 협상 능력이었습니다.

907년	야율아보기가 거란을 건국함.
926년	거란이 발해를 멸망시킴.
937년	발해 태자 이광현이 신하들과 수만의 군사를 이끌고 고려에 투항함. 고려에 투항한 발해 사람은 약 5만 명. 왕건은 그에게 왕계라는 이름을 주고 우대해 줌.
942년	만부교 사건이 일어남.
947년	고려 정종은 거란 침입에 대비해 광군사 설치. 2년 후 광종은 광군 30만 육성.
962년	고려와 송나라가 사신 왕래를 시작함.
980년	거란이 발해 유민이 압록강 주변에 세운 정안국을 멸망시킴.
986년	송나라가 거란을 정벌했으나, 기구관 전투에서 거란이 승리함.
993년	거란의 소손녕이 고려를 침입. 서희의 담판으로 강동 6주를 획득함.

고려와 거란의 갈등

태조 왕건은 고려의 북진 정책에 가장 큰 걸림돌이 되는 거란을 미워했습니다. 게다가 거란에게 망한 발해 유민을 받아들인 이후에는 거란이 보내 온 사신들을 귀양 보내는 등 원수의 나라로 대했습니다. 왕건은 이때 북중국의 후진과 교류하며, 거란을 함께 공격할 것을 준비하고 있었습니다. 그런데 946년 거란과 후진의 전쟁에서 후진이 패하여 멸망하고 말았습니다. 그러자 고려에서는 거란이 침략해 올 것을 우려해 광군 30만을 만드는 등 전쟁에 대비했습니다. 다행히 이때 거란 내에 내분이 일어나 고려와의 전쟁은 뒤로 미뤄졌습니다.

이후 고려가 송나라와 교류하며 거란을 견제하자 거란은 고려와 인접한 압록강 주변에서 발해 유민이 세운 정안국을 멸망시키며 고려를 압박하기 시작했습니다. 이때 송나라가 거란을 자꾸 공격했습니다. 거란은 더 많은 인구와 넓은 영토와 경제적으로 풍요로운 송나라 방면으로 영토를 넓히고 싶어 했습니다. 그러나 송나라와 큰 전쟁을 하려면 먼저 고려를 제압할 필요가 있었습니다. 결국 거란은 대군을 동원해 고려를 침략해 왔습니다.

거란과의 1차 전쟁

거란의 장군 소손녕이 이끄는 침략군은 압록강을 건너 봉산 지역을 점령하고, 고려에 사신을 보내 80만 대군으로 공격할 것이니 항복하라고 위협을 했습니다. 그러자 고려 성종은 신하들과 상의를 했습니다. 어떤 신하는 항복하자고 하고 어떤 신하는 고려 제2의 수도인 서경 북쪽 땅을 거란을 떼어 주자고 주장하기도 했습니다. 거란군의 위력에 놀라 모두들 전쟁을 피하고자 했던 것입니다. 그런데

▲ 요나라 벽화에 나타난 거란 사람 모습

서희는 땅을 떼어 주는 것은 나라를 망하게 하는 것이라며 전쟁을 해야 한다고 주장했습니다. 고려가 전투를 계속하기로 하자, 소손녕은 청천강 하구의 안융진을 공격하다가, 발해 유민 출신인 대도수가 이끄는 고려군의 검차 공격에 패배를 당했습니다. 거란군은 더 이상 전진을 못한 채 고려에 항복하라고 재촉했습니다.

서희의 담판

그러자 서희는 거란군 진영에 가서 소손녕과 담판을 벌였습니다. 소손녕은 서희에게 "우리가 고구려의 후손이니, 너희가 가진 고구려 옛 땅을 내놓지 않으면 혼내 주겠다."고 위협했습니다. 그러자 서희는 단호하게 대답했습니다.

"너희가 아닌 우리가 고구려의 후계자다. 우리는 나라 이름도 고려라고 하고, 고구려 수도 평양을 우리도 서경, 즉 수도로 삼고 있다. 옛 경계로 말하자면 너희 나라 동쪽 땅도 우리 것이 되어야 한다."

▲ 서희의 담판

궁지에 몰린 소손녕은 땅 욕심을 버린 대신, 송나라가 아닌 거란과 고려가 친하게 지내자고 요구했습니다. 서희는 거란과 친하지 못한 것은 두 나라 사이의 강동 6주란 땅에 여진족이 살고 있기 때문이니, 그 땅을 고려가 차지하도록 거란이 도와 달라고 요구했습니다. 소손녕은 안융진 전투에서 고려의 강한 힘을 보았기에, 협상을 깨고 고려와 싸우는 것이 부담스러웠습니다. 결국 소손녕은 서희의 요구를 받아들였습니다. 협상 결과 거란군은 철수하고, 고려는 강동 6주통주, 홍화진, 귀주, 용주, 철주, 곽주를 새로 얻었습니다.

서희의 협상 성공 비결

서희는 먼저 고구려 옛 땅을 거론한 소손녕의 역사 지식이 잘못되었음을 분명하게 밝혔습니다. 또 거란이 침략한 진짜 목적이 고려가 송나라 편이 되는 것을 막기 위함임을 알고, 고려에 이익이 될 수 있는 강동 6주 문제를 제시했습니다. 상대를 설득할 지식, 상대방 속마음을 정확하게 알기, 상대에게 양보할 수 있으면서도 나에게도 이익이 되는 것의 제시가 서희의 협상 성공 비결이었습니다.

▲ 서희 흉상

만부교 사건

요나라는 처음부터 고려를 적으로 생각하지는 않았습니다. 요나라는 30명의 사신과 낙타 50필을 고려 태조 왕건에게 보냈습니다. 하지만 왕건은 요나라가 친척의 나라인 발해를 멸망시킨 무도한 야만의 나라라고 하여 외교 관계를 맺는 것을 거부했습니다. 그리고 요나라 사신들은 섬으로 귀양 보내고, 낙타들은 개경의 만부교 아래에 매달아 놓아 죽게 했습니다.

강감찬의 귀주대첩

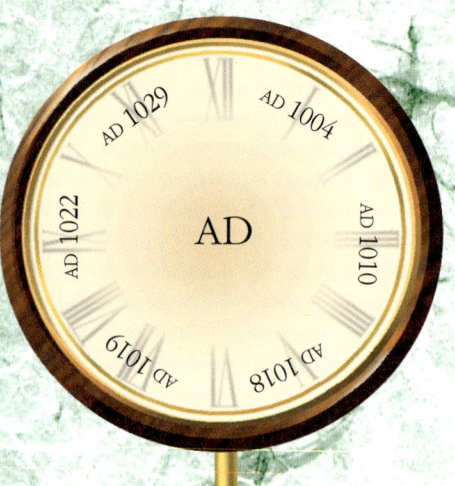

고려는 서희의 협상으로 청천강 북쪽에서 압록강에 이르는 강동 6주를 얻었고 거란도 고려가 송과 연합해 자신들을 공격해 오지 않을 것임을 확인했습니다. 그러자 거란은 송나라를 공격해 큰 승리를 거두고 막대한 조공품을 받아 내, 동아시아 최강의 국가임을 다시금 확인했습니다. 그런데 송나라와의 전쟁을 끝낸 거란은 강동 6주가 탐났습니다. 게다가 고려가 송과 비밀리에 접촉하고 있음을 알게 되자, 고려를 다시 침략할 기회를 노리게 되었습니다. 마침 고려에서 강조의 정변이 일어나자, 이를 핑계로 고려를 침략해 왔습니다.

1004년	거란은 송나라를 공격해 승리. 전연의 맹약을 맺어 매년 막대한 물자를 받게 됨.
1009년	강조의 정변으로 현종이 임금이 됨.
1010년	거란 성종이 직접 40만 병사를 이끌고 고려로 쳐들어옴.
1011년	거란군 개경 점령, 현종이 나주로 피신함.
1016년	고려, 송나라와 친하게 지내는 정책을 시행함.
1018년	거란 소배압이 10만 군대로 다시 쳐들어옴.
1019년	강감찬 장군이 귀주에서 거란군을 전멸시킴.
1022년	고려, 거란과 친하게 지내는 정책으로 변경.
1029년	1009년부터 시작된 개경 외곽의 나성이 21년 만에 완성됨.

거란의 2차 침략

고려 7대 목종 임금은 어머니 천추태후가 신하인 김치양과 낳은 아들을 다음 왕위에 올리려는 계획을 알고, 자신을 지켜 줄 사람으로 서경을 지키던 강조를 개경으로 불러들입니다. 강조는 태후와 김치양 일파를 모두 제거하고, 현종을 새 임금으로 받들고 목종은 임금 자리에서 내쫓은 후 죽여 버렸습니다. 그러자 거란의 성종은 강조가 임금을 살해한 것을 벌주겠다는 구실을 핑계로 직접 40만 대군을 이끌고 고려로 쳐들어왔습니다.

강조는 직접 30만 대군을 이끌고 통주로 나가 거란군과 맞서 싸우다가, 기습을 당해 거란군에 사로잡혔습니다. 강조는 거란 임금으로부터 신하가 될 것을 권유 받았으나 이를 거부해 죽임을 당했습니다. 거란군은 곧장 고려 개경을 공격해 개경을 함락시켰습니다. 그러자 현종은 전라도 나주까지 도망갔습니다. 하지만 고려 깊숙이 쳐들어온 거란군의 보급로를 끊으며 고려군이 반격을 하자, 거란군은 서둘러 되돌아가게 되었습니다.

이때 양규 등이 이끄는 고려군은 흥화진 전투 등에서 승리하며 거란군에게 막대한 피해를 입혔습니다. 거란은 강조를 죽이고 개경을 함락시켰지만, 실제로 얻은 것은 없었습니다.

▲ 귀주성벽

거란의 3차 침략과 귀주대첩

고려는 거란의 계속된 강동 6주 반환 요구를 거절하였을 뿐만 아니라, 송나라와 더욱 밀접한 관계를 맺으며 거란에 대항했습니다. 거란은 소규모 군대로 여러 번 고려를 공격하다가, 마침내 소배압이 이끄는 10만 대군으로 고려를 다시 쳐들어왔습니다. 이들은 강감찬, 강민첨이 이끄는 고려군의 공격을 받아 많은 피해를 입었음에도 계속해서 수도인 개경으로 진격했습니다. 거란군은 개경 부근까지 도달했지만 고려군이 수도 방위를 철저히 하자 더 이상 고려군을 이길 자신이 없어 후퇴를 결정했습니다.

고려군 총사령관인 강감찬은 후퇴하는 거란군에게 귀주성 부근에서 총공격을 했습니다. 이 전투에서 고려는 큰 승리를 거두었습니다. 적 수만 명을 죽이고 포로를 잡아, 10만 거란군 가운데 살아 돌아간 자는 불과 수천 명에 불과했습니다.

고려와 거란 전쟁의 결과

고려와의 전쟁에서 정예 군사들과 명장들을 잃은 거란의 충격은 컸습니다. 거란이 고려에게 패배를 당했다는 소식에 만주 일대의 많은 여진족, 발해 유민 등이 고려로 귀순해 왔습니다. 거란은 주변의 작은 나라들에 대한 지배력을 잃어버렸습니다. 고려가 뒤에 버티는 한, 송나라를 공격할 수도 없었습니다. 최강국 거란과 3차에 걸친 전쟁 중 굳건하게 버티며 승리를 한 고려의 국제적 위상은 크게 높아졌습니다. 이제 동아시아에는 고려, 송, 거란 삼국이 대등하게 정립하는 상태가 되었습니다. 3차 전쟁 후 거란의 위협이 사라지자 평화가 찾아왔습니다. 고려는 태조 왕건의 꿈인 북진 정책을 포기하는 대신 80년 넘게 오랜 평화를 누리며 경제와 문화를 발전시킬 수 있었습니다.

▲ 귀주대첩 - 강감찬이 이끄는 고려군이 귀주에서 거란군을 무찔렀다.

▲ 강감찬 장군 동상

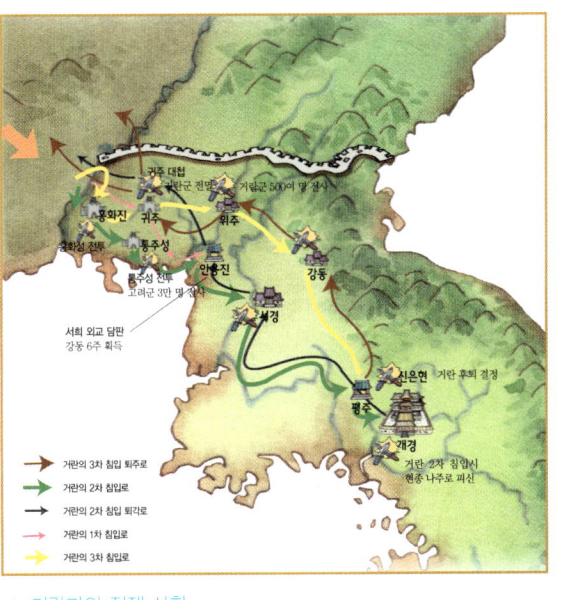
▲ 거란과의 전쟁 상황

고려의 신무기, 검차

유목민 특유의 강한 기병을 갖고 있는 거란을 상대로 고려군의 승리에는 검차라는 신무기가 큰 역할을 했습니다. 검차는 앞에 창을 매단 일종의 수레입니다. 병사들이 수레를 밀면 날카로운 창이 돌격해 오는 적의 말을 향해 굴러갑니다. 말이 창에 찔리거나 앞으로 달려 나오지 못하면 기병의 위력이 약해집니다. 이때 고려군이 화살 공격을 하면 적을 쉽게 물리칠 수가 있었던 것입니다.

▲ 신기전차 - 조선 시대 만들어진 이 무기는 고려의 검차에서 발전된 형태다. / 전쟁기념관

윤관의 9성 개척

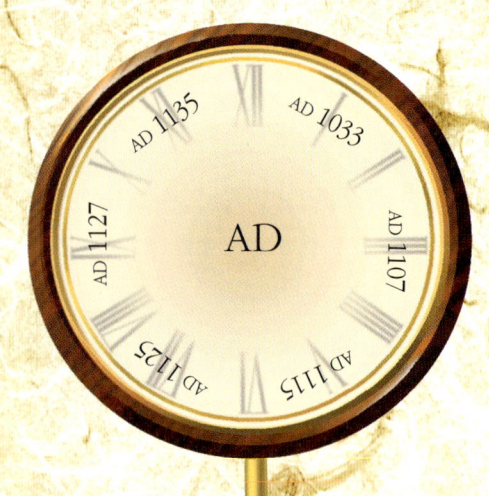

거란과의 전쟁 이후 오랜 평화를 누리던 고려에게 충격적인 사건이 벌어졌습니다. 고려 동북쪽에 위치한 여진족이 변경을 소란스럽게 하자, 이들을 제압하러 간 고려군이 여진족에게 크게 패한 일이 생긴 것입니다. 여진족은 고려를 부모의 나라라고 섬기고 있던 터라, 고려는 자존심에 큰 상처를 입었습니다. 그리하여 고려는 여진족을 물리칠 방법을 찾게 됩니다.

1033년	천리장성 건설 시작하여 1044년에 완공함.
1104년	고려군이 여진족과의 전투에서 패하자, 별무반 설치를 시작함.
1107년	윤관이 별무반 17만 군사로 여진족을 토벌함.
1108년	윤관이 동북에 9성을 쌓음. 다음 해부터 돌려주기 시작함.
1115년	아구타가 금나라를 건국하고 황제를 칭함.
1118년	금나라가 송나라와 연합하여 요나라를 공격하기로 약속.
1125년	금나라가 요나라를 멸망시킴. 고려가 금나라에 머리를 숙임.
1127년	금나라가 북송을 멸망시킴. 송나라는 남쪽으로 내려가 남송이 됨.
1135년	금국 정벌을 주장한 묘청의 난이 일어났으나, 실패함.

고려와 여진족

발해의 멸망 후 발해의 유민들은 거란으로 끌려가거나, 부흥 운동을 하다가 실패하여 죽거나, 고려로 투항했습니다. 거란은 발해 땅 일부만을 차지했고, 만주 동부와 백두산 주변 일대에는 말갈의 후예인 여진족이 부족별로 살고 있었습니다. 정치적으로 통일되지 못한 여진족은 고려를 부모의 나라로 섬기며, 식량 등을 모피 등과 교환해 갔습니다. 하지만 때로는 고려의 변방을 습격하기도 했습니다. 고려는 천리장성을 쌓아 이들이 고려 땅에 함부로 오지 못하게 막았습니다. 그런데 여진족 가운데 완완부가 강해져 고려에게 복종하던 여진 부락들을 통합하기 시작했습니다. 게다가 완완부가 고려의 변경을 공격하기도 했습니다. 고려는 군사를 내어 그들과 싸웠으나 기병이 부족하여 패하고 말았습니다. 그러자 고려에서는 여진족을 격퇴하기 위해 별무반을 새로 만들었습니다. 윤관 장군은 승려로 구성된 항마군, 말을 가진 신기군, 말이 없는 신보군 등 17만의 대군으로 이루어진 별무반을 이끌고 적들을 향해 쳐들어갔습니다.

윤관의 9성 개척과 반환

고려의 대군은 여진족을 거듭 격파하고 넓은 영토를 개척했습니다. 윤관은 점령한 지역에 9개의 공험진을 비롯한 9개의 성을 쌓았습니다. 이 가운데 가장 북쪽에 있던 공험진은 두만강 북쪽 700리인 선춘령 아

▲ 척경입비도 – 윤관은 여진족을 물리친 후 선춘령에 '고려지경' 네 글자가 써 있는 비를 세워 고려 땅임을 표시했다. / 고려대학교 박물관

▲ 파주에 위치한 윤관의 묘소

▲ 금나라가 세운 요양의 백탑

▲ 벽화에 그려진 금나라 사람의 모습

재가화상

고려의 큰 사찰들은 특정한 귀족과 깊은 관련을 맺었습니다. 사찰의 재산 보호와 귀족의 권력을 뒷받침하기 위해 사찰에는 스님 외에 별도의 무리들이 있었습니다. 머리를 깎고 흰 옷에 검정색 허리띠를 묶은 모습을 한 이들은 결혼하고 자식도 낳습니다. 이들은 나라에서 필요한 각종 노역에 참여하지만, 전쟁이 나면 군인이 되어 싸웁니다. 별무반에 속한 항마군은 이들로 이루어진 군대이며, 송나라 사람 서긍은 그들을 재가화상이라고 불렀습니다.

래에 있다고 합니다. 넓은 영토를 개척한 고려는 이곳에 경상, 전라, 양광도에서 뽑은 6만 9천호(약 35만)의 많은 농민들을 옮겨 살게 했습니다. 고려는 이 지역에서 여진족을 내몰고 새로운 농토로 개척하려고 했던 것입니다. 하지만 고려의 이러한 정책은 큰 잘못이었습니다.

여진족을 포용하지 못하고 내쫓은 탓에 삶의 터전을 잃은 여진족이 수시로 고려의 농민들을 공격해 왔습니다. 백두산 일대의 숲에서 머물며 습격해 오는 여진족을 매일 상대하려니 고려군도 피곤해졌습니다. 많은 군대를 주둔시켜야 하니 비용도 많이 들었습니다. 게다가 농민들은 농사를 짓다가 습격을 당하다 보니 살기가 어려워 차츰 새 땅을 버리고 고향으로 돌아가려고 했습니다. 그때 여진족은 고려에게 9성 지역을 돌려주면 다시는 노략질을 하지 않겠다고 간청을 해 왔습니다. 실익을 얻지 못한 고려는 어렵게 개척한 넓은 땅을 그들에게 되돌려 주고 말았습니다. 여진족을 포용하지 못하고 성급하게 이루어진 잘못된 정책으로 고려는 발전의 계기를 놓치게 됐습니다.

금나라의 등장과 묘청의 난

고려는 막대한 비용을 들이고도 실익 없이 물러난 반면, 9성을 돌려받은 것을 계기로 완완부의 추장 아골타는 여진족을 통일하고 금나라를 세웠습니다. 금나라는 송나라와 연합하여 거란을 공격하여 마침내 그들을 멸망시켰습니다. 게다가 금나라는 송나라마저 공격하여 북중국의 큰 땅마저 빼앗고, 매년 송나라에게 엄청난 재물을 조공품으로 받았습니다. 불과 10여 년 만에 동아시아 최강국으로 변한 금나라는 태도를 바꿔 고려에게 신하의 예를 갖추라고 요구했습니다. 고려는 금나라의 강성함을 인정하고 전쟁을 피하기 위해 금나라를 큰 나라로 섬기기로 했습니다. 이러한 결정은 고려 사람들의 자존심에 큰 상처를 남겼습니다. 묘청은 서경으로 도읍을 옮기면 나라의 힘이 강해져서 금나라를 굴복시킬 수 있다는 주장을 펼쳤습니다. 하지만 임금이 서경 천도에 우유부단한 태도를 보였고 개경의 귀족들은 서경 천도를 반대했습니다. 결국 묘청이 반란을 일으켰으나 실패하고 말았습니다. 이후 고려는 금나라와의 평화 관계를 유지하며 다시 100년 이상의 긴 평화를 누릴 수 있게 되었습니다.

몽골의 침략

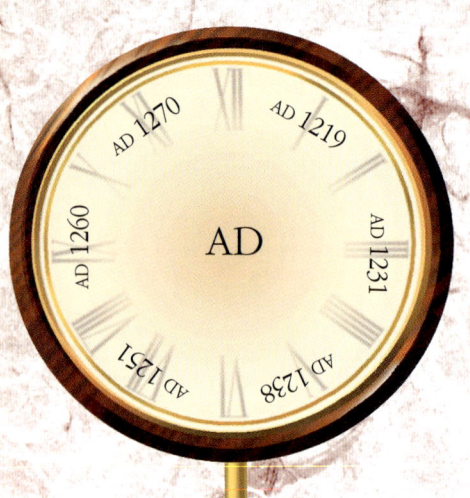

200년 넘게 평화를 누리던 고려에게 큰 태풍이 다가왔습니다. 몽골이 금나라의 영토를 짓밟자, 거란족이 이 틈을 이용해 독립을 위한 군사를 일으켰다가 몽골군에 쫓겨 고려의 강동성으로 도망쳐 왔습니다. 강동성에서 고려는 몽골과 처음 만나게 되었습니다. 몽골은 거란을 제압해 준 대가로 고려에게 많은 재물을 요구했습니다. 게다가 몽골에서 고려에 왔던 사신이 귀국길에 살해당하자 몽골은 고려가 한 짓이라며 고려로 쳐들어왔습니다.

1219년	강동성에서 몽골군과 처음 만남.
1231년	몽골의 1차 침입. 고려군이 귀주성에서 항전함.
1232년	몽골군 2차 침입. 부인사 초조대장경 불태움.
1235년	금나라를 멸망(1234년)시킨 몽골군이 3번째 침입을 해 옴.
1238년	몽골군. 경주 황룡사를 불태움.
1251년	몽골군을 막기 위한 팔만대장경 완성.
1258년	고려 최씨 무신정권 붕괴.
1260년	몽골과 휴전하기로 결정.
1270년	개경으로 수도를 옮기면서 몽골에 항복하기로 결정.

몽골의 침략과 고려의 대응

1231년, 몽골군은 압록강을 넘어 고려를 향해 쳐들어왔습니다. 처음부터 고려에 겁을 주려던 몽골은 빠르게 개경으로 쳐들어왔습니다. 그러나 고려도 몽골군에 맞서 강력히 대항했습니다. 특히 박서 장군의 지휘하에 귀주성은 적의 1만 군대의 공격으로부터 4개월 동안 성을 무사히 지켜 냈습니다. 몽골군은 땅굴 침투, 발석차를 활용한 돌 폭탄 공격, 불을 이용한 화공 등으로 공격했지만 고려군은 이를 철저히 막아 냈습니다. 몽골군은 고려 수도인 개경을 위협하는 한편, 남쪽으로 충주성 등을 공격했습니다. 몽골군은 계속해서 고려에게 항복을 요구했습니다. 고려는 귀주성, 충주성 등에서 몽골군을 막고는 있었지만 침략군에 의해 고통을 받는 입장이었습니다. 결국 고려는 엄청난 조공품을 바치는 조건으로 협상을 맺고 몽골군의 철수를 요구했습니다. 몽골군은 고려가 몽골에 대항하지 못하도록 서경 북쪽 지역에 40여 성에 몽골 관리 72명을 두어 고려를 감시하게 하고 철수했습니다.

강화도로 도망간 정부, 굶주린 백성

몽골은 고려가 감당하기 힘든 무리한 요구들을 계속해 왔습니다. 고려는 몽골의 요구를 거부하고 수도를 강화도로 옮기며 몽골에 대항하기로 결정했습니다. 그러자 1232년, 살리타가 이끈 몽골군이 2차 침략을 해 왔습니다. 다행히 처인성 전투에서 살리타를 죽임으로써 몽골군을 퇴각시킬 수 있었습니다.

몽골은 금나라를 멸망시킨 다음 더 거세게 고려를 침략해 왔습니다. 몽골군은 몇 년씩 고려 땅

▶ 몽골의 침략을 막기 위해 제작된 팔만대장경 작업 과정(왼쪽 위부터)

▲ 고려 무인들이 입었던 갑옷

에 머물며 전국을 약탈했습니다. 하지만 고려 정부는 강화도에서 움직이지 않았습니다. 본토에 남겨진 백성들은 몽골군에게 속절없이 당할 수밖에 없었습니다. 경주에 있는 황룡사 9층탑을 비롯한 수많은 문화재가 불타고, 전 국토가 황폐해졌습니다. 경제와 문화가 발전하던 고려는 어느덧 황폐한 땅에 굶주린 백성들이 사는 곳이 되고 말았습니다.

고려의 항복

60년간 고려의 권력을 독점하던 최씨 무신정권이 1258년 무너지자, 고려에서는 몽골과 협상을 통해 항복하자는 주장이 커졌습니다. 계속 전쟁을 하자는 주장도 있었지만, 결국 1270년 개경으로 다시 수도를 옮기며 마침내 몽골에게 항복하고 말았습니다.

고려는 북방 민족과 오랜 전쟁을 하며 강력한 군사력을 가진 나라였습니다. 하지만 오랜 평화는 고려군을 나약하게 했습니다. 또한 무신들이 권력을 잡은 이후에는 강력한 군대로 국경을 방어하기보다는 정예 병사들을 무신들 개인의 권력 유지를 위한 사병으로 부렸습니다. 결국 고려 최강의 부대는 몽골과 싸우지 않으면서 강화도에서 무신정권을 지켜 주는 삼별초였습니다. 최고의 혜택을 받은 삼별초는 고려 정부가 항복하면 당장 몽골군에게 죽임을 당하거나 해체될 위기에 처했습니다. 삼별초는 강화도를 떠나 진도, 제주도 등에서 몽골군과 4년간의 항쟁을 했습니다. 자신의 이익을 위해 시작한 항쟁이었지만, 점차 몽골의 고려 지배에 대항하는 자주정신의 상징으로 변해 백성들의 지지를 받았습니다.

▲ 진도 용장산성 터 - 배중손이 삼별초군을 이끌고 진도로 들어와 관부와 성을 쌓고 고려와 원나라에 저항하던 곳

▲ 삼별초의 대몽 항쟁

활의 명수 김윤후

김윤후는 몽골군과의 싸움에서 거듭된 패배만 하던 고려에게 작은 승리를 안겨 준 영웅입니다. 본래 스님이던 그는 1232년, 몽골군이 처인성에 쳐들어오자 백성들을 지휘하며 성을 막다가 적장 살리타를 죽여 몽골군을 물러나게 합니다. 이후 장군이 된 그는 1253년 5차 몽골 침략군이 충주성에 쳐들어오자 무려 70일간 충주성을 지켜 내 몽골군을 퇴각하게 합니다. 그의 활약으로 몽골은 고려를 쉽게 물리칠 수 없는 나라라고 여기게 되었습니다.

원 간섭기의 고려

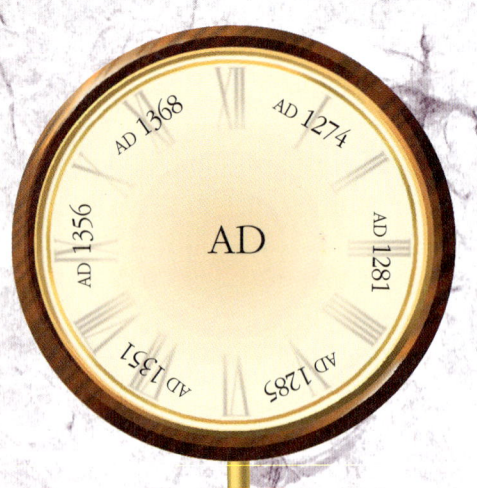

1270년, 고려의 항복을 받은 몽골은 다음 해에는 남송마저 완전히 통합했고, 그 다음 해에는 국호를 대원으로 고치며 세계 제국임을 선포했습니다. 원 제국은 고려의 주권과 풍속을 그대로 인정해 주고 남송과 같이 완전한 영토로 편입시키지는 않았습니다. 그 대신 고려의 정치, 경제 등 많은 부분에서 간섭했습니다. 사실상 고려는 원나라의 식민지나 다름없었습니다.

1274년	충렬왕 즉위. 고려는 원나라의 부마국이 됨. 여몽연합군 1차 일본 원정 실패.
1280년	일본 원정을 위한 정동행성이 설치됨.
1281년	2차 일본 원정 실패. 정동행성은 폐지되지 않고 고려 정치를 감시함.
1285년	일연 스님이 《삼국유사》를 씀.
1290년	동녕부를 되찾음. 원나라 동녕부는 요동 지역으로 옮겨 감.
1351년	공민왕 즉위. 몽골 풍속을 폐지하기 시작함.
1356년	친원파를 처형하고, 몽골식 정치 조직을 폐지하고, 쌍성총관부를 되찾음.
1368년	명나라 건국. 원나라가 북쪽으로 쫓겨 북원이 됨.

영토를 빼앗긴 고려

먼저 원나라는 고려의 영토를 크게 축소시켰습니다. 고려 제2의 수도인 서경을 포함한 서북 지방에는 동녕부를 두었다가 20년 만에 되돌려 줍니다.

또 고려의 동북 지역인 철령 이북의 함흥평야 일대에는 쌍성총관부를 두었습니다. 하지만 원나라는 1258년부터 차지했던 이곳을 고려에게 돌려주지 않으려고 했습니다. 결국 1356년, 공민왕이 군사를 보내 무력으로 되찾았습니다. 원나라는 삼별초를 제압한 후 제주도에 목장을 만들고 탐라총관부를 설치했습니다. 1301년 탐라총관부가 탐라만호부로 개편되었다가, 1356년에야 공민왕이 이를 없앨 수 있었습니다.

국제적 지위가 하락한 고려

고려는 송, 요, 금과 같이 황제가 다스리는 나라였습니다. 고려의 임금은 황제라고 불렸고, 임금에게 태조, 성종과 같이 조와 종이란 호칭을 쓰고, 정부 조직도 3성 6부제, 궁궐도 황제의 궁궐에 맞게 웅장하게 만들었습니다. 그런데 충렬왕 이후 충정왕까지 6명의 고려 임금의 호칭에는 앞에 충, 뒤에 왕이 붙었습니다. 충자는 원나라에 충성하라는 의미가 있습니다. '폐하, 짐'이란 말도 쓰지 못하고, '전하, 고'란 말로 바꿔야 했습니다. 정부 조직도 축소되는 등 고려는 원나라의 제후왕이 다스리는 나라로 위상이 추락했습니다.

게다가 고려의 왕은 원나라 황제의 사위가 되었는데, 원나라 공주는 고려에 와서 고려 왕보다 더 큰 권력을 가졌습니다. 원나라에서 파견한 관리, 원나라와 줄이 닿은 고려 사람들이 큰 권력을 누렸습니다. 특히 원나라에서 크게 출세한 기황후의 오빠인 기철은 고려 왕을 능가하는 권력을 쥐기도 했습니다.

▶ 항복 이후에도 4년간 지속된 삼별초의 대몽 항쟁

원나라를 흔든 기황후

원나라에 끌려간 공녀 가운데 기씨는 황실의 궁녀가 되어 순제임금의 사랑을 받았습니다. 그녀는 황태자를 낳고, 1340년 황후가 되었습니다. 기황후는 원나라에서 큰 권력을 갖게 되었고, 아들은 훗날 북원의 소종 임금이 됩니다. 그녀 덕택에 아버지와 오빠는 고려에서 큰 권력을 가졌으나, 공민왕에게 죽임을 당합니다. 기황후는 공민왕을 몰아내려고 했습니다. 하지만 공녀 제도를 폐지시키고, 당시 고려를 원나라의 일개 성으로 만들고자 했던 정책을 반대하기도 했습니다.

고려의 경제 문화가 변하다

원나라는 고려로부터 금, 은, 인삼, 도자기, 옷감, 사냥용 매, 잣 등 온갖 공물을 빼앗아 갔습니다. 수십 년간 몽골군에 의해 약탈되어 황폐해진 고려는 계속된 원나라의 수탈로 인해 가난한 나라가 될 수밖에 없었습니다.

또한 2차례에 걸친 원나라는 일본 원정에서 고려의 많은 배들을 가져갔고, 고려가 원나라에 대항하는 것을 막기 위해 섬에서 사람들을 쫓아 냈습니다. 결국 고려의 해군력은 크게 약화되어 왜구의 침략에 시달리는 나라로 변해 갔습니다. 게다가 원나라는 고려로부터 많은 소와 말들을 빼앗아 갔습니다. 소와 말이 부족해지자 고려는 수레를 끌 동력원을 잃어 수레 활용이 크게 줄어들게 되었습니다. 또 기병 전력도 약해졌습니다. 무엇보다 원나라의 막강한 힘을 경험함으로써 고려는 외적에 대한 두려움을 갖게 되었고 자신감마저 상실하게 되었습니다.

원나라는 물자 외에도 공녀라는 이름하에 고려의 처녀들을 끌어갔습니다. 고려 사람들은 어린 딸들이 공녀로 끌려가지 않도록 어린 나이에 결혼시키는 조혼 풍습이 생겼습니다. 원나라와 교류가 많아짐에 따라, 몽골 풍습도 많이 전해졌습니다.

세계 제국인 원나라의 앞선 문물도 고려로 전해졌습니다. 최무선은 원나라 상인을 통해 화약 만드는 법을 배웠고 문익점은 목화를 고려에 가져왔습니다. 안향은 원나라에서 발전한 새로운 학문인 성리학을 고려에 도입했습니다. 고려가 원나라에 간섭을 받던 약 100년간의 시기는 우리 역사에서 커다란 변화의 시기였습니다.

▲ 원나라에서 성리학을 들여온 안향 영정

▲ 원나라를 몰아내려 한 공민왕이 그린 천산대렵도

제주도 원당사지 5층 석탑 - 아들이 없어 고민하던 원나라 황제 순제가 기황후의 간청에 의해 세운 탑으로 이 탑을 세운 후 기황후가 태자를 낳았다는 전설이 전해 오고 있다.

세종의 야인 정벌

원나라가 쇠퇴하기 시작할 무렵, 고려 공민왕은 쌍성총관부를 되찾으며 원나라에 반대하는 정책을 분명히 했습니다. 고려는 원나라의 남은 세력을 몰아내며 북진할 수 있었습니다. 고려와 조선, 원과 명이 교체되는 시기에 만주 일대에는 여진족들이 통일된 세력을 이루지 못하고 흩어져 살고 있었습니다. 이들 가운데 조선은 압록강 건너에 있는 건주야인과 두만강 유역에 살고 있던 오랑캐, 오도리 부족 등과 자주 대결을 펼쳐야 했습니다.

1370년	이성계가 원나라 요양의 동녕부를 공격. 일시 점령함.
1374년	공민왕이 죽고, 우왕이 왕위에 오름.
1388년	명나라를 공격하려던 이성계가 위화도에서 회군함. 최영이 죽음.
1392년	조선이 건국되어 이성계가 태조 임금이 됨.
1433년	최윤덕이 압록강 건너 건주야인을 토벌하고, 4군을 설치함.
1434년	김종서가 두만강 주변에 6진을 설치함.
1453년	김종서 후임인 함길도 절제사 이징옥이 반란을 일으켰으나 실패함.
1467년	이시애가 함경북도에서 반란을 일으키자, 남이 장군이 진압함. 남이 장군은 여진족을 정벌하고, 백두산과 두만강을 소재로 시를 지음.
1587년	이순신 장군이 두만강 하구에 위치한 녹둔도에서 여진족과 전투를 벌여 패함.

고려의 북진 정책

고려를 건국한 왕건은 고구려를 계승하려는 의지를 갖고 북쪽으로 영토를 확장하고자 노력했습니다. 하지만 거란, 금나라, 원나라 등 강한 상대를 만난 고려의 북진 정책은 오랫동안 추진되지 못했습니다. 공민왕은 원나라가 약해지는 것을 이용해 쌍성총관부를 비롯한 잃어버린 옛 땅을 되찾으려고 합니다. 공민왕은 이성계를 보내 압록강 넘어 요양에 있는 원나라의 동녕부를 일시 점령했으나 보급로 등의 문제로 군대를 되돌리고 말았습니다. 고구려의 옛 영토를 회복하려는 공민왕의 노력 덕택에 우왕이 즉위할 무렵에는 길주에서 갑산을 연결하는 곳까지 동북쪽으로 영토가 확장되었습니다.

고려 최후의 북진 노력은 요동 정벌 작전이었습니다. 원나라를 몰아낸 명나라가 한때 원나라가 고려에서 빼앗은 철령 이북 땅을 내놓으라고 하자 고려가 이에 반발하여 5만 군대를 동원하여 요동 땅을 회복하려는 작전이었습니다. 하지만 이성계가 위화도에서 회군함에 따라, 고려의 북진 정책은 끝이 나고 말았습니다.

▲ 태조 이성계 어진 / 국립고궁박물관

명나라와 조선의 갈등

명나라는 20만 군대를 동원할 능력을 가진 조선이 요동을

▲ 이성계가 퇴임 후 머물렀던 회암사 절터

▲ 남이섬에 있는 남이 장군의 무덤

▲ 의주와 박작성 사이의 압록강 – 조선은 4군을 개척함에 따라 압록강 남쪽을 완전히 장악했다.

공격하면 쉽게 막아 낼 수 없음을 잘 알고 있었습니다. 따라서 명나라는 조선의 핵심 인재인 정도전을 명나라로 보내라고 협박을 하며 조선과의 외교에서 확실한 우위를 차지하고자 했습니다. 명나라의 협박은 곧 이성계와 정도전으로 하여금 다시 요동 정벌을 계획하도록 합니다. 병법에도 능했던 정도전은 직접 군사를 훈련시키고, 왕족과 공신들의 사병을 없애 국가의 군대로 만들어 요동 정벌을 준비합니다. 그러나 사병이 없어지는 것에 반발한 이성계의 다섯 번째 아들인 이방원이 정도전을 죽임으로써 요동 정벌 계획은 종료됩니다. 명나라의 지지를 받은 이방원이 태종 임금이 되면서, 조선과 명나라의 갈등은 사라졌습니다.

세종의 4군 6진 개척

태종은 압록강과 두만강 이남에 사는 여진족을 몰아내며 영토를 넓혔습니다. 경상도, 강원도, 충청도의 백성들을 계속해서 북쪽 지역으로 이주시켜 농토를 개척하게 했습니다. 과거, 고려 윤관이 개척한 9성을 되돌려 준 원인이 너무 빠르게 농민들을 이주시켰다가 농민들이 정착하지 못한 탓임을 알았던 조선은 서둘지 않고 조금씩 영토를 넓혔습니다.

세종은 여진족이 자주 쳐들어오자, 최윤덕 등을 시켜 압록강 건너 건주야인의 본거지를 공격하게 하고, 여연, 자성, 무창, 우예 4군을 설치하여 압록강 남쪽 땅을 전부 차지했습니다. 또 두만강 방면으로 김종서를 보내 회령, 종성, 온성, 경원, 경흥, 부령 6진을 개척했습니다. 넓어진 영토에 농민들이 정착하여 살게 되자 평안도, 함경도 등지의 농업 생산량이 많아져 영토 개척의 효과가 드러났습니다.

조선은 여진족의 침략을 막기 위해 압록강, 두만강을 건너 여진 부락을 토벌하기도 하고, 무역소를 설치하여 이들에게 필요한 물건을 교역하게도 해 주었습니다. 명나라는 여진족이 과거 금나라와 같은 강국으로 성장하는 것을 막기 위해 조선이 이들을 통제해 주는 것을 원했습니다. 따라서 여진족이 살고 있는 압록강과 두만강 북쪽의 일부 지역에 대해서는 조선이 영향력을 행사할 수 있었습니다. 그러나 명나라가 조선이 지나치게 커지는 것을 견제하고 있었기 때문에 조선의 북진 정책은 더 이상 계속될 수 없었습니다.

황제를 꿈꾼 이징옥

세조는 김종서 등이 지지했던 단종을 몰아내고 왕이 되었습니다. 김종서를 죽인 세조는 그의 부하였던 이징옥의 함길도 절제사 직위를 빼앗습니다. 그러자 이징옥은 스스로를 대금황제라고 부르면서, 여진족의 후원을 약속 받고 두만강 건너편 오국성에 도읍을 정하기로 결정합니다. 하지만 두만강을 건너려고 종성에 머물 때, 종성판관 등의 습격을 받아 살해되었습니다.

왕과 신하

인간이 가족, 마을, 부족, 국가와 같은 사회 조직을 만들면서 생기는 가장 큰 문제는 전체를 누가, 어떻게 이끌고 나가느냐는 문제입니다. 조직의 대표는 한 사람이지만 그 한 사람의 힘으로는 전체를 이끌고 나갈 수가 없습니다. 특히 인간이 만든 가장 거대한 조직인 국가는 대표자와 함께 그를 돕는 사람들의 역할이 중요합니다. 왕과 같은 대표자는 조직 전체를 좌우할 수 있기 때문에 엄청난 권력을 갖게 됩니다. 하지만 왕이 아닌 신하들이 더 큰 권력을 가질 때도 많았습니다.

조선의 정치 제도

나라를 다스리기 위해서는 조직이 있어야 합니다. 고려는 중서문하성과 상서성, 상서성 아래에 6부, 그리고 중추원을 중심으로 중앙 정부 조직과 3경과 5도 양계를 중심으로 한 지방 통치 조직을 갖추고 있었습니다.

반면 조선은 최고 통치 기관으로 영의정, 좌의정, 우의정 3정승이 회의를 통해 나라의 모든 일을 총괄하는 의정부가 있었고, 행정 실무를 담당하는 이조, 호조, 예조, 병조, 형조, 공조 등 6조가 정부 조직의 중심을 이루고 있었습니다. 지방은 8도와 그 밑에 군, 현을 두어 수령을 파견해 나라를 다스렸습니다. 임금은 행정 실무를 담당하는 6조에 직접 명을 내릴 수가 있었고, 왕의 비서 기관인 승정원을 통해 각 기관에 명령을 하달했습니다.

하지만 왕이 모든 것을 마음대로 할 수는 없었습니다. 먼저 의정부의 정승들과 합의가 필요했습니다. 또 임금의 정치를 비판하는 기능을 가진 사간원, 왕의 정치 자문 역할을 하는 홍문관, 관리의 비행을 감찰하는 사헌부로 이루어진 3사가 정책 비판 기능을 담당하며 잘못된 정치를 비판했기 때문이었습니다.

왕권과 신권의 다툼

조선은 유교를 국교로 한 나라입니다. 임금은 하늘의 명을 받아서 백성들을 다스리고 백성들이 모두 임금에게 충성하는 것은 당연하다고 받아들였습니다. 그렇지만 유교의 이상적인 정치는 유교 사상에 충실한 성인이 정치를 하는 것이었습니다. 임금도 경연, 서연 등을 통해 유교 경전을 공부해야 했고 정의, 도덕에 맞는 정치를 행해야만 했습니다. 신하들은 임금이 유교의 가르침에 어긋난 정치를 할 경우에는 신랄히 공격했습니다.

조선을 건국한 이성계는 강력한 무력을 기반으로 임금이 되었습니다. 또한 왕의 가족들도 군사를 거느리고 있었습니다. 3대 태조, 7대 세조는 강력한 무력을 배경으로 왕이 되었습니다. 하지만 예종과 성종이 어린 나이에 임금이 되자, 외척의 입김이 강해졌습니다. 이때 왕족이 관직에 나갈 수 없도록 법을 정했습니다. 신하들에 의해 10대 연산군이 임금 자리에서 쫓겨나면서, 차츰 왕의 권력은 약해지고 신하들의 권력이 강해지게 되었습니다.

당쟁과 세도정치

조선은 건국 초기부터 이방원과 정도전 사이에 왕권과 신권의 우위를 놓고 다툼이 벌어졌습니다. 강력한 왕권을 원하는 임금에 맞선 신하들은 죽음을 당했고, 반대의 경우도 생겼습니다. 차츰 신하들이 권력이 강해지자, 이들 사이에도 권력 다툼이 벌어졌습니다. 훈구파와 사림파 사이의 대립은 많이 이의 목숨을 앗아간 사화를 일으켰습니다. 사림파가 권력을 잡은 이후에는 다시 붕당을 만들어 서로 권력을 다투었습니다. 붕당은 균형 잡힌 정책을 펼치는 데 도움이 되고 책임 정치를 할 수 있게 했습니다. 하지만 지나친 대결로 국력을 낭비하기도 했습니다. 심지어 자신의 당파 이익을 위해 임금을 선택하거나 죽이기도 했습니다.

숙종, 영조, 정조 등은 당파 싸움을 통제하며 왕권을 강화하려고 했습니다. 하지만 나이 어린 순조가 임금이 된 이후부터는 왕실의 외척인 안동 김씨, 풍양 조씨 등에 권력 독점이 이루어져 정치가 크게 어지러워졌습니다.

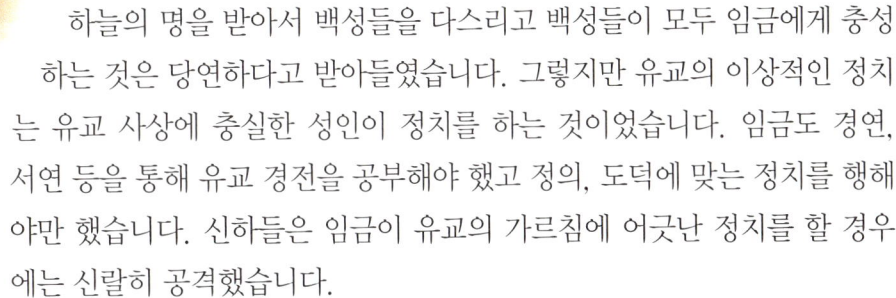

사병혁파와 태종 이방원

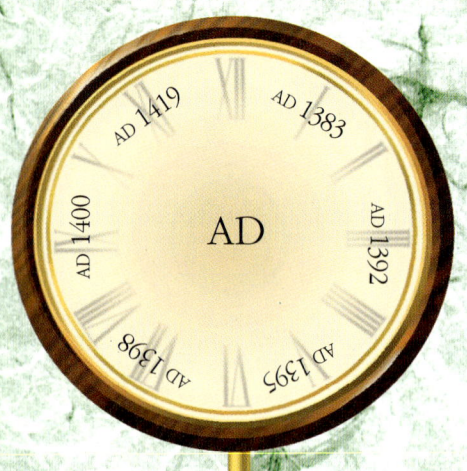

조선을 건국한 것은 이성계였지만, 조선을 조선답게 만들고 설계한 것은 성리학자인 정도전이었습니다. 정도전은 자신이 배운 학문을 바탕으로 조선을 현명한 재상들에 의해 다스려지는 가장 이상적인 나라로 만들고자 했습니다. 그와 반대로 이성계의 다섯째 아들 이방원은 조선을 강력한 왕에 의해 다스려지는 나라로 만들고자 했습니다.

1383년	정도전이 함흥으로 이성계를 찾아가 처음 만남.
1388년	위화도 회군으로 이성계가 권력을 쥠.
1392년	조선 건국. 이성계가 태조로 즉위함. 관리들의 제도를 제정함.
1394년	정도전이 《조선경국전》을 편찬. 한양으로 도읍을 옮김.
1395년	정도전이 의흥삼군부를 만들고 요동 정벌을 위한 준비를 시작함.
1398년	1차 왕자의 난. 정도전 죽음. 태조가 둘째 아들 방과에게 왕위를 물려 줌. 정종 즉위.
1400년	2차 왕자의 난. 방원이 방간을 죽임. 정종이 방원에게 왕위를 물려 줌. 태종 즉위.
1401년	신문고를 설치함.
1419년	상왕인 태종이 군권을 장악하고, 이종무를 시켜 대마도 정벌을 하게 함.

조선의 설계자, 정도전

정도전은 성리학에서 배운 이념과 이론에 따라 조선을 유교적 이상 국가로 만들고자 했습니다. 그는 수도인 한양 건설을 지휘하고, 조선의 기본법인 《조선경국전》을 짓는 등 조선의 많은 제도를 만들었습니다. 그는 조선을 조선답게 만든 조선의 설계자라고 할 수 있습니다. 이성계는 그에게 정치를 맡겼습니다. 정도전은 국가의 운영은 법에 의해 이뤄지고 정치는 훌륭한 재상이 정치의 실권을 맡아야 한다고 생각했습니다. 그는 재상, 곧 신하들이 중심이 되어 나라를 다스리는 정치를 꿈꾸었던 것입니다.

정도전과 이방원의 갈등

반면 조선 건국에 큰 공을 세운 이방원은 나라는 왕이 다스려야 하고, 신하들은 손과 발에 불과하다는 생각을 갖고 있었습니다. 이성계는 첫째 부인에서 낳은 아들 6명과 둘째 부인에게서 낳은 아들 2명이 있었는데, 특히 막내아들인 방석을 사랑해 그에게 임금 자리를 넘겨주고자 했습니다. 정도전은 방석이 후계자가 되는 것을 지지했습니다. 게다가 정도전은 요동을 회복하고자 명나라와 전쟁할 것을 준비하면서 왕실 가족과 귀족들이 가진 사병들을 없애서 나라의 군사들로 만들고자 했습니다. 사병을 없애면 이방원을 비롯한 왕자들의 힘은 없어지고 재상 중심의 정치를 하기가 훨씬 쉽게

▶ 두 차례 왕자의 난으로 이방원이 조선 3대 태종이 되었다.

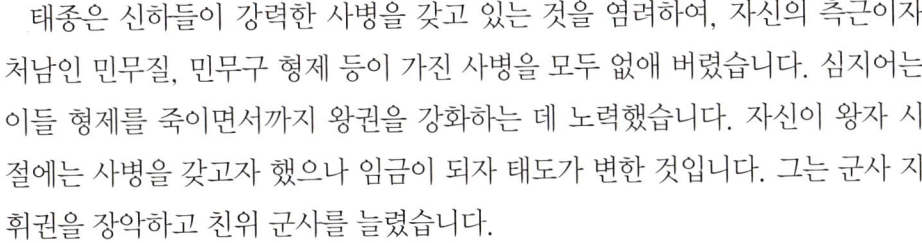

고려의 마지막 충신, 정몽주

정몽주는 정도전과 같은 신진사대부 출신으로, 고려를 개혁하는 것에 찬성했습니다. 하지만 고려를 멸망시키고 이성계가 새 나라를 세우는 것에는 반대하고, 이성계를 제거하려고 했습니다. 이를 눈치챈 이방원이 그를 찾아가서 함께 새 나라를 세워 잘 살아 보자는 '하여가'라는 시를 읊었습니다. 그러자 그는 고려를 향한 충성은 변함이 없다는 '단심가'라는 시를 지어 답했습니다. 그러자 이방원은 부하를 시켜 개경 선죽교에서 그를 죽였습니다.

▲ 정몽주 영정 / 국립중앙박물관 [중박 200901-26]

▲ 경복궁 앞에 위치한 6조 공원 - 이 자리에 의정부가 있었다.

됩니다.

이방원은 크게 분노했습니다. 그는 군사를 일으켜 정도전과 이복동생인 방석 등을 죽여 버렸습니다. 그러자 태조 이성계는 왕위에서 물러났고, 둘째 아들이 물려받아 2대 정종이 되었습니다. 그러다 2년 후에 결국 이방원이 3대 태종이 되었습니다.

태종 이방원의 정치

태종은 왕권을 강화하기 위해 행정 실무를 담당하는 6부를 왕이 직접 지휘하는 6조 직계제를 실시했습니다. 정도전이 설계한 제도는 이조, 호조 등 6조의 일은 재상들의 회의 기구인 의정부에서 논의가 된 다음, 합의된 사항을 임금께 아뢰어 결재를 받게 되어 있었습니다. 그런데 6조에서 의정부를 거치지 않고 곧장 임금에게 결재를 올리게 되자 재상들은 할 일이 없어졌습니다. 따라서 신하들의 권력은 약해질 수밖에 없었습니다.

▲ 경복궁 - 정도전은 한양을 설계한 장본인이다.

태종은 신하들이 강력한 사병을 갖고 있는 것을 염려하여, 자신의 측근이자 처남인 민무질, 민무구 형제 등이 가진 사병을 모두 없애 버렸습니다. 심지어는 이들 형제를 죽이면서까지 왕권을 강화하는 데 노력했습니다. 자신이 왕자 시절에는 사병을 갖고자 했으나 임금이 되자 태도가 변한 것입니다. 그는 군사 지휘권을 장악하고 친위 군사를 늘렸습니다.

태종의 이러한 노력은 정치의 안정을 가져오기는 했으나, 이러한 정치는 오래가지 못했습니다. 그의 아들 세종은 6조 직계제를 폐지하고, 의정부에서 정책을 심의하는 의정부 서사제로 정치 제도를 다시 바꾸었습니다. 세종 때에 황희를 비롯한 정승들은 임금과 조화를 이루며 현명한 정치를 하여 태종의 우려처럼 신권이 중심이 되는 정치는 생기지 않았습니다.

▲ 왕이 신하들의 조회를 주관한 근정전

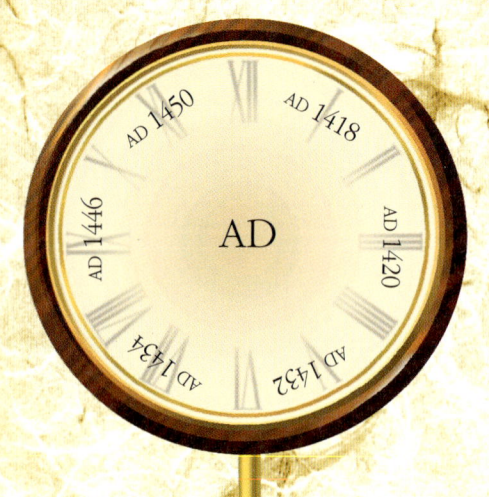

세종 대왕의 이상적인 정치

조선 4대 임금인 세종 대왕은 한국 사람들에게 가장 존경을 받는 임금입니다. 그는 못 말리는 책벌레여서 아는 것이 아주 많았습니다. 또 한번 마음먹은 일은 꼭 해내고야 마는 뚝심이 있었습니다. 그러면서도 신하들의 재주를 발견하고 이를 꽃피우게 하는 능력을 갖고 있었습니다. 그는 훈민정음 창제를 비롯해 과학 기술, 문화, 농업, 군사 등 모든 분야에 걸쳐 업적을 남긴 임금이었습니다.

1418년	태종이 왕위를 충녕대군에 물려준 후 상왕으로 물러남(1422년 사망).
1419년	이종무를 보내 왜구의 근거지인 대마도 정벌함.
1420년	집현전을 설치함.
1426년	삼포(염포, 부산포, 제포)를 일본에 개항함.
1432년	유교의 가치관을 널리 보급하기 위하여《삼강행실도》를 편찬.
1433년	최윤덕이 압록강 건너 여진족을 토벌함.
1434년	김종서가 동북방에 6진을 설치함.
1441년	자동 거리 측정 수레인 기리고차, 측우기를 발명함.
1446년	훈민정음을 반포함.
1450년	세종이 32년간의 재위 끝에 53세의 나이로 사망.

왕권과 신권의 조화

강력한 권력을 휘둘렀던 태종 이방원은 셋째 아들 충녕대군이 22살이 되자 왕위를 넘겨주고 자신은 상왕이 되어 뒤로 물러났습니다. 그는 군사를 지휘하는 권리를 갖고 있으면서 세종이 임금으로써 권력을 장악하는 것을 도왔습니다. 태종의 뒷받침을 받으며 세종은 인재를 양성하고 제도를 정비하며 새로운 정치를 시작했습니다. 그는 신하들에게 언제라도 옳은 의견을 말할 수 있는 길을 열어 놓고 신하들과 장시간의 대화와 논쟁을 했습니다. 그리하여 신하들의 의견을 적극 수용하며, 보다 완성도 높은 정책을 수립하고 실시하는 정치력을 발휘했습니다. 세종 때는 왕과 신하의 권력이 조화를 이룬 시기였습니다. 세종은 그 어떤 신하보다 뛰어난 학자였고, 그의 주변에 훌륭한 인재들도 많았습니다.

세종과 집현전

세종은 인재를 키우기 위해 학문 연구 기관인 집현전을 설치했습니다. 집현전 학자들은 임금과 학문을 토론하는 경연을 담당했습니다. 세종은 이들과 토론을 하면서 나라에 필요한 문물 제도의 정비와 새로운 서적 편찬을 주도하게 되었습니다.

집현전에서는《고려사》,《고려사절요》등 역사책을 편찬해 과거 역사를 정리하고,《삼강행실도》와 같은 유교 윤리서를 간행하는 등 다양한 학문을 연구하고 그 결과를 책으

▶ 세종과 집현전 학자들

로 펴냈습니다. 세종의 대표적인 업적인 한글 창제는 세종과 집현전 학자들이 함께 만든 것입니다. 그는 우리의 언어가 중국과 다름에도 우리글이 없어 한자를 쓰고 있다는 현실을 안타깝게 여겨 우리말의 구조에 맞는 새로운 문자 체계를 만들어 백성들이 쉽게 사용할 수 있게 했습니다. 한글의 창제는 민족의 정체성 확립에도 큰 기여를 했습니다.

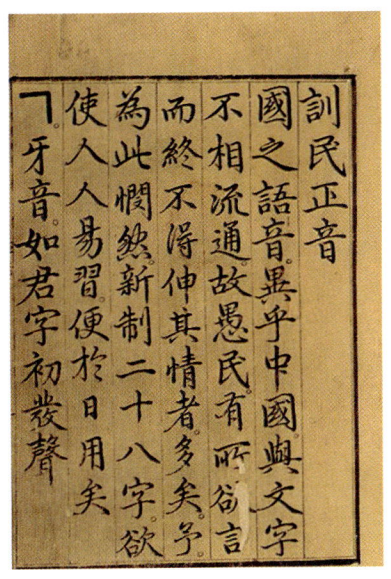
▲ 훈민정음

나라와 백성을 위한 임금

세종은 단군사당과 고구려, 백제, 신라의 시조묘를 건립하고, 제사를 올리게 했습니다. 이러한 제도는 후대에도 계승되어 세조는 단군을 특히 숭배했고 원구단에서 천자만이 지낼 수 있는 하늘에 대한 제례를 올리기도 했습니다.

박연을 통해 우리 음악을 정리한 것이나, 정초로 하여금 우리 실정에 맞는 농사 책인 《농사직설》을 만들게 하고, 맹사성에게 《팔도지리지》를 만들게 한 것 등은 그가 조선의 실정에 맞는 실용적인 학문을 만들기 위해 얼마나 노력했는가를 보여 줍니다.

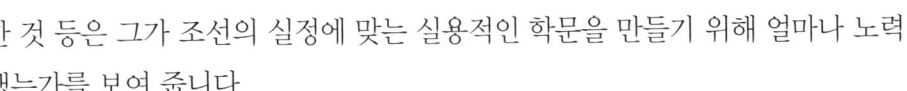
▲ 앙부일구(해시계)

이천, 장영실 등 조선을 대표하는 과학자들이 물시계인 자격루, 해시계인 앙부일구를 비롯해 측우기, 혼천의 등 많은 과학 기자재를 만들게 된 것은 실생활을 개선하려는 세종의 의지가 뒷받침되었기에 가능했습니다.

이종무에게 쓰시마섬의 왜구를 토벌하게 한 것이나, 북쪽으로 두만강, 압록강까지 영토를 확보한 것 등은 조선의 백성들이 살 터전의 안전을 확보하기 위한 세종의 선택이었습니다. 세종이 우리 역사 제일의 임금으로 꼽히는 것은 무엇보다 임금된 자로서 백성을 위해 무엇을 해야 하는가를 열심히 탐구하고, 끝없이 실천하고 노력했기 때문이었습니다.

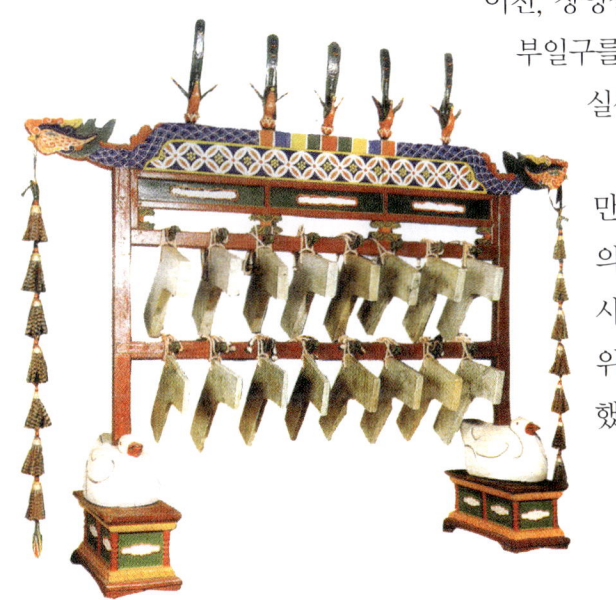
▲ 편경 / 국립고궁박물관

조선을 대표하는 과학자, 장영실

장영실은 동래현에 속한 노비 출신입니다. 과학 재능이 뛰어난 그는 세종의 특별한 명으로 노예 신분을 벗고 상호군이란 벼슬까지 받았습니다. 그는 혼천의, 간의대를 비롯한 천문 관측 기구 제작과, 금속활자인 갑인자 주조 작업, 측우기, 물시계인 자격루 등을 발명했습니다. 하지만 그가 감독하여 만든 왕의 가마가 부서지자 불경죄로 의금부에 잡혀가 매를 맞고 벼슬에서 쫓겨나고 말았습니다.

사육신과 세조

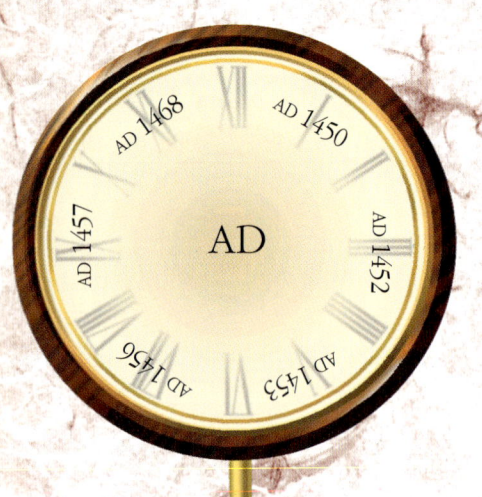

현명했던 임금 세종이 죽자, 왕위는 세자인 문종이 이어 받았습니다. 30년간 세자 생활을 하며 세종을 도왔던 그는 왕이 된 지 2년 만에 병으로 죽었습니다. 그러자 불과 12세의 단종이 왕이 되었습니다. 문종은 나이 어린 단종을 염려하여 황보인, 김종서 등의 신하들에게 왕을 도울 것을 부탁했습니다. 또 집현전 학사인 성삼문, 박팽년, 신숙주에게도 왕을 도우라고 유언을 남겼습니다. 그러나 그의 유언은 제대로 지켜질 수 없었습니다.

1450년	세종이 죽고, 문종이 왕위에 오름.
1452년	문종이 죽고, 어린 세자 단종이 임금에 오름.
1453년	계유정란. 수양대군이 김종서, 황보인을 죽이고 권력을 장악. 안평대군도 죽임. 이징옥의 난이 일어남.
1455년	단종이 수양대군에게 왕위를 넘겨주어, 수양대군이 세조가 됨.
1456년	사육신 사건이 일어남. 집현전이 폐지됨.
1457년	단종을 노산군으로 강등하고, 영월로 유배함. 단종이 죽음.
1466년	토지 제도를 개혁하여 과전법을 폐지하고, 직전법을 실시함.
1467년	이시애의 난이 발생함. 왕의 종친인 구성군 이준, 남이 장군이 공을 세움.
1468년	세조가 죽고, 예종이 즉위함.

단종의 즉위와 정치

삼국 시대 초기부터 나이 어린 임금이 즉위하면 왕의 어머니인 대비나, 할머니인 대왕대비가 정치를 대신하는 수렴청정을 실시하곤 했습니다. 그런데 단종은 수렴청정을 해 줄 사람이 없었습니다. 왕이 어리고 나약하자, 왕의 작은아버지인 수양대군과 안평대군이 왕위를 노리게 되었습니다. 정치는 의정부를 장악한 정승인 황보인, 김종서 등이 6조 등에서 올라온 나랏일들을 자기들끼리 의논하여 심의한 후 결정하여 단종에게 허락 받아 처리하게 되었습니다. 정승들이 옳다고 하는 것이 모두 어린 임금에게 통과되었으므로, 임금은 허수아비였고 실제로는 정승들이 모든 정치를 하는 것이나 다름없었습니다.

계유정란과 세조의 정치

수양대군은 김종서 등이 권력을 독점하고 임금의 자리를 넘본다고 주장하고, 무사들과 함께 김종서를 죽이고 임금의 명령으로 여러 신하들을 부른 후 황보인 등을 죽이는 계유정란을 일으켰습니다. 권력을 장악한 수양대군은 영의정, 이조, 병조 등의 중요 벼슬을 홀로 독점하여 왕보다 강한 권력을 움켜쥐었습니다. 결국 단종으로부터 왕위를 물려받아 그는 세조가 되었습니다.

세조는 의정부의 정책 결정권을 폐지하여 재상의 권한을

▶ 어린 조카 단종에게 옥새를 받는 수양대군

▲ 강원도 영월에 있는 단종의 유배지 청령포

축소시키고, 태종 시대처럼 6조 직계제를 부활시켰습니다. 또 전직, 현직 관리에게 모두 토지를 주는 과전법을 현직 관리에게만 토지를 지급하는 직전법으로 바꾸어 국가 수입을 늘렸습니다. 또 단종 복위 운동에 집현전 출신 관리들이 많이 참여하자 집현전을 폐지시켰습니다. 또한 국방력을 강화하는 데 힘써 건주야인을 소탕하며 북쪽 영토를 개척했습니다. 한편으로는 각종 책을 간행하게 하는 등 문화 발전에도 큰 관심을 기울였습니다. 유교 국가 조선의 왕임에도 불구하고, 그는 불교를 열심히 믿어 불경을 간행하는 등 열린 정치를 펼치기도 했습니다.

사육신의 단종 복위 사건

세조가 단종에게 왕위를 물려받은 것에 대해 일부 사람들은 강제로 임금 자리를 빼앗은 찬탈이라는 나쁜 행동이라고 여겼습니다. 집현전 학사 출신인 성삼문 등은 사람들을 모아 단종을 다시 왕위에 앉힐 것을 결의하며 세조를 죽일 계획을 세웠습니다. 그러나 일이 성공하기 전에 발각되고 말았습니다. 성삼문, 박팽년, 유응부, 이개는 담금질을 당하는 등 참혹한 형벌을 받아 죽었고 하위지는 목이 베어 죽었고, 유성원은 잡히기 전에 자살하였습니다. 이들 6명의 사육신 외에도 70여 명이 반란을 꾀한 혐의로 벌을 받게 되었습니다.

▲ 사육신 묘

사육신은 당시에는 벌을 받아 죽임을 당하였으나, 시대가 지나면서 유교가 지향하는 임금에 대한 의리와 충성을 지킨 사람들이라는 평가와 함께 충신으로 인정 받게 되었습니다. 또한 사육신 사건은 신하들이 명분을 잃은 임금에게 저항할 수 있다는 하나의 사례가 되었습니다. 이를 바탕으로 50년이 지난 후에는 신하들에 의해 임금이 쫓겨나는 중종반정이 일어났고, 다시 100년 후에는 인조반정이 발생하게 되었습니다.

▲ 성삼문은 세조의 심문 앞에서도 세조를 '나리'라 부르며 절개를 지켰다.

▲ 호패 - 16세 이상의 남자가 차고 다닌 신분을 나타내는 패이다. 지금의 주민 등록증과 같은 것으로서, 이것을 중요하게 여긴 것은 민정의 수를 정확히 알아서 군역과 요역을 질 사람을 확실히 알기 위해서였다. 호패법은 세조 때 실시되었다. / 국립중앙박물관[중박 200901-26]

생육신은 누구?

세조가 단종으로부터 왕위를 빼앗자 잘못된 정치를 하는 세상에 나가 벼슬살이를 할 수 없다며 벼슬을 버리고 단종에 대한 충성심을 보인 여섯 사람을 사육신과 대비하여 생육신이라고 합니다. 조선의 천재 시인으로 금오신화를 쓴 김시습을 비롯해 원호, 이맹전, 조여, 성담수, 남효온이 그들입니다.

임금의 종친을 제거한 외척들

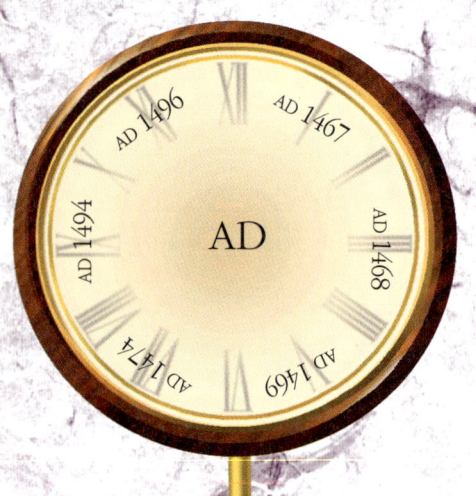

태종과 세조는 신하들이 큰 권력을 갖지 못하게 막고, 스스로 강력한 권력을 갖고 나라를 다스린 임금이었습니다. 태종은 왕권에 위협이 되는 존재라면, 자신이 왕이 될 때 공을 세운 처남들과 부하도 제거했습니다. 세조는 자신을 도운 공신들을 우대해 주는 한편, 왕의 친척인 종친들을 키워 공신들을 견제했습니다. 그러나 그가 죽자 종친 세력이 제거되면서 왕의 권력은 약해졌고, 신하들의 권력이 다시 커졌습니다.

1467년	이시애의 난이 벌어짐. 이때 구성군 이준과 남이가 난을 토벌하고 공을 세움.
1468년	세조가 죽고, 예종이 왕위에 오름. 남이 장군이 반역죄로 사형을 당함.
1469년	예종이 죽고 성종이 왕위에 오름. 영의정 구성군이 유배를 당함.
1474년	조선의 기법 법전인 《경국대전》이 반포하여 실행됨. 왕족의 관직 진출 금지.
1476년	세조비 정희대비의 수렴청정이 끝나고 성종이 직접 정치를 행함.
1480년	김종직을 비롯한 사림파를 등용해 훈구파 대신들을 견제하게 함.
1494년	성종이 죽고, 연산군이 왕위에 오름.
1496년	무오사화. 유자광의 무고로 김일손 등이 처형되고, 김종직의 시체가 다시 잘림.

구성군과 남이

세조는 계유정란에서 공을 세운 한명회, 신숙주, 권람 등을 공신으로 책봉하고 이들에게 중요 관직을 맡겼습니다. 그런데 함길도에서 일어난 이시애의 반란 사건에 한명회와 신숙주가 관련이 있다는 소문이 돌자 세조가 이들을 잠시 벼슬에서 물러나게 했습니다. 그 대신 반란 진압에 공을 세운 조카인 구성군 이준과, 태종의 외증손자인 남이에게 높은 벼슬을 주었습니다. 이준은 28살에 영의정에 되었고, 남이도 병조판서가 되었습니다.

그런데 세조가 죽고 19살의 예종이 왕위에 오르자 상황이 변했습니다. 아직 20살이 안된 예종을 제쳐 두고 어머니인 정희왕후가 1년간 수렴청정을 하게 된 것입니다. 그녀는 한명회, 신숙주, 구치관 등 나이 많은 공신들을 매일 승정원으로 출근하게 하여 나라의 주요 결정 사항을 의결하고 왕에게 결재하도록 하는 원상제를 실시했습니다.

17살에 무과에 장원급제하고 북방 오랑캐를 물리친 공을 세웠으며, 세조의 사랑을 받아 28세에 병조판서가 된 남이는 원상들에게 질투의 대상이었습니다. 이런 상황을 알고 있던 유자광이 남이가 역적 모의를 했다고 누명을 씌워 죽게 했습니다. 그러자 원로 공신들의 힘만 더욱 커졌습니다.

훈구파의 권력 장악

왕실의 힘을 키우려던 예종이 불과 1년 만에 죽었습니다. 그러자 정희왕후는

▶ 남이 장군은 북방 오랑캐를 물리치고 백두산에서 북정가를 지었다.

▲ 종실이 궁에 들어올 때 사용하는 경복궁 동문인 건춘문

예종의 아들이 아닌, 먼저 죽은 장남 의경세자의 둘째 아들 자을산군을 임금으로 지목했습니다. 13살의 어린 그가 9대 성종이 된 것은 정희왕후가 7년간 계속해서 수렴청정을 할 수 있을 뿐만 아니라, 부인이 최고 권력가인 한명회의 딸이었기 때문이었습니다.

어린 성종의 왕위를 넘볼 가장 위협적인 사람은 영의정인 구성군이었습니다. 정희왕후와 원로 대신들은 구성군이 세조처럼 어린 임금을 몰아낼까 두려워했고, 이런 상황을 안 대신들은 집요하게 구성군을 비난하여 마침내 그에게 유배령을 내렸습니다. 게다가 앞으로는 종친들이 벼슬을 할 수 없도록 금지하는 법을 마련했습니다. 신하들의 입맛에 맞는 임금을 선택하고, 자질이 뛰어난 왕실 가족은 제거해 버리자 왕권은 크게 약해졌습니다.

성종의 정치

7년간 정희왕후의 섭정 기간을 거친 후, 성종은 직접 정치를 주관하게 되었습니다. 그는 세종처럼 학문을 좋아하며 나라의 제도를 정비하고 학문을 진흥시킨 임금입니다. 성종은 원로 공신에게 빼앗긴 왕권을 되찾기 위해 먼저 원상제를 폐지시키고, 새로운 인재가 성장할 발판인 왕의 자문기관인 홍문관을 설치했습니다. 또 세력이 커진 공신 세력, 즉 훈구파 세력을 견제하기 위해 김종직을 비롯한 사림파를 대거 등용했습니다. 사림파는 지방에서 성리학 공부를 열심히 했던 학자들이었습니다. 성종은 사림파를 성장시켜 두 세력의 균형과 견제를 통해 왕권을 강화하며 정치를 잘할 수 있었습니다.

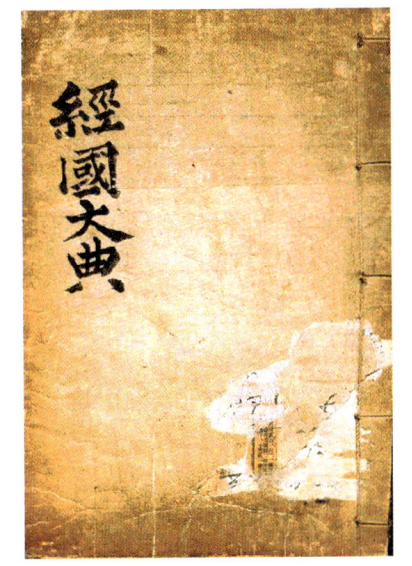
▲ 성종 시기에 완성된 조선의 기본 법전인 《경국대전》

▲ 임금이 대신들과 정치를 논하던 경복궁 사정전

남이의 북정가

남이가 장군이 되어 건주야인을 정벌할 때 지은 시입니다.

"백두산의 돌은 칼을 갈아 없애고, 두만강의 물은 말을 먹여 없애리.
남아가 스무 살에 나라를 평정하지 못하면, 후세에 누가 대장부라 칭하랴."

이러한 기백이 넘치는 남이의 시를 간신 유자광이 듣고, 미평국(未平國)이란 단어를 미득국(未得國), 즉 나라를 얻지 못함이란 말로 고쳐서, 남이가 반란을 일으키려 한다는 모함을 하여 그를 죽게 했습니다.

연산군과 중종반정

성종은 훈구파와 사림파를 조화시키며 정치를 이끌어 갔지만, 부인과의 관계에서는 문제가 많았습니다. 첫 번째 왕비가 죽은 후, 두 번째 왕비가 된 윤씨는 평소 질투가 많았습니다. 윤씨 왕후는 성종이 다른 후궁들만을 찾자, 왕의 얼굴에 손톱자국을 내었습니다. 이 일로 왕비 자리에서 폐위되었다가, 모함을 받은 끝에 사약을 먹고 죽었습니다. 그의 아들인 연산군이 임금이 되자, 폐비 윤씨가 죽은 사건은 조선의 정치를 뒤흔들게 되었습니다.

연산군의 폭정

연산군은 조선 역사상 대표적인 폭군이라고 불립니다. 연산군은 성종과 달리 원칙만을 강조하는 사림파들을 싫어했습니다. 이때 훈구파의 이극돈과 간신 유자광은 자신들을 소인배로 보는 사림파인 김종직의 제자 김일손을 모함합니다. 단순한 사건임에도 김일손을 비롯한 사림파가 대거 죽임을 당하는 무오사화가 벌어졌습니다.

임금이 된 지 4년 후, 마침내 연산군은 어머니의 비극적인 죽음을 알게 됩니다. 그는 어머니에게 사약을 내린 일과 관련된 200여 명을 무려 7개월에 걸쳐 고문하고 죽이는 갑자사화를 일으켰습니다. 두 번의 사화를 통해 연산군 주변에는 아첨하는 사람들 외에는 없었습니다. 그는 대학인 성균관과 임금과 신하들의 학문 토론장인 경연을 없앴고, 사냥터를 만들기 위해 백성의 집을 허무는 등 정치를 돌보지 않고 노는 일에만 빠졌습니다.

중종반정

임금이 임금답지 못하자, 마침내 신하들은 연산군을 몰아내고 중종을 왕위에 앉혔습니다. 유교의 경전인 《맹자》에는 잘못된 임금은 갈아치울 수 있다는 혁명 사상이 있습니다. 이를 바탕으로 조선의 선비들은 임금을 바꾸어 버린 것입니다.

1476년 : 윤씨 왕후가 연산군을 낳음.
1482년 : 3년 전 폐위된 윤씨가 사약을 받고 죽음.
1504년 : 폐비 윤씨 죽음에 관계된 사람들이 처벌을 받은 갑자사화가 일어남.
1506년 : 중종반정이 일어나, 연산군이 왕위에서 쫓겨남.
1510년 : 삼포왜란이 일어남. 일본과 임신조약을 체결하여 교역 규모를 줄임.
1519년 : 기묘사화가 일어나, 개혁정치를 하던 조광조가 죽임을 당함.
1545년 : 을사사화가 일어남. 왕대비 문정왕후가 섭정을 함.
1559년 : 이황과 기대승 사이에 사단칠정론에 관한 서신 왕래 시작. 1566년까지 지속.
1575년 : 심의겸과 김효원의 분쟁을 시작으로 동·서인으로 붕당정치가 시작됨.

▶ 폐비 윤씨의 비극적인 죽음은 갑자사화가 일어난 원인이 되었다.

붕당은 나쁜 것일까?

일제 식민사학자들은 조선은 당파 싸움만 하다가 나라가 망했다고 주장했습니다. 조선이 당파 싸움 때문에 손해를 본 일도 분명 있었습니다. 하지만 같은 시기 영국도 토리당과 휘그당이 만들어져서 오늘날의 정당정치로 발전했듯이, 붕당은 상호 견제와 정책 개발을 통해 임금에게 올바른 정치를 유도하는 좋은 기능도 갖고 있습니다. 권력을 쥔 붕당은 책임 정치를 펼쳤고, 밀려난 붕당은 새로운 정책 대안을 계속 개발했습니다. 붕당정치는 나쁜 것이 아니라 오늘날 정당정치의 시작이었던 것입니다.

▲ 도봉구 방학동에 있는 연산군의 무덤. 왕릉답지 않게 초라하다.

중종이 임금이 되자, 그를 임금으로 만든 반정공신 100여 명이 권력을 장악했습니다. 중종은 신하들의 요구에 못 이겨, 역적으로 몰린 신수근의 딸인 왕비 신씨를 강제로 폐위시켜야 했습니다. 중종은 성종이 그랬던 것처럼 훈구파 공신들을 견제하기 위해 다시 조광조를 비롯한 사림파를 등용했습니다.

조광조는 현량과를 실시하여 과거 시험 없이 유능한 인재를 선발하게 했습니다. 이로 인해 사림파가 대거 관직에 오르게 되었습니다. 조광조는 훈구파들이 공신이 된 이유가 부당하다며 이들의 공을 낮추고 그에 따라 국가가 주는 급료도 줄였습니다. 그러자 위기를 느낀 훈구파는 조광조를 제거하고자 했고, 중종 또한 조광조에게 질리기 시작했습니다. 결국 조광조는 그가 왕이 되려 한다는 거짓된 모함을 받아 사약을 먹고 죽었습니다. 조광조와 함께 많은 사림파들이 대거 죽임을 당하는 기묘사화가 일어난 것입니다.

▲ 소쇄원 - 양산보가 스승인 조광조가 유배당해 죽게 되자 출세에 뜻을 버리고 내려와 만든 원림으로 이곳에서 자연과 더불어 살았다.

붕당의 탄생

훈구파는 기묘사화로 권력을 장악했지만, 외척 세력 사이의 내분인 을사사화가 발생하면서 서서히 약해졌습니다. 반면 사림은 꾸준히 성장하여 선조 때에는 정권을 장악하게 되었습니다. 사림은 지방에 근거를 두고 꾸준히 제자들을 키워 과거에 합격시키고, 참신한 정치를 내세워 기존 세력을 비판함으로써 왕의 신임을 얻는 데 성공했습니다. 하지만 개혁 정치를 내세웠던 사림들도 권력이 커지자, 그 자체에서 내분이 일어났습니다.

김효원과 심의겸 두 사람의 개인적인 갈등을 시작으로 동인과 서인, 두 당파로 나누어졌습니다. 동인은 영남학파로 이황과 조식의 제자들이 속해 있었고, 서인은 기호학파로 이이와 성혼의 제자들이 속했습니다. 동인과 서인은 차츰 남인, 북인, 노론, 소론으로 나누어 4색 당파가 되어 조선 정치를 이끌게 되었습니다.

▲ 전남 장성의 필암 서원 - 서원은 사림파 성장의 기지가 되었다.

▲ 율곡 이이가 만든 자운 서원 - 율곡 이이, 그 역시 서인 당파에 속해 있었다.

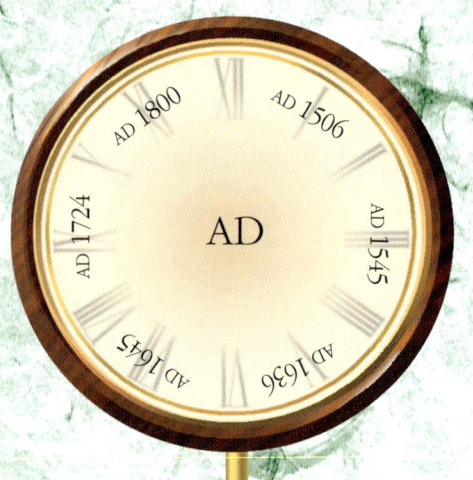

누가 임금을 죽였는가?

조선의 12대 인종, 14대 선조, 17대 효종, 18대 현종, 20대 경종, 22대 정조, 26대 고종까지 일곱 명 임금의 공통점은 독살되었을 가능성이 있다는 것입니다. 이렇게 많은 임금들이 독살설에 휘말린 이유는 누군가 임금이 빨리 죽기를 원했기 때문입니다. 특히 붕당 간의 정치적 다툼이 심해질수록 임금도 그 싸움에 휘말려 희생되기도 했습니다.

1506년	연산군이 왕위에서 쫓겨남. 중종반정이 일어남.
1545년	인종이 죽음. 문정왕후가 독살했다는 소문이 퍼짐.
1623년	광해군이 왕위에서 쫓겨남. 인조반정이 일어남.
1636년	병자호란으로 인조가 삼전도에서 항복함. 소현세자, 봉림대군이 청에 끌려감.
1645년	소현세자가 청에서 돌아옴. 소현세자가 갑자기 죽음.
1659년	북벌을 추진하던 효종이 종기로 인해 사망함.
1724년	경종 임금이 죽고, 왕세제 연잉군이 영조로 즉위. 경종 독살설이 널리 퍼짐.
1736년	붕당정치의 희생양인 사도세자가 뒤주에 갇혀 죽음.
1800년	정조가 갑작스럽게 죽음. 순조가 즉위함. 세도정치가 시작됨.

인종과 문정왕후

인종은 일찍 어머니가 죽고, 계모인 문정왕후의 손에서 자랐습니다. 그는 성품이 온화하고, 효심 또한 깊어 계모에게 효도를 다했습니다. 그런데 문정왕후는 자신의 아들 경원대군을 왕으로 만들고 싶어 했습니다. 인종은 자손을 얻지 못한 상황이었고, 인종의 장인과 문정왕후의 오라비 사이에는 정치적인 갈등도 깊었습니다. 인종은 문정왕후가 특별히 대접한 다과를 먹은 후 구토 증세를 보이고 앓다가 죽었습니다. 그의 죽음과 관련해 욕심 많은 문정왕후에 의한 독살설이 끊이지 않고 있습니다.

조선의 여왕들

인종이 죽은 후, 왕위에 오른 명종은 나이가 어려 문정왕후가 8년간이나 수렴청정을 하며 막강한 권력을 누렸습니다. 세조의 비인 정희왕후가 예종과 성종 시기에 8년간 실시한 것을 시작으로 조선 시대에는 6명의 대비, 또는 대왕대비가 8명의 어린 임금을 앞에 두고 30년이 넘게 수렴청정을 한 시기가 있었습니다. 수렴청정을 하는 그녀들은 여왕이나 다름없었습니다. 특히 사나운 성격을 가진 문정왕후는 자식인 명종이 성인이 된 후에도 회초리로 때리기도 하며 수시로 자신의 요구를 임금에게 강요하기도 하며 막강한 권력을 누렸습니다.

성종 이후 왕의 친척들은 정치에 참여할 수가 없었으나, 유독 왕비와 대비, 대왕대비 등의 여성들은 궁궐 내에 머물면서 정

▶ 경종에게 곶감과 게장을 바치는 연잉군(훗날 영조)

▲ 영조가 전국 각지에 세운 탕평비

▲ 붕당정치의 정점에 있던 노론의 우두머리인 송시열
국립중앙박물관[중박 200901-26]

치에 직접 간여할 수 있었습니다. 따라서 그녀들의 친척인 외척들은 권력을 크게 가질 수 있었습니다. 또한 조선 후기에는 그녀들이 붕당의 일원이 되어 조선의 정치에 큰 변수가 되었습니다. 왕이 죽고, 다음 왕이 될 사람이 정해지지 않았을 경우, 왕이 될 사람을 선택하는 가장 중요한 역할은 왕실의 최고 어른인 대비, 또는 대왕대비의 몫이었습니다. 때론 그녀들은 임금의 정치적 경쟁자였고, 임금의 독살설에 자주 등장하는 배후 세력이기도 했습니다.

▶ 곤룡포와 익선관 – 곤룡포는 왕이 평상복으로 많이 착용한 옷이다. 익선관은 검은색 모자로 왕의 청렴함과 검소함을 상징했다. / 국립고궁박물관

조선의 비극, 사도세자의 죽음

18세기 조선 정치는 서인에게 갈라진 노론과 소론 두 당파 간의 대립이 심해집니다. 19대 숙종에게는 경종과 연잉군, 두 아들이 있었습니다. 그런데 소론이 지지한 경종이 몸이 약하고 자식마저 없자, 노론은 연잉군을 임금으로 만들기 위해 노골적인 움직임을 보입니다. 그러자 소론이 노론을 공격하여 상당수가 반역으로 몰려 처형되는 등 당쟁은 피를 보게 됩니다. 이런 가운데 경종이 이복 동생인 연잉군이 올린 게장과 곶감, 인삼차를 먹고 죽습니다.

연잉군이 영조로 즉위한 후에는 노론에서 대대적으로 소론 세력을 제거합니다. 이때 영조에게는 늘 경종 죽음의 원흉이란 혐의가 따라다녔습니다. 그런데 아들 사도세자는 어려서 소론의 학자들에게 학문을 배워 소론과 친했고, 노론의 미움을 받을 일들을 저질렀습니다. 그러자 노론은 세자의 계모인 정순왕후와 함께 세자의 잘못을 과대포장해서 임금께 고했습니다. 영조도 자신의 약점을 건드린 세자를 미워하게 되어 그를 뒤주에 가두어 죽게끔 내버려 두었습니다. 조선 후기의 당파는 신하들이 임금을 선택하여 권력을 쥐는 시대였습니다. 노론과 소론의 당파 싸움으로 인해 아버지가 자식을 죽여야 하는 비극이 벌어졌던 것입니다.

경종을 무시한 노론

경종이 죽고 68년이 지난 1792년에 노론 당파의 윤구종이 경종의 능인 혜릉 앞을 지나게 되었습니다. 임금의 무덤 앞에서는 신하들은 말에서 내려 예를 갖추어야 했지만 윤구종은 경종은 노론의 왕이 아니니 경종에 대한 신하로서의 절개를 지킬 마음이 없다며 버티다가 곤장을 맞았습니다. 왕이 왕 같아야 충성을 할 수 있지, 왕이 왕답지 않으면 바꿀 수도 있다는 생각을 조선의 사대부들은 갖고 있었습니다. 그러기에 왕을 죽인 사건들이 계속 일어났던 것입니다.

세도 정치

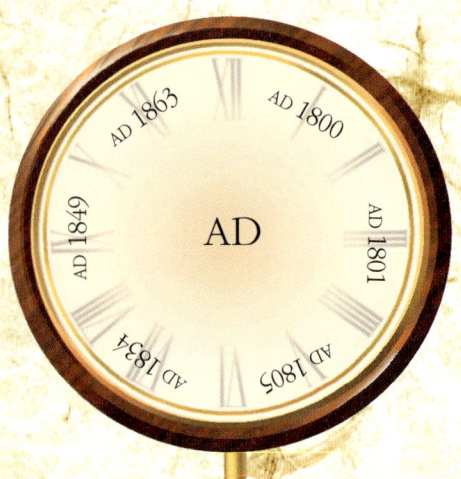

사도세자의 아들인 정조는 노론의 집요한 방해를 딛고 왕위에 올랐습니다. 조선의 정치를 개혁하고자 했던 정조는 자신의 임무를 다 이루지 못한 채 죽고 말았습니다. 정조가 죽은 후 권력을 쥔 사람은 대왕대비 정순왕후였습니다. 그녀는 수렴청정 기간 동안 천주교를 탄압하는 등 정조의 개혁 정치를 물거품으로 만들었습니다. 그녀가 죽자 순조의 장인인 김조순이 새로운 권력자로 등장하며 안동 김씨 가문의 세도 정치가 시작되었습니다.

세도 정치

세도 정치란 국왕에게 정권을 위임 받는 특정인과 그를 따르는 무리들에 의해 권력이 행사되는 형태를 말합니다. 세도 정치는 정조가 왕이 되는 데 큰 공을 세운 홍국영부터 시작되었습니다. 그러나 홍국영은 정조의 신임을 받던 시기에만 강력한 독재 권력을 행사할 수 있었고, 그 기간도 5년이 안 되어 끝났습니다. 그런데 1805년 정순왕후가 죽고, 16세의 어린 순조가 정치를 하면서 등장한 순조의 장인 김조순의 세도 정치는 견제 장치가 없었습니다. 김조순은 정순왕후를 중심으로 한 노론 벽파를 쫓아내고, 안동 김씨 일가에게 높은 벼슬을 주어 자신을 중심으로 한 독재 권력 구조를 갖추었습니다.

그러자 순조는 안동 김씨를 견제하기 위해 며느리인 세자빈을 풍양 조씨 조만영의 딸로 택했습니다. 또 영특하고 활달한 효명세자에게 자신을 대리해 대신 정치를 하는 대리청정을 시켰습니다. 그러나 안동 김씨를 잘 견제하던 효명세자가 대리청정 3년 만인 22살에 죽음으로써 순조의 노력은 실패로 끝났습니다.

안동 김씨와 풍양 조씨의 세도 정치

자식을 잃은 순조는 오래 살지 못하고 45세

▶ 수렴청정은 세도 정치의 발판이 되었다.

1800년	정조가 죽고, 순조가 즉위하자, 대왕대비 정순왕후가 수렴청정을 실시함.
1801년	황사영 백서 사건으로 중국인 신부 주문모를 비롯한 천주교도가 많이 죽음.
1805년	정순왕후가 죽자, 노론 벽파가 숙청당하고, 안동 김씨의 세도 정치가 시작됨.
1811년	홍경래의 난이 일어남.
1827년	순조가 효명세자에게 대리청정을 시킴(~1830).
1834년	순조가 죽고 헌종이 즉위함. 대왕대비 순원왕후가 수렴청정을 실시.
1840년	수렴청정이 중단되고, 헌종의 친정 시작, 풍양 조씨의 세도 정치 시작.
1849년	헌종이 죽자, 강화 도령 원범이 철종으로 즉위함. 안동 김씨가 다시 권력을 잡음.
1862년	진주 민란이 일어나 남부 지역을 중심으로 크게 확대됨.
1863년	철종이 죽고, 고종이 왕위에 오름. 흥선군이 대원군으로 봉해짐. 안동 김씨 몰락.

철종의 어린 시절

철종의 할아버지인 은언군은 사도세자의 아들로, 정조와 이복형제였습니다. 정조가 즉위한 뒤 노론이 역모를 꾸밀 때 관련되어 강화도로 유배되었다가 사약을 받고 죽었습니다. 아버지 전계군은 강화도에서 빈궁하게 살다가 죽었고, 첫째 형은 역모에 관련되어 죽고, 둘째 형은 병들어 죽고, 원범만이 14살에 고아가 되어 홀로 강화도 오두막집에서 살았습니다. 그는 나무를 해다 팔거나 남의 농사를 거들며 겨우 살았고, 공부를 해 본 적도 없었습니다.

에 죽었습니다. 다음 왕위에 오른 효명세자의 아들인 헌종의 나이는 8세였습니다. 그러자 순조의 부인인 대왕대비인 순헌왕후 김씨가 수렴청정을 하게 되었습니다. 이때 헌종은 왕후를 안동 김씨에서 택하게 되었습니다.

하지만 수렴청정이 끝나자, 헌종의 어머니 가문인 풍양 조씨가 세도 정치를 하게 되었습니다. 외척 세력에게 눌려 큰소리를 내보지도 못한 헌종이 자식도 두지 못한 채 23살에 죽고 말았습니다. 그러자 다음 왕위 계승자가 문제가 되었습니다. 왕의 6촌 이내의 왕족은 대부분 외척의 모함에 역적으로 몰려 몰살당했기 때문입니다. 겨우 살아남은 사람은 사도세자의 증손자인 강화 도령 원범 정도였습니다. 이때 왕실의 최고 어른인 순헌왕후가 원범을 선택하여 철종이 되게 했습니다. 철종은 왕비를 안동 김씨에서 택할 수밖에 없었습니다. 글도 제대로 몰랐던 철종은 안동 김씨의 뜻에 따라 움직이는 허수아비에 불과했습니다.

▲ 철종이 살았던 강화도 용흥궁

▲ 세도 정치 시기 탄압을 받았던 천주교의 성지인 절두산 공원

세도 정치의 폐해

순조, 헌종, 철종 3대 60년간은 세도가의 독주를 견제할 세력이 없어, 정치가 문란해지고 타락할 수밖에 없었습니다. 뇌물로 관직을 사고파는 일이 버젓이 행해졌고, 과거 시험도 실력이 아닌 부정한 방법에 의해 치러지는 경우가 있었습니다. 세도가는 뇌물로 재산을 불렸고, 출세를 하고자 하는 자들은 뇌물을 바치기 위해 다시 백성들을 착취하거나 부정부패를 저질러야 했습니다. 살기 어려워진 농민들은 도적 떼가 되거나, 반란을 일으키기도 했습니다.

▲ 흥선대원군이 살았던 집인 운영궁

왕에 대항한 신하들의 권력이 점차 강해진 영국에서는 의회 제도와 입헌군주제가 탄생했습니다. 그런데 조선은 붕당이 탄생하여 견제와 균형에 의한 정치를 한 바도 있지만, 이를 발전시키지 못하고 도리어 독재 정치인 세도 정치를 탄생케 하여 정치를 퇴보시켰습니다. 이 차이가 조선이 발전하지 못한 하나의 이유가 되었습니다.

왜란과 호란

1592년 조선은 나라가 세워진 이래 최대의 시련을 맞게 되었습니다. 조선의 역사를 크게 전기와 후기로 구분하는 임진왜란이 시작된 것입니다. 일본의 침략으로 시작된 전쟁은 7년간 지속되면서 두 나라뿐만 아니라, 동아시아 전체 역사를 바꾸어 버렸습니다. 조선에 원군을 파병한 명나라가 쇠약해지고, 새롭게 만주족이 강해져서 청을 세웠습니다. 청은 명과 대결에 앞서 조선을 침략했습니다. 조선은 청군에 패해 큰 수모를 겪었습니다. 또한 청나라가 명나라를 멸망시키자, 조선은 엄청난 충격을 받게 되었습니다.

한일 관계를 바꾼 임진왜란

조선에게 일본은 귀찮은 오랑캐 이웃이었습니다. 일본의 해적인 왜구는 조선의 해안가를 수시로 노략질했기에, 조선은 왜구의 소굴인 대마도를 정벌해야 했습니다. 왜구를 줄이기 위해 일본에게 부산포 등 3개 항구를 개항하고 무역을 허가했지만, 조선은 적극적인 무역 의지가 없었습니다. 미개한 일본에게 베풀어 준다는 생각을 가졌을 뿐이었습니다.

일본을 얕잡아 보던 조선은 조총이라는 신무기를 들고 쳐들어온 일본의 군대에게 속절없이 당하고 말았습니다. 이때 조선을 구한 것은 바다에서 일본군을 연달아 물리친 이순신 장군과, 자발적으로 나라를 지키기 위해 일어선 의병들이었습니다.

임진왜란은 명나라의 힘까지 빌린 조선이 일본군을 격퇴한 것으로 끝이 났지만, 전쟁은 두 나라에 큰 영향을 끼쳤습니다. 조선은 국토가 황폐화되었고, 양반의 위신이 떨어져 신분제가 흔들리게 되어 사회의 변화가 일어나기 시작했습니다. 반면 일본은 정권이 바뀌었고, 조선에서 끌고 간 도공들을 활용해 새로운 도자기 산업을 발전시켰습니다. 또한 조선에 통신사를 청하여 조선의 문물을 적극 받아들이고자 했습니다.

병자호란

조선은 건국 이후 북쪽에 사는 만주족을 문화가 발전하지 못한 오랑캐의 나라로 얕잡아 보고 있었습니다. 만주족은 오랫동안 통일되지 못한 채 조선의 국경을 소란하게 하는 존재였습니다. 그런데 17세기 초 누루

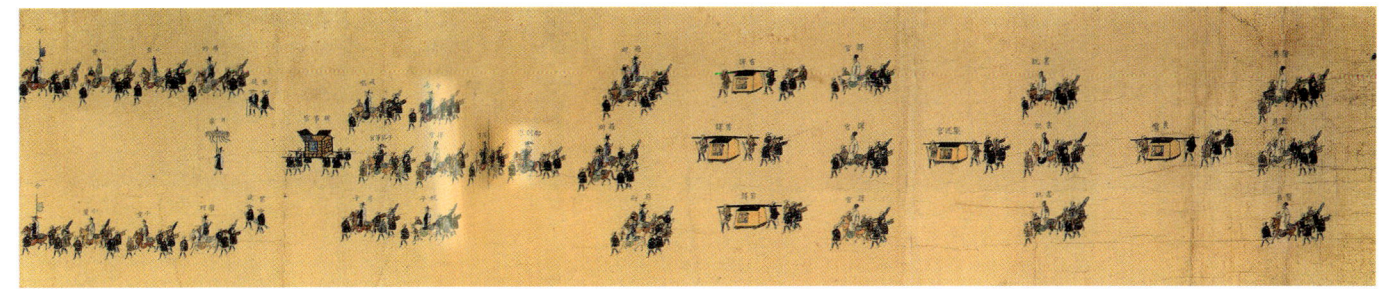

하치가 후금을 건국하면서 상황이 크게 바뀌었습니다. 이들은 몽골족까지 아우르며 빠르게 성장하여 부패한 명나라에 맞설 만큼 힘이 강해져 있었습니다.

후금과 명나라의 전쟁은 조선에게 선택을 강요했습니다. 광해군은 실리정책을 펼쳐 두 나라의 전쟁에서 나라를 보호했습니다. 하지만 광해군이 인조반정에 의해 쫓겨나자, 조선은 경직된 외교만을 고집하다가 두 차례나 후금(청)의 침략을 받고 말았습니다. 병자호란은 짧은 기간의 전쟁이었지만, 임진왜란에 못지않은 충격을 조선에 주었습니다. 조선의 인조는 청나라 태종에게 굴욕적인 항복을 해야 했습니다.

청제국의 등장과 북벌

조선을 굴복시킨 청나라는 명나라의 내분을 이용해 손쉽게 만리장성을 넘어 명나라를 멸망시켰습니다. 명나라의 멸망과 청나라의 등장은 조선의 사대부들에게는 하늘이 무너지는 것과 같은 충격이었습니다. 세계의 중심이며 문명국인 명나라가 미개한 오랑캐인 청에게 무너졌다는 것은 세상의 질서가 거꾸로 변했다는 것이나 다름없었습니다.

조선에서는 청나라를 멸망시키고 명나라가 부활되어야 하며, 병자호란 때 청나라에게 당한 굴욕을 되갚아야 한다고 생각하는 자들도 많았습니다. 반면 일부 사람들은 이미 청나라가 세상에게 가장 큰 나라가 된 만큼, 이를 인정하고 청나라에게서 좋은 점을 배우자고 했습니다. 하지만 그렇게 생각한 소현세자는 아버지 인조에게 목숨을 잃었습니다.

인조의 둘째 아들인 효종은 북벌 계획을 준비하며 청나라를 공격하고자 했습니다. 그러나 청나라의 막강한 국력과 허약한 조선의 군사력, 비겁한 조정 대신들과 효종의 죽음으로 인해 북벌은 실행에 옮겨지지 못했습니다.

조선의 외교 정책과 삼포왜란

고려 말에 극성을 부렸던 일본의 해적인 왜구는 조선 초기에는 크게 줄어들었습니다. 그러나 여전히 왜구는 조선의 해안가를 습격하며 약탈을 그치지 않았습니다. 고려 말에 박위 장군이 왜구의 소굴인 쓰시마를 정벌한 것처럼, 조선 시대에 이종무가 쓰시마를 정벌하여 왜구를 소탕했습니다. 조선은 왜구의 노략질을 없애기 위해 일본과의 합법적인 교역을 허가했습니다. 하지만 일본 사람들은 삼포왜란과 같은 소동을 벌이기도 했습니다.

1419년	이종무가 왜구의 근거지인 대마도를 정벌함.
1426년	일본에 3개 항구를 개항하여 합법적인 무역을 할 수 있게 함.
1443년	일본과 계해약조를 맺음.
1510년	삼포왜란 발생.
1512년	일본과 임신약조를 맺어 세견선 및 세사미를 반으로 줄임.
1544년	사량진왜란이 발생함.
1547년	일본과 정미약조를 맺음.
1555년	을묘왜변이 발생함.
1575년	대마도주가 일본이 조선 침략을 위해 전선을 건조하고 있음을 알려옴.
1583년	이이가 십만 군대를 키울 것을 건의함.

조선의 외교 정책

조선은 당시 선진국이자 초강대국인 명나라와는 사대 관계를 맺었습니다. 사대 관계란 작은 나라가 큰 나라를 섬기는 것으로, 강한 나라의 침략 위협에서 벗어나 안정적인 국방, 외교 관계를 맺고자 함이었습니다. 조선은 명나라의 제도와 학문을 배우고, 비단, 서적을 수입해 왔습니다. 반면 여진족과 일본에 대해서는 교린 정책, 즉 이웃 나라와 친하게 지내자는 정책을 실시했으나 조선은 이들이 문화적 후진국이라고 여겨 얕잡아 보았습니다. 그래서 이들이 국경을 넘보지 않게 회유하거나 때로는 무력으로 토벌하는 정책을 폈습니다. 여진족과 가까운 경성과 경원에는 무역소를 두고 국경 무역을 통해 그들이 필요한 물건을 내줌으로써 조선을 넘보지 못하게 회유하는 정책을 펼쳤습니다. 마찬가지로 일본에 대해서도 일부 항구를 개항해 제한된 무역을 허용했던 것입니다.

쓰시마 정벌

그런데 일본의 해적단은 조선 초기에 줄어들기는 했지만, 여전히 양국 관계에 골칫거리였습니다. 특히 1419년 경기만에 위치한 연평도에 왜구가 대규모로 침략하자, 세종은 이종무를 장군으로 삼아 대마도 정벌을 결정합니다. 조선은 일본 정부에 왜구의 근거지를 소탕하겠다고 미리 알렸는데, 일본도 왜구를 통제할 힘이 없었기 때문이었습니다. 이종무는 병선 227척과 1만 7천여 명의 군사를 이끌고 대마도를 공격하였습니다. 이 정벌 이후 왜구는 크게 줄었습니다. 조선은 대마도주에게 조선에 복속할 것을 명했습니다. 이후 대마도주는 조선과 일본 양국에 복종하며, 두 나라 사이에 징검다리 역할을 했습니다.

대마도주는 이때 조선에게 무역하는 것을 허락해 달라고

▶ 1419년 이종무는 왜구의 근거지인 대마도를 정벌했다.

▲ 백두산 금강대협곡 – 조선은 백두산을 경계로 북방 여진족과 맞닿았다.

요청했습니다. 왜구가 자꾸 발생하는 까닭이 그들에게 부족한 식량과 물품을 구하기 위한 것을 알고 있던 조선은 3개 항구를 개방하여 부산포, 제포진해, 염포울산를 개방했습니다. 하지만 일본의 무역선을 1년에 50척으로 제한하는 등 소극적인 무역을 허락했을 뿐입니다.

일본과의 무역과 왜란

일본 사람들은 구리, 황, 향료, 약재, 물감 등을 조선에 가져와 식량, 옷감, 서적 등과 교역을 했습니다. 조선은 류쿠오키나와, 시암태국, 자바인도네시아 등 동남아시아 국가와도 교류를 했으나 그들의 사신선이나 상선이 도착했을 때 물건

▲ 류쿠국의 성 – 조선과 가장 오래 왕래한 류쿠국

을 주고받을 정도였습니다. 다만 류쿠와는 교역이 활발하여 류쿠는 조선의 문화에 크게 영향을 받았습니다.

그런데 일본과 평화로운 교류는 16세기에 와서 갈등이 생겼습니다. 일본은 더 많은 무역을 원한 반면, 조선은 3포부산포, 제포, 염포에서의 일본 사람의 행동을 통제했습니다. 그러자 일본은 삼포왜란, 을묘왜변과 같이 소란을 일으켜 조선의 백성들을 죽이기도 했습니다. 조선은 일본의 무리들을 소탕하기도 하며, 일시 무역을 중지했다가 일본의 약속을 받고 교역을 다시 허락하기도 했습니다. 조선은 삼포 등에서 일본의 정세 변동을 충분히 알 수 있었지만, 일본과의 관계에 소극적이었기 때문에 일본의 침략에 대한 대비도 소홀히 했습니다.

▲ 일본 사신을 맞이하는 동래 부사

역관

요즘은 외국어를 잘하는 사람이 좋은 대접을 받지만, 조선 시대에는 외국어를 할 줄 아는 사람인 역관은 중인 신분에 불과했습니다. 조선은 사역원과 승문원을 설치하고 역관을 키웠고, 과거 시험의 한 종류로 역과를 실시했습니다. 과목은 한학(중국어), 몽학(몽골어), 왜학(일본어), 여진학(만주어) 4종류가 있었습니다. 역관은 사신들을 따라 외국에 자주 드나들며 무역을 몰래 부업으로 하여 큰 부자가 되기도 했습니다.

일본 조총의 위력

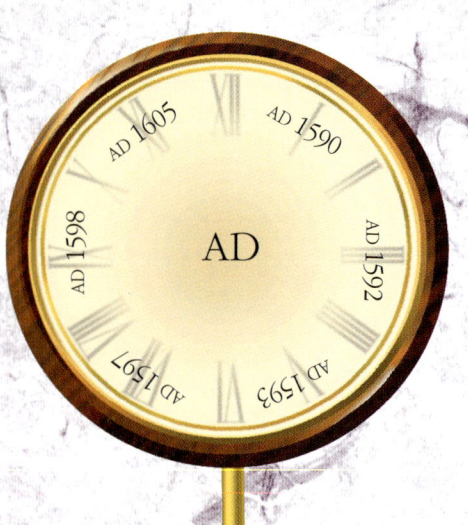

삼포왜란, 을묘왜변과 같은 소란을 겪으며, 조선은 임시 관청인 비변사를 설치하고 문관과 무관이 함께 대책을 마련하는 제도를 만들었습니다. 일본은 100년에 걸쳐 각지의 무장들이 서로 힘을 겨루던 전국 시대의 혼란이 끝나고, 도요토미 히데요시에 의해 통일되었습니다. 이를 알게 된 조선은 사신을 보내 일본 정세를 파악했습니다. 그러나 붕당 간의 이견 차이로 인해 국방을 강화하는 대책을 마련하지 못했습니다. 이때 일본이 대군으로 쳐들어오자, 조선은 제대로 방어하지 못하고 수도인 한양은 물론 평양까지도 내주고 말았습니다. 일본군이 손쉽게 조선군을 물리칠 수 있었던 것은 무엇보다 신무기인 조총의 역할이 컸습니다.

1590년	도요토미 히데요시가 일본 통일을 완성함. 통신사 황윤길, 김성일을 일본에 보내 상황을 파악하게 함.
1592년 4월	임진왜란 개시됨. 일본 침략군 20만이 부산포에 상륙.
1592년 5월	한양 함락, 선조가 평양을 거쳐 의주로 몽진.
1592년 10월	김시민이 진주성 전투에서 대승.
1592년 12월	명나라의 원군 4만이 압록강을 건너 참전. 다음 해 1월 평양 탈환.
1593년 2월	권율의 행주대첩. 왜군이 철수 시작. 선조가 한성으로 귀환.
1597년 1월	정유재란 개시됨. 약 20만의 왜군 상륙.
1598년 11월	이순신이 노량해전에서 전사. 왜군 철수.
1605년	사명대사가 포로 3,500여 명을 데리고 일본에서 귀국.

일본의 야심

일본이 통일되자, 조선은 통신사를 보내 일본 정세를 파악하게 했습니다. 일본에서 돌아온 서인인 정사 황윤길은 일본이 많은 병선을 준비하고 있으니, 반드시 전쟁을 일으킬 것이라고 보고했습니다. 반면 동인인 부사 김성일은 일본이 침입할 기미가 없다고 했습니다. 당시 동인이 더 우세한 정부에서는 김성일의 의견에 따라 전쟁 대비를 하지 않았습니다. 반면 일본의 도요토미는 자신에게 굴복한 각지의 무장들의 불만을 없애기 위해서 또 다른 전쟁이 필요했습니다. 도요토미는 조선에 사신을 보내 명나라를 치러 가는데 길을 빌려 달라고 요구합니다. 조선은 거절했고, 일본은 1592년 4월 13일 20여만의 대군으로 조선을 침략했습니다.

일본 조총의 위력

일본에게는 신무기가 있었습니다. 1543년 일본 남부의 작은 섬인 다네가시마에 포르투갈 사람이 표류하여 일본 사람에게 넘긴 것은 2자루의 조총이었습니다. 일본은 총포 제작 기술을 배워 순식간에 조총을 대량으로 생

▶ 임진왜란 당시 일본군의 침략을 그린 동래부절도
육군박물관

신립과 탄금대

신립은 북방 오랑캐를 물리쳐 함경도북 병사가 된 인물로, 당시 조선 최고의 명장이었습니다. 그는 충주로 나가 일본군을 막는 임무를 맡았는데, 함경도에서 거느렸던 정예병사가 아닌 새로 모집한 병사로 싸우게 되었습니다. 훈련이 안된 병사들을 열심히 싸우게 하기 위해서 그는 탄금대에서 강을 등진 배수진을 쳤습니다. 하지만 평지에서 조총이 위력이 더 크다는 것을 몰랐기에, 크게 패하고 그도 죽고 말았습니다.

▲ 탄금대

▲ 권율이 일본군을 격퇴한 행주산성

산해 냈습니다. 조총이 널리 퍼진 것은 전쟁에서 어떻게 활용할지 잘 알았기 때문입니다. 조총은 활보다 목표에 정확히 맞출 수가 있고, 목표를 뚫고 나가는 관통력도 훨씬 높습니다. 또한 활보다 발사 속도는 느리지만 조를 짜서 돌아가며 조총을 쏘면 연속 사격의 효과를 거둘 수 있어 활보다 훨씬 위력적인 무기였습니다.

반면 조선은 천자총통, 지자총통과 같은 화약 무기가 있었기 때문에 전쟁 전에 대마도주로부터 조총을 받아 놓고도 창고에 놓아 두고 조총의 위력을 알려고 하지 않았습니다.

▲ 조총

▲ 진주성 싸움에서 논개가 적장을 죽이며 순사한 남강의 의암

피난 가는 임금

일본군은 조선의 저항을 물리치고 빠르게 북쪽으로 향했습니다. 조선은 신립 장군을 보내어 충주에서 적과 맞섰습니다. 그러나 신립 장군마저 일본군에게 패해 죽자, 크게 놀랐습니다. 결국 선조와 신하들은 한양을 버리고 북쪽으로 피난을 떠났습니다. 일본군은 전쟁 개시 20일이 지난 5월 2일에 한양을 점령했습니다. 선조는 평양으로 피난을 갔다가, 다시 일본군에게 쫓겨 압록강변인 의주로 피난을 갔습니다. 일본군은 6월 15일에는 평양까지 함락하는 한편, 일부 군대는 함경도 방면으로, 또 다른 군대는 전라도 지역으로 보내 조선 전역을 지배하고자 했습니다.

조선은 오랜 평화로 전쟁에 대한 대비가 부족했습니다. 중종 때 203만 석에 달하던 나라 창고의 곡식이 불과 50만 석에 불과할 정도로 군량미를 마련해 두지 못했습니다. 또한 적의 침략이 있으면 지방군이 지정된 곳으로 모이고, 중앙에서 지휘관을 파견하여 지휘하는 체제인 제승 방략 체제로 국방 전략을 세워 놓고 있었는데, 이는 대군이 침공할 때는 실전에 적용할 수 없는 전략이었습니다. 이 때문에 조선은 전쟁 초반 일본군에게 크게 패했습니다.

이순신 장군의 승리

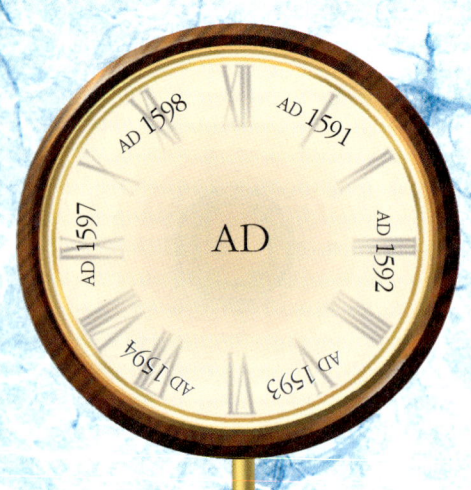

1592년 임진년에 발생한 일본군의 침략은 조선을 멸망의 위기로 몰아넣었습니다. 조총을 앞세운 일본군은 오랜 평화로 나태해진 조선군을 쉽게 격파했습니다. 부산에서 시작하여 파죽지세로 수도인 한양을 점령하고 평양까지 함락시켰습니다. 이때 일본군을 꺾고 역전승의 발판을 만든 바다의 영웅 이순신이 등장했습니다.

1591년	이순신이 전라좌도수군절도사가 됨. 전쟁을 예상하고 미리 군사 훈련을 시킴.
1592년 5월	최초 출격으로 옥포 해전에서 적 26척을 격파.
1592년 6월	당포 해전에서 일본군 병선 30척 격퇴.
1592년 7월	한산도 앞바다에서 적함 66척 격파, 한산도 대첩.
1597년 2월	이순신이 모함을 받아 투옥됨. 삼도수군통제사에 원균이 임명됨.
1597년 7월	칠천량 전투에서 원균의 함대가 일본군에게 크게 패함.
1597년 9월	12척의 배로 적함 31척을 물리침. 명량 대첩.
1598년 11월	노량 해전에서 일본군 병선 200척 격파, 500척 달아남. 이순신 전사.

이순신의 등장

늦은 나이에 벼슬길에 오른 이순신은 여진족과 맞서 싸운 경험이 있었지만, 두드러진 공적을 세운 적이 없던 인물입니다. 그런데 임진왜란 당시 영의정인 유성룡이 그의 재능을 알아보고 도와준 덕택에, 전쟁 시작 1년 전에 그는 전라좌도수군절도사가 되었습니다.

그는 일본의 침략을 예상하고 미리 군사를 훈련시키고, 거북선을 만드는 등 전쟁에 대비했습니다. 전쟁이 시작되자 그는 철저한 준비를 마친 후, 전라좌도의 본부인 여수를 떠나 경상도 해안으로 진격하여 옥포 앞바다에서 최초로 일본군에게 승리를 거두었습니다. 이어 출전한 사천, 당포 등의 해전에서 거듭해서 일본 해군을 격파하여 일본군의 보급로를 위협했습니다. 이순신 때문에 조선 점령 계획이 어그러진 일본군은 마침내 대군을 이끌고 조선 해군과 한산도 앞바다에서 마주했습니다.

한산도 대첩과 명량 대첩

전함의 숫자가 적은 조선 함대는 다수의 일본 전함을 넓은 한산도 앞바다로 유인해 냈습니다. 도망가던 조선 함대는 갑자기 배를 회전시켜 학의 날개 모양으로 일본 함대를 사방에서 포위한 후, 화포를 집중적으로 발사하여 적의 함대를 격파했습니다. 이때 일본군 병선 66척을 격파했습니다. 한산도 대첩으로 불린 승리 이후, 일본 해군은 조선 해군이 무서워 바다로 나오지 못했습니다. 일본은 조선의 곡창지대인 전라도 지방을 차지하고 여세를 몰아 서해안

▶ 임진왜란 당시의 해전도 / 전쟁기념관

▲ 임진왜란 당시 쓰였던 화포

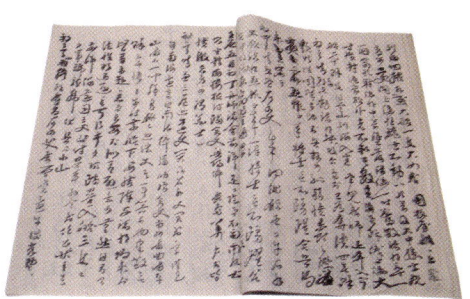
▲ 이순신 장군이 임진왜란 중 쓴 난중일기

을 타고 한양, 평양, 의주로 진격할 계획을 세웠으나, 이순신에 의해 그 계획이 물거품이 되었습니다. 한산도 대첩은 조선이 반격할 기회를 만들어 준 큰 승리였습니다.

이순신은 계속해서 부산 등지에 있던 일본 해군을 소탕하여, 삼도수군통제사로 승진했습니다. 1597년 일본이 다시 정유재란을 일으켰을 때, 이순신은 모함을 받아 감옥에 갇혀 있었습니다. 그가 없는 조선 해군은 칠천량 전투에서 적에게 크게 패하고 말았습니다. 조선은 이순신을 다시 기용했습니다. 불과 12척만이 남은 배를 갖고 이순신은 수백 척의 일본 해군을 상대로 한 명량 해전에서 큰 승리를 거둠으로써 조선을 구했습니다.

이순신은 마지막까지 쫓겨 가는 일본군을 쫓다가 노량 해전에서 죽고 말았습니다.

이순신의 승전 이유

▶ 거북선 모형

옛날의 해전은 해전이 함선과 함선이 서로 만나 상대방 배에 군사들이 뛰어 올라가 싸우는 육상 전투의 연장이거나, 배끼리 충돌하거나 불화살로 공격하는 것이 고작이었습니다. 일본 해군의 무기도 조총과 칼이 전부였습니다. 그런데 이순신은 해전의 개념을 바꾸어 화포를 이용한 전투, 무장 철갑선에 의한 격파 작전, 해상 기동력의 활용 등 새로운 전술을 개발했습니다.

화포를 장착한 판옥선은 빠르게 회전이 가능해 학익진과 같은 전술을 쓸 수 있었습니다. 이순신은 창과 칼을 쓰며 맞서 싸우는 백병전을 하지 않은 반면, 화포를 한 곳으로 향해 집중적으로 발사하여 적의 함대를 맞추어 침몰시키거나 거북선으로 적의 배와 부딪혀 침몰시켰습니다. 조류의 움직임과 해상의 지형 등을 철저히 파악하며, 전투에 나선 그는 패배를 잊은 조선 최고의 장수이자, 세계 해전사의 영웅이었습니다.

판옥선과 안택선

판옥선은 120명 정도가 탈 수 있는 조선의 주력 전투함입니다. 노 젓기를 전담하는 격군과 전투에 임하는 군사를 배의 상하부로 갈라 놓아 각자 임무를 다할 수 있게 했습니다. 또 배의 높이가 높아 포격할 때 유리한 점이 있었습니다. 반면 일본의 주력함인 안택선은 빠르기는 하나, 배의 높이가 낮아 판옥선을 공격할 때 활과 조총을 위로 향해 쏘아야 했으며, 배 밑이 뾰족하여 순간 회전 능력이 떨어지고, 배의 몸이 충격에 약한 단점이 있었습니다.

▲ 판옥선 모형

의병과 명나라 군

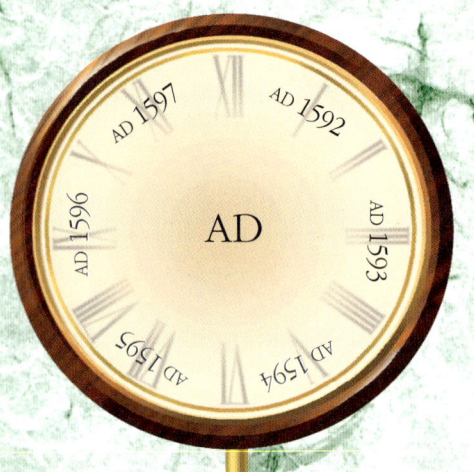

임진왜란을 극복할 수 있었던 것은 이순신 장군의 활약 때문만은 아니었습니다. 왜군에게 삶의 터전을 짓밟힌 조선의 백성들은 의병을 일으켜 적과 맞섰습니다. 김시민과 권율 장군은 각기 진주성과 행주산성에서 일본군을 크게 물리쳤습니다. 또 조선은 명나라의 원군을 요청하였는데, 명나라 원군은 평양 탈환 전투에서 공을 세웠습니다.

1592년 4월 22일	곽재우가 경상도에서 최초의 의병을 일으킴.
1592년 7월	웅치, 이치 전투에서 일본군을 물리쳐 전라도를 지켜 냄.
1592년 9월	함경도에서 정문부가 의병을 일으켜 경성을 회복함.
1592년 10월	김시민이 진주성 전투에서 대승을 거두고, 사망함.
1592년 12월	명나라의 원군 4만이 압록강을 건너 참전. 다음 해 1월 평양 탈환.
1593년 2월	권율이 행주산성에서 대승.
1593년 4월	한양을 회복하여 선조가 한양으로 귀환함.
1593년 5월 중순	일본군이 울산·거제 지역에 주둔하며, 협상을 시작함.
1597년 1월	정유재란 개시됨. 약 20만의 일본군 상륙.
1597년	일본군의 퇴각. 명나라 군대의 철수.

의병장의 등장

부산진성과 동래성 등이 함락되는 등 조선군이 계속해서 일본군에 패하자 정부는 물론 일반 백성들도 크게 불안해 하고, 적에 대한 공포심을 갖게 되었습니다. 관군도 못 이긴 일본군을 향해 용감히 맞서 자신의 삶의 터전과 나라를 지키겠다고 일어선 사람들이 있었으니, 이들이 바로 의병입니다. 경상도에서 곽재우를 시작으로 전라도의 김천일과 고경명, 충청도의 조헌, 강원도의 사명당, 평안도의 사명대사, 황해도의 영규대사, 함경도의 정문부 등 각 지역에서 의병들이 생겨났습니다. 의병을 지휘한 사람들은 전직 관리나, 유학자들이 많았고, 승려나 무사들도 있었습니다. 의병은 고향의 지리를 잘 아는 이점을 살려 적을 기습하여 적에게 피해를 주었습니다. 홍의 장군으로 불렸던 곽재우는 유격전에서 많은 공을 세웠습니다.

고경명은 6천 명의 의병을 이끌고 충청도의 의병장인 조헌의 의병군, 그리고 권율 등이 이끄는 관군과 합세하여 전주 부근의 웅치, 이치에서 일본군과 싸웠습니다. 이 전투에서 의병군은 많은 사상자를 냈지만 끝끝내 일본군을 물리쳐 전라도를 지켜 냈습니다.

▲ 곽재우가 앉았던 말안장

진주 대첩과 행주 대첩, 명군의 참전

일본군은 한산도 대첩과 웅치와 이치 전투의 패배로 조선 최대의 곡창인 전라도 침입에 실패하고 있었습니다. 임진년 10월에 3만의 일본군이 전라도로 들어가

▶ 칠백의총 - 1592년 금산 싸움에서 의병장 조헌과 함께 일본군과 싸우다 죽은 700명의 유골을 모아 만든 무덤

의병장 유정

유정은 서산대사 휴정의 제자로 사명대사라고도 합니다. 그는 임진왜란이 일어나자, 금강산 유점사에서 승병을 모아 의병을 일으켰습니다. 평양성 회복 전투를 비롯해 권율과 함께 의령에서 왜군을 격퇴하는 등 많은 전공을 세워 높은 벼슬을 받았습니다. 1604년 왕명을 받아 일본에 건너가 일본을 다스리는 도쿠가와와 만나 협상을 맺고, 조선 포로 3,500명을 인솔하여 귀국했습니다. 그는 깨달음의 경지가 높은 고승으로도 존경을 받고 있습니다.

▲ 행주산성에 있는 의병들의 항쟁을 묘사한 조각 작품

는 길목인 진주성을 향해 총공격을 퍼부었습니다. 이때 진주 목사 김시민 등은 8천 명의 군사로 성을 굳게 지켰습니다. 이때 김시민이 전사하였지만, 곽재우를 비롯한 의병들의 후원과 진주성 백성들이 함께 힘을 합친 덕에 6일간의 격전 끝에 일본군을 격퇴시켰습니다.

또 평양까지 빼앗긴 조선은 원군으로 온 명군의 도움으로 평양성을 탈환하였습니다. 그러자 일본군은 한양으로 후퇴하게 되었습니다. 이때 전라도에서 올라온 권율은 한양 부근의 행주산성에서 진을 치고 적의 3만 대군과 맞섰습니다. 권율은 무기와 병력에서 일본군에 비해 부족했지만 행주치마로 상징되는 백성들의 자발적인 항전 의지를 바탕으로 큰 승리를 거두었습니다. 이를 계기로 일본은 조선을 침공하기보다는 협상에 나섰습니다.

▲ 행주산성에 있는 행주 대첩비

▲ 임진왜란 당시 의병들의 무기 / 전쟁기념관

임진왜란의 종결

일본은 협상을 통해 조선의 남부 지방만이라도 지배하고자 했고, 명나라는 빨리 전쟁을 끝내고 싶어 했습니다. 반면 조선은 일본을 철저히 몰아내고자 했습니다. 협상이 3년 이상 시간을 끌면서 결렬이 되자, 일본은 1597년, 다시 대군을 동원해 정유재란을 일으켰습니다. 이때 조선은 훈련도감을 설치하여 군대의 훈련 방법을 개편하고, 화포를 개량하고 조총도 제작하여 총병부대를 만드는 등 침략에 대한 충분한 대비를 했습니다. 그 결과 조선과 명 연합군은 직산에서 일본군을 격퇴하고, 이순신이 명량에서 일본 해군을 격파하자 일본군은 다시 남해안 일대로 후퇴했습니다. 게다가 도요토미가 죽자 일본으로 철수하면서 전쟁은 끝나게 되었습니다.

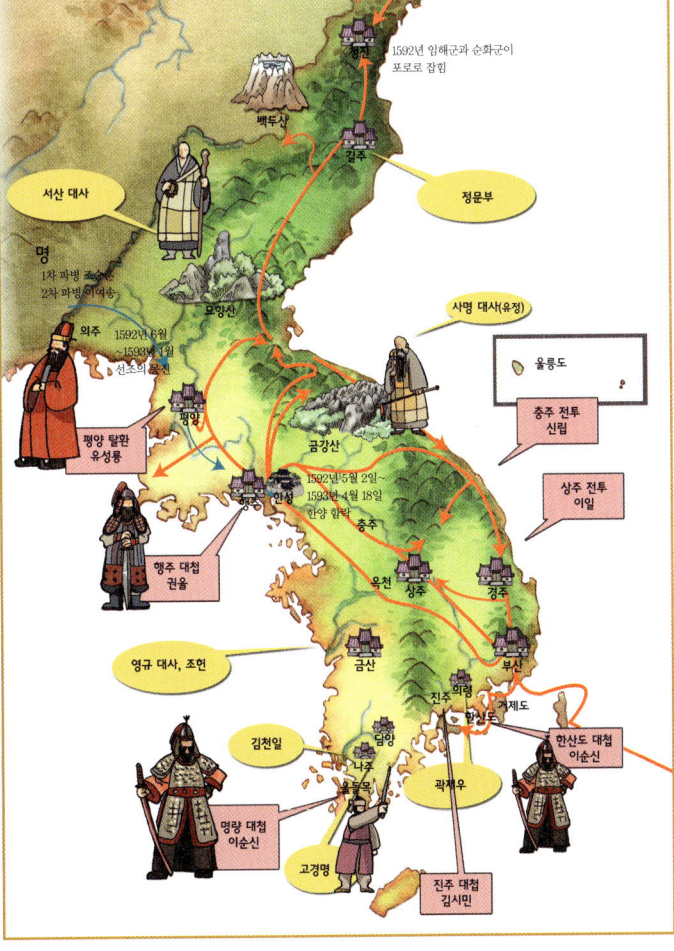
◀ 지도로 보는 임진왜란

도자기와 조선 통신사

임진왜란은 조선에게 큰 피해를 주었습니다. 명나라 또한 이 전쟁을 계기로 국력이 약화되었습니다. 반면, 조선과 명이 일본과 싸우는 틈을 타서 여진족이 부족을 통일하고 크게 발전했습니다. 일본은 도요토미 정권이 붕괴되고 도쿠가와 막부가 들어서는 정치 변동을 겪었으며 조선에서 포로로 잡아 온 도공과 성리학자 등을 활용해 도자기 산업과 학문을 크게 발전시켰습니다. 임진왜란은 동아시아 역사의 새로운 변화를 가져왔습니다.

1594년	송유진이 새 나라를 세우고자 반란을 일으킴.
1596년	이몽학이 굶주린 백성들을 구하겠다며 반란을 일으킴.
1598년	정유재란 막바지에 일본이 조선의 도공을 데려감.
1605년	사명대사가 일본에 가서 포로 3,500명을 데리고 귀국함.
1607년	일본과의 국교 회복을 위해 통신사가 파견됨.
1609년	기유약조로 일본과 국교를 다시 시작함.
1616년	조선 도공 이삼평이 일본에서 아리타 도자기를 처음 만듦.
1764년	통신사 조엄이 일본에서 고구마를 가져옴.
1811년	조선의 마지막 통신사가 파견되었으나 대마도에서 돌아옴.

전쟁의 피해를 입은 조선

조선은 전쟁으로 인해 많은 사람들이 목숨을 잃었습니다. 전쟁으로 전 국토가 파괴되어 농사짓는 땅이 전쟁 전에 비해 3분의 1로 줄어들었습니다. 전쟁 탓에 많은 사람들이 죽었고 살아남은 사람들은 농사를 제대로 짓지 못해 크게 굶주려야 했습니다. 굶주린 백성들은 도적이 되기도 하고, 전쟁 중에 반란을 일으킨 경우도 있었습니다. 땅의 주인과 사람에 대한 기록인 토지대장과 호적의 대부분도 사라졌습니다. 불국사를 비롯해 《조선왕조실록》을 보관한 사고가 불타는 등 수많은 문화재가 불탔습니다. 수만 명이 포로로 일본으로 끌려갔고, 심지어 포르투갈 상인에 의해 유럽으로 팔려 가기도 했습니다.

또한 노비 문서가 불태워지고, 양반들의 권위가 크게 떨어져 백성들을 억누르던 신분제가 크게 흔들리게 되었습니다.

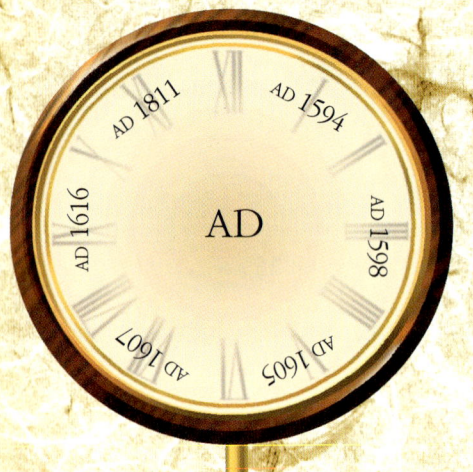
▲ 임진왜란 때 죽은 사람들의 무덤인 귀무덤

임진왜란이 바꾼 도공의 운명

도자기는 많은 사람들이 원하는 물건이지만, 오래도록 중국에서만 생산되는 제품이었습니다. 9세기 신라에서도 청자를 만들었고, 고려 시대에는 상감청자와 같은 명품을 만들었습니다. 조선 또한 청화백자와 같은 명품을 만들었습니다. 16세기까지 전 세계에서 도자기를 만들 수 있는 나라는 명나라와 조선뿐이었습니다. 그런데 명나라는 대규모로 도자기를 생산해 유럽을 비롯한 전 세계에 수출한 것과 달리 조선은 국내 수요만을 충당하는 데 그치고 있었습니다.

조선은 기술자를 천시하여 도자기의 가치를 낮춰 보았지만, 일본은 조선의 도자기를 매우 탐냈습니다. 임진왜란을 '도자기 전쟁'이라고 할 정도로 일본군은 조선의 도공을 포로로 잡아가는 데 열심이었습니다. 조선의 도공들은 일본에서 각 지방의 영주들인 다이묘의 보호와 우대 속에서 자신들의 재능을 크게 발휘했습니다. 일본에서 생산된 도자기는 유럽으로 수출되었고, 중국의 도자기와 겨루는 세계적인 상품이 되어 일본의 경제력을 크게 키웠습니다.

일본은 또 조선의 성리학자들도 데려가 일본의 학문을 발전시키는 계기로 삼았습니다. 임진왜란 이후 일본도 큰 사회적 변화를 겪으며 발전을 거듭할 수 있었습니다.

▶ 조선의 청화백자 – 조선은 명품 청화백자를 수출품으로 만들지는 못했다.
국립중앙박물관[중박 200901-26]

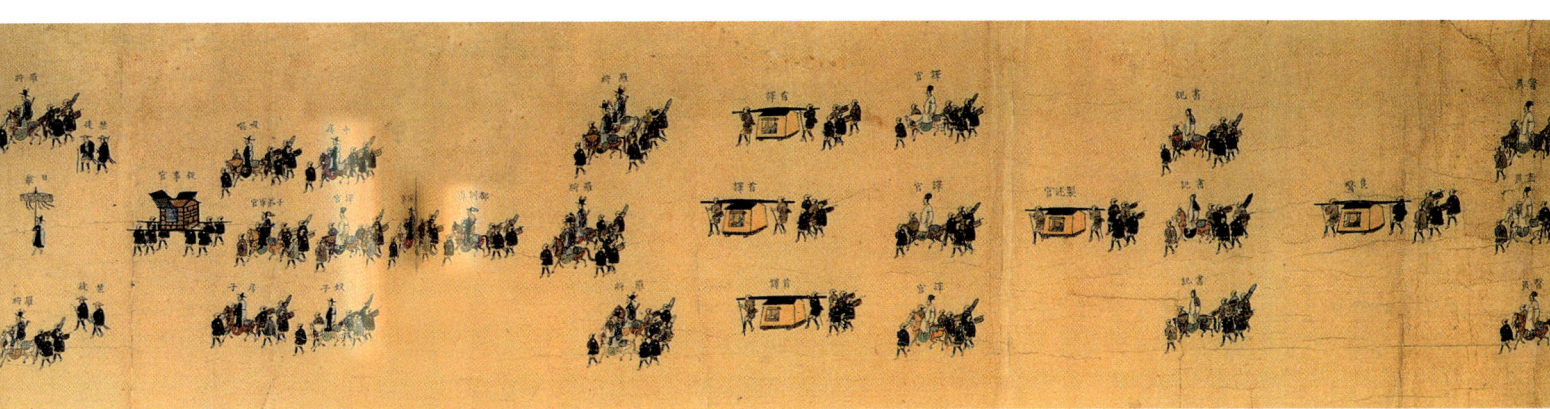

▲ 통신사 행렬도 – 조선 통신사들을 맞이하는 일은 당시 일본에서는 최대의 행사였다.
국립중앙박물관[중박 200901-26]

조선 통신사의 파견

임진왜란 후 일본은 조선에 사신을 보내어 국교를 정상화하고, 다시 교역을 할 것을 여러 차례 요청해 왔습니다. 조선은 사명대사를 일본에 보내 조선인 포로를 데려온 뒤, 국교를 맺었습니다. 일본 사신은 부산 동래의 왜관에서만 일을 보고 돌아가게 한 반면, 조선이 보내는 통신사는 에도까지 가서 일본을 다스리는 막부의 장군을 만나는 등 활발한 외교 활동을 했습니다. 일본은 막대한 예산을 들여가며 조선 통신사를 극진히 대접하며 조선의 문물을 배우고자 했습니다. 1811년까지 200년간 10여 회나 계속된 통신사의 파견은 두 나라의 우호와 협력의 상징으로 기억되고 있습니다. 통신사는 임진왜란의 어두운 기억의 그림자를 거두어 갔지만, 일본의 조선 침략에 대한 욕심을 완전히 지우지는 못했습니다.

도공 이삼평

이삼평은 일본의 대표적인 도자기인 아리타 도기를 처음 만든 한국의 도공입니다. 그는 정유재란때 일본군에게 끌려가 큐슈 사가현 아리타에 살게 되었습니다. 1616년에 처음 가마를 설치하고 도자기를 구웠고, 그가 만든 아리타 도기(이마리 도기)는 아리타에서 가까운 이마리 항구를 통해 일본 전국은 물론, 세계 시장에 널리 수출되었습니다. 일본에서는 이삼평을 도자기의 조상으로 모시고 매년 그를 기념하는 행사를 열고 있습니다.

▲ 일본에 있는 이삼평비

광해군과 인조의 후금 정책

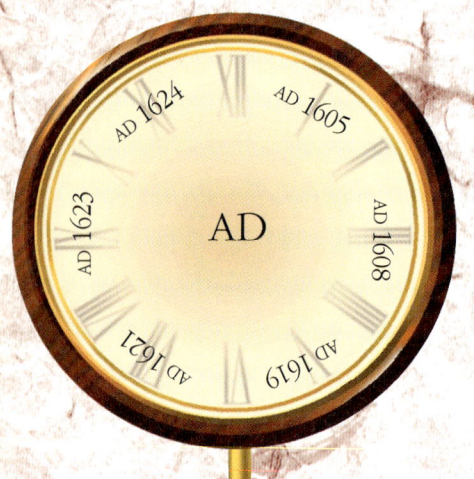

만주 땅에는 여진족이 여러 부족 단위로 흩어져 살고 있었습니다. 명나라는 이들이 통일되지 못하게 방해했고, 조선 역시 이들이 변방을 소란스럽게 하지 못하게 수시로 이들을 토벌했습니다. 그런데 16세기 말 여진족의 누루하치는 조선과 명이 일본에 전쟁을 하는 틈을 타서 빠르게 부족을 통일했습니다. 누루하치는 후금을 세우고, 명나라와 전쟁을 시작했습니다. 두 나라의 전쟁은 조선의 외교 정책을 시험하는 무대가 되었습니다.

후금의 성장

조선이 전쟁 피해로 복구에 힘쓰는 사이, 만주 땅의 여진족은 건주야인의 추장 누루하치를 중심으로 빠르게 통합을 하게 되었습니다. 누루하치는 조선에 인삼 등을 수출하고 필요한 곡식을 얻어 가며 조선과 우호적인 관계를 희망했습니다. 만주족을 통일하고 후금을 세운 누루하치는 넓은 평야를 얻기 위해 요동을 침략했습니다. 이때 명나라는 무능한 황제와 부정부패를 저지르는 환관의 횡포 등으로 크게 국력이 약해져 있었습니다.

누루하치는 명나라가 지금까지 여진족을 괴롭힌 것에 대한 일곱 가지 원한을 내세워 맹렬히 공격을 가해 명나라의 무순 등을 빼앗았습니다. 크게 놀란 명나라는 후금을 공격하고자 조선에게도 원군을 요청했습니다.

광해군의 중립 외교

후금의 실력을 인정하고 있던 광해군은 두 나라의 전쟁에 참여하지 않으려고 했습니다. 그러나 명나라의 요구를 무시할 수가 없었던 광해군은 출병한 조선군의 대장 강홍립에게 명하여, 전쟁이 명에게 불리하게 되면 후금과 휴전하고 조선의 출병이 불가피한 것임을 해명하라고 했습니다. 1만 군사를 이끈 강홍립은 사르후 전투에서 크게 승리한 후금에게 항복했고, 조선은 후금과 평화 관계를 지속할 수 있었습니다.

광해군은 명분보다는 실리를 따지며 명과 후금 사이에 어려운 외교 관계를 현명하게 풀고자 했습니다. 광해군은 토지대장과 호적을 새

1605년	누루하치가 국왕이라 칭하며 조선에 사신을 보내 우호 관계를 청함.
1608년	선조가 죽고 광해군이 즉위함.
1614년	광해군이 왕위 계승에서 갈등을 일으킨 이복동생 영창대군을 죽임.
1616년	누루하치가 후금을 세움. 요동 평야를 얻기 위해 명나라를 공격함.
1619년	청과 명나라의 전쟁에 원군 1만 파견. 조선군은 승리한 청나라에 투항.
1621년	후금이 심양과 요양을 점령함. 명나라 장수 모문룡이 조선으로 도망 옴.
1622년	모문룡이 1만 명을 거느리고 평안도 철산 앞의 가도에 주둔하며 후금에 대항함.
1623년	광해군이 쫓겨나고, 인조가 왕이 되는 인조반정이 일어남.
1624년	인조반정의 공신 평가에 불만을 가진 이괄이 반란을 일으킴.

▶ 인목대비 앞에 무릎을 꿇은 폐위된 광해군

▲ 광해군 묘

▲ 청나라 팔기군의 장비

사르후 전투

1619년 사르후 전투는 명나라와 후금의 운명이 결정되는 큰 전투입니다. 1618년 여진족 전체를 통일한 누루하치는 넓은 농경지를 확보하고자 요동의 무순과 청하를 침략해 빼앗습니다. 그러자 명나라는 조선의 원군을 포함해 10만 군대로 후금을 공격합니다. 이때 후금의 군대는 명나라에 대한 복수심으로 강한 전투력을 가졌고, 명나라는 장거리 행군으로 전투력도 약했습니다. 게다가 명군은 적을 얕보고 무모하게 적진으로 진격하다가 후금군에게 차례로 격퇴당하여, 전투는 후금의 일방적인 승리로 끝났습니다.

로 만들어 국가 재정 수입을 늘리고, 성곽과 무기를 수리하고 군사 훈련을 시키는 등 국방에도 힘을 기울였습니다. 그러나 광해군은 이복형제인 영창대군을 죽이고, 계모인 인목대비를 폐위시키는 등 유교 윤리에 크게 어긋나는 정치를 하는 등 치명적인 도덕성의 문제를 갖고 있었습니다. 결국 서인은 북인의 지지를 받는 광해군의 실리 외교를 비난하고, 명에 대한 의리와 명분을 내세우며 인조반정을 일으켜 광해군을 왕위에서 몰아냈습니다.

인조반정과 친명 정책

인조가 왕이 된 이후 조선은 급격히 친명 정책으로 돌아서 후금과의 관계를 끊어 버리게 됩니다. 조선에게 후금은 오랑캐이고, 명나라는 세상의 주인이며 조선을 구한 은혜를 준 나라라는 명분 때문이었습니다. 후금은 명나라를 응원하는 조선을 경계하게 되었습니다. 그런데 후금이 요동 땅을 점령하자, 명나라 장수 모문룡이 조선 땅으로 피난을 온 일이 벌어졌습니다. 모문룡은 평안도의 가도에 주둔하며 후금을 견제했습니다.

모문룡의 존재는 조선에게도 부담이었습니다. 조선은 이들에게 군량을 대 줄 수밖에 없었습니다. 그러자 후금은 조선을 더욱 의심하게 되었습니다. 후금으로서는 명나라와의 전쟁을 하기 위해서는 후방의 안전을 확보하기 위해서라도 모문룡을 제거하고, 조선을 제압할 필요가 있었습니다.

▲ 청나라가 한때 수도로 삼았던 심양 고궁

정묘호란과 병자호란

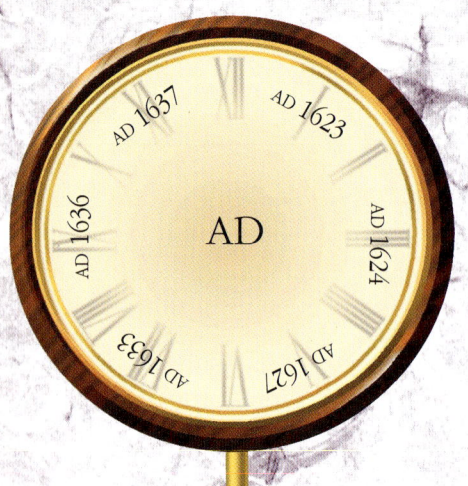

명나라와 대대적인 전쟁을 앞두고 있던 후금(청)에게 조선이 친명 정책을 택하고 있다는 것은 매우 위협적인 일이었습니다. 청나라는 조선이 명나라와 싸울 때에 뒤에서 위협이 되지 않게 하고, 물자 부족을 해결할 목적으로 조선을 침략해 왔습니다. 정묘호란에서 크게 당한 조선은 후금과 형제의 맹약을 맺지만, 조선은 여전히 후금을 배척합니다. 그것은 또 한 번의 후금의 침략을 불러왔고 그 결과는 매우 비참한 것이었습니다.

1623년	광해군이 폐위되고 인조가 임금으로 추대된 인조반정이 일어남.
1624년	이괄이 반란을 일으켰다가 실패함(이괄의 난). 평안도 지역의 방어력이 약화됨.
1627년 1월 13일	후금이 조선을 침략한 정묘호란이 일어남. 후금과 형제의 맹약을 맺음.
1627년 3월 3일	후금과 조선 사이에 강화가 성립됨.
1633년	후금과 맞설 것을 명하고, 침략에 대비하게 함. 상평통보가 이때 만들어짐.
1636년 2월	후금이 보내온 국서를 거절함.
1636년 4월	후금이 국호를 청으로 고치며, 황제국이라고 격을 높임.
1636년 12월	청나라군이 조선을 침략하는 병자호란이 발생함.
1637년 1월 30일	인조가 삼전도에서 청나라에 항복하는 예식을 함.

정묘호란

인조반정에서 가장 큰 공을 세우고도 2등 공신밖에 되지 못한 이괄은 불만을 품고 반란을 일으켰습니다. 그의 반란은 조선을 혼란스럽게 만들었습니다. 이를 기회로 삼은 후금의 군대는 압록강을 건너 평양을 함락하고 황해도 평산까지 쳐들어왔습니다. 겁을 먹은 인조는 한양을 버리고 강화도로 피난을 갔습니다. 백성들도 피난 가서 한양이 함락되는 것은 시간 문제였습니다. 조선의 대책은 후금과 강화 화의를 하는 것뿐이었습니다. 두 나라는 형제의 맹약을 맺는 것으로 결론을 맺고, 조선은 후금에 소, 옷감 등의 예물을 바치는 정도로 끝이 났습니다. 후금은 명나라 장수 모문룡도 제거하지 못하고 조선과 명과의 관계도 완전히 끊지 못하고, 또한 조선으로부터 물자도 충분히 제공 받지 못하여 화의 결과에 불만이 있었습니다. 하지만 정봉수의 의병 부대를 비롯한 조선의 저항이 강해지고, 아직 명과의 전쟁도 남아 있었기에 후금은 서둘러 군대를 돌렸던 것입니다.

병자호란

후금은 조선과 명나라의 관계가 완전히 단절되기를 원했으나, 조선은 더욱더 명나라 편에 서서 후금과 대항하려고 했습니다. 1632년 후금은 내몽고로 진출해 챠하르부를 정벌하고 만주의 거의 대부분을 차지하며 더욱 강해졌습니다. 강성해진 힘을 바탕으로 후금은 다시 조선을 압박하여 임금과 신하의 관계를 맺을 것을 요구해 왔습니다. 그러나 인조는 공공연히 후금에게 대항할 것을 명하고, 후금에게 보내는 물자도 줄이고 국교까지 단절하려고 했습니다.

국호를 청으로 바꾸며 대제국을 꿈꾼 후금이 조선을 그냥 놔둘 이유가 없었습니다. 결국 청나라 2대 태종은 직접 12만 명의 군대를 동원하여 조선으

▶ 인조의 삼전도 굴욕

로 쳐들어왔습니다. 청나라 군대가 압록강을 건넌 지 10일도 안되어 한양을 점령할 만큼 빠른 속도로 진격해 왔습니다. 임경업 등 조선의 수비군을 피해 진격한 청군은 인조가 강화도로 피신할 것을 알고 그 길목을 차단했습니다. 인조는 어쩔 수 없이 남한산성으로 피신했습니다. 인조와 대신들은 남한산성에서 40여 일을 버텼으나, 임진왜란과 정묘호란 때처럼 많은 의병들이 일어나지 않았습니다. 반면 평안도와 황해도 지역은 전쟁으로 크게 피해를 입고 있었습니다.

굴욕적인 항복

남한산성에는 군사 1만 3천 명과 50일치 식량밖에 없었습니다. 그러자 인조는 강화도로 다시 도망가려고 했습니다. 하지만 세자가 피난한 강화도마저 청군에게 함락되자 항복하려고 했습니다. 그러자 홍익한, 윤집, 오달제 등 삼학사는 결사 항전해야 한다고 주장했습니다. 또 조선은 명에 원군을 청하기도 했습니다. 하지만 명은 조선을 구원할 힘이 없었고, 각 지방에서 오는 구원군도 모두 청군에게 패했습니다. 결국 인조는 삼전도 아래에 나아가 청 태종 앞에서 굴욕적인 항복 의식을 치러야 했습니다. 조선은 청의 신하 나라가 되었고, 막대한 조공품을 바쳐야 했습니다. 또 청의 요구에 따라 세자를 포함한 인질도 보내야 했습니다.

▲ 인조가 피신을 했던 남한산성 행궁지

▲ 삼전도비 – 조선이 청에게 굴복한 사실을 기록한 비석

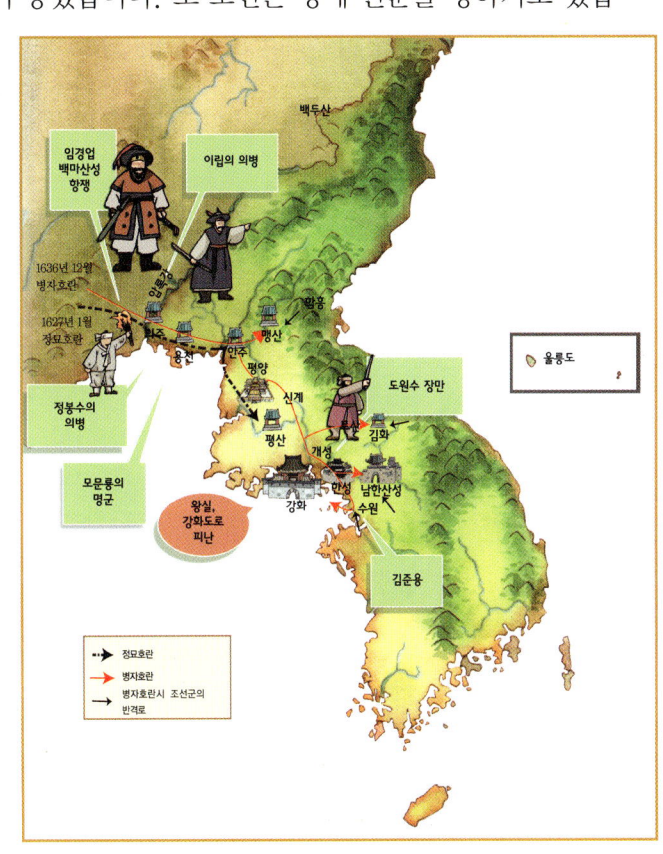
▲ 정묘호란·병자호란 상황 지도

남한산성

경기도 광주시에 있는 남한산성은 북한산성과 함께 한양을 남북에서 지키는 둘레 13킬로미터의 큰 산성입니다. 한양을 방어하는 수어청이 설치되어 1만 3천 명이 이곳에 주둔했습니다. 성 안에는 임금이 머무는 행궁과 군사 지휘소 등 국가 위급시에 필요한 여러 시설들이 있었습니다. 그렇지만 병자호란 때에는 제대로 싸워 보지도 못하고 성문을 열고 청에게 항복을 하고 말았습니다. 조선이 막대한 비용과 노력을 들여 만든 성이었으나 제구실을 하지는 못했던 것입니다. 일본은 이곳에 화약과 무기가 많다는 이유로 1907년에 크게 파괴한 바 있습니다.

소현세자와 효종

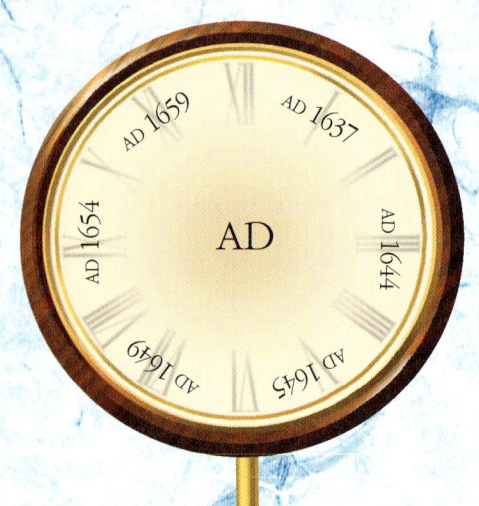

조선을 굴복시킨 청나라는 더욱 강성해져 명나라를 멸망시키고 대륙의 지배자가 되었습니다. 오랑캐라고 무시했던 그들을 돌연 대국으로 섬겨야 하는 것은 조선 사람들에게 큰 충격이었습니다. 이후 청나라를 배워야 한다는 주장과 맞서 싸워야 한다는 두 가지 주장이 나왔습니다.

1637년	소현세자와 봉림대군이 청나라에 볼모가 되어 심양에 끌려감.
1644년	소현세자가 북경에서 서양인 신부 아담 샬과 교류를 함.
1645년	소현세자가 귀국하였으나, 곧 의문의 죽음을 당함.
1649년	봉림대군이 인조의 뒤를 이어 즉위하여 효종이 됨.
1652년	청나라 수도 연경에 천문학관을 보내어 시헌력법을 배워 옴.
1653년	네덜란드 사람 하멜이 제주도에 도착함.
1654년	청나라 요청으로 러시아 정벌에 1차 원군을 보냄.
1658년	청나라 요청으로 러시아 정벌에 2차 원군을 지원함.
1659년	효종이 갑자기 죽자 북벌 계획도 취소됨.

심양으로 끌려간 두 왕자

조선의 항복을 받은 청나라는 소현세자와 세자빈 강씨, 봉림대군을 볼모로 잡아 심양으로 끌고 갔습니다. 8년간 볼모 생활 중 소현세자는 청나라의 관리들과 교류하면서 그들이 강해진 이유를 배우고자 했습니다. 세자빈 강씨도 청나라로 끌려온 조선 사람들이 노예로 팔려가는 것을 보고 이를 구하기 위해서는 돈이 필요함을 알고 무역과 농사를 지으며 재물을 모았습니다. 소현세자는 북경까지 가서 명나라가 멸망하는 모습을 직접 보았고, 그곳에서 서양인 신부 아담 샬을 만나 서양의 천문 지식과 과학기술, 천주교를 배웠습니다. 세자 부부는 변화하는 세상의 흐름에 적극적으로 적응하기 위해 노력했습니다.

반면 동생인 봉림대군은 달랐습니다. 그는 청나라에 대한 적개심을 가진 채 조용히 지내고 있었습니다. 형의 행동을 못마땅하게 여겼지만 드러내지는 않았습니다.

반청 의식과 소현세자의 죽음

명나라를 멸망시킨 청나라는 조선의 볼모가 필요 없게 되자 두 왕자를 돌려보냈습니다. 조선에 돌아온 소현세자는 아버지 인조를 만나 청나라와 서양의 문물을 배우고 교류해야 한다고 주장했습니다. 하지만 인조는 그간 청나라에서 지낸 소현세자의 활동에 대해 몹시 불쾌하게 여겼습니다. 인조와 대신들은 청나라에게 항복한 것을 굴욕으로 받아들이고, 청나라의 앞선 문물은 모두 오랑캐의 더러운 것이라고 생각하고 있었습니다. 게다가 인조는 청나라가 자신을 대신해서 소현세자를 임금으로 삼을까 봐

▲ 천주교의 성물 – 소현세자는 천주교도 받아들이고자 했다.

▲ 북경 자금성의 새로운 주인이 된 청나라

임경업

임경업은 병자호란이 일어나자 백마산성에서 청나라 군대의 진로를 막은 장수였습니다. 1638년 청나라는 명나라를 공격하기 위해 조선에게 원군을 청했습니다. 이때 조선군을 이끌고 출전한 임경업은 몰래 명나라와 손잡아, 조선군의 피해를 줄였습니다. 2년 후 다시 출병하였을 때는 명군과 손잡고 청군에 대항하다 체포되었고 후에 명나라로 탈출했습니다. 그는 명군 장수가 되어 청군을 공격하다가 체포되었고 조선으로 보내져 매 맞아 죽었습니다.

걱정하고 있었습니다. 인조는 소현세자가 가져온 서양의 책과 물건을 보자 화를 참지 못하고 벼루를 세자에게 던졌습니다.

귀국한 지 2달 후 소현세자는 죽고 말았습니다. 병으로 죽었다고 하나, 인조에 의해 독살되었다는 소문이 널리 퍼졌습니다. 인조는 아들의 장례도 대충 치렀고, 세자빈도 누명을 씌워 죽였으며 손자들마저 유배를 보내어 죽음에 이르게 했습니다. 변화를 받아들이기 거부한 인조에게 아들인 소현세자는 위협적인 존재였던 것입니다.

▲ 소현세자의 무덤 소경원

효종의 북벌 계획

봉림대군이 왕위에 올라 효종이 되자 그는 북벌을 가장 중요한 정책으로 삼았습니다. 그는 청나라와 친하게 지내자는 친청파를 제거하고 북벌에 찬성하는 송시열 등의 서인을 등용했습니다. 이완 등의 무장을 등용하고 조총 부대를 육성하는 등 청나라를 정벌하기 위해 철저한 준비를 하였습니다. 이런 준비를 청에게 들키지 않기 위해 청나라가 러시아와 싸우면서 원병 요청을 하자 2차례에 걸쳐 조총 부대를 보내기도 했습니다. 하지만 청나라가 워낙 강성한 국력을 과시하자 북벌의 시기는 자꾸 늦어져만 갔습니다.

효종은 송시열 등에게 북벌을 하자고 강요했지만 그들은 핑계를 대며 시기를 늦추자고 했습니다. 명분이나 이치로 보면 북벌이 맞지만 막상 북벌이 시작되면 성공할 확률도 낮을 뿐더러 무장들만 강해지므로 자신들의 기득권이 위협 받는다고 생각했던 것입니다. 그렇다고 북벌을 반대할 수도 없는 난처한 입장이었던 것입니다. 그들은 처음부터 북벌을 할 용기도 의지도 없었습니다. 그런데 갑자기 효종이 종기로 인해 죽고 말았습니다. 그의 죽음은 타살일 가능성이 높습니다. 효종이 죽자 북벌 계획도 자연스럽게 취소되고 말았습니다.

▲ 효종 시기에 청나라 황제였던 순치제 초상화

▲ 조선 장군의 갑옷 / 전쟁기념관

성리학의 시대

조선은 성리학을 통치 이념으로 삼고, 이를 모든 제도와 문물을 정비하는 기본 원리로 삼은 나라입니다. 고려가 불교의 나라라면 조선은 성리학의 나라입니다. 조선의 양반들은 성리학을 배워야 했으며, 성리학과 대립하는 학문과 종교는 숨을 죽여야 했습니다.

성리학이란

성리학은 신유학이라고도 합니다. 공자, 맹자에 의해 발달된 유학은 불교와 도교 등의 사상의 영향을 받아 12~13세기 송나라 시대에 와서 이론적으로 심화되고 보다 철학적인 체계를 갖추게 됩니다. 정호·정이 형제, 주돈이 등 여러 학자들의 주장을 남송의 주희가 모으고 정리하여 하나의 학문 체계를 세우게 됩니다. 주희의 호인 주자의 이름을 따서 '주자학'이라고도 하는 성리학은 우주가 어떻게 생겨나고, 어떠한 구조로 되어 있으며, 인간의 심성 구조와 사회에서의 인간의 자세 등에 대해 깊이 생각하는 학문입니다.

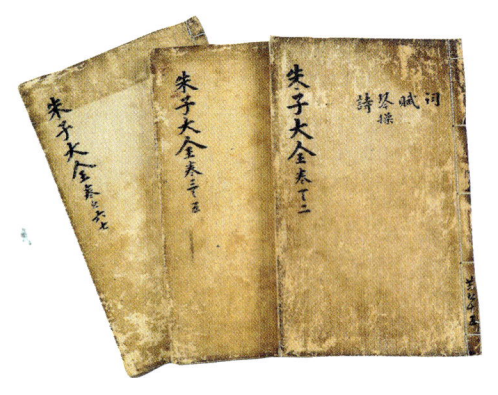

성리학의 나라, 조선

성리학은 조선의 정치와 경제, 사회와 사상, 일상생활의 모든 면에 변화를 가져왔고, 크게 영향을 끼쳤습니다. 성리학은 다른 학문과 달리 실천이란 면을 유달리 강조합니다. 인간으로서 갖추어야 할 도덕과 명분, 의리의 실천을 강조합니다. 조선은 성리학의 실천 덕목인 삼강오륜을 백성들에게 널리 따르게 하기 위하여 《삼강행실도》와 《오륜행실도》 등을 만들어 보급하기도 했습니다. 임금과 신하, 아버지와 아들, 남편과 아내 등 구별된 사이에 서로가 마땅히 지켜야 할 도덕상의 일인 명분을 강조했던 것입니다. 신하된 자로서 임금에게 충성해야 하는 일은 지극히 당연한 일이므로 임금이 내린 명령인 어명을 받을 때에는 공손한 태도를 해야 했습니다. 그러나 지나치게 명분만을 내세우다 보면 국익보다는 성리학 이론만을 따른 경우가 생겨나기도 합니다. 조선 후기 예송 논쟁의 경우에는 성리학 이론끼리의 싸움이기는 했지만, 실제로는 큰 의미도

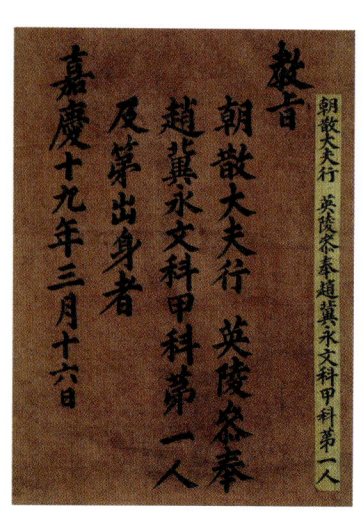

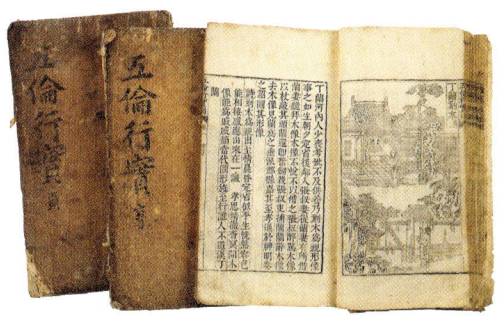

없는 '죽은 이를 위해 상복을 입는 기간을 언제까지로 해야 하는가?' 라는 문제로 다투었던 것입니다. 또한 청나라가 강성하여 조선을 위협하는 상황에서도 명분만을 내세워 망해 가는 명나라를 지지하다가 병자호란의 피해를 입기도 했습니다.

성리학의 발전과 그 이면

조선에는 뛰어난 성리학자들이 많이 탄생했습니다. 조선 초기에는 성리학을 연구하면서도 실생활에 도움이 되는 학문을 많이 연구한 정도전, 조준, 양성지 등이 있었고, 신숙주, 성삼문 등의 집현전 학사들은 다양한 책들을 펴냈습니다. 이후 등장한 서경덕, 조식과 같은 학자들은 성리학 이외의 사상에 대해 관용적이었습니다. 하지만 선조 때에 활동하며 조선의 성리학을 완성한 퇴계 이황과 율곡 이이가 등장한 이후부터는 성리학 이외의 학문은 크게 퇴보했습니다.

성리학이 발전할수록 성리학은 점점 실제 생활과 무관한 공리공론_{실천이 따르지 않는 헛된 이론}으로 변해 갔습니다. 이때 성리학자들 가운데 실생활에 쓰일 학문을 연구하는 학자들이 나타나기 시작했습니다. 청나라의 앞선 문물과 제도에 자극 받은 학자들인 박지원, 박제가, 정약용 등에 의해 실학이 발전하게 되었습니다.

실학과 달리 서양에서 들여온 서학, 즉 천주교는 성리학과 너무 달랐기 때문에 탄압을 받았습니다. 천주교뿐만 아니라, 최제우가 창시한 동학, 즉 천도교도 탄압을 받았습니다. 명나라에서 발전한 유학의 한 갈래인 양명학도 조선에서는 빛을 보지 못했습니다. 성리학의 지나친 발전이 다른 학문의 발전을 가로막았던 것입니다.

훈구파와 사림파

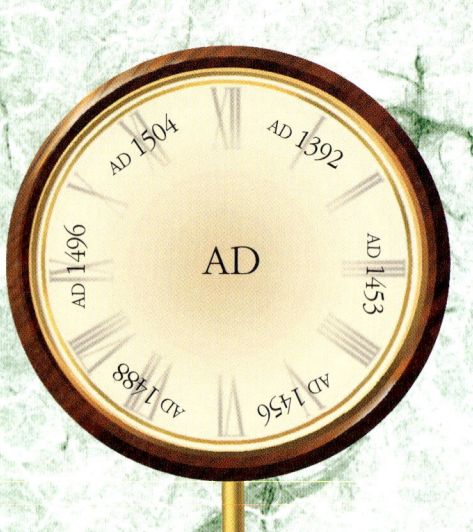

조선의 지배층인 사대부는 과거 시험에 합격하여, 관직에 나아가 높은 벼슬살이를 하는 것을 가장 이상적인 인생의 목표로 삼았습니다. 그러나 관직에 오른 사람은 많지 않았고, 나머지는 향촌에서 학문을 벗삼아 살았습니다. 먼저 중앙 정부의 관직에 올라 공신 등의 대접을 받은 무리들을 훈구파라고 하였고, 향촌에서 공부하다가 뒤늦게 벼슬길에 오른 자들을 사림파라고 합니다.

1392년	고려 멸망, 조선 건국.
1406년	태종이 중앙 집권을 방해하는 유향소를 폐지함.
1446년	세종과 정인지, 신숙주 등 집현전 학사들이 훈민정음을 창제함.
1453년	계유정난 발생. 수양대군과 그를 따르는 관학파가 정권을 장악. 훈구파의 성립.
1456년	사육신 사건이 일어남.
1474년	경국대전이 반포됨.
1488년	사림파의 요구에 따라 유향소 설립. 훈구파가 경재소를 세워 견제함.
1496년	무오사화. 훈구파에 의한 사림파 탄압.
1504년	갑자사화. 연산군에 의해 훈구파 공신들이 많은 화를 입음.

조선 초기의 관학파와 훈구파

조선의 관리들은 과거, 음서, 천거를 통해 선발되었습니다. 과거에서 문관을 뽑는 문과는 초시와, 복시, 그리고 임금 앞에서 실시하는 전시로 나뉩니다. 초시에 합격하면 성균관에 들어가 공부를 하고, 복시에 합격한 33명은 전시에서 순위를 결정하는데 장원은 종 6품이 되었고, 11등 이하는 종 9품이 됩니다. 과거 시험에 합격하기 위해서는 많은 공부를 해야 했기 때문에 조선의 문반 관리들은 곧 학자이기도 했습니다. 조선 초기의 정도전, 권근 등은 관학자라고 합니다. 이들은 성리학만이 아니라, 고대 유학, 불교, 도교, 풍수지리, 민간신앙, 천문학, 군사학, 지리학 등 다방면에 지식을 갖고 나라를 다스리는 일에 책임을 다했습니다. 무엇보다 백성을 위한 실용 학문과 부국강병의 병법에 관심이 많았습니다.

그런데 관학파 가운데는 세조의 왕위 계승을 두고 훈구파와 사육신 등으로 갈렸습니다. 정인지, 신숙주, 서거정, 양성지, 강희맹, 이극돈 등은 세조를 도와 공신이 되어 훈구파라고 불렸습니다. 이들은 여러 차례 공신전을 지급 받아 막대한 농장을 가진 부자들이었습니다. 그런데 이들은 성종 때에 새롭게 등장한 사림파와 점차 대립하게 됩니다.

사림파의 등장

사림이라는 말은 독서인 계층, 곧 지식 계층을 가리키는 말입니다. 그런데 차츰 성리학 유일주의를 내세운 부류를 일컫게 됩니다. 고려

▶ 사림은 조선 건국에 협력하지 않고 지방에 머무르며 학문과 교육에 힘썼다.

▲ 노량진에 위치한 사육신 무덤

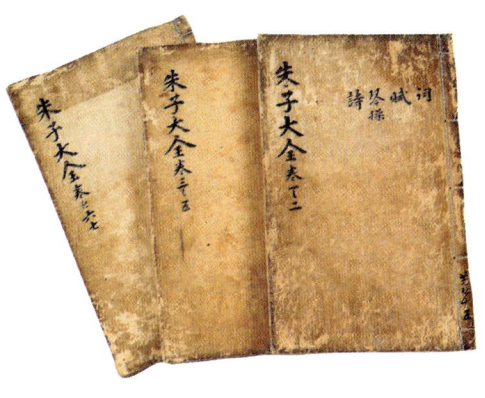
▲ 사림파가 공자만큼 소중히 여긴 주자의 글을 모은 《주자대전》

말에 조선 건국에 협력하지 않고 고향으로 돌아간 인물 가운데는 고려의 대표적인 성리학자인 길재가 있었습니다. 길재는 고향에 내려가 성리학을 연구하며 제자들을 가르쳤습니다. 김숙자, 김종직, 김굉필, 정여창, 조광조로 이어지는 사림파의 시조가 된 것입니다.

사림파가 하나의 정치 세력으로 등장한 것은 성종 때에 김종직, 김굉필, 정여창 등이 중앙 정계에 진출하여 활동하기 시작하면서부터입니다. 사림파는 훈구파에 대한 비판 활동을 하면서 지방 사회에서 세력 근거지를 마련하려고 노력했습니다. 사헌부·사간원·홍문관과 같은 삼사에 진출하여 훈구파의 정치를 비판하면서 개혁 정치인으로 성장했습니다. 사림파는 훈구파의 견제를 받았지만 유향소 설치 운동, 향약 운동, 서원 설립 등을 통해 지방에서 세력을 키워 선조 때에 와서 권력을 쥐게 되었습니다.

▲ 강화 유수부 – 조선의 관리들이 정사를 보는 모습

훈구파와 사림파의 대립 이유

훈구파가 사화를 일으키며 사림파를 제거하려 하고, 사림파가 훈구파를 비판하며 대립했던 것은 여러 이유가 있었습니다. 조선의 관리들 가운데 무반을 제외한 핵심 관리들은 그 수가 겨우 1,779명에 불과합니다. 관리가 되고자 공부하는 사람들은 많고 일자리는 적은 만큼 치열히 다툴 수밖에 없었던 것입니다. 또한 관리가 되어야 나라의 토지를 지급받는데 훈구파가 많은 토지를 갖고 있는 반면, 사림파는 그렇지 못하다는 경제적 이유도 있었습니다. 사림파는 훈구파와 차별화를 위해 개혁 정치를 내세웠고, 또한 성리학 본연의 자세에 충실하자고 주장했습니다.

유향소

유향소는 지방의 수령을 보좌하는 자문 기관으로 구성원은 전직 관리들이나, 유학자들이 맡았습니다. 유향소가 너무 강해 수령의 권한을 넘는 경우가 있어 폐지되었다가 다시 설치되기를 거듭했습니다. 사림파가 지방에서의 세력 기반을 늘리기 위해 유향소 설치를 강력 주장하자, 훈구파는 유향소를 중앙에서 견제하는 경재소 기능을 강화함으로써 이에 맞섭니다. 결국 조광조 등 사림파는 유향소와 경재소를 폐지하고 그 대안으로 유교 질서를 향촌에 보급하는 향약 보급을 주장했습니다.

정도전, 집현전, 조광조

조선은 학자들이 관리가 되어 다스리는 나라입니다. 조선을 설계한 정도전은 뛰어난 정치인인 동시에 훌륭한 학자였습니다. 세종 때에 민족 문화가 꽃피울 수 있었던 것은 집현전에서 학문을 연구한 뛰어난 학자들이 있었기에 가능했던 것입니다. 조선 초기 관학파들은 다양한 학문 연구를 통해 사회를 발전시킨 반면, 새롭게 등장한 사림파는 조선을 성리학적 질서에 충실한 나라로 만들고자 했습니다. 이를 실천하고자 했던 인물이 조광조입니다.

1394년	정도전이 조선왕조의 헌법인 《조선경국전》을 지음.
1420년	집현전이 설치됨.
1429년	정초가 《농사직설》을 저술함.
1446년	《훈민정음》이 창제됨, 수양대군이 《석보상절》을 펴냄.
1456년	사육신 사건이 일어나, 성삼문 등이 죽음.
1474년	《경국대전》이 반포됨.
1506년	중종반정. 연산군 퇴위. 훈구파가 권력을 장악함.
1518년	조광조가 현량과 실시를 주장함.
1519년	훈구파의 반발로 기묘사화가 발생하여 조광조 등 사림파가 퇴출됨.

정도전의 학문

조선의 설계자 정도전은 성리학을 조선의 국가 지도 이념으로 만든 성리학자입니다. 하지만 그는 성리학뿐만 아니라 한 나라를 경영하는 데 필요한 다양한 학문에 뛰어났습니다. 그는 조선의 헌법이라고 할 《조선경국전》을 지어 정부의 설계, 각 부서의 소관 업무, 외교와 학교, 제사, 세금, 국가 지출, 군대, 형벌 등에 관한 폭넓은 법을 만들었습니다. 이 책은 조선 법 제도의 기본을 제시하여, 성종 때 완성된 《경국대전》의 바탕이 되었습니다.

그는 병법에도 뛰어나 《진법서》를 써서 군사를 훈련시켰고, 역사학에도 관심이 많아 《고려국사》 37권을 편찬했습니다. 관리들의 임무 수행과 행정 지침을 정리한 《경제문감》을 만들었으며, 불교의 잘못을 예리하게 비판한 《불씨잡변》을 썼고, 성리학의 근본 문제와 관련해서 《심기리편》 등도 썼습니다. 뿐만 아니라 한양으로 수도를 옮길 때에는 궁궐과 종묘의 위치, 궁과 문의 모든 호칭도 그가 지었습니다. 그의 활약 덕택에 조선은 빠르게 국가 제도를 정비할 수가 있었습니다.

▲ 도담 삼봉 – 단양 팔경의 하나로 정도전이 중앙봉에 정자를 짓고 이곳에 찾아와 풍월을 읊었다고 한다.

집현전의 학자들

세종이 학자 양성과 학문 연구를 위한 기관으로 육성한 집현전은 20명이 정원이었습니다. 이곳 출신 학자들은 조선 초기 학문 발전에 큰 역할을 담당했습니다. 집현전에서는 《훈민정음》을 비롯해 역사책인 《고려사》, 지리서인 《팔도지리지》, 언어학 책

▲ 집현전이 있던 자리에 있는 수정전

▲ 조광조의 유배 내력을 기록한 비석

현량과

과거 제도는 문장을 잘 쓰는 이와 가문이 좋은 사람들만 선발할 뿐, 각지에 있는 현명한 선비들을 등용하는 것에 부족함이 있습니다. 그래서 조광조가 현량과 실시를 주장했던 것입니다. 성균관, 한성부, 육조, 홍문관 등과 지방에서 천거한 120명을 왕이 보는 앞에서 시험을 쳐서 28명을 뽑았습니다. 합격자 대부분이 조광조 일파인 사림파여서 훈구파로부터 폐지 압력을 받았습니다. 그가 죽자 현량과는 폐지되었습니다.

인 《동국정운》, 의학책인 《의방유취》, 농학책인 《농사직설》, 성리학 보급을 위한 《삼강행실도》, 불교 책인 《석보상절》, 훈민정음으로 쓰인 시집 《용비어천가》 등을 펴냈습니다.

집현전의 대표적인 학자인 정인지는 천문역법과 음악에 관한 책을 많이 편찬했고, 성삼문, 박팽년, 신숙주, 최항, 강희안, 이개 등과 함께 《훈민정음》 창제에 큰 공을 세웠습니다. 신숙주는 뛰어난 외교술로 이름이 높았는데, 일본을 방문하고 돌아온 것을 토대로 《해동제국기》를 편찬하기도 했습니다. 세조가 총애한 양성지는 지리학에 밝아 《팔도지리지》를 편찬했고, 서거정과 함께 《동국여지승람》 편찬에 참여했습니다.

도학 정치를 꿈꾼 조광조

신숙주, 양성지와 같은 훈구파 대신들은 많은 서적을 보고 다양한 학문에 능통했던 반면, 향촌에서 성리학 연구에 몰두했던 사림파들은 폭넓은 지식 대신 성리학에 대한 깊이 있는 연구에 몰두했습니다. 성리학은 대지주가 되어 버린 훈구파 대신들보다는 중소 지주층인 사림파에게 적합한 학문이었습니다. 사림파는 중앙 집권 체제가 아닌 향촌의 자율적인 통치를 이상으로 삼고, 유향소와 향약의 실시를 통해 성리학의 생활 윤리가 일상생활에 통용되는 사회를 꿈꾸었습니다. 사림파 가운데 가장 먼저 권력을 잡은 조광조는 성리학의 이념에 충실한 도학 정치를 실현하고자 했습니다. 그는 현량과를 설치하여 어진 선비가 관리가 되어 나라를 다스려야 공자, 주자가 말한 이상적인 정치가 이루어진다고 주장했습니다. 그는 성리학의 이상을 현실에 실현시키고자 노력했던 것입니다.

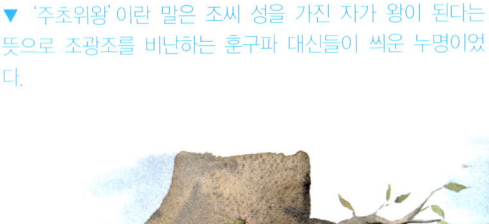
▼ '주초위왕'이란 말은 조씨 성을 가진 자가 왕이 된다는 뜻으로 조광조를 비난하는 훈구파 대신들이 씌운 누명이었다.

서원, 향교, 성균관

교육은 어느 시대에나 중요합니다. 어린이에서 청소년, 성인에 이르기까지 교육기관이 있어서 학생들에게 교육을 시켰습니다. 조선 시대에 가장 중요한 교육은 글공부였습니다. 어려서는 서당에서 교육을 받습니다. 서당을 나오면 사학, 향교나 서원에서 중등 교육을 받게 됩니다. 그리고 과거 시험에 합격하면 최고 교육기관인 성균관에서 공부를 하게 됩니다. 조선의 학교는 성현에 대한 제사를 지내는 등 오늘날의 학교와 다른 점이 많았습니다.

1392년	고려 멸망, 조선 건국.
1395년	한양으로 도읍을 옮김에 따라 한양에 성균관이 건립됨.
1411년	한양에 중등 교육인 사학을 세움.
1429년	성균관 정원을 150명에서 200명으로 늘림.
1542년	백운동 서원이 처음으로 건립됨.
1550년	백운동 서원이 최초의 사액 서원인 소수 서원이 됨.
1560년	이황, 도산 서원을 세움.
1783년	영조가 서원을 정비하여 200여 개 소를 철폐하였으나, 여전히 700여 개가 남음.
1865년	서원의 폐해가 심해지자, 대원군이 47개 서원을 제외한 많은 서원을 철폐함.

대표적인 교육기관인 서당

조선 시대 어린 학생들은 서당에서 교육을 받았습니다. 고려 시대에도 마을마다 서당이 있어서 아이들이 무리를 이루어 선생님에게 경서를 배웠습니다. 서당은 조선 시대에 와서 더욱 발달했는데 누구나 만들 수 있는 사설 교육기관이었기 때문입니다. 평민들도 입학이 허용된 서당은 훈장이 취미나 소일거리로 가르치거나, 많은 학생을 모아 강당에서 가르치기도 했습니다. 선생 한 명이 여러 명의 학생들을 가르치는 경우도 있었고, 마을에서 선생을 초빙해서 가르치는 등 그 성격과 규모, 수준이 매우 다양했습니다.

수업료는 봄, 가을에 곡식으로 냈습니다. 학생들은 7~8세에서 15~16세가 많았고, 20세가 넘은 학생이 있기도 했습니다. 서당에서는 기본적인 《천자문》에서부터 《명심보감》, 《소학》 등을 배우고 《사서삼경》까지 배웠습니다.

국립 교육기관인 향교와 성균관

서당을 졸업하면 사학이나 향교에서 공부하게 됩니다. 사학은 한양에 위치한 교육기관으로 위치에 따라 중학, 동학, 남학, 서학이 있었습니다. 향교는 지방 자제들을 교육시킨 국립 교육기관으로, 부, 목, 군, 현에 각각 하나씩 설

▶ 김홍도 작품인 서당 / 국립중앙박물관
[중박 200901-26]

▲ 조선 시대 최고 교육기관인 성균관의 대성전

▲ 신라 국학이 있던 곳에 세워진 경주 향교

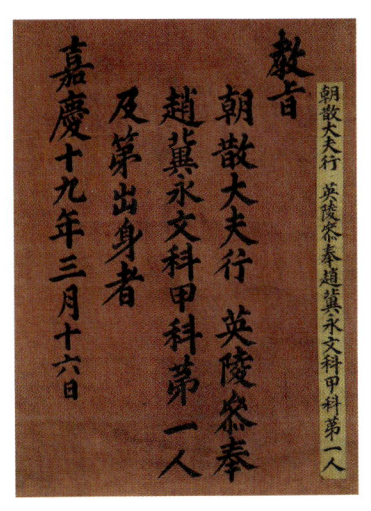
▲ 장원 급제 합격 증서인 홍패

립되었습니다. 향교는 공자와 그 제자들의 제사인 석전제 등 제례를 주관하는 순수한 유교 교육기관이었습니다. 향교 학생들은 군대가 면제되는 특권이 주어졌습니다. 그러나 향교는 서원의 등장으로 쇠퇴하게 됩니다.

조선 최고의 교육기관은 성균관으로 고급 관리를 양성하는 것을 목적으로 삼았습니다. 성균관 대성전에는 공자를 비롯한 역대 성현들의 위패가 모셔져 있어, 이들에 대한 제사도 지냈습니다. 《사서오경》을 가르쳤고, 정원은 200명이었습니다. 과거 시험인 소과에 합격한 자들에게 우선 입학 자격이 주어졌으며, 졸업하면 과거 시험인 대과에 응시할 수 있었습니다. 전원 기숙사 생활을 하며 학비는 국가가 제공했습니다.

사림파의 기지가 되었던 서원

서원은 중국 송나라에서 비롯된 사립학교입니다. 주자학을 집대성한 주자가 '백록동 서원'을 건립한 것을 본받아 중종 때에 주세붕이 '백운동 서원'을 세운 이후 많은 서원이 건립됩니다. 서원은 사림파가 학문을 연구하고 성현들을 모시기 위해 만든 사설 교육기관으로 향교와 경쟁하는 중등 사립학교였지만 차츰 성균관과 같은 대학교의 기능도 겸했습니다.

송시열, 이황, 이이 등 유명한 성현들을 제사 지내고, 학생들을 가르치는 서원은 1천 개에 이를 만큼 수가 크게 늘어났습니다. 서원을 건립한 후, 나라에 요청하여 토지와 노비, 책, 간판 등을 지원 받는 사액 서원이 되면 서원 운영에 문제가 없기 때문입니다.

사액 서원의 증가는 국가의 수입을 줄게 했으며, 백성들이 서원의 노비가 되어 군역을 피하는 피난처로도 이용되었습니다. 고려 시대 거대 사찰의 등장이 국가 재정을 어렵게 한 것과 같이 사액 서원도 조선의 국가 운영에 큰 피해를 주었습니다. 또한 특정 인물에 대한 제사는 서원을 특정한 당파의 기지로 만들었습니다. 향촌으로 물러난 당파의 인물들은 서원에 모여 여론을 형성했고 양반들이 모인 서원은 지방 자치 기구의 역할도 담당했습니다.

최초의 서원

풍기 군수였던 주세붕은 1542년 최초의 서원인 백운동 서원을 세웁니다. 그는 고려 말의 학자인 안향을 제사 지내고, 유생들을 가르치고, 향촌의 풍습을 교화하려는 목적에서 경상북도 영주시 순흥면에 백운동 서원을 세웁니다. 백운동 서원은 1550년 이황의 건의에 의해 나라로부터 소수 서원이란 이름을 받게 됩니다. 대원군의 서원 철폐 때에도 철폐되지 않아 지금도 옛 모습을 간직하고 있습니다.

▲ 최초의 서원인 백운동 서원

이황과 이이

사림파가 권력을 쥔 선조 때에는 뛰어난 성리학자들이 많이 등장했습니다. 그 가운데 대표적인 학자가 이황과 이이입니다. 두 사람은 조선 성리학을 대표한 인물이며, 각기 주리론과 주기론이란 주장을 펼쳤습니다. 두 사람의 학문은 단순한 학파로 그치지 않고 동인과 서인, 두 붕당의 정치적 이념이 되기도 했습니다. 두 사람의 등장으로 성리학은 조선 사회에 확고하게 뿌리를 내렸고, 중국보다 더 심화된 발전을 이루게 되었습니다.

1543년	주세붕이 백운동 서원을 건립함.
1559년	임꺽정의 난이 일어남. 이황과 기대승이 사단칠정론으로 서신 왕래 시작.
1560년	이황이 예안에 도산 서원을 세움.
1568년	이황이 《성학십도》지음.
1572년	이이와 성혼 사이에 사단칠정론에 관해 서신 왕래 시작.
1575년	이이가 《성학집요》를 지음.
1583년	이이가 십만양병설을 건의함.
1592년	임진왜란이 일어남.

성리학의 발달

정도전, 권근 등 관학파 학자들도 성리학을 발전시켰지만 성리학이 이론적으로 크게 발전한 것은 사림파 학자들에 의해서입니다. 사림파는 형벌보다는 교화에 의한 통치를 강조하며 훈구파의 비리와 횡포를 성리학적 명분에 근거하여 비판을 했습니다. 따라서 사림파는 도덕성과 자기 수양을 중요하게 여겼습니다. 그래서 인간의 마음에 대해서 깊은 관심을 가졌습니다. 인간의 본성에서 우러나오는 마음씨인 네 가지 도덕적인 감정인 사단(四端), 즉 불쌍히 여기는 마음, 불의를 부끄러워하고 불의를 미워하는 마음, 양보하는 마음, 잘잘못을 분별하는 마음과, 인간의 자연적 감정인 일곱 가지 감정인 칠정(七情), 즉 기쁨, 노여움, 슬픔, 두려움, 사랑, 미움, 욕망이 어디에서 비롯되었는가를 따졌습니다.

사단과 칠정의 발생 과정을 하늘의 이치에서 찾으려고 설명하는 과정에서 이기론이 발전하게 되었습니다. 기(氣)는 만물을 구성하는 요소이며, 기가 모이고 흩어짐에 따라 우주 만물이 만들어집니다. 이(理)는 기가 존재할 수 있는 근거이자 운동의 법칙입니다. 이란 마음이나 정신성을, 기란 육체나 물질을 가리키는 말로도 사용됩니다. 사단칠정과 이기론에 대한 문제는 조선 성리학의 가장 중요한 논쟁으로 등장하여 20세기 초까지 지속되었습니다.

주리파와 주기파

사단칠정의 발생 과정을 이기론으로 해명하는 문제는 대규모

▲ 도산 서원 - 퇴계 이황이 세운 서원이다.

논쟁으로 발전하게 됩니다. 첫 논쟁은 기대승이 이황에게 편지로 이 문제를 문의하면서 시작되었습니다. 8년간 지속된 논쟁을 통해 이황은 사단을 이와 기 가운데 이를 중심으로 설명을 했습니다. 두 사람의 뒤를 이어 이이와 성혼 사이에 다시 논의가 되었는데, 이이는 기를 중심으로 이 문제를 설명했습니다. 차츰 이황의 학설을 따르는 사람을 주리파, 이이의 학설을 따르는 사람을 주기파라고 부르게 되었습니다.

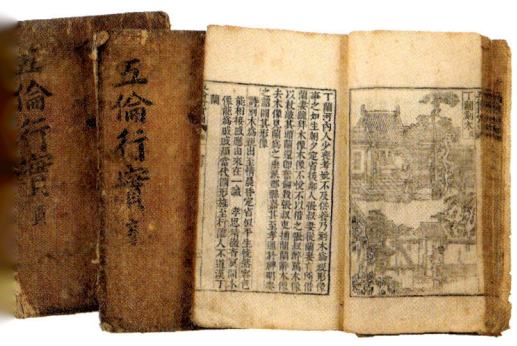

▲ 오륜행실도 - 조선 시대의 도덕 교과서였다.

▲ 화석정 - 율곡 이이가 임진강가에 세운 정자

이황과 이이

이와 기의 문제는 서경덕, 이언적 등이 앞서 언급을 하였지만, 이 문제를 크게 발전시킨 사람은 이황과 이이입니다. 주리론의 입장에 선 이황은 이와 기를 각각 독립된 것으로 보았습니다. 그는 도덕적 행위의 근거로 인간의 심성을 중요하게 여겼으며, 근본적이고 이상주의적인 성격이 강했습니다. 그의 제자인 류성룡, 김성일 등은 정치적으로 동인, 그 가운데 남인으로 이어졌습니다. 그의 학문은 일본 성리학의 기초가 되었습니다.

반면 주기파의 입장에서 이이는 현실 문제에도 적극 참여하는 정치가였습니다. 일본의 침입에 대비해 십만양병설을 주장하기도 했고, 현실적이며 개혁적인 성격을 갖고 있었습니다. 그는 이와 기를 동전의 양면처럼 보았습니다. 그의 제자들은 경기도와 충청도 지역에서 뿌리를 내린 서인이 되었습니다.

주자가 발전시킨 성리학에 뿌리를 둔 두 사람의 학문이 조선 학문의 중심이 됨에 따라 양명학, 노장사상은 물론 서경덕, 조식 등 다른 학자들의 학문은 설 자리를 잃었습니다.

▲ 붕당 계도

《성학십도》와 《성학집요》

《성학십도》는 이황이 선조가 성군이 되기를 바라면서 성리학의 개요를 그림으로 설명한 책입니다. 《성학집요》는 이이가 선조에게 제왕의 학문 내용을 정리해서 바친 책으로 8편으로 구성되어 있습니다. 이이는 군주가 수양과 학문에 더 많은 노력을 기울이도록 현명한 신하들이 임금을 가르쳐야 한다고 했습니다. 이 두 책은 임금이 신하들과 공부하는 경연의 교재로도 사용되었습니다. 임금 역시 성리학의 핵심 이론을 잘 알아야 했던 것입니다.

붕당의 시대

16세기에 들어와 권력을 장악한 사림파는 얼마 지나지 않아 서인과 동인 두 개의 붕당으로 나뉘어졌습니다. 붕당의 원인은 후배 세대와 선배 세대의 입장 차이에서 비롯되었습니다. 19세기 세도 정치가 등장할 때까지 붕당 정치가 오래 지속되었던 이유는 붕당이 학파 중심으로 이루어졌으며, 관직을 얻고자 하는 사람들에 비해 관직이 부족했기 때문입니다.

1575년	동인과 서인으로 붕당이 발생함.
1623년	광해군 퇴위. 북인이 몰락하고 서인의 정권 장악, 남인과 연립 정권.
1659년	1차 예송. 서인이 집권.
1674년	2차 예송. 남인이 집권.
1680년	경신환국. 남인의 수장 영의정 허적이 몰락하고, 서인이 집권.
1689년	기사환국. 서인의 영수 송시열 등이 죽임을 당하고, 남인이 집권.
1694년	갑술환국. 남인이 몰락하고, 서인의 갈래인 소론이 집권함.
1728년	이인좌의 난 발생. 영조가 탕평책 실시. 실제는 노론이 집권.
1749년	소론에 대한 노론의 압력으로 사도세자 죽음.
1777년	정조의 즉위로 남인이 등용됨. 노론과 정조의 대결.
1801년	신유박해. 천주교를 빌미로 한 노론 벽파의 남인 탄압.
1805년	안동 김씨 가문에 의한 세도 정치 시작.

붕당의 등장

붕당의 시작은 심의겸과 김효원의 개인적인 갈등에서 비롯되었습니다. 나이가 많은 심의겸을 지지한 서인들과 젊은 김효원을 지지한 동인은 차츰 서인은 이이와 성혼의 제자들이, 동인은 이황과 조식, 서경덕의 제자로 구성되었습니다. 사림은 여러 사람들의 의견인 공론을 중요하게 여겼습니다. 그래서 붕당은 상대 당의 존재와 비판을 인정하는 가운데 합리적인 정책을 내세우고 올바른 정치를 하려고 했습니다. 붕당 초기에는 견제와 비판이 인정되었습니다. 붕당 사이에는 성리학 이론을 놓고 학문적 대결도 펼쳐졌습니다. 학문적 견해가 갈라질 때마다 붕당이 나누어지기도 했습니다.

붕당 간의 대립

구성이 복잡한 동인은 이황의 제자를 중심으로 한 남인과 그 밖의 인물을 중심으로 한 북인으로 나뉘었는데, 임진왜란 이후 광해군 시기까지는 북인이 권력을 잡았습니다. 그런데 북인은 서인, 남인을 배척하면서 영창대군 살해 등과 같은 무리한 정책을 펼치다가 인조반정을 일으킨 서인에 의해 완전히 몰락하였습니다. 이후로는 서인과 남인이 대결, 서인 내부에서 갈라진 노론과 소론의 대결이 벌어졌습니다.

붕당 정치에 따라 정치 구조도 바뀌었습니다. 중종 때 국방 문제를 처리하기 위해 만들었던 비변사가 의정부를 대신한 최고의 정치 기구가 되었습니다. 비변사는 의정부와 공조를 제외한 6조의 대신, 중요 지방관과 군부대장 등이 구성원이었습니다. 차츰 국방 문제뿐만 아니라 외교, 산업,

▶ 붕당 정치의 희생양이 되어 뒤주에 갇혀 죽는 사도세자

▲ 탕평책을 실시한 영조의 어진
국립고궁박물관

교통, 통신 등 국정 전반을 비변사 회의에서 결정하게 되었습니다. 비변사의 기능이 확대되면서 의정부의 기능이 약화되고, 왕권도 약해졌습니다.

당쟁의 확대

자신들의 당은 군자들의 당이고, 상대 당은 소인배의 무리라고 깎아내리며 자기 당파의 이익만을 위해 상대 당을 정치권에서 몰아내고자 하는 치열한 당파 싸움이 일어났습니다. 현종 시기에는 두 차례 예송 논쟁이 벌어져 서인과 남인이 권력을 잡았다가 잃었습니다. 숙종 시기에는 당파 간의 급격한 세력 교체인 환국이 세 차례나 벌어졌는데, 이때마다 많은 사람들이 벼슬을 잃고 유배를 떠났습니다.

당쟁은 임금을 둘러싼 가족사와 관련된 문제가 쟁점이 되는 경우가 많았는데, 그것은 다음 임금이 누구로 정해지느냐에 따라 특정 당파의 운명이 결정되기 때문이었습니다. 정권을 놓친 당파는 많은 것을 잃게 됩니다. 아무리 권력이 강하다고 해도 왕의 권위만큼은 부정할 수 없는 신하들은 임금의 명에 따라 하루아침에 권력을 잃을 수가 있었습니다.

권력을 놓지 않으려는 당파들은 경종, 사도세자, 영조의 경우처럼 자신들이 먼저 임금을 선택하는 경우로까지 발전하게 됩니다. 따라서 당쟁은 더욱 치열해질 수밖에 없었습니다.

영조는 당파 간의 싸움을 해결하기 위해 탕평책을 펼쳤습니다. 노론에게 관직을 하나 주면, 소론에게도 그에 상응하는 관직을 주고, 어느 특정 당파의 주장만이 옳다고 편들지 않는 방식을 택했습니다. 하지만 탕평책은 당파의 대립을 완전히 해결하지는 못했습니다.

▲ 성균관대학교 안에 있는 탕평비

예송 논쟁

효종이 죽은 후, 효종의 계모인 자의왕후가 상복을 입는 기간을 1년으로 할지, 3년으로 해야 할지 남인과 서인이 서로 다른 주장을 펼쳤던 것이 예송 논쟁입니다. 효종은 형인 소현세자가 죽고 왕이 되었는데, 그를 장남으로 볼 것인가 차남으로 볼 것인가 하는 것이 문제의 핵심이었습니다. 자의왕후가 상복을 입는 기간의 문제는 사소한 것이지만, 효종의 아들인 현종이 임금으로써 정당한 계승자인가 아닌가라는 중대한 문제와 관련이 있었기 때문에 치열하게 1차, 2차 논쟁이 벌어졌던 것입니다.

▲ 조선 시대 왕궁에서 쓰이던 제기 / 국립고궁박물관

사회 변동과 성리학의 대응

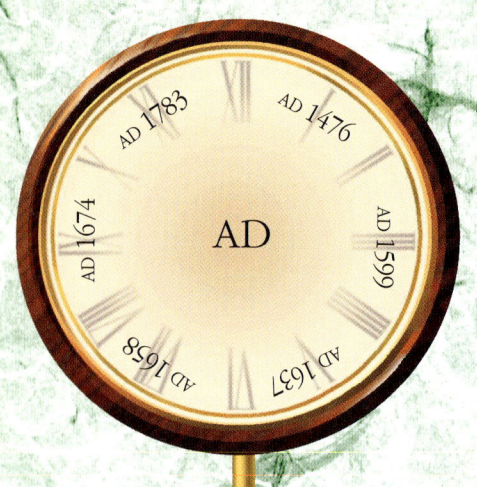

임진왜란과 병자호란 이후 조선은 커다란 변화를 겪게 되었습니다. 신분 질서가 크게 흔들렸고, 급격한 사회·경제적 변화가 일어났으며, 명나라가 아닌 청나라에 사대해야 했습니다. 이황과 이이의 등장으로 발전한 성리학은 이러한 변화에 대응하여 예학과 보학을 발전시키고, 인물성동이론을 전개했으며, 실학을 발전시키게 되었습니다.

1476년	안동 권씨 족보인 성화보가 만들어짐.
1599년	김장생이 한국의 예학을 집대성한 이론서인 《가례집람》을 펴냄.
1637년 1월	인조가 청나라 태종에게 삼고구례의 의식을 올리며 항복을 함.
1651년	송시열이 지은 글에 청나라 연호를 쓰지 않아 관직에서 쫓겨남.
1658년	효종의 죽음으로 1차 예송 논쟁이 벌어짐.
1674년	효종의 부인인 인선왕후의 죽음으로 2차 예송 논쟁이 벌어짐.
1680년	남인 윤휴가 사문난적이란 비난을 받고 죽임을 당함.
1783년	실학자 박지원이 《열하일기》를 씀.

예학과 보학

성리학은 지배층, 특히 사대부 중심의 사회 질서를 옹호하는 학문입니다. 그런데 일본, 청과의 전쟁을 치르면서 백성들을 지켜 내지 못한 지배층은 권위가 떨어졌습니다. 평민이라 하더라도 돈만 있으면 양반첩을 사서 양반이 될 수 있는 시대가 되어 양반의 숫자가 크게 늘어났습니다. 양반들이 백성의 존경을 받지 못하는 시대에 이르자 양반들이 자신들의 권위를 지키기 위해 강조한 것은 예학과 보학이었습니다.

예학은 양반 사대부의 신분적 우월성을 강조하는 학문입니다. 제사, 결혼 등의 예식을 엄격한 규정으로 정비하고, 작은 질서 하나하나도 철저히 지키도록 하는 학문이었습니다. 예학의 발달은 당쟁으로도 이용되어 예송 논쟁으로 확대되었습니다.

보학, 즉 족보학은 가족의 내력을 기록하고 암기하게 하는 것으로, 종족 내부의 결속을 강화하고, 다른 종족이나 하급 신분에 대한 우월성을 갖도록 만들었습니다. 많은 양반들 가운데 얼마나 높은 직급의 관리를 배출하였는가에 따라 가문의 위상을 가리게 되었습니다. 족보는 결혼 상대를 고르거나, 붕당의 구분에 있어서도 중요했습니다. 하지만 양반의 상징이 된 족보 또한 사고 팔리기도 했습니다. 예학과 보학은 기존의 지배 질서를 유지하기 위해 발전된 학문이었습니다.

청나라가 오랑캐인가, 천하의 주인인가?

성리학은 질서 의식에 투철한 학문이었습니다. 작은 나라 조선이 문명대국 명에게 사대하는 것은 부끄러운 것이 아닌 질서로 인식했습니다. 그런데 오랑캐였던 청이 명을 대신하게 되자, 조선은 이를 우주 질서의 파괴로 여겼습니다. 겉으로는 청에게 사대하면서도 속으로는 여전히 명에 대한 의리를 지켜

▶ 박지원은 청나라 열하를 방문하면서 《열하일기》를 남겼다.

▲ 청나라 왕실의 여름 휴양지인 열하의 궁전

족보

아버지의 혈통을 중심으로 혈연 관계를 도표식으로 나타낸 한 종족의 계보도를 족보라고 합니다. 조선에서는 1476년 안동 권씨 족보인 성화보가 가장 먼저 만들어졌고, 이후 각 가문별로 만들었습니다. 족보는 대체로 일족의 근원과 내력, 시조나 중시조의 글, 시조의 무덤과 시조 발상지, 계보도 등이 그려지며, 각 사람의 출생일, 공적, 관직, 문장, 효행 등을 기록합니다. 족보는 양반 가문의 상징이 되었습니다. 따라서 족보를 사고파는 일도 많이 벌어졌습니다.

▲ 왕실의 친척 관계 일을 맡아 보던 관청인 종친부

▲ 열하의 상징인 경추봉

야 한다는 주장이 강했습니다. 그러나 청나라를 배워야 한다는 주장도 커져 갔습니다. 결국 성리학자들은 사람과 동식물의 관계가 본래 같은 성품을 타고 났는가 그렇지 않은가의 논쟁을 통해 답을 얻고자 했습니다.

본래 타고난 기질이 인간과 동물이 다르므로, 오랑캐인 청은 진정한 천하의 주인일 수 없다는 입장을 '호론'이라 합니다. 충청도 지역에서 발전한 호론의 입장에서는 조선이 청에 굴복한 것은 몸이지 마음이 아니라는 것입니다. 호론은 위정척사 운동으로 이어졌습니다.

반면 인간과 동물이 성품이 다르지 않으므로, 오랑캐도 천하의 주인이 될 수 있다는 입장은 '낙론'이라 합니다. 낙론의 입장에서는 청으로부터 문물을 배우는 것이 당연하게 됩니다. 실용적인 학문을 추구하는 한양을 중심으로 발전한 이 주장은 개화사상으로 이어졌습니다.

실학의 등장

조선의 성리학자들은 성리학의 교리를 어지럽히고, 사상에 어긋나는 언행을 하는 사람을 '사문난적'이라고 비난하여, 다른 학문이 발전하기가 어려웠습니다. 명나라에서 유행하던 성리학의 한 분파인 양명학도 조선에서는 용납되지 않았습니다. 그럼에도 불구하고, 17세기 후반부터 성리학 내부에서 실용적인 학문인 실학이 싹트고 있었습니다. 변화하는 시대에 맞춰 현실 문제를 해결하고자 하는 학자들이 실리를 중시하는 실천 유학인 실학을 발전시켰던 것입니다.

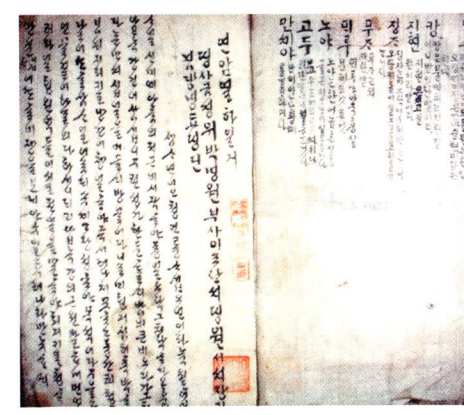
▲ 청나라를 방문한 실학자 박지원이 쓴 《열하일기》

실학의 발달

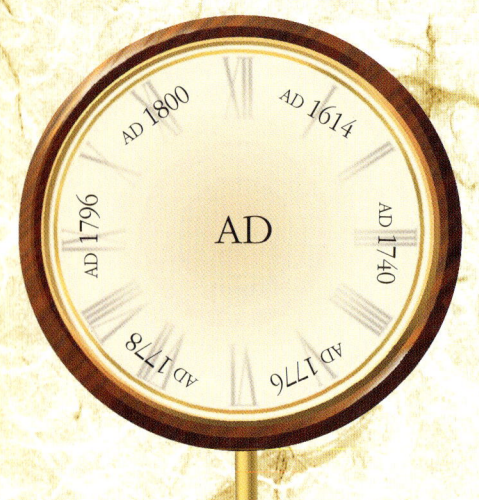

17세기 이후 학문과 사상의 새로운 흐름 가운데 대표적인 것은 실학의 발달입니다. 실학은 사회의 여러 문제를 해결하고자 하는 노력에서 등장한 학문이자 사회 개혁 사상입니다. 실학은 농업 중심의 개혁론, 상공업 중심의 개혁론, 국학 연구 등으로 발전하였는데, 청나라에서 전해진 고증학과 서양 과학의 영향이 컸습니다. 실학은 개혁 군주인 정조 때에 가장 많은 발전을 합니다. 이 시기는 세종 때에 못지않은 조선 문화의 번영기였습니다.

1614년	이수광이 《지봉유설》을 써서 최초로 서양의 학문을 소개함.
1670년	유형원이 《반계수록》을 완성함.
1740년	이익의 대표작인 《성호사설》이 완성됨.
1776년	정조가 규장각을 설치함.
1778년	박제가가 청나라를 방문하고, 《북학의》를 저술함.
1779년	규장각에 검서관을 두어 이덕무, 유득공, 박제가를 등용함.
1780년	박지원이 청나라를 방문하고, 《열하일기》를 저술함.
1796년	정약용 등의 활약으로 수원 화성이 완성됨.
1800년 6월	정조의 죽음으로써, 개혁 정치가 퇴보함.

중농 학파와 중상 학파

17세기 이후 조선에서는 농민과 상인 계층에서 빈부의 격차가 커져 갔습니다. 농업과 상업의 새로운 상황 변화에 맞서 실학자들은 대안을 제시하며 개혁을 주장했습니다.

이수광은 명나라를 세 번이나 방문해 얻은 책과 지식을 바탕으로 조선 최초로 서양의 학문을 소개한 《지봉유설》을 써서 실학의 선구자라고 불립니다. 김육은 수차 사용, 화폐 통용 등을 주장하고, 백성들의 생활을 개선하는 구체적인 대안인 대동법을 확대 시행한 개혁 정치가입니다. 이들의 뒤를 이은 유형원은 토지 제도의 개혁 등의 내용을 포함한 《반계수록》을 써서 실학을 최초로 체계화한 인물로 손꼽힙니다. 이익은 농가에서 농사짓는 땅을 매매하는 것을 금하는 방법을 제시했고, 정약용도 농지의 공동 소유와 공동 경작, 공동 분배를 주장했습니다. 농민 중심으로 사회를 개선하려는 이들을 중농 학파라고 합니다.

반면 유수원, 홍대용, 박지원, 박제가는 청나라의 발달된 문물을 받아들이고, 상공업을 진흥시켜야 한다고 주장함으로써 중상 학파, 또는 북학파라고 부릅니다. 북학파의 선구자인 홍대용은 문벌의 철폐, 성리학의 극복, 중국이 세계의 중심이라는 생각을 버릴 것을 제안했습니다. 박지원은 수레와 벽돌 문화 등을 적극 도입하자고 주장하고, 양반 사회의 무능함에 대해서도 신랄하게

▶ 혜경궁 홍씨의 칠순을 맞아 함께 화성 행차를 하는 정조

▲ 정조가 건립한 수원 화성의 북문인 장안문의 야경

비판했습니다. 박제가는 상공업의 발달과 청나라와의 문물 교류를 강조했습니다. 이들 북학파는 새로운 문물 수용에 적극적이었습니다.

국학의 발전

사회 현실에 대한 실학자들의 관심과 비판은 우리 역사, 지리, 언어, 풍속 등 국학에 대한 관심으로 이어졌습니다. 안정복의 《동사강목》, 한치윤의 《해동역사》, 유득공의 《발해고》, 이종휘의 《동사》 등은 우리 역사를 체계화하려는 노력의 결실들이었습니다. 우리 국토에 대한 연구에 있어서는 역사지리서로 한백겸의 《동국지리지》, 인문지리서로 이중환의 《택리지》, 정밀 지도에서는 김정호의 《대동여지도》가 만들어졌습니다. 우리 말에 대한 연구도 활발해져서 신경준의 《훈민정음운해》, 유희의 《언문지》 등이 나왔습니다. 아울러 백과사전에 해당되는 류서가 많이 나왔는데, 이덕무의 《청장관전서》, 서유구의 《임원경제지》, 이규경의 《오주연문장전산고》 등이 나왔습니다. 또 정조 때에는 국가적 사업으로 한국학 백과사전에 해당되는 《동국문헌비고》가 편찬되었습니다.

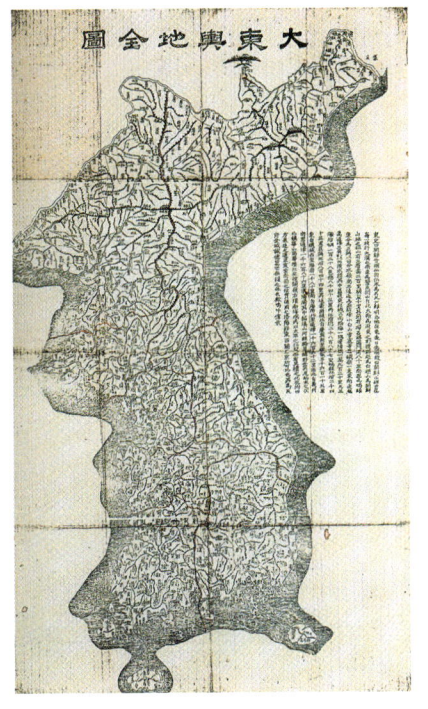
▲ 지리학을 발전시킨 김정호의 대동여지도
국립중앙박물관[중박 200901-26]

정조와 실학자

실학은 사회를 개혁하고자 하는 학문입니다. 실학자들의 주장은 대동법, 균역법, 공노비 해방 등의 정책에 반영되어 실시되기도 했습니다. 특히 개혁 군주인 정조는 규장각을 설치하고, 실학자들을 검서관으로 등용하여 연구와 편찬 사업을 펼치게 했습니다. 정조의 뒷받침을 받은 실학자들은 관직에 있으면서 많은 자료를 보고, 청나라를 방문하는 등 경험을 쌓아 뛰어난 연구를 할 수 있었습니다. 하지만 정조가 죽은 후 개혁을 원하지 않는 세도정권이 등장하면서 실학자들의 활동은 주춤할 수밖에 없었습니다.

규장각과 실학

정조는 현실 문제의 학문적 해결을 위해 규장각을 설치하고, 청나라에서 1만여 권의 《고금도서집성》과 같은 책을 구입하는 등 8만여 권의 책을 갖춘 국립도서관의 기능을 갖추게 했습니다. 서호수, 정약용 등 유능한 신하들을 근무하게 했을 뿐 아니라, 서얼 출신인 박제가, 유득공, 이덕무를 검서관으로 기용하고, 젊고 유능한 신하들을 이곳에서 위탁 교육하게 하는 등 정조는 규장각을 인재를 길러 내는 곳으로 삼았습니다. 이곳에서 많은 책을 본 학자들이 실학을 크게 발전시킬 수 있었습니다.

▲ 실학자들이 자주 머문 도서관이 있었던 창경궁 규합루(김홍도 작) / 국립중앙박물관 [중박 200901-26]

다산 정약용

조선 후기를 대표하는 학자는 정약용이라고 할 수 있습니다. 정조의 총애를 받은 그는 수원 화성을 설계하였습니다. 개혁사상가이며, 과학자, 역사가, 지리학자이기도 한 그는 다방면에 걸쳐 많은 책을 저술한 뛰어난 학자였습니다. 놀라운 것은 그가 천주교와 관련 있다는 이유로 오랜 유배 생활을 했음에도 불구하고 많은 책을 펴냈다는 사실입니다. 그는 위대한 학문적 전통을 계승하고 만들어 간 뛰어난 학자였습니다.

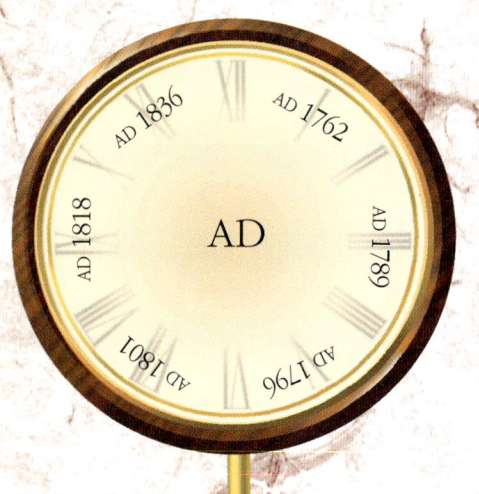

1762년	경기도 광주에서 정약용이 태어남.
1789년	정약용이 문과에 급제하여 벼슬길에 오름.
1795년	유득공, 박제가 등과 함께 규장각 편찬 사업에 참여함.
1796년	정약용의 주도로 이루어진 수원성의 축성이 완성됨.
1801년	신유박해의 여파로 남인인 정약용이 유배를 떠남 (~1818년).
1817년	정약용, 《경세유표》를 완성함.
1818년	지방 수령이 행정 과정에서 지켜야 할 덕목을 쓴 《목민심서》 저술을 완성함.
1822년	정약용, 공정한 법집행을 주장한 《흠흠신서》를 지음.
1836년	정약용 사망.

18세기는 정보의 홍수 시대

21세기 매스 미디어와 인터넷에 의해 정보 홍수의 시대를 맞이한 것과 마찬가지로, 18세기 조선도 청나라에서 들여온 막대한 새로운 정보로 인해 정신을 못 차릴 지경이었습니다. 청나라는 과거로부터 내려온 중국의 여러 책들을 정리한 《사고전서》를 간행했고 아랍과 유럽의 새로운 과학 지식들을 받아들여 새로운 학문을 만들어 가고 있었습니다.

청나라를 방문한 사신들을 중심으로 청나라의 새로운 책들이 조선에 수입되기 시작했습니다. 특히 정조는 청나라에서 나온 백과사전을 비롯한 많은 책들을 수집하라고 어명을 내렸습니다. 많은 실학자들이 정조가 만든 규장각에서 공부를 하며 새로운 지식 체계를 쌓아 갔습니다. 이들은 정보를 수집하고, 정리했습니다. 그리하여 어류, 조류, 무예 등과 같은 전문적인 분야의 깊이 있는 연구 성과가 나오게 되었습니다.

정약용의 공부 방법

실학자들 가운데 단연 두드러진 인물은 정약용입니다. 정약용은 이론을 위한 이론, 논쟁을 위한 논쟁을 극도로 혐오하고 나라와 백성에게 도움이 되는 연구

▲ 양평에 있는 정약용의 생가

▲ 정약용이 설계한 수원 화성의 화홍문과 방화수류정

▲ 다산 정약용의 묘

를 했습니다. 그는 관리들의 행정 지침서인 《목민심서》, 형법 집행서인 《흠흠신서》, 국가 경영을 다룬 《경세유표》 등 3대 저서를 펴냈습니다. 뿐만 아니라 홍역에 관한 치료법을 쓴 의학책인 《마과회통》, 우리 역사와 지리를 연구한 《아방강역고》, 음악 이론서인 《악서고존》, 언어학 책인 《아언각비》, 유학 경전의 연구 등 다방면에 걸친 500권의 저서를 펴냈습니다.

이렇게 다작을 할 수 있었던 것은 그의 연구 방법이 대단히 과학적이었기 때문입니다. 먼저 단계별로 학습하여 기초부터 확립하고 분석하여 꼼꼼히 정보부터 정리합니다. 큰 흐름을 짚어 정보를 조직합니다. 글로 정리하고 따져 본 후, 문제점을 발견하기 위해 논리를 정리합니다. 설득력을 갖추기 위해 핵심을 중심으로 전체를 훑어봅니다. 실용성을 위해 현실에 적용하여 의미를 밝혀 봅니다. 기존의 권위 있는 주장을 넘어 독창적인 생각을 넣습니다. 이렇듯 그는 효율성을 강조하고, 핵심 가치를 잊지 않는 연구를 했던 것입니다.

또 정약용을 능가하는 1천여 권을 펴낸 최한기, 류서라 불리는 백과사전류를 낸 많은 실학자들 역시 정보의 홍수 속에서 무엇이 중요한지, 어떻게 정보를 정리하고 활용할지를 고민하고 연구했던 진정한 학자들이었습니다.

정약용의 좌절

▲ 정약용은 유배지에서 많은 책들을 썼다.

정약용은 뛰어난 학자로서의 재능을 바탕으로 정조의 총애를 받았습니다. 정조의 재위 기간 동안 정약용은 자신의 재능을 마음껏 펼칠 수가 있었습니다. 그러나 정조가 죽은 후 신유박해 때에 그는 천주교와 관련이 있다는 이유로 전라도 강진으로 유배되고 말았습니다. 그는 18년간 유배지에서 독서와 저술에 힘써 많은 책을 지었습니다. 이후에도 그는 벼슬길에 나아가지 못하고 고향에서 저술을 하며 삶을 마쳤습니다. 정약용과 같은 개혁사상가이자 과학자인 실학자들이 정조의 죽음 이후 자신들의 뜻을 제대로 펴지 못한 것은 조선 역사의 큰 불행이었습니다.

정약용은 과학자?

정약용은 과학과 기술의 중요함을 알고 기술 개발에 앞장서기도 했습니다. 그는 기술이 발전해야 인간 생활이 풍요로울 수 있다고 믿었습니다. 그는 서양 선교사가 청나라에서 펴낸 《기기도설》을 참고하여 거중기를 만들고, 《기중도설》이란 책까지 지어 냅니다. 거중기는 수원 화성을 건설할 때 사용되어 공사 기간과 공사비를 줄이는 데 큰 역할을 합니다. 또 정약용은 한강 배 다리를 설계하고, 외발수레 등의 건설 기계를 새로 만들었습니다.

천주교의 전파와 탄압

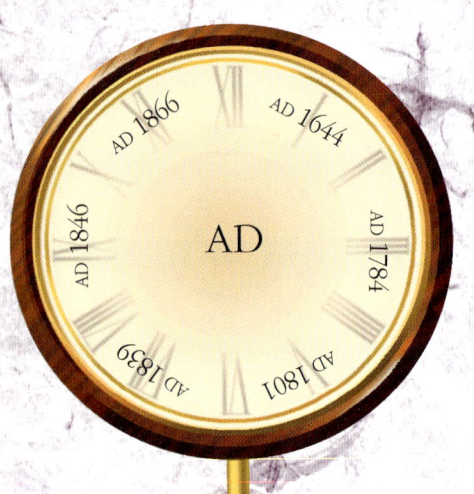

천주교는 유일신 하느님을 믿는 종교로, 처음에는 학문인 서학으로 조선에 전파되어 연구되었습니다. 그러다 차츰 신앙으로 천주교를 믿는 사람들이 생겨났고 서양 선교사들이 조선을 방문해 포교를 하여 신도들이 크게 증가했습니다. 천주교는 조상 숭배, 신분 관념 등에 있어 유교와 큰 차이가 난 탓에 탄압을 받아 많은 신도들이 목숨을 잃었습니다.

1644년	소현세자가 아담 샬에게서 천주교 신앙 관련 책을 조선에 가져옴.
1784년	조선 최초로 이승훈이 북경에서 천주교 영세를 받음.
1791년	윤지충이 조상의 신주를 불태워, 최초의 천주교 순교자가 됨.
1794년	청국 신부 주문모가 조선에 들어옴.
1801년	신유박해가 일어나 남인을 탄압함. 황사영 백서 사건으로 탄압이 더 심해짐.
1839년	기해박해. 풍양 조씨가 정권을 장악하는 방편으로 천주교를 탄압함.
1846년	조선 최초의 신부 김대건이 체포됨. 김대건 신부 외 9명이 순교함.
1866년	대원군이 프랑스 신부 등을 죽인 병인박해가 일어남.
1866년 10월	병인박해를 핑계로 프랑스가 조선을 공격한 병인양요가 일어남.

천주교의 전파

천주교는 청나라를 통해 조선에 전해졌습니다. 청나라에 간 사신들이 북경 등지에서 서양인 선교사로부터 천주교에 관한 서적을 얻어 오면서 알려졌습니다. 천주교를 접한 조선의 선비들은 새로운 서양의 학문으로 받아들이고 연구했습니다. 새로운 학문에 관대하던 정조 때에 이승훈이 최초로 서양인 신부로부터 세례를 받으면서 조선 교회가 세워졌습니다. 청나라에서 주문모 신부가 입국하여 활약함에 따라 교인의 숫자가 4천 명에 이를 정도로 늘기도 했습니다. 천주교의 평등 신앙은 양반보다는 역관을 비롯한 중인 계층과 서민들과 여성들에게 널리 전파되었습니다.

정조가 왕위에 있는 동안 정권에 참여했던 남인들 가운데는 천주교를 학문으로 연구하거나 신앙으로 받아들인 사람들도 많았습니다.

신유박해

그런데 정조가 죽고 순조가 즉위하여 대왕대비인 정순왕후 김씨가 권력을 장악하면서 천주교에 대한 혹독한 탄압인 신유박해가 일어났습니다. 이때에 이승훈을 비롯하여 이가환, 정약종 등과 주문모가 사형을 당하고 정약전, 정약용은 유배형을 당했습니다. 박지원, 박제가 등도 관직에서 쫓겨나고 말았습니다. 이때의 탄압은 대왕대비 김씨 등의 노론이 남인을 제거하기 위한 의도가 개입되어 있었습니다.

그런데 이때 박해를 피해 숨어 있던 황사영이란 자가 자신의 의견을 비단에 적은 글_{백서}을 북경의 서양인 구베아 주교에게 보내려다가 발각되어 사형을 당한 사건이 발생했습

▶ 신주를 불태우는 천주교도들

조선 최초의 신부, 김대건

충남 당진군 출생인 김대건은 증조부가 1814년 순교하고, 아버지도 기해박해 때에 순교한 독실한 가톨릭 집안에서 태어났습니다. 그는 1836년 프랑스 신부 모방에게 세례를 받은 후, 중국으로 건너갔습니다. 북경을 거쳐 상해, 마카오로 가서 그곳에서 신학 교육과 서양 학문을 배웠습니다. 1845년 상해에서 사제로서 서품을 받아 신부가 됩니다. 조선에 천주교를 전파하기 위해 충남 강경으로 밀입국하여 포교 활동을 하다가 새남터에서 처형당했습니다.

▲ 조선 최초의 신부인 김대건상

▲ 조선 사람들이 소중히 생각했던 조상의 신주

니다. 백서에는 프랑스의 해군 병력을 보내 조선 정부를 위협해서 천주교를 믿는 자유를 얻을 수 있도록 해 달라는 요청이 적혀 있었습니다. 이와 같은 천주교도의 어설픈 행동으로 천주교에 대한 탄압 정책은 더욱 심해졌습니다.

탄압 가운데 천주교가 퍼진 이유

천주교가 탄압 받은 이유는 군대를 보내 달라고 한 황사영 같은 얼치기 때문만은 아니었습니다. 탄압의 가장 큰 이유는 성리학이 지배하는 조선 사회 질서를 천주교가 변화시키려 했기 때문이었습니다. 19세기 조선은 세도 정치로 인해 정치가 문란해진 탓에 백성들은 탐관오리로부터 많은 수탈을 당해 생활이 어려워졌습니다. 나라에 대한 불만이 커진 백성들은 정신적인 구원과 새로운 세상이 열리기를 바라고 있었습니다. 그런데 유교는 농민들과는 거리가 멀고 구원의 희망을 줄 수 없었습니다. 불교는 산에 머물러 다시 세력을 키울 수도 없었습니다.

이런 상황에서 천주교는 백성들에게 하나의 희망이 되어 전파가 되었습니다. 하지만 서양에서 들여온 천주교도 한계는 있었습니다. 서양 세력의 침략 위협으로 위기감이 높아지면서 차츰 천주교를 경계하는 사람들이 늘어났던 것입니다. 또한 전통적인 효사상과 어긋나는 조상 숭배 금지와 같은 교리는 조선 사람들에게 반감을 불러왔습니다. 하지만 19세기 말 개항 후 서양 선교사들의 활동이 자유로워지면서 천주교는 다시 퍼지게 되었습니다.

▲ 신유박해를 기리는 조각상

▲ 절두산 순교지

양인과 천민

조선은 사람들의 신분을 양인과 천민으로 크게 구분하는 양천 제도를 법으로 정했습니다. 양인은 과거를 볼 수도 있으며 벼슬길에 나아갈 수 있는 자유인이나, 조세와 국역의 의무를 짊어져야 했습니다. 반면 천민은 비자유인으로, 개인이나 국가에 소속되어 천한 일을 담당했습니다.

반상 제도

조선은 양인과 천민 두 개의 신분만 있었던 것은 아닙니다. 원칙은 양인과 천민뿐이지만, 차츰 관직을 가진 사람을 의미하던 양반이 하나의 신분으로 굳어졌습니다. 양반은 본래 문반과 무반을 아울러 부르는 명칭이나, 차츰 문반과 무반을 가진 사람뿐만 아니라 그 가족과 가문까지도 양반이라 부르게 되었습니다.

또한 양반 관료를 보좌하던 전문 기술직 중심의 중인도 신분층으로 정착되었습니다. 따라서 지배층인 양반과 피지배층인 상민, 즉 평민 사이에 차별을 두는 반상(양반/상민)제도가 일반화됐습니다. 조선의 신분은 양반, 중인, 상민, 천민으로 정착됩니다.

피지배층인 상민은 양인이기 때문에 과거에도 응시하여 관직에 나아갈 수도 있었습니다. 그러나 과거 준비에 드는 많은 시간과 비용 때문에 상민이 과거에 합격하기란 매우 어려웠습니다. 특별한 경우가 아닌 한, 상민의 신분 상승 기회는 많지 않았습니다.

조선의 농민과 노비

상민 가운데 대부분은 농민이었습니다. 상인, 공인도 상민이었지만 '사농공상'이라 불리는 공인과 상인은 농민보다 대접을 받지 못했습니다. 대부분의 농민은 세금, 공납, 부역 등의 의무를 지고 있었습니다. 농민은 생산량의 상당을 세금으로 내야 했지만, 모내기 등 새로운 농법 등의 도입으로 넓은

토지를 경작하여 경제적으로 성장하는 자들도 생겨났습니다.

노비는 주된 소유자들인 양반들에게는 필요한 존재였지만, 국가에서는 노비가 너무 많아지면 세금을 낼 상민들이 줄어들기 때문에 노비로 신분이 떨어진 사람들을 자주 상민으로 해방시켜 주었습니다. 노비 가운데 외거노비는 노동력으로 주인에게 봉사하기보다는 재물인 신공을 바쳐 노동력 제공을 대신했습니다. 국가가 소유한 공노비부터 서서히 노비 신분에서 해방되어 갔습니다.

신분 제도의 변화

조선은 초기에 양인과 천민 단 두 개의 신분만이 있었지만, 차츰 관직을 얻은 사족이 특권 계급인 양반이란 신분으로 굳히면서, 중인, 상민, 천민의 4개의 신분으로 신분 제도가 완성되었습니다. 최고 신분인 양반은 자신들의 특권을 지키고 양반이 늘어나는 것을 제한하고자 서얼 차별을 하는 등의 조치를 취했습니다. 하지만 하위 신분인 중인과 상민은 양반이 가진 군역 면제와 같은 특권을 누리고자 다양한 방법으로 양반이 되고자 했고, 양반의 수는 급격히 늘어 갔습니다.

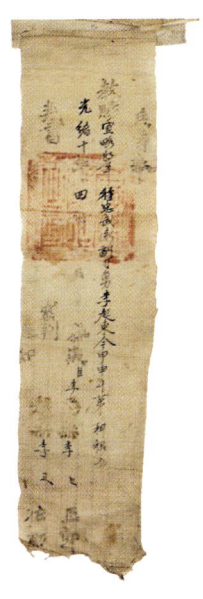
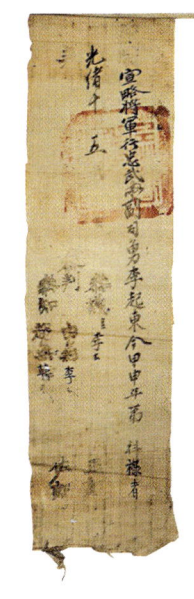

조선 후기에 들어 정부는 세금을 거둘 땅과 상민이 부족해지자 부족한 자금은 공명첩 등을 팔아서 메웠습니다. 공명첩의 매매는 다시 세금을 낼 상민의 수를 줄이고 특권층인 양반의 수를 늘렸습니다. 상민들의 수가 줄어들자 다시 상민들에게 과도한 수탈로 돌아왔고, 상민들은 수탈에서 벗어나기 위해 양반이 되고자 했습니다. 결국 양반은 그 수가 너무 많아져 희소성이 사라졌고, 마침내 조선은 양반에게도 군포세를 내도록 했습니다. 양반이 가진 특권이 약해지면서 조선의 신분 제도는 붕괴되어 갔습니다.

특별한 신분 – 양반

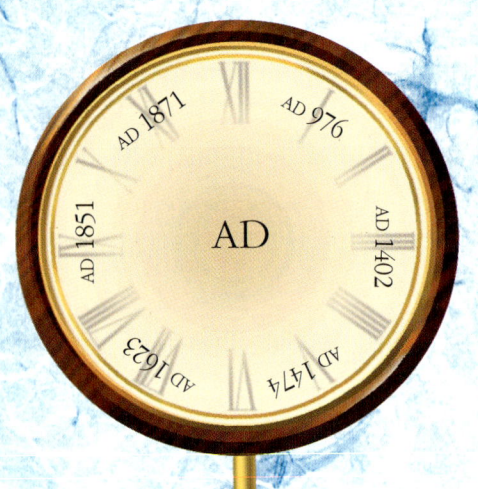

양반은 고려와 조선 시대 신분 계층으로 좁은 의미로는 관직상의 문반과 무반을, 넓은 의미로는 고려와 조선 시대의 지배 신분층을 지칭하는 말입니다. 고려 초기에 관직상의 문·무반이란 뜻으로 양반이란 말이 등장했습니다. 이것이 점차 확대되어 고려 말·조선 초부터 현직·전직 관리와 문·무 관원으로 진출할 수 있는 자격을 가진 자와 그 가족까지를 포함한 지배 신분층을 의미하게 되었습니다.

976년	문반과 무반의 구분이 처음 생김.
1402년	신분을 나타내기 위한 호패법을 실시함.
1423년	문화 류씨 가문에서 족보인 《영락보》가 발간됨.
1474년	조선의 기법 법전인 《경국대전》이 만들어짐. 양천제를 규정함.
1623년	인조반정이 일어남. 이후 왕권이 약화되면서 양반의 군역이 면제됨.
1639년	지방 재정을 위한 공명첩 첫 발행.
1851년	서얼 허통을 실시하여, 관직에 오르는 데 차별을 없앰.
1871년	호포제 실시하여 양반도 상민과 마찬가지로 호 단위로 군포를 냄.

양반 신분의 형성

신라 시대에는 엄격한 신분 제도인 골품제 탓에 성골, 진골만이 나라의 중요 정책을 결정하는 고위직을 독차지했습니다. 고려 시대의 지배층인 귀족은 왕족을 비롯해 5품 이상의 고위 관료가 주류를 이루며 음서나 공음전의 혜택을 받았습니다. 반면 조선은 신라, 고려보다 지배층인 양반의 범위가 매우 넓어졌습니다. 지방의 중·소 지주의 자식이라도 과거에 급제하면 지배층인 양반이 될 수 있었습니다. 일단 지배층이 된 양반들은 양반이 너무 많아져 자신들의 기득권이 약화되는 것을 막기 위해 문·무 양반의 관직을 받은 자만을 사족으로 인정하고 양반의 신분을 법과 제도를 통해 특권 계급으로 만들었습니다. 즉, 양반은 국가의 각종 의무로부터 면제를 받게 됐습니다. 또한 토지와 노비를 소유하고, 과거와 음서, 천거 등을 통해서 국가의 고위 관직을 독점했습니다.

양반들의 경제 활동

양반들의 경제적 기반은 과전, 녹봉, 그리고 자신의 토지와 노비였습니다. 양반은 대부분이 땅을 가진 지주였으므로 토지와 노비에서 주된 수입이 나왔습니다. 양반들은 자신의 토지를 노비에게 경작케 했으며, 노비가 부족하고 땅이 많을 경우에는 주변 농민에게 땅을 빌려주어 농사짓게 했습니다. 이때 생산량의 절반은 땅 주인인 양반이 가져갔습니다. 양반은 자신이 직접 농장을 관리하기도 하지만 대리인을 시켜 관리하게도 했습니다. 양반들은 간척 사업, 황무지 개척, 토지의 구입 등을 통해 자신들의 토지를 넓혔습니다.

▶ 양반의 생활 모습

▲ 창덕궁 안에 만들어진 양반 사대부집 가옥인 연경당

▲ 학생들은 유교 경전의 내용을 대쪽에 적어 놓고 외우기도 했다. / 국립중앙박물관[중박 200901-26]

▲ 김홍도의 벼 타작 - 직접 농장을 관리하는 양반의 여유로운 모습 / 국립중앙박물관[중박 200901-26]

조선 시대 양반들은 주로 지주로서의 경제 활동을 했으나 후기에는 상인에게 자본을 대 주거나, 농민들에게 고리대를 놓아 부당한 이익을 챙기거나, 소작농으로부터 지세를 받아 부를 모은 이들도 생겨났습니다. 하지만 몰락한 양반일지라도 체면 때문에 상업 등에 종사하지 못하고 빈곤한 삶을 사는 경우도 있었습니다.

양반의 계층 분화

양반은 경제적으로 풍요로운 계층이어서 기근이나 전염병 등을 잘 극복하는 등 자연 증가율이 높았습니다. 또한 양반은 군역에서 면제되는 등 여러 특권을 누렸기 때문에 중인, 서얼, 상민들도 다양한 통로로 신분을 상승시켜 양반이 되고자 했습니다. 반면 경제적, 정치적 이유로 평민으로 신분이 하강되는 경우도 있었으나, 그 수는 많지 않았습니다.

같은 양반이지만 높은 벼슬아치를 계속 배출한 대가, 명가라 불리는 최고의 양반과, 하위 양반에 해당하는 향촌에서 살아가는 향반, 가난한 잔반은 큰 차이가 있었습니다. 이들은 결혼이나 왕래에서 구분이 있었습니다. 조선 후기로 갈수록 양반이 너무 많아지고 군포를 낼 상민이 줄어들어 나라의 재정이 어려워지자 대원군은 호포제를 실시하여 양반도 상민과 같이 호 단위로 군포를 내게 했습니다. 양반의 희소성이 없어지고 특권이 약화되면서, 양반의 권위는 크게 떨어졌습니다. 결국 신분제가 폐지되면서 특권 계급 양반도 사라졌습니다.

중인

조선 시대 중인은 양반과 상민의 중간 계층으로, 역관, 의원, 화원 등 전문 기술관들과, 중앙 관청과 지방 관청의 서리와 향리가 포함됩니다. 여기에 양반의 첩에게서 태어난 서얼도 중인과 같은 대접을 받았습니다. 이들은 자신들의 직업을 가문 대대로 세습하고, 같은 중인끼리 결혼을 했습니다. 문과 시험에 응시하는 것은 금지되었으나 무반직으로는 등용될 수가 있었습니다. 중인은 전문 기술과 행정 실무를 담당했기 때문에 재물을 모을 수 있었고, 지방에서도 지방관을 보좌하며 위세를 부릴 수도 있었습니다.

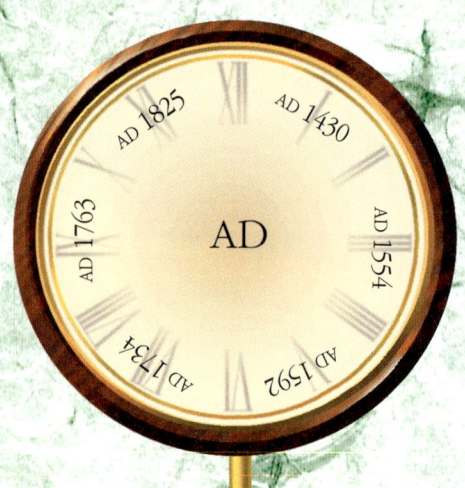

농민의 생활

조선 시대에는 농업을 가장 중요한 산업으로 여겨 정부는 농민들에게 발전된 농사법을 보급하고 때에 맞추어 씨를 뿌리고 수확할 것을 적극 알렸습니다. 임금도 직접 씨를 뿌리고 농사짓는 시범을 보이기도 했습니다. 흉년이 들면 나라는 세금을 거두지 못해 가난해집니다. 농민은 나라를 지탱하는 소중한 존재였지만 농민의 생활은 무척 힘들고 바빴습니다.

1430년	정초가 발전된 농사법이 담긴 《농사직설》을 펴냄.
15세기	밭농사에서 조, 보리, 콩의 2년 3모작이 가능해짐. 벼농사에서 모내기가 시작되었고 벼농사가 황해도, 평안도 등지로 확대됨.
1554년	흉년이 들었을 때 대응 방법을 한글로 쉽게 쓴 《구황촬요》 간행됨. 곡식의 대용식물 제조법, 환자 치료법 등 다양한 재난 극복 방법이 실림.
1592년	임진왜란, 정묘호란은 조선의 농경지를 크게 황폐화시킴. 농민들은 새로운 농경지, 황무지를 개간하기 위해 힘씀.
17세기	농민들이 넓은 땅에 농사짓는 광작이 유행하고, 일본에서 고추가 전해짐.
1734년	신속의 《농가집성》 배포.
1763년	조엄이 일본에 통신사로 갔다가 고구마를 얻어 남부 지방에서 재배하기 시작함.
1825년경	청나라를 통해 감자가 조선에 전해짐.

농민의 일상생활

농민들은 농사철에는 농사일로 바쁘고, 겨울에는 가마니 짜기, 새끼 꼬기 등의 일을 하며 휴식을 취했습니다. 이때 군사 훈련과 나라에서 시키는 일을 하기도 했습니다. 여성들은 때맞춰 길쌈을 하며 옷을 만들었습니다.

농민들은 아침 일찍 일어나 일하고 해가 지면 집으로 들어왔습니다. 이마에 수건을 두르거나 맨상투를 하고, 짚신을 신거나 혹은 맨발로 논과 밭에서 일을 했습니다. 부엌에서 불을 땔 때 사용하는 연료는 산에서 직접 땔나무를 가져왔습니다. 또 외양간에 깔았던 짚과 쇠똥을 퍼내 잘 섞어서 건조시켜 비료인 두엄을 만듭니다. 소를 가진 농가에서는 쇠죽을 끓여 주거나 소를 끌고 나가 풀을 먹여 주어야 합니다. 또 집 뒤편에는 채소를 가꾸는 텃밭을 일궈 관리했습니다.

절기에 따라 짓는 농사

농부들은 여러 종류의 농사를 했지만, 차츰 벼농사를 가장 중요하게 여겼습니다. 벼는 보리나 수수, 기장 등에 비해 수확물이 많았습니다. 많은 보살핌을 필요한 작물이라서 농사일이 많았지만, 농민들은 벼를 재배하는 것이 가장 유리했습니다. 벼농사를 짓기 위해서는 음력 2월 춘분 무렵부터 논갈기를 시작합니다. 늦어도 음력 4월까지는 벼를 파종해야 합니다. 6월과 7월에는 잡초를 뽑으며 벼가 잘 자라도록

▶ 김홍도의 논갈이 – 농민의 삶을 엿볼 수 있다.

▲ 논에 자란 벼 - 쌀은 농민의 모든 것이었다.

두레

농민들은 가족 단위로 농사를 짓기도 하지만 봄철 모내기나, 가을철 수확기에는 빠른 시일 내에 일을 마쳐야 했기 때문에 여러 사람들이 힘을 합쳐야 했습니다. 물 대기, 김매기, 타작 등 공동 작업이 필요한 일은 많았습니다. 그래서 농민들은 두레라는 조직을 만들었습니다. 두레의 통솔자인 행수, 행수의 보좌격인 도감, 작업 진행을 돕는 수총각 등의 조직을 두고 공동으로 노동을 하였습니다.

돕습니다. 음력 9월 말까지는 수확을 마치고 10월에는 도리깨로 볏단을 타작합니다.

벼농사 기간은 그리 길지 않지만 추수가 될 때까지 날씨의 변화에 따라 세심한 관리가 필요했습니다. 가뭄이 들면 농부는 냇물에서 쉼 없이 두레질을 하여 논으로 물을 끌어올려야 했습니다. 홍수가 들면 농민들은 더욱 힘들어집니다. 한 해 농사를 망치면 다음 해 뿌릴 종자는 커녕 겨울 동안 먹을 양식도 마련할 수 없어 빚을 지게 됩니다. 굶주리거나 빚을 감당해 내지 못하면 집과 농토를 잃고 떠돌이가 되거나 노비로 전락하였습니다.

▲ 농악 - 농민들은 공동 작업을 할 때 농악을 연주하며 흥을 돋우었다.

식생활

조선 사람은 하루에 두 끼만을 먹는 경우가 많았습니다. 낮 시간이 짧은 겨울철에는 보통 두 끼를 먹었으며 힘든 일을 하는 농번기나 특별한 일이 있는 경우에만 새참이나 점심을 먹었습니다. 그렇지만 아침과 저녁은 중요시하여 새로 밥을 짓고 반찬을 차렸습니다. 큰 사발 가득 담은 밥을 먹는 조선 사람들을 보고 외국인들은 대식가라고 했습니다. 김치, 간장 외에 많은 반찬이 없었기 때문에 밥의 양이 많았던 것입니다.

임진왜란 이후 외국에서 고구마, 감자, 고추가 전래되자 농민들의 식생활은 큰 변화가 생겼습니다. 고추는 소금에 절인 채소에 불과했던 김치를 아주 맛있는 반찬으로 변화시켰습니다. 감자, 고구마, 옥수수 등은 봄철 먹을거리가 없는 시기에 굶주림을 면하게 해 주는 구황작물로 사랑을 받았습니다. 농민들은 잔칫날이나 명절에는 맛있는 음식들을 먹을 수 있었지만, 매일매일 다양한 음식을 먹지는 못했습니다.

▶ 감자, 고구마, 고추 - 농민들의 식생활 변화에 큰 영향을 주었다.

농민의 저항

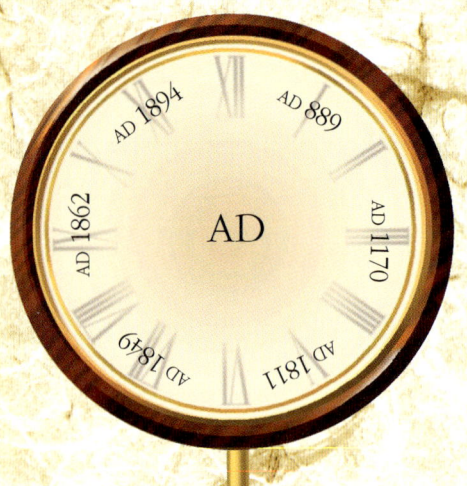

농민들은 세금을 내어 국가를 지탱하는 주역이지만 부패한 관리들에게는 늘 좋은 먹잇감이 되곤 했습니다. 부패한 관리로부터 착취를 당한 농민들은 때로는 관리들에게 저항을 했습니다. 특히 조선 후기에 세도 정치로 인해 각종 부정부패가 만연하자 심한 착취를 당한 백성들은 봉기를 일으켜 대항할 수밖에 없었습니다. 농민 봉기는 신라 시대부터 있어 왔고, 고려 무신정권 시기에는 농민 반란이 자주 일어났습니다. 농민 봉기가 계속되어 온 까닭은 관리들이 백성을 위한 봉사자가 아니라 백성 위에 군림하고자 했기 때문입니다.

889년	우리 역사에 기록된 최초의 농민 반란인 원종과 애노의 반란이 일어남.
1170년	무신의 난이 일어난 후, 농민들의 봉기가 크게 증가함.
1596년	이몽학의 반란에 농민들이 참여함.
1778년	죽은 사람에게까지 군포를 징수하는 백골징포를 금지함. 농민의 부담을 줄임.
1811년	평안도에서 지역 차별에 항의하는 홍경래의 난이 일어남.
1849~1863년	조선 25대 철종 때에 삼정의 문란이 가장 심해짐.
1862년	진주 민란 발생을 시작으로 삼남 지방에서 대대적인 농민의 봉기가 일어남.
1894년	고부군수 조병갑의 수탈에 대항하여 농민봉기 일어남. 동학 농민 운동으로 확대됨.

삼정의 문란

조선 시대 농민들은 농토에 부과된 세금인 전세와 군대에 가야 하는 의무 대신에 내는 군포의 부담을 안고 있었습니다. 또 봄철에 나라에서 곡물을 빌렸다가 가을에 갚는 환곡도 농민들의 부담이 되었습니다. 전세, 군포, 환곡 이 셋을 삼정이라고 합니다. 그런데 부패한 관리들이 정해진 세금 외에 부당하게 세금을 거뒀습니다.

죽은 사람을 살아 있는 것처럼 하여 강제로 군포를 받아가는 백골징포, 군포를 낼 의무가 없는 어린이에게 군포를 내도록 하는 황구첨정, 이웃이나 친척이 내지 못한 세금을 책임지게 하는 동징, 족징 등의 횡포로 백성들은 몇 배의 세금을 내기도 했습니다.

환곡의 경우 가을에 내는 이자가 정해져 있었으나 이를 고리대로 물게 했습니다. 심지어는 농민들이 원하지 않는 환곡을 떠맡아 높은 이자를 물어야 하는 경우도 생겼습니다.

관리들은 농민들로부터 수탈한 과다한 세금을 국가에 내지 않고 개인이 가지거나 자신을 관리로 만들어 준 세도가에게 뇌물로 바쳤습니다. 19세기 초 세도 정치가 한창이던 시기에는 이러한 뇌물 관행이 심해져서 뇌물을 바치기 위해 관리들은 백성들을 괴롭혔습니다.

농민의 저항

부패한 관리에게 착취를 당해 가난에 시달리고 빚에 몰린 농민들은 국경을 넘어 간도나 연해주

▶ 강화도 유수부 이방청 – 지방 행정의 실무자인 6방의 하나인 이방의 집무소

▲ 힘이 장사였던 임꺽정

조선의 3대 도적

1500년경 활약했던 홍길동, 1562년에 잡혀 죽은 임꺽정, 1690년대에 활약했던 장길산을 이익의 《성호사설》에서는 조선 3대 도적이라고 했습니다. 그런데 정부의 입장에서는 도적이지만 이들은 농민들의 지지를 받은 백성들의 영웅이기도 했습니다. 부자들의 재물을 빼앗아 백성들에게 나누어 주는 이들을 '의적'이라고 불렀습니다.

로 이주하거나, 도시나 광산촌에서 품팔이로 사는 경우도 생겼습니다. 흉년이 들어 생활이 더욱 어려워지게 되면, 농민들은 최후의 수단으로 저항을 택합니다. 관리의 부정을 소문내거나 벽보로 경고를 주는 소극적인 방법부터, 세금 납부를 거부하거나 집단 항의 시위, 심지어는 관아를 습격하거나 관리를 폭행하는 경우도 있었습니다. 또 도적의 무리에 가담하는 경우도 있었습니다. 부패한 관리를 응징하기 위해 정부에서는 암행어사를 파견하여 관리들을 벌주기도 했으나, 세도 정치하에서는 효과를 보지 못했습니다.

홍경래의 난과 진주 농민 봉기

농민들은 마침내 대규모 봉기를 일으켰습니다. 1811년 홍경래 난은 착취당하던 농민들과 평안도 지역의 부당한 차별 대우에 불만을 가진 홍경래 등이 일으킨 농민 봉기였습니다. 한때 청천강 이북의 여러 고을을 점령했지만, 새로운 대안을 내세우지 못한 채 실패로 끝났습니다. 그러나 홍경래의 난은 뒤에 발생한 농민 봉기에 큰 영향을 끼쳐, 이후 전국 각지에서 많은 농민 봉기가 일어났습니다.

▲ 동학 농민 운동 기념탑

세도 정치가 가장 극심하던 철종 때에 농민 봉기가 가장 많았는데 특히, 1862년에는 진주 농민 봉기를 비롯해 전국에서 농민 봉기가 일어났습니다. 진주 농민 봉기는 경상 우병사 백낙신의 수탈에 견디지 못한 농민들이 삼정 문란에 항의하다가 받아들여지지 않자 봉기한 것이었습니다. 세금 제도 개혁과 대중들의 자기 권리 찾기 운동이었던 농민 봉기는 양반 중심 사회 체제를 붕괴시키는 한 요인이 되었습니다.

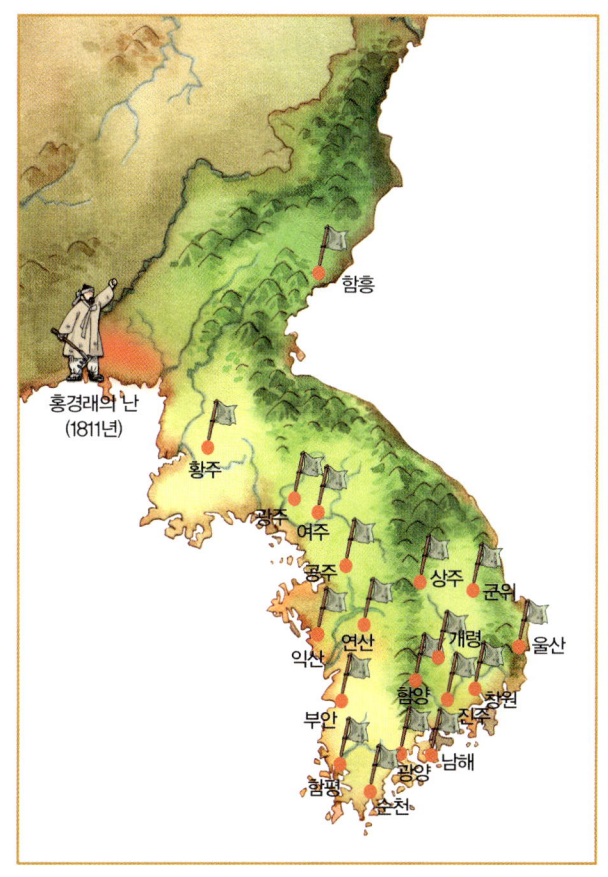

▲ 홍경래의 난과 전국적인 농민 봉기

신분제의 변화

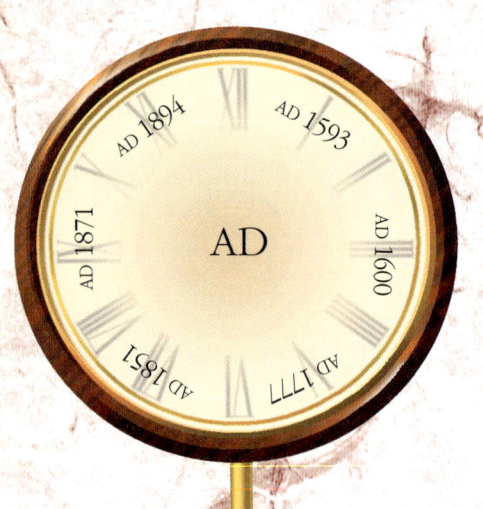

양반 중심인 조선의 신분 제도는 후기에 들어와서 크게 동요하게 되었습니다. 중간 계층의 신분 상승 운동과 농민층의 분화로 차츰 중인이나 평민 가운데 양반 신분에 오르는 경우가 많아졌습니다. 농업 기술 발달로 인해 부를 축적한 농민들은 세금과 부역의 부담을 면하기 위해서 공명첩을 사거나 족보를 위조하여 양반으로 행세하는 경우가 많았습니다. 신분 제도의 변화는 곧 조선이 근대 사회로 발전해 가는 과정이었습니다.

1476년	《안동권씨성화보》가 간행됨.
1593년	임진왜란 후 재정 확보를 위해 대규모의 납속사목을 만듦. 신분 변동의 시작.
1600년	공명첩을 발급하여 재정을 보충함.
1732년	흉년이 들자 공명첩을 발행함. 실제 관직에 해당하는 명예를 정부에서 허락함.
1777년	정조가 서얼들이 관직에 오르는 길을 넓힌 정유절목 발표, 규장각에 서얼 등용함.
1848년	서얼에 대한 여전한 차별이 있자 유생 8천여 명이 서얼의 허통을 상소함.
1851년	서얼의 허통을 허용함.
1871년	호포제 실시. 양반도 상민과 같이 호포를 내게 됨.
1894년	갑오개혁으로 신분 제도 폐지됨.

중간 계층의 신분 상승

양반의 자식이면서도 양반 대접을 받지 못하는 서얼과 중인들은 꾸준히 자신들의 신분을 상승하기 위한 노력을 기울였습니다. 성리학의 귀천, 장자와 서자의 차별 의식이 조선 양반층에 자리 잡게 되면서 서얼은 차별 받았습니다. 서얼들이 신분 상승을 위해 끊임없이 노력했고 그 숫자가 계속 늘자 임진왜란 이후에는 서서히 차별이 줄어들었습니다. 정조 임금은 서얼인 박제가, 이덕무, 유득공을 규장각 검서관에 등용하여 능력을 발휘할 수 있게 해 주었습니다. 서얼은 계속해서 집단 상소를 통해 관직 진출의 차별 폐지를 요구하여 철종 때에 와서는 법적으로 평등해졌습니다.

서얼과 마찬가지로 양반에게 차별을 받던 중인들도 축적된 재산과 실무 경력을 바탕으로 신분 상승을 하고자 했습니다. 비록 서얼과 같은 성공을 거두지는 못했지만 역관, 의원, 화원 가운데는 지방관에 임명되는 경우도 상당수 있었습니다. 허준은 광해군을 치료해 준 공을 세워 당상관이라는 높은 품계를 받았고, 화원인 김홍도는 연풍현감이 되기도 했습니다.

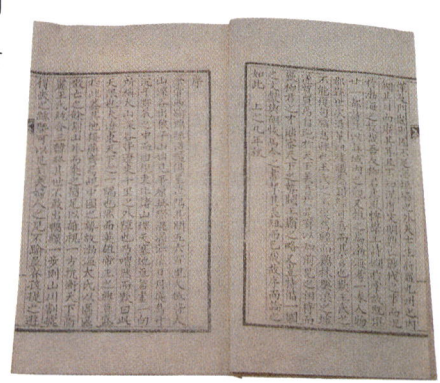

▲ 서얼인 유득공이 쓴 《발해고》

부자가 된 농민과 가난한 농민

17~18세기에 모내기 방법이 중부 지방까지 널리 확산되면서 농민들은 노동력을 줄이면서도 많은 수확을 할 수 있었습니다. 비료에 대한 개선 등이 겹치면서 농민들 가운데는 부를 축적하여 지주가 되는 사람들이 생겨났습니다. 이들 가운데는 공명첩을 사거나, 족보를 위조하여 신분 상승을 이룬 자들도 생겼습니다.

서얼

양반의 자손 가운데 양인 첩의 자식을 '서'라고 하고, 천인 첩의 자손을 '얼'이라고 합니다. 조선 초기까지는 서얼에 대한 차별이 적었으나 이후 차별이 커져서 과거에 응시할 수도 없었고, 재산상속권도 없었습니다. 하지만 부모가 높은 관직에 있을 경우 서얼은 부모보다는 지위가 낮은 관직까지 오를 수 있는 제도가 시행되었습니다. 서얼에 대한 완전한 차별이 없어진 것은 갑오개혁 때입니다.

▲ 전의감터 - 조선 시대 궁중에 쓰이는 의약을 제조하고 재배했던 관아. 의업, 화원 등 전문 기술자들 가운데는 중인이 많았다.

반면 일부 농민들은 토지를 빼앗기고 고용 노동자가 되는 경우가 생기기도 했습니다. 조선은 농민들의 노동력을 강제로 동원하는 부역제를 실시했으나, 16세기 이후로는 국가나 관청에서도 노임을 주고 성 쌓기나 도로 공사에 노동력을 동원하게 되었습니다. 수원 화성을 건설할 때 작성된 장부에는 노임을 준 내역이 상세하게 나옵니다. 가난한 농민들은 이런 공사에서 노동력을 제공하거나 부유한 농민에게 고용되어 삶을 이어 갔습니다.

공명첩의 발행과 양반층의 증가

중인이나 농민들이 양반이 되려고 하는 것은 양반이 되면 군역을 면할 수 있을 뿐더러 양반들로부터 차별을 받지 않고 재물을 더 모을 수가 있었기 때문입니다. 임진왜란 이후 조선은 세금을 거둘 수 있는 농토가 크게 줄어 나라에서는 재정 마련에 어려움을 겪었습니다. 정부는 재정을 보충하거나, 굶주린 백성을 구제할 목적으로 곡물과 돈을 받고 노비 신분을 해방시키거나, 양인의 군역 의무를 면제해 주는 납속과 명예 관직을 주는 공명첩을 발급했습니다. 따라서 군공을 세우거나, 공명첩 구입 등을 통해 양반이 된 사람이 많아져 1600년대 전체 인구의 10% 정도였던 양반이, 1850년대에는 무려 60~70%에 이르게 되었습니다.

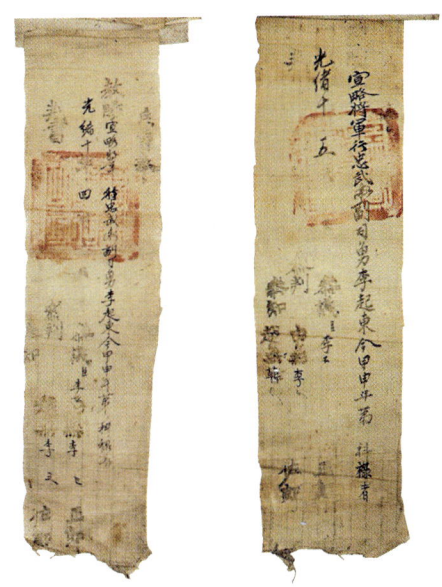

▲ 녹패 - 녹봉을 받는 사람에게 주던 급여표

양반이 증가하자 양반 사이에는 대가, 세가, 향반, 잔반 등의 구별이 생겼습니다. 결국 이름만 양반일 뿐 사회·경제적 처지는 하층민과 다를 바 없는 사람들도 많아졌습니다. 이렇듯 전통적인 신분 제도는 차츰 무너져 갔습니다. 이런 변화가 갑오개혁 때에 신분제의 폐지로 이어졌습니다.

▲ 부자가 된 농민들은 몰락한 양반으로부터 양반 신분을 살 수 있었다.

노비 해방

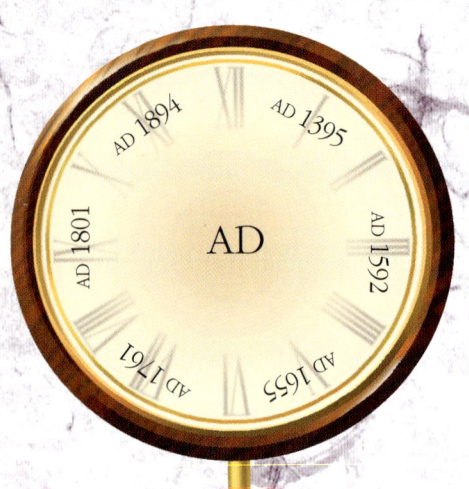

조선은 양반, 중인, 상민, 천민으로 구성된 신분 사회였습니다. 그러나 천민인 노비들은 자신들의 신분을 상승하고자 하는 강한 열망을 갖고 있었습니다. 조선 후기 급격한 사회 변동으로 신분 제도가 무너지자, 노비들도 다양한 방법을 통해 신분의 구속에서 벗어나고자 했습니다. 결국 조선은 공노비를 해방시켰고, 갑오개혁 때에 신분제가 폐지되면서 사노비들마저 해방되었습니다.

1395년	노비변정도감(장례원)을 두어 노비 문제를 둘러싼 분쟁을 처리함.
1592년	임진왜란으로 선조가 한양을 떠나자, 노비 문서를 보관 중인 장례원이 불탐.
1655년	노비추쇄도감을 두어 대대적인 노비 색출에 나섬.
1730년	아버지가 노비라도, 양인 어머니가 낳은 자식은 양인이 되게 함.
1761년	상전의 노비에 대한 사사로운 형벌을 금지함.
1778년	도망간 노비를 잡아 오는 관리인 노비추쇄관을 폐지함.
1801년	공노비 해방령이 내려짐.
1864년	대원군이 각 궁방의 노비 문서 중 남아 있는 것을 모두 태우도록 함.
1894년	갑오개혁으로, 신분제가 폐지됨.

노비

천민 가운데 대부분을 차지하는 노비는 재산으로 취급되어 값이 매겨져 거래되고, 상속되거나 남에게 줄 수도 있었습니다. 조선 시대에 노비는 국가가 소유하는 공노비와 사노비로 구분되었고, 사노비는 주인집에 사는 솔거노비와 주인과 떨어져 사는 외거노비가 있었습니다. 외거노비는 매년 신공을 바쳐야 했고, 공노비도 일정 기간 노역에 종사하지 않을 경우 일정한 양의 면포와 화폐를 내는 신공을 바쳐야 했습니다.

노비는 양반의 손발과 같은 존재로 그 많고 적음이 해당 가문의 번영과 바로 연결되었을 뿐만 아니라 양반 사회의 체통을 유지하는 것을 가능하게 했습니다. 따라서 양반들은 노비 제도가 신분 질서를 유지하는 데 필요하다고 여겨 노비를 늘리려고 했습니다.

하지만 노비를 한없이 늘릴 경우 나라에 세금을 내거나 군대에 갈 사람이 줄어들게 되므로 조선에서는 고려 말에 노비가 아닌 사람들은 모두 양인으로 만들고 아버지가 양인이면 양인으로 삼는 법을 시행하여 양인을 늘렸습니다. 천민은 군역 등에서 배제되기는 했지만 같은 죄를 저지르고도 양인보다 더 무거운 처벌을 받았습니다.

8대 천민과 신량역천

천민은 노비만이 있었던 것은 아닙니다. 사회적으로 천대를 받았던 8대 천민에는 사노비 외에도 승려, 백정, 무당, 광대, 상여꾼, 기생, 공장 등이 있었습니다.

▲ 천민 가운데 말을 타고 사치를 부릴 수 있었던 기생

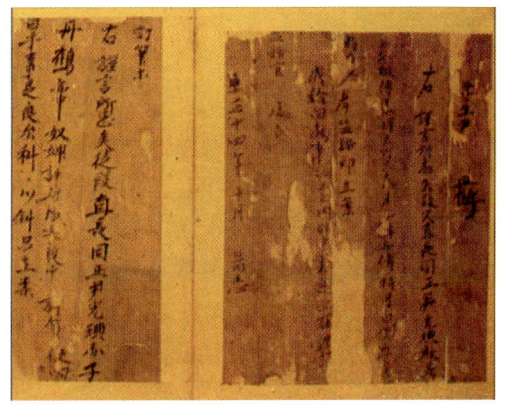
▲ 노비 문서

이들은 관청이나 양반에 속해 있지 않았지만, 사회적인 차별 대우를 받았습니다. 일반 농민들도 이들을 천시했으나, 기생의 경우에는 비록 천민이지만 조선의 당당한 문화의 주역으로 지식과 교양을 쌓기도 했습니다.

천민 외에도 비록 신분은 양인이지만 천한 일을 하여 사회적인 차별을 받는 신량역천, 또는 칠반천역이라 불리는 이들이 있었습니다. 이들은 군인 가운데 힘든 일을 하는 수군과 봉수군, 관청의 잡역 담당인 조례, 지방 고을 잡역인 일수, 역에 근무하는 역졸, 조운 업무를 하는 조졸, 형사 업무를 담당하는 나장 등으로 자신이 맡은 일을 자식에게까지 대물려 줘야 했습니다. 이들은 고려 시대 향, 소, 부곡민처럼 일반 양인들과 구별되어 차별 대우를 받았습니다.

노비 해방

조선 후기 노비들은 군인이 되어 공을 세우거나 돈을 내어 특권을 사는 납속 등을 통해 신분을 상승시키는 이들이 많아졌습니다. 국가에서는 공노비 유지 비용이 많이 들자, 공노비를 일을 시키는 노비가 아닌, 신공을 바치는 노비로 바꿔 가고 있었습니다. 신공을 바치는 노비들 가운데는 아예 도망을 가는 경우가 많았습니다. 노비들의 신분 상승 투쟁이 계속 커지자 정부는 노비를 양인으로 신분 상승시키는 것이 국가 재정 충당에 바른 정책이라 보고 1801년, 중앙 관청에 속한 공노비 6만 6천 명을 해방시켰습니다.

갑오개혁 때에 신분제 폐지와 함께 사노비도 해방되면서 조선에서 법적으로 노비는 사라지게 됩니다.

▲ 노비 해방 – 공노비들부터 폐지되어 갑오개혁 때 노비가 사라졌다.

행랑

양반집에서 노비들이 거주하는 곳은 주로 행랑입니다. 양반집에는 대문 양쪽, 또는 문간 옆에 행랑채를 길게 짓고, 방을 여러 개 만들어 이곳에 노비들을 거주하게 했습니다. '행랑아범', '행랑어멈'은 노비를 부르는 일반적인 용어가 되었습니다. 궁궐에도 왕과 왕비, 세자 등이 거주하는 건물을 장방형 행랑이 둘러싸고 있는데, 이곳에 궁중 나인들이 거처하며 시중을 들었던 것입니다.

경제와 문화

삼국과 고려 시대에는 많은 전쟁이 있었고 외국과 활발한 교역이 있던 열린 시대였습니다. 따라서 생존을 위해 치열하게 경쟁을 하며 살았던 시대였습니다. 반면 조선은 명나라, 청나라와 사대 관계를 맺은 탓에 침략의 위협에서 벗어나 오랜 평화를 누릴 수 있었습니다. 조선은 농업을 우선하는 정책을 펼치고 상업 발전을 억제한 나라였습니다. 이러한 차이는 삼국, 고려와는 다른 조선의 경제 활동에 그대로 반영되었습니다.

농업 국가인 조선

조선은 농본 정책을 국가의 3대 정책의 하나로 정하고, 상업은 억제하는 대신 농업을 발전시키기 위한 노력을 기울였습니다. 토지 개간, 수리 시설 확충, 종자 개량, 농업 기술의 개발 등에 국가적 관심을 기울여 농지를 늘리고 농업 생산성을 높이고자 했습니다.

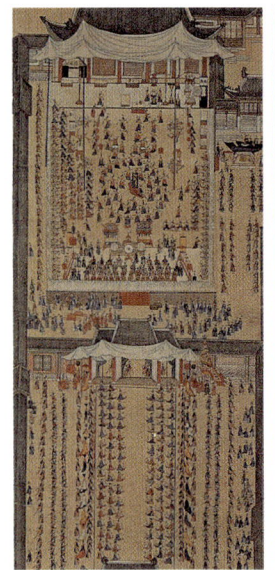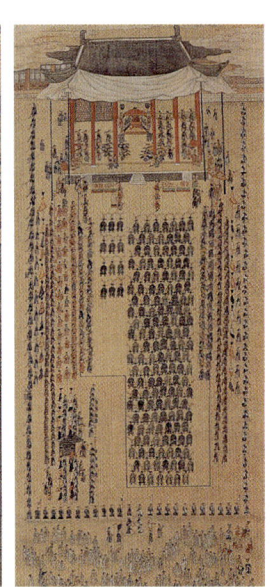

제언사라는 관청을 두어 댐 역할을 하는 제언과 둑을 쌓아 냇물을 보관하던 곳인 보 등 농사에 필요한 저수지를 늘렸습니다. 또 바람과 가뭄에 강하고 일찍 수확되는 벼 품종들이 새로 개발되기도 했습니다. 건국 초기에 전국에 100만 결에 지나지 않던 농토가 세종 때에는 160만 결로 늘었습니다. 수리 시설이 많아지자 논농사가 널리 보급되었으며 모내기가 널리 행해졌습니다. 기술의 발달로 인해 1인당 경작하는 농토가 크게 늘어나면서 부유한 농민들도 생겨났고 이들은 공명첩을 사서 양반으로 변신하기도 했습니다. 일부 농가에서는 인삼, 담배, 채소, 약재 등을 재배하여 높은 소득을 올렸습니다.

선비들의 나라, 선비들의 문화

조선을 설계한 정도전은 유교 경전인 《주례》에 맞추어 수도 한양을 설계했습니다. 경복궁의 이름도 《시경》에서 따왔고, 서울의 사대문인 숭례문 등도 모두 유교의 지침에 따른 것이었습니다. 공자님처럼 학문을 배워 도덕적으로 모범되는 군자로 살아가는 것이야말로 조선 시대 사람들이 생각한 가장 이상적인 인간의 모습이었습니다. 조선의 지배층인 양반 계층의 남자들은 어려서부터 학문을 배워 과거에 합격해 관리가 되거나, 향촌에서 학문을 익히며 살았습니다. 그들은 차분한 소리가 나오는 현악기를 연주하며, 문인화를 그렸고, 책을 읽었습니다.

반면 농사일에 힘겨웠던 백성들은 농한기나 명절에 신명 나는 북과 꽹과리를 치며 흥겹게 춤을 추며 피로를 풀었습니다. 양반들은 체면 때문에 백성들과 함께 마을 축제에 참여하기를 꺼렸습니다. 삼국 시대에 행해졌던 동맹이나 무천 등과는 축제 풍경이 사뭇 달랐습니다.

조선의 경제

농업 경제를 중심으로 한 조선의 경제 정책에서 가장 중요한 문제는 토지 문제와 세금 문제였습니다. 조선은 건국되기 전부터 고려의 권문세가들이 가진 대토지를 빼앗아 관리들에게 나누어 주는 과전법을 실시했습니다. 하지만 관리들 가운데 토지를 세습 받는 경우가 많았으므로 새로 관리가 되는 자에게 주는 토지인 과전이 부족해졌고, 이를 해결하기 위해 여러 정책을 시행해야 했습니다.

조선은 농업만을 강조하고, 상업은 억제시켰습니다. 상거래가 부진하므로 도로와 다리를 적극적으로 만들려 하지 않았습니다. 수레의 사용도 줄어들면서 가마가 중요 교통 수단이 되었습니다. 이는 곧 조선의 경제 발전에 한계로 작용했습니다.

농민에게 거두는 세금을 주로 쌀로 거두었기에 이를 최대 수요처인 수도로 옮기기 위해서 조운선이 활발히 운행했습니다. 하지만 바닷길을 운행하는 조운의 문제가 있어 차츰 세금을 돈으로 거두게 되었습니다. 대동법의 실시는 조선의 화폐 유통을 활성화시켰고, 이는 다시 조선의 상업을 발전시키는 계기가 되었습니다.

수도의 건설

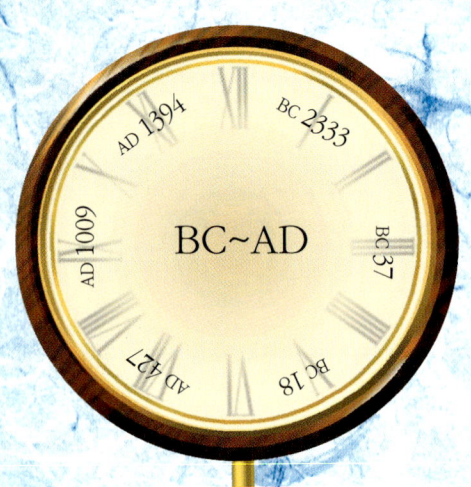

한 나라의 수도는 나라의 중심이 되는 곳입니다. 조선 시대까지 수도에는 왕이 거주하는 궁궐을 중심으로, 종교 시설, 관청, 시장, 민가 등이 있었습니다. 수도는 외적을 막기 쉽고, 교통이 편리하며, 주변에 넓은 들판과 강이 흐르는 곳에 건설되기 마련입니다. 수도를 옮기고, 수도를 건설하는 일은 한 나라에서 가장 중요한 일이었습니다.

BC 2333년	고조선이 건국되어 평양에 도읍을 정함. 이후 아사달, 장당경 등으로 도읍을 옮김.
BC 37년	고구려가 졸본에서 건국됨. 40년 후 국내성으로 도읍을 옮김.
BC 18년	하북 위례성에서 백제가 건국되었다가, 곧 하남 위례성으로 도읍을 옮김.
AD 427년	고구려 장수왕이 평양으로 도읍을 옮김.
538년	백제 성왕은 오랜 준비 끝에 계획 도시인 사비로 도읍을 옮김.
586년	고구려 평양 안학궁성에서 평양 장안성으로 도읍을 옮김.
7세기	신라는 수도 경주에 큰 도로와 시가지를 조성하며 도시 모습을 변화시킴.
1009년~1029년	고려 개경 외곽에 나성을 쌓아 도시를 정비하여, 거대 도시로 거듭남.
1394년	조선은 개성에서 계획 도시인 한양으로 도읍을 옮김.

우리 역사의 수도들

우리 역사 최초의 수도는 고조선의 수도인 평양입니다. 하지만 그곳이 어디인지는 확실하지 않습니다. 가장 오랫동안 수도였던 곳은 신라의 수도 경주입니다. 천년의 세월 동안 신라가 계속 커지자, 수도가 나라의 동남쪽에 치우쳐 있게 되었습니다. 그러자 신라는 중원경 등 다섯 개의 작은 수도를 만들어 수도의 기능을 보완했습니다.

고구려는 건국 초기에 압록강 중류의 졸본과 국내성 등 좁은 곳을 수도로 삼았습니다. 하지만 점차 고구려의 영토가 넓어지자 수도를 주변에 넓은 평야가 펼쳐진 평양으로 옮겼습니다.

백제도 영토가 변함에 따라 수도를 한성에서 웅진, 사비로 옮겼습니다. 고구려 평양의 장안성과 백제 사비성은 도시 전체를 둘러싼 도성을 쌓아 궁궐과 관청, 수도의 백성들을 보호하는 튼튼한 도시가 되었습니다. 고려의 수도인 개경도 수도 방어를 위해 도시 외곽에 나성을 쌓았습니다. 조선의 수도 한양은 처음부터 철저한 계획에 의해 만들어진 도시로 지금까지도 우리 나라의 중심이 되고 있습니다.

수도의 구조

수도는 나라를 다스리는 중심 도시입니다. 왕이 거주하는 궁궐을 중심으로, 국가의 중요한 행사인 하늘과 땅에 제사를 지내는 원구단과 사직단, 왕의 조상들의 제사를 지내는 종묘가 좌우에 설치되어 있었습니다. 삼국 시대 도시에는 왕과 귀족의 무덤이 궁궐 주변에 있기도 했습니다. 왕의 통치를 보좌할 신하들이 일을 처리하는 여러

▶ 한양 건설 모습

▲ 신라 천년의 수도인 경주

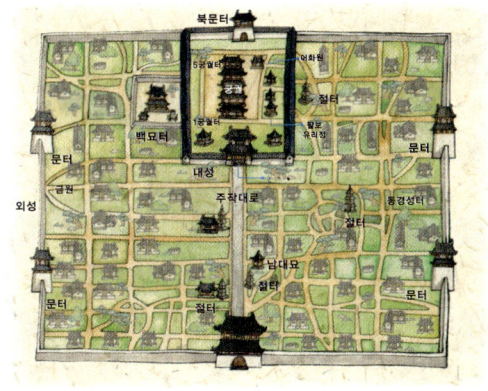
▲ 발해 상경성 모습

관청들도 수도 한복판에 자리하고 있었으며, 왕실 가족과 귀족 양반들이 사는 고급 주택도 수도에 있었습니다. 뿐만 아니라 수도를 지키는 병사들과 많은 상인들도 살았습니다.

수도가 적에게 함락당하면 곧 나라가 멸망하는 것과 같을 정도로 수도는 국가의 중요한 기능이 모두 모여 있습니다. 따라서 수도를 방어하기 위해 도시 바깥에는 성벽을 쌓아 수도를 보호하게 되었습니다.

발해 수도 상경성의 경우는 사각형 모양으로 평지에 넓게 만들어졌으나, 다른 나라의 수도는 대체로 산과 강을 끼고 도시가 만들어졌기에 형태가 반듯하지는 않습니다.

시장과 물자 유통

수도는 수십만의 인구가 모인 거대 도시입니다. 수도에 사는 사람들은 왕족, 관리, 군인, 종교인 등 농사를 짓지 않는 사람들이 많았습니다. 이들에게 필요한 수공업품을 공급해 주기 위해 도시에는 장인들이 많이 거주했습니다. 또한 도시 바깥의 농산물이나, 외국의 물건을 공급해 주는 상인들도 도시에 있어야 했습니다. 따라서 수도가 커지면 반드시 상설 시장이 만들어졌습니다. 신라 수도 경주에서는 490년에 처음으로 시장이 만들어졌고, 도시가 커지면서 시장이 늘어나기도 했습니다. 고려 개경에서는 도시 가운데에 남대가 거리 양옆에 많은 상점들이 즐비한 시장이 만들어졌습니다. 조선 한양에도 종로를 중심으로 시장이 만들어졌습니다. 수도에 사는 인구가 늘자 도시 바깥에 시장이 생기기도 했습니다.

농사를 짓지 않으며 살아가는 도시인들에게는 물자를 공급해 주는 시장이 반드시 필요했습니다. 따라서 수도는 대량의 물자를 공급하기가 쉬운 큰 강 주변, 바다에서 그리 멀지 않고 주변에 넓은 농경지가 있는 곳에 자리했습니다. 국내성, 평양, 개성, 한양, 공주, 부여, 경주는 모두 교통이 편리한 강과 바다 주변이라는 공통점이 있습니다.

조선 수도 한양 건설

조선은 건국되면서 새 수도를 정하기 위해 후보지를 찾습니다. 여러 신하들을 보내 한양, 계룡산 부근 등지를 조사했고, 왕과 신하들의 논의 끝에 한양을 선택했습니다. 수도 건설이 확정되면 신도궁궐조성도감을 설치해 궁궐, 종묘와 사직단 등을 먼저 세웠습니다. 또 궁궐을 지킬 도성과 대문들을 건설하고, 개경 등에서 한양으로 상인을 이주시켜 한양을 활기찬 도시로 만들었습니다.

▲ 조선 시대 수도 한양을 그린 지도 / 국립중앙박물관[중박 200901-26]

수레와 가마

수레는 바닥에 바퀴를 달아 사람이나 짐을 옮기는 데 쓰는 기구입니다. 가마는 사람이 앉을 만한 조그만 집 모양의 탈것으로 앞과 뒤에서 가마꾼이 들어서 이동해야 했습니다. 따라서 수레는 먼 거리를 빨리 갈 수 있는 반면, 가마는 도로가 없는 길도 갈 수 있었습니다. 수레와 가마는 같은 운송 수단이지만 그 활용도는 크게 달랐습니다.

BC 8~7세기경	고조선 시대에 수레가 사용되었을 것으로 추정되는 유물이 나옴.
BC 1세기경	광주 신창동 유적에서 마한 시대 사용한 수레 유물이 출토됨.
AD 356년	고구려 안학3호분 벽화에 수레가 그려짐. 당시 수레가 널리 사용됨.
662년	신라 김유신은 수레 2천 대를 이용해 쌀과 벼를 옮긴 바가 있음.
14세기 말	고려가 원나라에게 수만 필의 말과 소를 보냄. 명나라에게 3만 필의 말을 보냄.
15세기 초	조선 건국 후부터 1450년까지 7만 필의 말을 명나라에 보냄. 조선 초 전국 목장의 4만 필의 말이 1870년에는 5600필로 줄음.
1780년	사신단 일행으로 청나라를 방문한 박지원은 귀국 후, 수레 활용을 적극 주장함.
1884년	일본에서 마차가 들어오고, 인력거가 들어온 이후 수레가 다시 활용됨.

수레의 나라 고구려, 신라

고구려 고분벽화에는 많은 수레들이 보입니다. 고구려 귀족들은 외출을 할 때 수레를 타거나 말을 탔습니다. 여성들도 수레를 타고 다녔습니다. 신라에는 승부라는 관청이 있어 수레를 관리하기도 했습니다. 고구려와 신라에서는 한 번에 1천 대, 2천 대의 수레가 동원되기도 했습니다. 마한과 백제의 영역이었던 광주 신창동 유적에서는 수레 유물이 발견되기도 합니다.

수레가 다니기 위해서는 도로와 다리가 필요합니다. 고구려의 평양성, 신라의 삼년산성 등에서는 성문 턱에 수레가 다닐 수 있는 홈을 판 흔적이 보입니다. 또 잘 닦인 도로에 수레가 지나간 흔적도 발견되고 있습니다. 고구려 평양성 앞을 흐르는 대동강에는 사수다리, 남교다리 등의 다리가 있었습니다. 길이 375미터, 폭 9미터의 나무다리 유물이 발견되기도 했습니다. 신라에서는 일정교, 월정교 등의 다리 유적이 있습니다.

수레가 널리 쓰이다 보니 기술도 발전하여 수레바퀴의 모양도 두텁고 작은 바퀴에서 가늘지만 쇠테를 둘러 보다 튼튼한 바퀴가 생산되었습니다. 수레 모양도 다양하게 발전했습니다. 사람들은 소와 말이 끄는 수레를 타고 먼 거리를 빨리 이동할 수 있었고 많은 물자를 빠르게 운반할 수 있었습니다. 수레의 활용으로 시장이 활성화되고 경제가 크게 발전할 수 있었습니다. 고구려에서는 말이나 수레와 같은 운송 수단을 적극 활용하여 넓은 영토를 효과적으로 다스렸습니다.

▲ 고구려 안학3호분에서 보이는 화려한 수레

솟을대문

조선 시대 양반집 가운데는 유독 대문의 높이가 행랑채보다 높은 솟을대문이 있는 경우가 있습니다. 솟을대문은 초헌이 다니기 위함이었습니다. 초헌은 외바퀴가 달리고, 앞뒤에 채가 있어 사람이 움직이는 가마의 일종입니다. 초헌에 사람이 타면 일반 대문 높이에 걸리기 때문에 솟을대문을 만들었습니다. 초헌은 종2품 이상의 고위 관리만이 탈 수 있었기 때문에 솟을대문이 있는 집은 높은 관리가 살았거나 살고 있는 대갓집임을 말해 주는 것입니다.

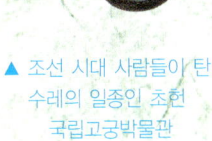
▲ 조선 시대 사람들이 탄 수레의 일종인 초헌
국립고궁박물관

소와 말을 잃어버리다

삼국 시대에 널리 활용되었던 수레는 고려 말, 조선 초에 오면서 크게 줄어들었습니다. 그 이유는 이때 원나라, 명나라에게 고려, 조선이 무려 10만 필의 말을 빼앗겼기 때문입니다. 소와 말이 줄어들자 수레를 끌 수가 없었습니다. 또한 조선은 상업을 천한 직업으로 천시했기 때문에 물자 이동이 줄어 수레 사용도 함께 줄었습니다. 게다가 조선은 외적의 침입을 우려하여 도로를 닦거나, 강에 상설 다리를 놓는 것에 소홀했습니다. 따라서 수레가 다니기가 점점 불편해졌습니다. 그래서 소가 끄는 수레가 아닌 사람이 대신해서 가마를 들게 되었습니다.

가마의 나라, 조선

조선 시대 지배층은 수레 대신 가마를 탔습니다. 가마는 그 사람의 지위에 따라 탈 수 있는 것이 달랐고 가마의 용도도 다양했습니다. 연과 가교는 임금이, 덩은 공주가, 초헌은 종2품의 관리가, 사인교는 혼례 때 신부가, 삿갓가마는 초상 때 상제가 탔습니다. 또한 채여는 왕실에서 의식을 행하여 물건을 옮길 때, 용정자는 금보·옥책 등을 운반할 때, 교여는 물건을 옮길 때 사용했습니다.

가마는 도로가 닦이지 않아도 다닐 수 있었습니다. 조선에서는 도로를 굳이 잘 닦으려고 하지 않았습니다. 보부상이라 불리는 상인들은 지게에 물건을 지고 날랐습니다. 조선에서 대량으로 거래된 물건인 쌀 등은 커다란 조운선을 통해 배로 운반했습니다.

조선 후기에 청나라 등을 방문하고, 그곳에서 수레가 널리 사용되고 있는 것을 본 실학자들은 수레의 사용을 적극 주장했지만, 당시 권력자들은 가마를 애용할 뿐이었습니다. 심지어 정조도 수원 화성에 행차할 때 가마를 탈 뿐 수레를 제대로 활용하지 못했습니다.

▲ 신라 경주 도로 발굴 현장

▲ 경주 계림로25호분 출토된 수레 모양 토기 유물
국립경주박물관[경박 200901-009]

▲ 화성 행차시 혜경궁 홍씨가 탔던 가마

세금과 조운

국가를 운영하는 데에는 많은 비용이 필요합니다. 그 비용은 백성들로부터 거둔 세금으로 마련하게 됩니다. 세금은 여러 종류가 있지만, 가장 중요한 항목은 토지에 부과되는 조세, 집집마다 부과되는 공납, 성인 남자에게 부과되는 군역과 요역이었습니다. 세금은 주로 쌀 등의 곡식으로 거두었습니다. 지방에서 거둔 곡물은 워낙 많고 무거웠으므로 대규모의 운송 작업이 필요합니다. 고려와 조선은 이를 조운, 즉 선박 운송에 크게 의존했습니다.

1134년	충남 태안군 천수만과 가로림만을 연결하는 굴포 운하가 착공됨.
1403년	경상도 조운선 30척이 침몰하고 천 명 사망, 미곡 1만 석이 바다에 빠짐.
1426년	삼포를 일본에 개항하고, 일본과의 무역을 허가함.
1485년	조선 정부가 상인들과 왜인과의 무역을 허가함.
1510년	삼포에서 왜란이 일어남. 이후 일본과 조약을 맺어 무역을 통제함.
1529년	충청, 전라, 경기 조운에 개인의 선박을 이용하는 것을 허락함.
1669년	굴포 운하가 10여 차례의 공사 중단 끝에 개통되지 못하고 중단됨.

세금의 종류

삼국 시대에는 개인마다 세금을 거둘 만큼 행정력이 미치지 못했기 때문에 오늘날의 주민세에 해당하는 인세, 집집마다 토지를 대상으로 결정하는 조세가 전부였습니다. 고구려의 경우는 인세로 베 5필과 곡식 5석을 내고, 조세는 상, 중, 하의 구분에 따라 1석, 7두, 5두를 내게 했습니다. 고려와 조선은 토지에 부과하는 조세, 집집마다 부과하는 공납, 호적에 등재된 16세 이상 남자에게 부과되는 군역과 요역을 중심으로 세금을 거두었습니다. 고려는 토지의 비옥도에 따라 3등급으로 나누어 조세를 거두었습니다. 반면 조선의 조세는 토지를 비옥한 정도에 따라 6등급, 매해 풍년과 흉년에 따라 9등급으로 구분하여 세금을 나누었습니다. 세액은 1결당 최고 20두에서 최저 4두까지 쌀과 콩으로 내도록 했는데 고려 때보다는 다소 줄었습니다.

공납은 각 지역의 특산물을 바치는 것인데, 각종 수공업 제품, 모피, 과일, 약재, 수산물 등 종류가 다양했습니다. 공납은 납부 기준이 명확하지 못해 조세에 비해 부담이 많았습니다.

군역은 일정 기간 군사 복무를 교대로 하는 의무였고, 요역은 왕릉, 저수지 공사 등에 노동력을 제공하는 것이었습니다. 고대에는 백성을 자주 동원하였으나, 조선 성종 때에는 토지 8결 기준으로 1명, 1년 중 6일 동원이란 기준을 마련했습니다. 하지만 임의로 동원하는 경우가 끊이지 않았습니다.

▶ 조운선에 쌀을 운송하는 모습

이밖에도 염전, 광산, 산림, 어장, 상인이나 수공업자들이 내는 세금이 있어 나라의 재정을 충당했습니다. 정부는 세금으로 왕실의 경비, 관리의 녹봉, 군량비, 빈민 구제비, 의료비 등에 지출했습니다.

조운의 역할

조운은 고려와 조선에서 조세로 징수한 곡물 등을 선박으로 운송하던 제도입니다. 조선 초기에는 화폐가 널리 사용되지 못해 조세를 쌀, 콩 등의 잡곡, 면포 등의 옷감을 현물로 받았습니다. 조세로 거두는 곡물은 우선 강가나 바닷가에 있는 창고인 조창으로 운송했습니다. 전라도, 충청도, 황해도는 바닷길로, 강원도는 한강, 경상도는 낙동강과 남한강을 통해서 한양에 있는 경창으로 운송했습니다. 평안도와 함경도에서 거둔 세금은 국방비와 외교비로 사용되었습니다.

세곡을 실어 나르는 조운선은 큰 배는 쌀 250석, 중간 배는 200석, 작은 배는 130석의 양을 실을 수 있었으나, 나중에는 최대 1000석의 양곡을 운반할 수 있는 대형 배도 만들어졌습니다. 조선은 국가 재정을 세곡에 의존했으므로 조운을 매우 중요하게 여겨 국가가 직접 운영했습니다. 그런데 대동법의 시행으로 공납을 쌀로 받게 되자, 운송 물량이 크게 늘어났습니다. 정부는 약 100척의 조운선을 갖고 있었는데, 이것으로 모자라서 개인이 가진 배를 이용하거나, 여타 관청에서 가진 모든 배를 이용해 쌀을 운송했습니다.

조운선이 침몰하면 나라도 큰 곤경에 처하게 됩니다. 잃어버린 세금은 다시 백성들에게 부과하기도 했습니다. 개인 배를 이용한 운송으로 인한 문제까지 있었던 조운 제도는 곡물이 아닌 돈으로 세금을 내는 제도가 생기면서 서서히 사라졌습니다.

▲ 성을 쌓는 사람들 - 이들은 부역에 동원된 사람들이었다.

▲ 마포나루 - 마포에는 조운선이 가져온 곡식을 보관하는 경창이 있었다.

▶ 조선 해군의 판옥선도 조운선을 만드는 기술로 만들었다. / 전쟁기념관

굴포 운하 계획

조운선이 가기 힘들었던 곳은 황해도 서쪽 끝의 장산곶, 전남 칠산도 앞바다, 그리고 태안반도 끝의 안흥량이었습니다. 특히 안흥량은 암초가 많고 물길이 험해 조선 초기 60년간 200척 침몰, 1,200명 사망, 쌀 수만 석의 손실을 입었습니다. 안흥량을 피하기 위한 천수만과 가로림만을 연결하는 7킬로미터의 굴포 운하 계획은 고려 시대부터 500년 넘게 10차례의 공사와 공사 중단이 반복되었으나 완성되지 못했습니다.

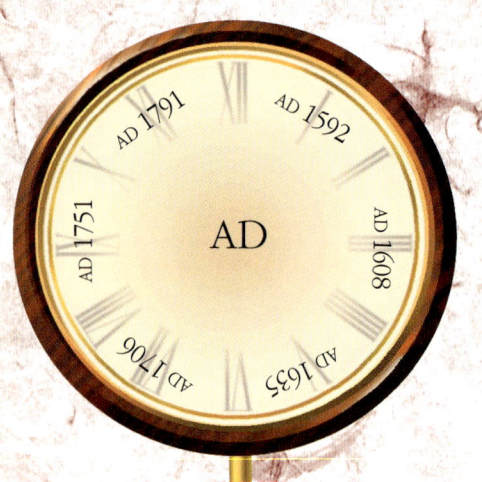

세금 제도 개혁과 상업 발달

대동법은 조선 시대의 세금 가운데 하나인 공물, 즉 특산물을 쌀로 통일하여 바치게 하는 납세 제도입니다. 세금액도 쌀 12말로 통일되었고, 베, 무명, 돈으로 대신 납부할 수 있는 제도입니다. 대동법의 실시는 조선의 상업을 발전시키는 데 결정적인 계기가 되었습니다.

1592년	임진왜란 발생. 류성룡이 대공수미법을 건의.
1608년	김육이 건의하여 대동법이 경기도에서 처음 시행됨.
1623년	강원도에서 대동법 실시.
1635년	토지 세금을 토지 1결당 미곡 4두로 통일하는 영정법 실시.
1678년	상평통보가 전국적으로 유통되기 시작함.
1706년	시전 상인이 새로 난립하는 점포를 금지할 수 있는 금난전권을 갖게 됨.
1708년	황해도에서도 대동법이 실시되어 전국으로 확대 실시됨.
1751년	균역법을 실시. 군포 2필을 1필로 줄이고, 결작을 1결당 2필씩 거둠.
1791년	신해통공. 육의전을 제외한 시전 상인의 금난전권을 금지시켜 상업 발전 촉진함.

세금 제도의 개혁

조선의 세금 제도는 많은 문제가 있었습니다. 공납은 농민의 생산물량을 기준으로 한 것이 아니라, 국가의 수요를 기준으로 한 세금이었습니다. 따라서 마을에서 생산되지 않는 물품이 부과되는 경우가 생겨나자, 상인이 물건을 대신 구해서 공납을 내고 중간 이윤을 얻는 방납의 경우가 많아졌습니다. 군역의 경우 조선 후기에 의무병제가 모병제로 바뀌 군대에 가지 않는 자들에게 면포를 세금으로 내게 했습니다. 그런데 군대에 갈 의무가 없는 양반이 늘어나자 일반 농민들이 내야 하는 군포가 차츰 많아졌습니다. 또한 임진왜란과 병자호란으로 농경지가 크게 파괴되자 백성들은 공물의 과중한 부담과 방납의 폐단, 군포 부담까지 겹쳐 매우 살기가 어려워졌습니다.

세금 제도의 개편 논의는 많아졌고 결국 정부는 먼저 토지세를 1결당 쌀 4두로 고정시켜 이전에 비해 낮췄습니다. 또 토산물을 징수하던 공물 납부를 토지의 결수에 따라 쌀, 삼베나 무명, 동전으로 납부하게 하는 대동법으로 제도를 바꾸었습니다. 대동법 시행으로 농민은 토지 1결당 쌀 12두를 납부하면 되었습니다. 군포도 1년에 군포 1필과 토지 1결당 미곡 2두를 내는 결작을 내도록 하는 균역법을 시행하게 되었습니다.

대동법 시행에 따른 상업 발달

대동법이 시행되자 방납을 하던 상인들은 일거리가 줄었지만 상인들에게는 새로운 일이 생겼습니다. 대동법에 따라 전국에서 올라온 쌀은 선혜청이라는 관청에서 관리했습니다. 선혜청은 여러 관청에서

▶ 조선 시대 시장의 모습

194

육의전

시전 가운데 대표적인 큰 상점인 육의전은 특정 상품에 대한 독점 판매권을 갖는 대신 관청에서 필요한 물품을 바쳐야 할 의무를 지고 있었습니다. 육의전은 중국 비단을 파는 선전, 면포를 파는 면포전, 명주를 파는 면주전, 종이를 파는 지전, 모시를 파는 저포전, 생선을 파는 어물전 등 6개의 규모가 큰 시전을 말합니다. 육의전은 대체로 임진왜란 이후 성립되어, 1890년 청과 일본 상품의 침투로 독점 판매권을 잃고 외국의 값싼 물건이 들어오자 몰락하고 말았습니다.

▲ 종로 2가에 있는 육의전터 표지석

필요한 물건을 '공인'이라는 상인으로 하여금 공급하게 하고 그 물건 값을 주었습니다. 상인들은 공인이 되는 권리를 얻으면 큰 이익을 얻을 수가 있었습니다.

조선 최대의 도시인 한양의 종로 일대에 시전이 건립되어 있었습니다. 이곳의 시전 상인들은 정부에 물건을 공급하거나, 도시민이 필요한 물자를 팔았습니다. 그런데 후기 인구가 크게 늘어나고, 특히 한양의 인구가 늘어나자 시전 외에 칠패, 송파 등 도성 주변에 시장이 생겨났습니다. 또 기존에 없던 새로운 가공 물품을 파는 사상들의 활동이 늘었습니다.

사상들이 늘어나자, 시전 상인들은 자신들의 독점 품목을 함부로 팔지 못하도록 하는 금난전권이란 권리를 정부로부터 받아 사상들을 견제했습니다. 하지만 이러한 조치는 경제 발전을 막는 것이었습니다. 결국 정부는 육의전에서 취급하는 상품을 제외한 모든 상품을 자유롭게 판매할 수 있도록 했습니다. 이로써 상품 거래는 더욱 활발해졌습니다.

지방 상인들의 활동도 활발해져, 개성 송상은 전국적인 유통망을 갖고 인삼 등을 팔았고, 한강변 경강 상인은 운송업을, 의주 만상은 청나라와 무역을, 동래 내상은 일본과 무역을 통해 큰 상인으로 성장했습니다. 전국 각지에는 시장이 크게 늘어 각 시장을 연결하는 보부상의 활동이 활발해졌습니다. 또 세곡이나 물자가 모이는 포구도 상업 중심지로 커졌습니다.

화폐 유통의 활성화

상업이 발달하자 상품의 거래를 매개해 주는 금속화폐, 즉 동전 활용이 늘었습니다. 세금도 쌀과 포목 대신 동전으로 대신 납부할 수 있게 되자, 동전인 상평통보가 전국적으로 널리 유통되게 되었습니다. 동전 외에도 환, 어음 등 신용 화폐도 보급되었습니다. 화폐의 사용은 상업을 더욱 발전시키는 상승 작용을 하였습니다.

▲ 조선 말기 화폐 상평통보
국립중앙박물관 [중박 200901-26]

▶ 조선 상인들이 썼던 저울과 저울추 / 국립중앙박물관 [중박 200901-26]

수공업 발전과 광업

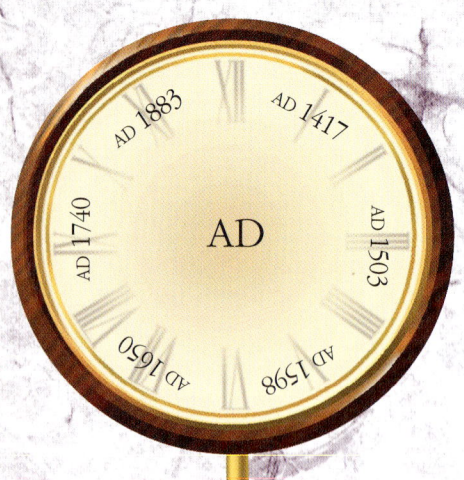

조선은 기술자나 상인보다 농민을 우대한 나라입니다. 하지만 국가에서 필요로 하는 특별한 기물을 얻기 위해서는 기술자를 무조건 배척할 수는 없었습니다. 조선 초기에는 관영수공업이 발전했으나, 차츰 민영수공업이 발전하게 되었습니다.

1417년	각 도에 잠소를 설치하여 양잠업을 독려함.
1503년	김감불과 김검동이 납 광석에서 은을 분리 추출하는 단천연은법 개발.
1598년	일본이 조선의 많은 도공들을 포로로 잡아 감.
1618년	주자도감에서 새 활자를 주조함.
1650년	은광 개발을 허용함.
17~18세기	선대제수공업이 발달하게 됨.
1740년	은광 개발을 제한함.
1883년	근대식 무기 제작을 위한 기기국이 설치됨.

관영수공업

고려는 관영수공업, 민간수공업뿐만 아니라, 특수 행정 구역인 소와 사원에서도 수공업을 발전시켰습니다. 소에서는 철, 옷감, 종이, 먹 등을 생산해서 국가에 공물로 바쳤습니다. 사원에서는 승려와 노비들이 술, 소금, 모시, 기와 등을 생산해 시장에 팔았습니다.

고려와 달리 조선은 특수 행정 구역인 향, 소, 부곡을 없앴습니다. 불교를 억압했기 때문에 사원수공업도 쇠퇴했습니다. 반면 조선은 관영수공업을 발전시켰습니다. 전문적인 기술자를 공장안(공장들을 기록한 장부)에 등록시켜 서울과 지방의 각급 관청에 속하게 하여 관청에서 필요한 물품을 생산하게 했습니다. 관청에 속한 기술자들은 근무 기간 동안 급료 없이 의무적인 생산량을 채워야 했습니다. 기술자들은 의무적인 생산 활동인 부역이 끝난 후 개인의 생계를 위해 물건을 만들어 팔 수 있었습니다. 그런데 16세기 이후 부역제가 해이해지면서 관영수공업은 쇠퇴합니다. 하지만 국가에서 필요한 무기와 화폐 제작, 수요가 많은 자기 생산은 여전히 관영수공업으로 존재했습니다.

민영수공업

관청에 속하지 않은 수공업자들은 농민을 상대로 농기구 등을 만들거나 양반들을 위한 사치품을 생산했습니다. 이들은 장인세만 내면 자유롭게 생산 활동을 할 수 있었으므로 관영수공업자에 비해 질 좋은 제품을 생산했습니다. 인구의 증가로 수공업 제품의 수요가 늘고 대동법 시행으로 나라가 필요로 하는 물품을 공급해야 하는 탓

▶ 대장간의 모습

에 수공업자들은 많은 물품을 생산해야 했습니다. 수공업자들의 작업장은 대체로 규모가 작았습니다. 따라서 큰 자금을 동원할 수 있는 공인과 큰 상인이 원료와 생산비를 미리 받아 제품을 생산하는 선대제 수공업이 일반화됐습니다.

농촌의 수공업자들도 소득을 올리기 위해 상품을 생산했습니다. 각 지방별로 특색 있는 상품들도 늘어갔습니다. 안성의 놋그릇, 통영의 자개, 해주의 먹, 전주의 부채, 나주의 종이, 원주의 목기, 한산의 모시, 담양의 죽세품 등이 전국적으로 인기를 끌었습니다.

광산 개발 열풍

광산은 대규모 개발 비용이 들어갈 뿐만 아니라 소중한 국가의 자원이기에 정부가 독점하여 필요한 광물을 채굴했습니다. 그런데 임진왜란과 병자호란으로 국가의 재정 수입이 줄어들자, 세금을 늘리기 위해서 민간인에게 광산 채굴을 허용하고 세금을 거두었습니다. 당시 은을 화폐로 사용하던 청나라는 많은 은을 필요로 하였습니다. 조선도 청과의 교역을 위해 은이 많이 필요했습니다. 마침 은과 납을 쉽게 분리하는 방법이 발명되어 은광 개발이 훨씬 쉬워지자, 약 70여 개 은광이 개발되었습니다. 은광뿐만 아니라, 강에서 금을 캐는 사금 채굴도 활발해졌습니다. 그런데 합법적인 채굴보다 세금을 내지 않기 위해 몰래 채굴하는 경우가 늘었습니다. 그러자 정부는 몰래 채굴하는 행위인 잠채를 엄하게 금지했습니다.

광산은 광산 주인과 계약을 맺고 광산 경영을 하는 덕대가 상인 물주에게 자본을 얻어서 광부들과 제련 노동자를 고용해 광물을 채굴하고 제련하는 방식이 일반적이었습니다. 광산 주변에는 광산촌도 만들어졌습니다. 하지만 광산 채굴 기술 수준이 더 발전하지 못하고 개항 후 외국에 광산 채굴권을 마구 넘긴 탓에 조선의 광업은 쇠퇴하고 말았습니다.

▲ 지방의 특산품 가운데 대표적인 안성 유기를 만드는 공인 모습

▲ 나전칠기 중 하나인 서류함 – 주로 왕실이나 상류층에서 사용했다. / 국립중앙박물관[중박 200901-26]

▲ 조선 시대 세련된 뒤꽂이 장식품
국립고궁박물관

단천연은법을 개발한 김감불과 김검동

기술자 김감불은 1503년에 함경도 단천에서 장례원 소속 관노비인 김검동과 함께 납광석에서 은을 분리 추출하는 방법을 개발합니다. 이 방법으로 제련한 단천의 은은 중국이나 일본 것보다 순도가 높았습니다. 새로운 제련법의 개발은 조선의 은광 개발을 촉진했습니다. 17~18세기 일본이 멕시코에 이은 세계 2위의 은 수출국이 된 것은 조선의 제련법이 일본에 전해져 일본의 대규모 은광 개발을 불러왔기 때문이었습니다. 단천연은법은 세계 경제사를 바꾼 중요한 발명이었습니다.

문인화와 민화

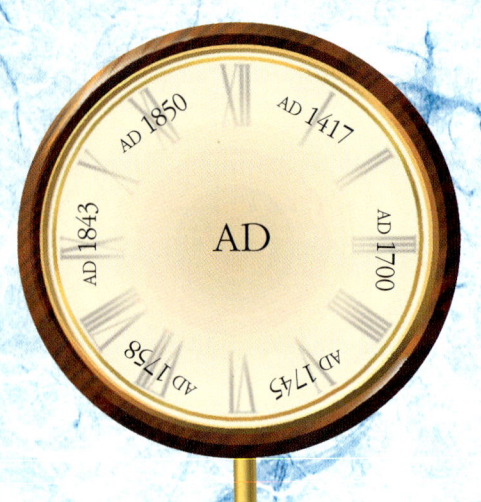

1417년	도화원이 도화서라는 이름으로 바뀜.
1700년 이후	이 시기부터 민화가 본격적으로 그려지기 시작함.
1676년	정선 태어남. 진경산수화를 그려 조선 후기 산수화에 새로운 유행을 만듦.
1745년	김홍도 태어남. 조선 최고의 화가라 불리며, 많은 그림을 그림.
1746년	도화서의 임무가 늘어나 그림을 배우는 생도가 15명에서 30명으로 크게 늘음.
1758년	신윤복 태어남. 도화서에서 김홍도의 영향을 받아 그림을 배움.
1843년	안견, 김홍도와 함께 조선 3대 화가로 이름을 높인 장승업(1843-1897) 태어남. 강렬한 필치로 대담하면서도 소탈한 그림을 많이 그림.
1850년 무렵	김정희(1786-1856)가 세한도를 그림.

조선의 예술을 대표하는 것 가운데는 그림이 있습니다. 선비는 글 짓기, 글씨, 그림에 능해야 한다고 여겼기 때문에 조선 시대 양반 사대부들은 그림을 많이 그렸습니다. 그림은 그린 이의 마음 상태를 그대로 표현한다고 여겼습니다. 양반들이 그린 문인화와 달리, 일반 서민들은 속화라고 불리는 자연스러운 민화를 그렸습니다. 그림을 제대로 배운 것이 아니어서 투박하기도 하지만 백성들의 삶의 모습은 민화에서 더 잘 드러납니다. 정부에서는 도화서라는 전문적인 화원을 통해 왕실과 관청에서 필요한 그림을 그리게 했습니다.

도화서

조선 시대에는 그림을 필요로 하는 경우가 많았습니다. 국가적 행사를 기록한 의궤에는 그림이 필요했고, 병풍이나 벽화 등에도 그림이 필요했습니다. 또 왕의 모습을 그린 어진은 쓰임새가 많았기 때문에 자주 그려졌습니다. 그리고 신하들에게 그림을 선물하거나 외국에 선물로 주기도 했으므로 나라에서는 도화서라는 관청을 두고 화원들을 양성했습니다. 도화서에는 예조판서를 수장으로 하여 수십 명의 화원이 배치되었습니다. 도화서 화원은 그림을 잘 그리는 사람으로 선발했지만 대개는 중인 계급에서 대대로 세습되었습니다. 정선, 김홍도, 신윤복 등은 도화서 출신의 대표적인 화가들입니다.

김홍도는 정조의 사랑을 받아 정조 때에 만들어진 각종 의궤에 그림을 그렸고 백성들의 삶을 그대로 그린 풍속화를 잘 그려 한국 사람들이 가장 사랑하는 화가로 유명합니다. 그가 그린 '씨름', '춤추는 아이', '대장간' 등을 통해 조선 후기 백성들의 삶을 생생하게 볼 수 있습니다. 정선은 중국에서 유행하던 상상으로 그려 낸 자연이 아니라 있는 그대로의 자연을 그린 진경산수 그림을 그린 것으로 유명합니

▶ 김홍도가 그린 춤추는 아이 / 국립중앙박물관[중박 200901-26]

▲ 김정희가 그린 세한도

다. 금강산을 그린 '금강산도'가 특히 유명합니다.

문인화

문인화는 전문 화원이 그린 것이 아니라 양반 사대부들이 취미로 그린 그림을 말합니다. 사대부들은 마음을 키우고 감정을 표현하는 매체로 그림을 그렸기 때문에 화원들이 그린 기교가 풍부하고 화려하며 정교한 그림보다는 소박한 수묵화를 즐겨 그렸습니다. 그림 한켠에는 시를 서예 솜씨로 써넣었습니다. 그림과 시와 글씨가 서로 조화되는 것이 이상적으로 생각하고, 세 가지 모두가 잘된 것을 좋은 그림으로 여겼습니다. 따라서 주된 소재는 매화, 난초, 대나무, 국화 등의 사군자와 소나무, 산과 강, 인물, 동물과 꽃 등 자연을 그린 것과 유교 경전에서 배운 옛사람들의 이야기 등을 주로 그렸습니다. 강희안, 강세황, 김정희 등은 문인화로 이름을 날린 유명한 분들입니다. 김정희가 그린 '세한도'는 고고한 선비의 마음을 그려 낸 문인화의 대표작이라고 할 수 있습니다.

▲ 대표적인 민화 작품인 까치호랑이 - 익살스러움이 돋보인다.

민화

조선 후기에 서민들이 주로 그렸던 민화는 사대부나 도화서 화원들이 그린 정통 회화와 달리 주로 생활 공간의 장식이나 민속과 관련된 실용적인 그림입니다. 민화는 서민 가정의 병풍이나 족자로 사용되기도 하고 사찰이나 무당의 당집에도 걸리며 혼례식 등의 의식에서도 사용됩니다. 정식 그림 교육을 받지 못한 무명 화가들이 주로 그린 탓에 세련된 맛이 적고 예술성은 떨어집니다. 하지만 민화는 정통 회화와 달리 파격적인 구성과 아름다운 색채, 익살스럽고 소박한 형태 등의 특징을 갖고 있어 그 가치가 재평가되고 있습니다. 민화는 늙지 않고 오래 살기를 기원하기 위해 장수의 상징인 십장생 등을 그린 장생도, 호랑이, 산신, 불교의 탱화 등 종교적인 것을 비롯해 동식물이나 산수화, 풍속화, 정물화 등 그 소재가 매우 다양합니다. 예술 작품은 지배층들만 즐겼던 것이 아니라 일반 서민들도 폭넓게 즐겼던 것입니다.

▲ 현 조계사 옆에 있는 도화서터

신윤복

2008년 텔레비전 드라마로도 방영된 '바람의 화원'이란 소설에서는 신윤복이 여성 화가로 나옵니다. 기록으로 보거나, 도화서의 입학 자격으로 보거나 신윤복은 남성임이 분명합니다. 그럼에도 소설가가 그를 여성이라고 상상해 본 것은, 그가 다른 조선의 화가들과 달리 기생을 비롯한 여성의 모습을 아주 생생하게 그렸고, 남녀의 사랑 장면을 현장감 있게 표현한 매우 독특한 화가였기 때문입니다. 그의 작품 가운데는 '미인도'가 특히 유명합니다.

▲ 신윤복이 그린 연못가의 여인
국립중앙박물관[중박 200901-26]

세시풍속과 제사와 놀이

12달 세시풍속

1월	1일 설날 - 차례와 세배. 정월 대보름 - 쥐불놀이와 부럼 깨기.
2월	영호남에서 바람신인 영등할머니에게 음식 차려 놓고 소원을 빔.
3월	3일 삼짇날 - 머리 감기와 봄꽃을 넣어 떡이나 국수를 먹음.
4월	8일 부처님 오신 날 - 연등행사.
5월	5일 단오 - 그네 타고, 창포로 머리 감고, 씨름을 즐김.
6월	15일 유두 - 음식을 장만해 산간 폭포에서 보냄. 복날 - 더위를 이기기 위해 삼계탕, 보신탕을 먹음.
7월	7일 칠석 - 모든 물건을 햇볕에 말림. 15일 백중 - 호미씻기를 함.
8월	15일 추석 - 차례와 성묘, 강강술래, 달맞이놀이.
9월	9일 중양절 - 단풍놀이, 누런 국화를 따 떡 해 먹기.
10월	하늘에 제천행사. 김장.
11월	동짓날 - 팥죽 먹기, 나쁜 기운을 제거하기 위해 대문간에 팥죽 뿌림.
12월	말일 - 묵은세배와 널뛰기놀이.

사람은 적당한 휴식과 놀이가 있어야 다시 일할 힘을 얻을 수가 있습니다. 우리 조상들은 농사짓기, 어로행위 등의 생업 일정에 맞추어 특정한 날들을 택해 축제와 놀이를 즐겼습니다. 명절이라 불린 세시풍속 날에 다양한 놀이를 즐겨 삶의 활력을 찾았습니다. 백성들은 각 마을마다 제사를 지내고 마을의 안녕과 단결심을 돋우고 삶의 피로를 풀었습니다. 판소리와 탈놀이는 조선 후기 백성들이 즐기는 대표적인 오락이었습니다.

세시풍속

세시풍속은 정월인 음력 1월부터 섣달인 음력 12월까지 매년 같은 날에 반복하여 실시되는 행위입니다. 세시풍속은 음력과 양력이 혼합된 태양·태음력을 기준으로 하고 있는데, 특히 달의 변화와 깊은 관련을 맺은 풍습들이 많았습니다.

세시풍속은 부여의 영고, 고구려의 동맹 등 매년 같은 날에 지내는 제천행사에서 그 시작을 찾을 수 있습니다. 신라의 가배는 조선의 추석이 되었습니다. 다만 불교와 관련 깊은 고려의 연등회와 팔관회는 조선 시대는 세시풍속에서 사라집니다.

마을 제사

백성들은 가뭄 등 재해를 입었을 경우 이를 극복하기 위해 신에게 제사를 지내곤 했습니다. 마을의 안정과 마을 사람들의 단결을 위해 매년 같은 시기에 동제를 올리기도 하고, 기우제와 같이 필요에 따라 수시로 제사를 지내는 경우도 있었습니다. 마을의 제사는 동제, 산신제, 서낭제, 당산제, 천제, 별신제, 도당제 등 종류도 다양했습니다. 마을의 수호신인 산신, 토지신, 역병의 신 등이 주된 제사의 대상이었습니다. 제사 시기는 1월 연초나, 9월 추수 후, 또는 3월 파종 후가 많았습니다. 마을 사람에게 존경받는 사람을 제주로 뽑아 제사를 주관케 하거나 무당을 불러 제사 진행을 하였습니다.

▶ 남사당놀이

동국세시기

1849년 홍석모가 쓴 책입니다. 이 책은 1년 12개월의 연중행사와 풍습을 설명한 책으로 우리 나라 민속을 적은 책 가운데 가장 상세한 내용을 담고 있습니다. 백성들의 민속의 시원과 유래까지 자세히 밝힌 이 책은 백성들의 생활의 모습을 알려 주는 귀한 책이랍니다.

▶ 동국세시기

사대부들은 민간신앙에 의한 마을 제사를 못마땅하게 생각했으나, 그만두게 할 수는 없었습니다. 백성들은 신에게 의지하여 자연의 재해로부터 극복을 바랐고, 제사를 통해 마을 사람들의 단결력도 높였습니다. 제사가 끝나면 굿을 비롯한 놀이도 즐겼습니다.

▲ 은산별신제 – 충남 부여군 은산면 은산리 마을 사당인 별신당에서 수호신에게 풍요와 평안을 기원하는 제사다.

판소리와 탈놀이

탈놀이는 안동 하회별신굿과 같이 마을 굿의 일부로 공연되어 인기를 끌었습니다. 양주 별산대놀이와 같은 산대놀이는 장막을 두른 무대인 산대에서 공연되던 가면극이 민중 오락으로 정착된 것입니다. 탈을 쓴 사람은 지배층과 승려 등의 위선을 풍자하기도 하고, 하층 서민인 말뚝이와 취바리 등을 통해 양반을 비꼬거나 망신을 주기도 합니다. 서민들의 슬픔과 기쁨을 담은 탈놀이는 자신들의 존재를 되돌아보게 하는 자극제가 되었습니다.

백성들이 즐기는 놀이 가운데는 남사당놀이와 판소리가 있었습니다. 떠돌이 예능인인 남사당패는 농악놀이로 사람을 모이게 한 후 대접 돌리기, 줄타기, 꼭두각시놀이 등 다양한 재주를 보이며 관람료를 받았습니다. 판소리도 백성들이 즐겼던 공연 예술이었습니다. 한 편의 이야기를 노래에 해당하는 창과 이야기에 해당하는 아니리와 몸놀림인 발림을 통해 표현하는 판소리는 광대와 듣는 이가 추임새로 참여하고, 그 내용이 재미있어서 조선 후기에 대중들의 큰 인기를 끌었습니다. 19세기 후반 신재효가 정리한 '춘향가', '심청가', '흥부가', '적벽가', '수궁가' 등의 판소리 작품이 지금까지 전하고 있습니다.

이러한 놀이를 통해 백성들은 삶의 피로를 풀고, 생활의 활력을 찾았습니다.

▲ 김홍도가 그린 씨름 – 얼굴을 가리고 즐기는 양반의 모습이 재미있다. / 국립중앙박물관[중박 200901-26]

세계적인 기록 문화

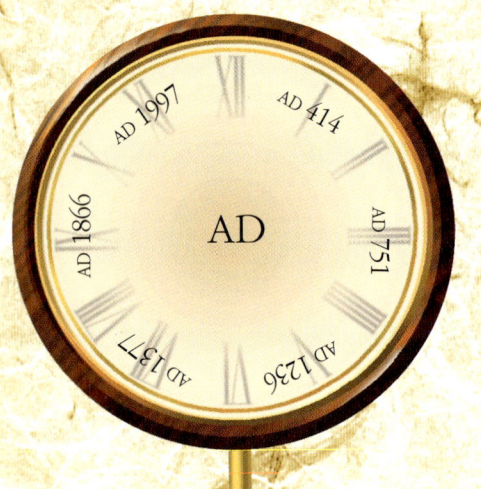

우리 나라는 세계적인 기록 문화를 가진 나라입니다. 유네스코가 지정한 세계 기록 유산에는 《조선왕조실록》,《훈민정음》,《승정원일기》,《직지심체요절》,《고려 팔만대장경》,《화성성역의궤》를 비롯한 《조선왕조의궤》 등이 선정되어 있습니다. 세계적인 가치를 가진 이러한 기록 유산들은 학문을 사랑하는 우리 조상들이 남긴 귀중한 보물들입니다. 학문을 사랑하는 전통은 우리 나라가 20세기에 크게 발전하는 원동력이 되었습니다.

414년	고구려 광개토태왕릉비에 1775자의 비문을 새김.
751년	세계 최초의 목판인쇄물인 무구정광다라니경 간행.
1236~1251년	고려 팔만대장경이 만들어짐.
1377년	세계 최초의 금속활자로 간행된 직지심체요절이 간행됨.
1796년~1801년	수원 화성이 완성된 후, 곧 화성성역의궤가 만들어짐.
1866년	신미양요 때 프랑스가 강화도를 공격하여 총 297권의 의궤 등 문화재 약탈해 감.
1992년	프랑스 미테랑 대통령이 의궤 1책을 한국에 가져오며, 의궤 반환 의사를 밝힘.
1997년	조선왕조실록, 훈민정음이 세계 기록 유산으로 선정됨. 2001년 팔만대장경, 승정원일기, 2007년 조선왕조의궤, 팔만대장경도 선정됨.

기록 문화의 전통

고조선 시대부터 한자를 사용해 글을 남겼던 우리 조상들은 일찍부터 기록을 남겼습니다. 지금은 전해 오지 않지만, 고구려에는 유기 100권과 이문진이 편찬한 신집 5권의 역사책이 있었고, 신라의 거칠부는 국사를 쓰기도 했습니다. 백제 고흥도 서기를 썼으며, 왕인은 왜국에 글과 학문을 전파한 인물입니다.

신라에서는 세계 최초의 목판인쇄물이 만들어졌고, 고려 시대에는 세계 최초로 금속활자를 이용해 책을 간행하기도 했습니다. 신라 시대부터 백추지라 불린 종이와 먹은 품질이 뛰어나 인기 있는 수출품이었습니다. 종이와 먹, 인쇄술이 발전한 것은 우리 나라에서 많은 책이 간행되었고 책을 구입하려는 사람들이 많았기 때문입니다. 고려는 송나라로부터 많은 책을 구입하였고 송나라도 자기 나라에 없는 책을 고려에서 구하기도 했습니다. 고려의 《팔만대장경》은 전 세계 대장경 가운데 가장 정확하고 보존이 잘된 것으로 유명합니다.

사관과 조선왕조실록

사관은 왕의 말과 행동, 정치, 관리들의 행적 등을 기록하는 사람입니다. 삼국 시대에도 역사책이 편찬된 만큼 사관이 있었겠지만 기록상으로는 고려 시대

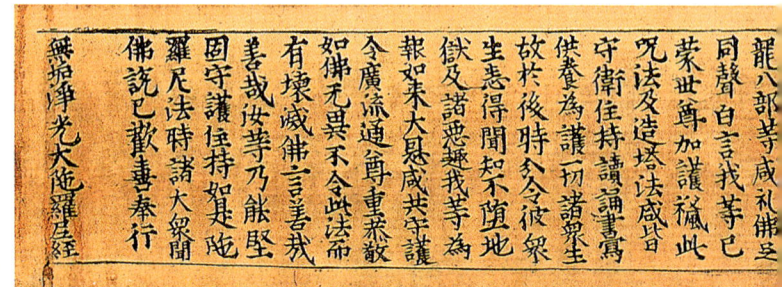

▲ 세계 최초의 목판인쇄물인 무구정광다라니경

◀ 세계 최초의 금속활자본 직지심체요절과 금속활자

▲ 사관은 임금이 가는 곳마다 쫓아다니면서 중요 내용을 글로 남겼다.

부터 찾아볼 수 있습니다. 사관이 기록한 내용은 임금도 함부로 볼 수가 없었습니다. 사관들이 기록한 '사초'를 토대로 임금이 죽으면 다음 임금 대에 와서 전 임금에 대한 기록인 실록을 편찬합니다.

세계적 문화유산인 《조선왕조실록》은 1대 태조부터 25대 철종까지 472년간의 역사를 총 1,893권에 담은 방대한 역사책입니다. 조선의 사회, 경제, 문화, 정치 등 다방면에 걸친 기록이 담긴 이 책은 역사적 진실성과 신빙성이 매우 높습니다. 그것은 사관들이 다른 사람의 눈치를 보지 않고 정직하게 기록했기 때문입니다. 조선은 실록 보존을 위해 여러 곳에 사고를 설치하였기에 임진왜란 등을 거치면서도 지금까지 잘 보존되어 왔습니다.

▲ 세계적인 기록 유산인 《조선왕조실록》

의궤

의궤는 조선 시대에 왕실이나 국가의 주요 행사를 기록과 그림으로 남긴 보고서입니다. 의궤는 국가 행사를 자세한 기록과 그림으로 남겨 후대의 실수를 최소화하려는 목적에서 편찬되었습니다. 따라서 국가나 왕실에서 행한 주요 행사의 모든 사항들이 기록되었습니다. 왕실의 결혼식, 장례식에 관한 기록에는 동원된 사람의 숫자, 각종 물품의 크기와 재료, 색깔까지 상세하게 기록했습니다. 궁궐이나 건물에 관한 기록은 건물 위치, 구조, 재료, 어디에서 물건을 구입했는지까지 철저하게 기록했습니다.

정조는 화성 신도시를 건설하는 것과, 화성에서 어머니 혜경궁 홍씨의 회갑 잔치 행사를 의궤로 만들라고 시켰습니다. 행사가 끝나자, 의궤를 편찬할 기구와 담당자가 결정되어 관련 자료들을 참고하여 편찬되었습니다. 의궤는 조선시대 사람들의 삶을 그대로 알려 주는 최고의 보물입니다. 그런데 1866년 프랑스 군이 강화도에 침략하여 왕실 서고인 외규장각에서 297권의 의궤를 약탈해갔습니다. 하지만 프랑스는 1권을 제외하고는 아직까지 우리에게 되돌려 주지 않고 있습니다.

▲ 정조의 화성 행차 의궤 – 의궤는 과거의 모습을 생생한 그림으로도 전했다. / 국립고궁박물관

세계 기록 유산

유네스코(국제연합교육과학문화기구)가 1972년 정기 총회에서 인류의 소중한 유산이 인간의 부주의로 파괴되는 것을 막기 위해 세계 유산 협약을 맺으면서, 세계 유산 위원회를 열고 문화유산, 자연유산, 복합유산 등을 지정하여 보호해 왔습니다. 1992년부터는 전 세계의 귀중한 기록물을 보존 활용하기 위하여 2년마다 국제자문위원회의 심의와 추천을 거쳐 기록 유산을 선정하여 보호하게 되었습니다.

근대화의 진통

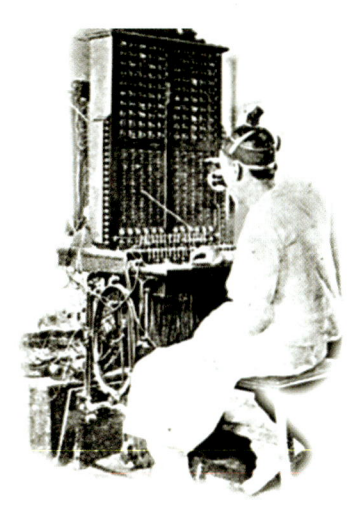

조선은 오랫동안 명-청, 일본, 만주족, 유구국 등 소수의 나라들과 교류하며 살아 왔습니다. 천하의 중심은 중국이고, 가장 이상적인 삶은 군자로서 사는 것이고, 생업은 농업을 중심으로 하며, 임금과 신하와 백성이 각자 자신의 위치에서 떳떳한 삶을 사는 것을 가장 중요하게 여겨 왔습니다. 그런데 임진왜란과 병자호란을 치르면서 조선 사회는 서서히 변화하기 시작했습니다.

먼저 신분제가 붕괴되어 노비나 평민이 줄고, 양반이 되는 이들이 많았습니다. 또 대동법 실시 이후 화폐 유통과 상업이 활기를 찾기 시작했고 도시가 커지기 시작했습니다. 또한 실학의 발전, 천주교의 전래, 동학을 비롯한 민족 종교의 탄생 등 성리학 위주의 경직된 세계관에 변화가 오게 되었습니다.

서구 열강의 개항 강요

조선은 서구 열강으로부터 변화를 강요 받게 되었습니다. 18세기 후반부터 조선 해안에 계획적으로 접근하기 시작한 서양의 배들은, 19세기에 들어서자 조선에 통상을 요구하였습니다. 이들은 무리하게 조선과 통상을 요구하다가 거절을 당하자 병인양요, 신미양요와 같은 무력 침략을 하였습니다.

거듭되는 서구 열강의 요구에 조선은 마침내 1876년 일본과 강화도 조약을 체결하며 외국에 대한 문을 열었습니다. 이때부터 조선은 서구 열강에 의한 강요된 근대화를 맞이하였습니다.

조선 근대화의 과제

서양에서 시작된 근대화란 경제적으로 자본주의, 정치 사회적으로 평등과 자유를 기반으로 한 민주주의, 문화적으로 과학적 합리주의와 실용주의, 그리고 대외적으로 민족주의와 같은 요소들을 말합니다. 조선에서 근대화란 민주주의 정치 체제를 만드는 것과 함께, 서양의 앞선 기술을 배우고 산업 구조를 변화시키는 것을 의미했습니다. 그런데 이러한 개혁을 추진함에 있어 조선의 근대화에는 결정적인 문제가 있

었습니다. 그것은 앞서 근대화를 달성한 서구 열강의 침략을 막아 내야 한다는 것이었습니다. 특히 일본은 조선에 대한 침략 의지를 노골적으로 드러내고 있었고, 청나라, 러시아도 조선을 노리고 있었습니다.

변화에 적극적인 일본과 소극적인 조선의 운명

1850년대에 일본의 지식인들은 "중국도 유럽도 일본에게는 모두 외국, 그 각자의 좋은 점을 받아들여 일본 스스로를 보완해야 한다."고 주장했습니다. 반면 조선의 이항로는 "천지 간에 오직 한 줄기 빛이 조선에 닿아 있으니 동양의 도를 지키는 일에 나라의 운명이 달렸다."고 역설했습니다.

1853년 미국에 의해 강제 개항된 일본은 빠르게 서양식 생산 공장을 만드는 등 사회 전반에 걸친 대대적인 개혁을 했습니다. 그 결과 일본은 1907년 산업 혁명을 완성하고, 서구 열강과 어깨를 같이하는 강국으로 성장할 수 있었습니다. 반면 조선은 서양의 앞선 물질문명은 받아들이되, 나머지는 배척하는 부분적인 개혁만을 하고자 했습니다. 따라서 조선의 변화는 늦을 수밖에 없었고, 차츰 청나라와 일본, 일본과 러시아의 세력 각축장으로 변해 갔습니다.

병인양요, 신미양요

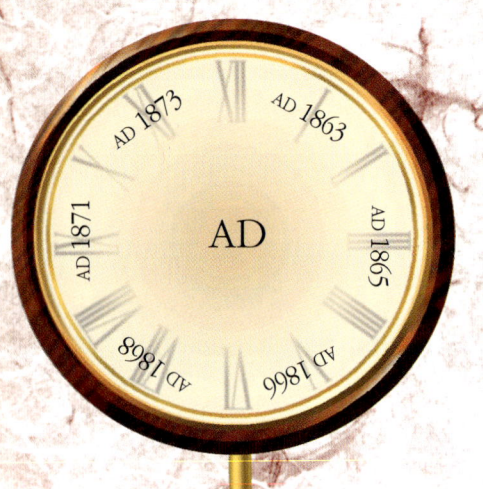

19세기 조선은 서구 열강의 계속되는 통상 요구를 받고 있었습니다. 조선은 이들을 성리학적 질서를 해치는 오랑캐로 보고 통상 요구를 거부했습니다. 그러자 독일의 상인 오페르트가 흥선대원군의 부친인 남연군의 무덤을 도굴하는 만행을 저질렀습니다. 조상 숭배를 무엇보다 중요하게 여기는 조선에게 이러한 서구 열강의 강압적인 통상 요구는 적대감만 불러오게 했습니다. 결국 조선은 서구 열강과 충돌하게 됐습니다.

1863년	고종 즉위, 흥선대원군 집권.
1865년	경복궁 중건 시작. 원납전 거둠. 물가 폭등. 천주교에 대한 대대적인 탄압.
1866년 7월	미국 상선 제너럴셔먼호가 대동강에서 평양 군민들에게 불탐.
1866년 10월 16일	프랑스가 강화성 점령. 병인양요.
1866년 11월 9일	정족산성에서 양헌수가 프랑스군 격퇴.
1868년	독일 상인 오페르트가 흥선대원군의 아버지 남연군의 묘를 도굴.
1871년 6월	미국 함대가 강화도를 침략함. 신미양요. 척화비 세움.
1873년	흥선대원군 물러나고, 고종이 직접 정치 선포.

대원군의 정책

안동 김씨, 풍양 조씨 가문의 60년간 세도 정치에 주눅 들었던 조선 왕실은 1863년 고종이 즉위하고 흥선대원군이 권력을 장악하면서 다시금 힘을 얻게 되었습니다. 흥선대원군은 세도 정치를 없애고, 백성에게 피해를 주는 제도로 변한 환곡 제도를 폐지하고, 1천여 개의 서원을 철폐하여 국가 재정을 튼튼히 하는 등 백성들의 지지를 받는 여러 정책을 펼쳤습니다. 흥선대원군은 왕실의 권위를 회복시키기 위해 임진왜란 이후 폐허로 남아 있던 경복궁을 다시 건설하는 사업을 실시했습니다. 하지만 너무 많은 비용이 들어간 공사를 한 탓에 물가 상승 등으로 백성들의 생활을 어렵게 만들어 도리어 지지를 잃기도 했습니다.

흥선대원군은 대외정책을 잘하지 못했습니다. 1860년, 러시아가 연해주를 차지하며 국경을 접하게 되자 러시아를 막기 위해 국내에 와 있던 프랑스 신부를 통해 프랑스와 관계를 맺고자 했습니다. 이것이 뜻대로 되지 않자 흥선대원군은 프랑스 신부와 천주교도들을 서양 오랑캐의 앞잡이라고 여기고 대대적인 탄압을 가했습니다. 1866년 1월, 흥선대원군은 천주교 금지령을 내리고 9명의 프랑스 신부와 수천 명의 조선인 천주교도를 처형했습니다.

병인양요

이때 조선을 탈출한 프랑스 신부 리델이 청나라 천진에 있는 프랑스 극동함대 사령관 로즈에게 이에 대한 보복을 요청했습니다

▶ 신미양요

▲ 병인양요 당시 프랑스 함대와 군복 / 전쟁기념관

다. 프랑스는 이미 1846년과 1847년에 조선과 협상을 시도했다가 실패한 경험이 있었으므로 이번 사건을 구실 삼아 무력으로 조선과 불평등한 통상 조약을 맺고자 했습니다. 군함 7척에 나누어 탄 1천 명이 프랑스군은 먼저 한강을 거슬러 올라가 양화진까지 왔다가, 강화성을 점령하고 김포의 문수산성도 점령했습니다.

흥선대원군은 프랑스군의 요구를 무시하고 강력하게 대응했습니다. 양헌수가 이끄는 조선군은 강화도 정족산성으로 쳐들어온 프랑스군을 격퇴하는 데 성공했습니다. 그러자 프랑스군은 싸울 의욕을 잃고, 강화도를 점령한 지 1달 만에 조선 왕실의 보물인 의궤를 비롯한 대량의 서적과 금괴, 은괴 등을 약탈하고 물러갔습니다.

신미양요

1866년, 미국 상선 제너럴 셔면호는 대동강을 거슬러 올라가 평양에서 통상을 요구하다가 거절당하자 총을 쏘는 등 횡포를 부렸습니다. 이에 분노한 평양의 군과 백성들은 배를 불태워, 미국인 전원이 사망했습니다. 그러자 미국은 청국에 있던 1천 2백여 명의 병력을 6척의 군함에 태워 조선을 침공했습니다. 미국군은 조선이 협상 요청을 거부하자 강화도 초지진과 덕진진, 광성진을 점령했습니다. 하지만 조선군이 강력하게 저항하고 협상을 계속 거부하자 10여일 만에 철수했습니다.

▲ 프랑스군과 싸웠던 정족산성

흥선대원군은 프랑스, 미국과의 전쟁에서 큰 피해를 입었음에도 서양 오랑캐가 물러갔다는 것에 만족했습니다. 서구 열강의 참 실력을 모른 채 계속 그들을 거부했던 것입니다. 그 결과 조선의 근대화 시점은 늦어져만 갔습니다.

▲ 신미양요 때 빼앗긴 수자기

강화도

강화도는 몽골과 전쟁을 할 때 고려의 임시 수도가 되었던 곳이며 정묘호란 때 인조가 100일 동안 피난했던 곳이기도 합니다. 강화도는 조선 최후의 방어처로 주목 받아 해안가 53곳에 돈대가 설치되어 섬 전체가 요새로 만들어졌습니다. 섬 안에는 왕실의 보물 창고인 외규장각과 비상시에 쓸 많은 황금이 보관되어 있었습니다.

▲ 미군과 싸웠던 광성진 용두포대

개항과 불평등 조약

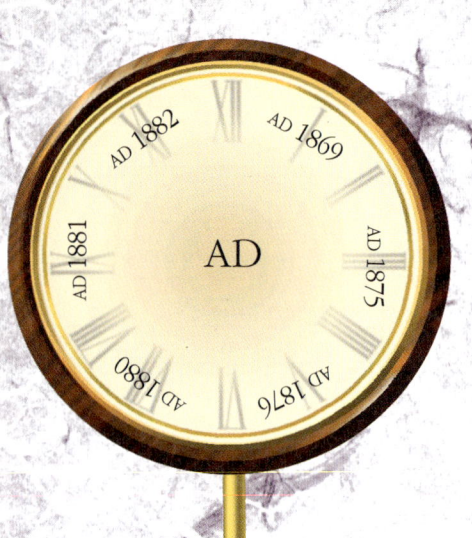

1873년, 서구 열강과의 통상을 강력하게 반대하던 흥선대원군이 물러나고, 고종이 직접 통치를 하면서 명성황후와 그 친척들이 권력을 잡게 되자 조선의 대외 정책도 변화가 일어났습니다. 외국과의 통상이 필요하다는 주장이 고개를 들 무렵, 일본이 무력을 앞세워 조선의 개항을 요구했습니다. 마침내 조선은 일본과 조·일 수호 조약, 즉 강화도 조약을 맺고 조선의 문을 열기 시작했습니다. 그러나 조선의 개항은 첫출발부터 불평등 조약이란 덫에 걸려 있었습니다.

운요호 사건

흥선대원군의 강경한 대외정책과 달리, 정부 안에서는 개화사상을 받아들이고 활발히 무역을 해야 한다고 주장하는 사람들이 있었습니다. 흥선대원군이 물러나고, 고종이 직접 정치를 하게 되면서 조선 정치에도 변화가 생겼습니다. 이때 일본이 군함 운요호를 조선 근해에 파견해 부산에서 영흥만에 이르는 동해안 일대의 해로 측량과 아울러 함포 시위를 벌였습니다. 3차례나 조선 해안을 접근한 운요호는 의도적으로 강화도 초지진에 접근하여 조선군을 자극해 충돌을 불러 왔습니다. 조선군의 포격을 핑계로 운요호는 초지진과 영종도를 공격하고 영종도에 상륙해 약탈을 한 후 철수했습니다.

일본은 이 핑계로 조선에 개항을 요구했으나 조선은 거부했습니다. 일본은 다시 군함 8척과 600명을 동원해 강화도 갑곶에 상륙시키며 압력을 가해 왔습니다. 그러자 조선에서도 국제 관계의 변화에 따라 일본과 새로운 조약을 맺기로 했습니다.

1869년	일본이 메이지유신과 왕정복고(1868년)를 알리는 국서를 보내 옴. 흥선대원군 거절.
1873년	흥선대원군이 섭정에서 물러나고, 고종이 정치를 담당함.
1875년 8월	일본 군함 운요호가 강화도에서 수비대와 전투.
1876년 2월 2일	일본과 강화도 조약 체결. 조선 최초의 불평등 조약.
1878년	일본에 원산 개항.
1880년 7월~8월	수신사 김홍집 일행 일본 시찰.
1881년 1월	박정양 등 10명 신사유람단 일본 파견.
1881년 7월	김윤식 등 69명의 영선사 일행 청나라 파견.
1882년 4월	미국과 조·미 수호 통상 조약 체결. 이후 외국과 조약 체결 늘어남.
1882년 8월	청나라와 상민수륙무역장정 맺음.

▲ 운요호

▶ 강화도 조약의 모습

▲ 강화도 조약이 맺어진 연무당터

척화비

1871년, 신미양요를 치른 뒤 흥선대원군이 백성들에게 외세의 침입을 경계하기 위해 전국 각지에 세웠던 비석입니다. 비석 표면에 '서양 오랑캐가 침입하는데 싸우지 않으면 화친하자는 것이니, 화친을 주장함은 나라를 파는 것이다.'는 글을 새겨 넣었습니다. 그러나 1882년 임오군란으로 흥선대원군이 청나라로 납치되어 가고, 개항이 되자 척화비는 철거하거나 파묻어 버리고 말았습니다.

▲ 흥선대원군

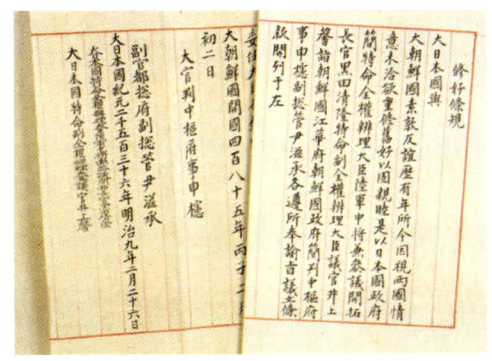
▲ 강화도 조약 비준서

불평등한 강화도 조약

조선이 맺은 최초의 근대적인 조약인 강화도 조약은 일본의 일방적인 요구가 반영된 불평등한 조약이었습니다. 모두 12개 조항으로 된 조약문은 일본에게 일방적으로 유리했습니다.

'제1조, 조선은 자주국으로서 일본과 동등한 권리를 가진다.'는 내용은 조선에 대한 청나라의 간섭을 차단함으로써 일본이 조선 침략을 쉽게 하려는 데 그 목적이 있었습니다. 또 부산, 원산, 인천 3곳의 항구에 일본의 배들이 자유롭게 왕래하도록 허락하고 일본 사람들이 개항장에서 범죄를 저질러도 일본 법률로 다스리는 치외법권을 인정했습니다. 또 일본 상품에 대한 세금도 물리지 않았습니다. 또한 개항장에서 일본 화폐가 자유롭게 유통되도록 했고 일본이 조선 연안을 자유롭게 측량하거나 뱃길을 작성하는 것을 허락했습니다. 이는 장차 일본의 조선 침략을 위한 사전 준비를 위한 조항들이었습니다. 반면 조선은 일본과의 통상에서 아무런 권리도 얻지 못했습니다.

불평등 외교 관계의 확대

일본과 조약을 체결한 조선은 1882년에는 청나라의 권고를 받아들여 미국과도 통상 조약<small>조·미 수호 통상 조약</small>을 체결했습니다. 그런데 이 조약도 불평등한 것이었습니다. 미국에게도 치외법권을 인정했고 조선이 앞으로 다른 나라와 맺는 조약에서 인정한 가장 유리한 조건을 미국에게도 적용하는 최혜국 약관도 약속해 준 것입니다. 이렇게 되자 영국, 독일 등 서구 열강과의 통상 조약도 거듭해서 불평등한 조약을 맺게 되었던 것입니다. 뿐만 아니라 청나라와도 상민 수륙 무역 장정을 맺었습니다. 이 조약에 따라 청나라도 인천 등의 개항장에서 치외법권을 인정 받았고 조선 땅 곳곳에서 청나라 상인들의 활동도 인정 받았습니다. 무역 조약의 체결로 청나라와의 무역량이 크게 늘어나 청나라의 조선 경제에 대한 침탈은 일본을 앞서 가게 되었습니다.

임오군란과 갑신정변

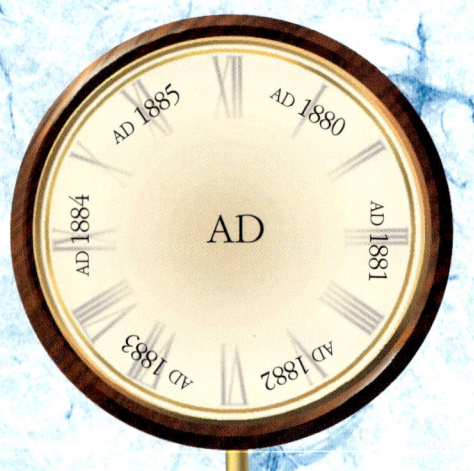

강화도 조약 이후 조선은 근대 문물을 보고 배우기 위해 일본과 청나라에 각기 신사유람단과 영선사를 파견합니다. 이후 조선은 정부 조직을 고치며 개화정책을 추진하게 됩니다. 그러나 이러한 변화에 소외된 구식 군인들은 임오군란을 일으켰습니다. 반면 개화파는 급격한 개화를 추진하기 위해 갑신정변을 일으켰습니다.

1881년 4월	일본에 신사유람단 파견.
1881년 5월	일본의 후원으로 신식 군대 별기군을 창설.
1881년 9월	청나라에 영선사 파견. 이들이 돌아와 신식 무기 공장인 기기창을 설립함.
1882년 6월 5일	구식 군인들에 의한 임오군란 일어남.
1882년 6월	청국의 개입으로 민씨 정권이 복귀함. 흥선대원군 청군에 의해 납치.
1882년 7월	일본과 제물포 조약 체결. 박영효를 특사로 일본에 파견. 태극기가 만들어짐.
1884년 10월 17일	우정국 개국 축하연에서 개화파가 갑신정변을 일으킴.
1884년 10월 19일	청나라군이 개입하여 갑신정변 실패.
1885년 4월 18일	청·일본이 텐진 조약을 체결. 조선에 대한 양국 공동 출병을 약속.

신사유람단과 영선사

조선은 1876년 1차 수신사로 김기수, 1880년에는 김홍집을 2차 수신사로 일본에 파견하여 그들의 문물을 보고 왔습니다. 특히 김홍집은 일본에서 청나라 황준헌이 쓴 《조선 책략》이란 책을 가져왔습니다. 이 책은 조선이 러시아의 침략으로부터 살아남기 위해서는 청, 일본, 미국과 같은 주변 강대국과 외교 교섭을 해야 한다는 내용이 담겨져 있었습니다. 이에 따라 청과 일본의 문물을 배워야 한다는 개화론이 제기되었고, 구체적인 실천을 위해 일본에 신사유람단을 보내게 되었습니다. 이들은 일본에 약 2개월간 머물면서 산업 시설, 도서관, 박물관, 세관, 육군, 일본 정부의 각 부처 등을 조사했습니다.

또 청나라에 신식 무기 학습과 구입을 문의하여 이를 배울 유학생과 사신단인 영선사를 파견하게 되었습니다. 학생들과 관원으로 구성된 69명의 영선사 일행은 북경에 도착하여 화약 및 탄약 제조, 전기, 화학, 기초 기계학 등을 배웠습니다. 약 1년간의 학습을 마치고 돌아온 이들이 기기창을 설립하여 근대식 무기를 만들게 되었습니다.

임오군란

조선은 새로운 관청을 만들고, 개화파 관료를 대거 기용하는 등 개화정책을 추진하게 됩니다. 일본의 후원으로 신식 군대 별기군을 창설했습니다. 그런데 신식 군대인 별기군은 급료나 옷 지급 등에서 좋은 대접을 받는 반면, 구식 군인들은 급료조차 제때에 주지 않았습니다. 차별 대우에 화가 난 이들은 마침내 폭동을 일으켰습니다. 도시 하층민까지 가담한 이들은 민겸호를 비롯한 개화파 관료들과 일본 사

▶ 임오군란

▲ 신식 군대인 별기군

▲ 운현궁 – 흥선대원군의 집으로, 임오군란 때 군인들은 흥선대원군과 면담을 가졌죠.

람을 살해한 후, 명성황후를 제거하기 위해 궁궐로 쳐들어갔습니다. 명성황후가 피하자, 고종은 흥선대원군에게 정권을 맡기고 사태를 수습하고자 했습니다. 그런데 민씨 일파가 청나라에 원조를 요청하자 청나라는 4,500명의 군대를 파견해 흥선대원군을 납치해 갔습니다. 구식 군인들은 청군에 대항했으나 패하고 말았습니다.

한편 일본은 조선에게 손해배상금의 지불과 일본 공사관에 경비병을 주둔시킬 것을 요구해 왔습니다. 이에 제물포 조약이 체결되어 조선에 대한 일본의 권한은 더욱 커졌습니다.

갑신정변

다시 권력을 잡은 명성황후와 조선에 군대를 주둔시킨 청나라는 조선의 개화 정책을 후퇴시켰습니다. 청나라가 정치적 간섭을 하자 개화파들은 일본군의 지원을 받아 정변을 일으켜 민씨 정권을 무너뜨리며 청과의 사대 관계를 끊고 개혁 추진을 결정했습니다.

김옥균 등의 개화파는 우편 사무를 맡아 보는 관청인 우정국 개국 축하연을 계기로 정변을 일으켜 민씨 일파를 제거하고 권력을 장악했습니다. 하지만 명성황후의 요청에 따라 청나라는 1,500명의 군사로 개화파를 공격했습니다. 상황이 불리하다고 판단한 일본은 개화파와의 약속을 저버리고 일본 군대를 철수시켰습니다. 결국 홍영식 등은 청군에게 죽임을 당했고, 김옥균, 박영효, 서재필 등은 일본으로 망명함으로써 3일 만에 실패했습니다. 갑신정변은 청군의 간섭이 실패의 직접 원인이지만 무엇보다 몇몇 지식인들이 중심이 되어 대중들의 지지를 받지 못하고 일본에 의지해 성급히 개혁을 하려고 했기에 실패했던 것입니다.

▲ 우정국

김옥균

갑신정변의 주역인 그는 개화사상가인 박규수, 오경석, 유대치의 영향을 받고 있었습니다. 그는 1881년, 일본을 다녀온 뒤 일본의 힘을 빌려 조선의 제도 개혁을 꾀하고자 했습니다. 그는 갑신정변을 일으켜 새 내각의 호조참판이 되어 나라의 경제를 주도할 권력을 쥐었으나, 3일 만에 정변이 실패하자 일본으로 망명해 살다가 1894년 상하이에서 자객에게 살해되고 말았습니다.

▲ 김옥균

동학 농민 운동

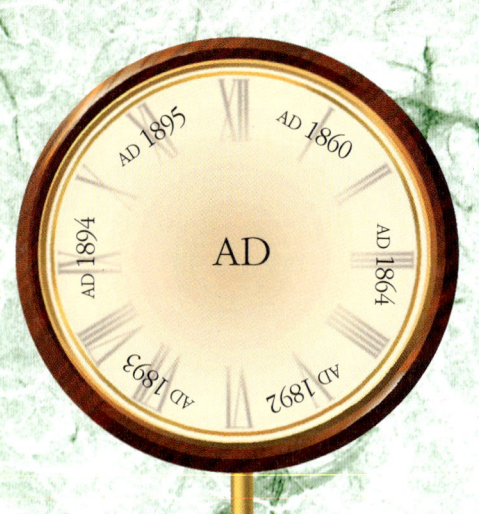

개항 이후 조선 사회는 혼란의 연속이였습니다. 정치권의 권력 다툼, 환곡 등의 삼정 문란, 일본과 청나라의 경제적 침투로 괴로워진 농민들은 민란을 일으켜 정부를 향해 불만을 털어놓기 시작했습니다. 이러한 때에 인간 평등과 사회 개혁을 주장한 동학은 빠르게 경상도, 충청도, 전라도 3도에 퍼지기 시작했습니다. 신종교인 동학의 사상과 조직은 농민들을 조직하고 행동하는 데 매우 중요한 역할을 하게 되었습니다.

1860년 4월	최제우가 동학 창시. 1864년 정부에 의해 체포되어 사형을 당함.
1892년 12월	동학교도들이 삼례집회에서 최제우의 억울함을 풀어 달라고 정부에 요구.
1893년 3월	동학교도의 보은집회. 일본 등 외세 배격 운동.
1894년 1월	1차 동학농민군이 전봉준 지휘하에 고부 관아 점령.
1894년 3월	전봉준, 손화중 등이 이끈 농민군, 고부 백산에서 봉기함.
1894년 5월 7일	동학농민군과 정부 사이에 전주화약을 맺음. 집강소 설치. 전라좌우도 장악.
1894년 9월	농민군 4천 명, 삼례 집회. 2차 봉기.
1894년 11월 9일	공주 우금치 전투에서 농민군이 일본과 관군 연합군에 의해 대패.
1895년 3월	전봉준이 관군과 일본군에 의해 처형당함.

동학 농민 운동의 발단

이전부터 정부는 동학을 서학인 천주교와 함께 믿어서는 안 되는 나쁜 종교라며 탄압해 왔습니다. 그러나 동학교도 수천 명이 모여 탄압 금지를 요구하는 삼례 집회, 보은 집회를 열 정도로 동학교도들은 이미 조직화되어 있었습니다.

전라도 고부군수 조병갑은 만석보 저수지의 물세를 받는 등 각종 부당한 명목으로 농민들의 주머니를 털어 개인 재산을 불리는 악행을 일삼았습니다. 동학의 접주인 전봉준을 비롯한 농민들은 수차례에 걸쳐 군수에게 시정을 요구했으나 거절당했습니다. 그러자 전봉준은 여러 동학 지도자들과 함께 1894년 1월 10일 봉기하여 고부 관아를 습격하여 세금으로 거둔 쌀을 백성들에게 나누어 주고 만석보 저수지를 파괴했습니다. 그런데 정부에서 사태를 수습하기 위해 보낸 안핵사 이용태가 도리어 농민들을 탄압하자 농민들은 크게 분노했습니다.

그해 3월 전봉준은 여러 동학 접주들과 함께 봉기를 일으켰습니다. 농민군은 황토현 전투에서 1천 관군과 보부상부대를 격파하고, 4월 27일에는 전주를 점령했습니다. 동학 농민군을 막지 못한 정부는 청에 원군을 요청했고, 5월 5일 청군이 아산만에 상륙했습니다. 그러

▶ 동학 농민 운동을 주도한 전봉준을 녹두장군이라 불렀다.

▲ 최시형 – 동학 2대 교주로서 동학을 조직화하여 동학 농민 운동의 실마리를 만들었다.

자 일본도 조선에 출병했습니다. 이렇게 되자 정부는 청, 일 양국의 무력 개입과 두 나라의 충돌을 염려하여 5월 7일 농민군의 요구를 받아들여 전주 화약을 맺었습니다. 이에 따라 농민군은 전라도 53군에 집강소를 설치하고, 동학교도들이 각 읍의 집강이 되어 지방의 치안과 행정을 담당했고, 동학 농민군이 제안한 정치 개혁안도 추진되었습니다.

일본군과의 전쟁

조선에 도착한 일본군은 청나라에 뒤진 세력을 만회하고자 1894년, 청나라를 상대로 전쟁을 일으켰습니다. 일본군이 경복궁을 점령했다는 소식에 농민들은 그해 9월 말 삼례역에 모여 다시 봉기했습니다. 농민군은 서울 진공을 목표로 논산을 거쳐 공주에 접근했습니다. 공주 주변 우금치에서 동학 농민군은 관군 및 일본군과 약 7일에 걸쳐 치열한 전투를 했으나 우수한 무기를 가진 일본군을 이기지 못하고 크게 패하고 말았습니다. 결국 1년여에 걸친 동학 농민 운동은 실패로 끝났습니다.

동학 농민 운동의 의미

동학 농민 운동은 농민들이 전통적 지배 체제에 반대하는 개혁 정치를 요구하고, 외세의 침략을 물리치려 했다는 점에서 아래로부터의 개혁, 민족 운동이라고 할 수 있습니다. 비록 실패로 끝났지만 동학 농민군이 정부에 요구한 폐정 개혁 12조는 갑오개혁에서 일부 반영되었습니다. 폐정 개혁 12조에는 노비 문서 소각, 인재 등용과 문벌 타파, 온갖 명목의 잡다한 세금 폐지, 과부의 재혼 허락, 천민에 대한 대우 개선 등 근대 지향적인 개혁 요구들이 담겨져 있었습니다. 또한 비록 짧은 기간이었지만 전라도 대부분 지역에서 농민들이 집강소를 활용하여 농민의 입장을 반영한 치안과 행정 자치를 이룬 것은 우리 역사상 처음 있는 일이었습니다. 이 운동은 조선의 전통 질서가 해체되는 결정적 계기가 되었습니다.

▲ 압송되는 전봉준

동학(천도교)

1860년 경주 사람 최제우가 한울님의 계시를 받아 큰 도를 깨닫고 만든 신종교입니다. 동학은 인내천(人乃天), 즉 인간의 마음은 곧 하늘의 마음이라는 인간의 주체성을 강조하는 지상천국 이념과 만민평등의 이상을 갖고 있습니다. 유교적 윤리와 양반 사회의 질서를 부정하는 혁명적인 성격을 가진 동학은 최제우가 포교를 시작한 후 불과 3, 4년 만에 남부 지방 전체로 확산됩니다. 동학의 6임, 포주, 접주, 대접주, 도주, 대도주 등의 조직은 동학 농민 운동의 중심이 됩니다.

▲ 최제우

위정척사 운동

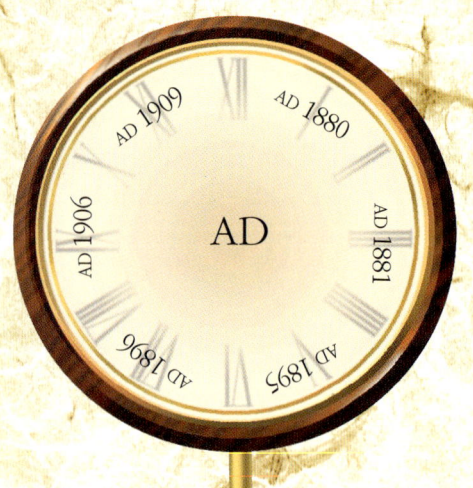

위정척사 운동은 양명학을 비롯한 불교, 도교, 천주교 등 모든 사상과 학문을 이단이라고 규정하여 성리학을 지키고 외래의 천주교 등을 물리친다는 운동입니다. 위정척사 운동은 조선이 외세에 반대하는 운동의 이념적 바탕이 되었습니다. 이항로·최익현·유인석 등의 유학자들이 위정척사파를 대표하는 인물들입니다. 이들은 개화에 걸림돌이 되기도 했으나, 이들의 반외세 운동은 일본에 대항하는 의병 활동으로 이어졌습니다.

1880년 8월	수신사 김홍집, 황준헌의 《조선책략》을 가져옴.
1881년 2월, 5월	영남 만인소 사건.
1882년 6월	구식 군인들에 의한 임오군란 발생.
1895년 8월	을미왜변. 명성황후가 일본 정부의 지시를 받은 일본 낭인들에게 시해당함.
1895년 11월	단발령 발표. 유생들을 비롯한 전국적 반발.
1896년 1월	단발령과 을미사변에 항거하여 의병 봉기.
1906년	민종식, 최익현 등이 의병을 일으킴.
1907년 12월	의병, 13도 창의군 결성. 서울 진격 준비하다가 실패.
1909년 9월	일본군 남한 대토벌 작전 개시.

만인소 사건

1880년 김홍집이 일본에서 가져와 고종에게 바친 《조선책략》은 조선의 정치에 큰 영향을 주었습니다. 정부는 러시아를 견제하기 위해 청나라에 미국을 비롯한 서구 여러 나라와 수교할 뜻이 있음을 밝혔습니다. 그러자 1881년 2월 이만손을 중심으로 한 영남 지역의 유생 만여 명이 서명한 상소(만인소)를 올려 조정의 개화정책에 반대하고 개화파를 비난했습니다. 이들은 "러시아, 미국, 일본 등은 모두 오랑캐이기 때문에, 어느 나라도 차이가 없고 그들이 조선에 들어와 통상과 토지를 요구하면 조선은 발붙일 곳이 없어진다."고 지적했습니다. 영남 유생의 만인소에 이어 경기, 충청, 강원도 유생들도 상소를 올리자 정부는 새로운 외교정책을 철회했습니다. 그러나 다음 해 미국과 통상 조약을 체결한 것처럼 여론을 무마한 일시 후퇴일 뿐, 개화정책은 지속되었습니다.

위정척사 운동의 성격

위정척사파들이 개화정책과 외국과의 교역을 반대한 이유는 서양의 공업제품과 우리의 농산품이 교역하면 우리의 국민 경제가 어려워지며, 한 번 개방을 하면 일본을 비롯한 세계 열강의 침략이 계속되어 그것을 막을 수 없게 될 것이기 때문이라고 했습니다. 위정척사파의 우려는 모두 사실이었습니다. 그러나 이들의 개화 반대론은 조선의 주체적 힘으로

▶ 상소를 올리는 모습

▲ 단발을 한 고종 사진

최익현

강직한 성품을 지닌 최익현은 1873년 흥선대원군이 서원을 철폐한 것이 잘못이라는 상소를 올려 대원군 집권을 무너뜨리고 고종이 직접 정치를 하게 만든 인물입니다. 그는 강화도 조약, 단발령 등을 비난하는 상소를 올려 여러 번 유배를 당했습니다. 을사늑약이 체결되자 곧바로 을사오적을 처단할 것을 주장했습니다. 1906년, 의병을 일으켜 일본군과 싸우다가 체포되어 쓰시마 섬에 유배되었습니다. 그는 적이 주는 음식물은 먹을 수 없다며 단식하다가 굶어 죽었습니다.

근대화를 이루기 위한 방법으로 제시된 것이 아니었습니다. 이들은 조선 왕조의 정치체제와 지주 중심의 경제체제, 양반 지배의 신분체제, 성리학적 사상체제를 그대로 유지하려는 데 목적이 있었습니다. 그런 만큼 이들의 주장은 시대의 흐름을 거스르는 것이었습니다. 하지만 당시 개화를 추진했던 세력들이 정권 유지를 목적으로 외국에 의존하며 주체적이지 못한 정책을 편 것과 비교해 보면 나름의 원칙을 가진 움직임이었습니다.

항일 의병 투쟁

1895년, 명성황후가 일본 사람에 의해 궁궐에서 시해되는 을미왜변이 발생하고 개화파 정부가 백성들에게 머리를 자르라는 단발령을 시행하자, 조선의 민중들은 일본과 개화 정부에 크게 반발했습니다. 위정척사 사상을 가진 유생들을 중심으로 1차 항일 의병이 이때 일어났습니다. 이들은 일본과 친일 관료를 처단하기 위해 조직적인 무장 항쟁을 전개했습니다.

1905년, 을사늑약이 체결되자 1차 의병의 중심이었던 유생들과 농민들이 다시 2차 의병을 일으켰습니다. 또한 1907년 고종이 일본에 의해 강제로 임금 자리에서 물러나게 되자, 3차 의병이 일어나게 되었습니다. 이때 전국의 의병들은 13도 창의군을 결성해 한성으로 진격하고자 했습니다. 그런데 총대장인 이인영이 서울 30리 밖에서 부친이 돌아가셨다는 소식을 듣고 불효는 곧 불충이라며 지휘권을 넘기고 고향으로 돌아가 버렸습니다. 총대장이 없는 상태에서 의병 연합군은 서울 진격에 실패하고 다시 흩어졌습니다. 그 탓에 의병들은 일본군의 남한 대토벌 작전에 당하여 무려 5만 명의 사상자를 내면서 차츰 활동이 줄어들었습니다. 나머지 의병들은 만주로 가서 무장 독립운동군이 되었습니다.

▲ 강원도에서 의병을 일으킨 신돌석 생가

▲ 구한말 의병 모습

근대 문물과 만난 조선

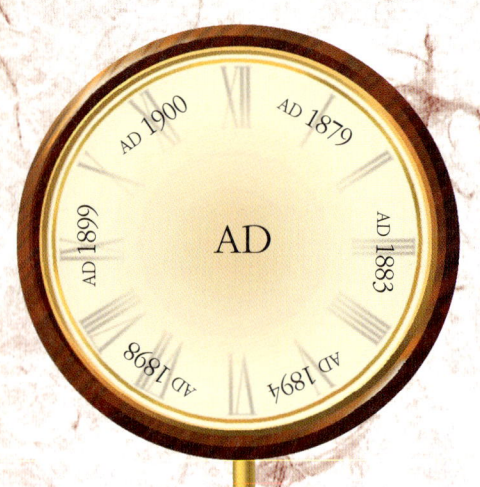

개항과 더불어 조선 정부는 근대 문물과 기술의 우수성을 인정하고 이를 서둘러 도입하고자 했습니다. 통상 거부 정책을 펼쳤던 흥선대원군도 서양의 무기 제조술에 대해서는 관심을 갖고 있었습니다. 서양 문물의 도입은 국민 생활을 변화시켰으나 일부 근대 시설은 열강의 침략 목적에 이용되기도 했습니다.

1879년	지석영, 일본에서 천연두(마마) 치료법인 종두법 배워 옴.
1883년	근대 무기를 제조하기 위한 기기창 설립.
1894년	최초의 서양식 병원 광혜원이 설립.
1895년	서울과 인천 간 전신선 가설.
1897년 3월 6일	경복궁에 최초로 전기가 들어옴.
1898년	덕수궁 안에 전화가 최초 가설. 한성전기회사 설립.
1899년	경인선 완공(인천~노량진). 서울에서 전차 운행 시작.
1900년 7월 5일	한강 철교 준공.

서양 기술을 받아들이는 입장

개화파 사람들은 동도서기론, 즉 조선의 정신세계는 유지하되, 서양의 과학 기술만 받아들이자는 입장을 가졌습니다. 이런 입장은 중국이 서양의 것을 배우려는 양무운동의 정신과도 같았습니다. 그러나 서양의 기술 문명은 자유주의, 합리주의 등의 정신 문명과 민주주의적 정치 문화를 바탕으로 발달한 것입니다. 조선 왕조의 사농공상을 구분하는 신분 제도와 보수적인 의식 구조와는 쉽게 어울릴 수는 없었습니다. 그래서 일본과 같은 전면적인 사회 변화와 산업화가 이루어지지는 못했습니다.

새로운 문물

조선의 개화정책에 따라 신문을 만드는 박문국, 서양 무기를 제조하는 기기창, 새로운 화폐를 주조하는 전환국이 설립되었습니다. 1882년 정부는 무기와 기계의 도입과 제작을 전담하는 군물사, 선함사, 기계사와 같은 관청을 두었습니다. 또 섬유공업기술, 광산기술, 농업기술을 도입하기도 했습니다.

1884년에는 증기기관 선박이 도입되었고, 전기와 전신 전화도 도입되었습니다. 발전소가 건설되면서 전차가 다니게 되었고, 경복궁의 밤은 전등이 밝히게 되었습니다. 전기는 서울 시내로 사용 범위가 넓어졌습니다. 전신이 설치되면서 국제 전화도 가능해졌습니다.

또 서양식 인쇄기술도 이때 도입되어 신문과 잡지, 각종 출

▶ 경인선

▲ 최초의 전화 통신원- 근대 문물의 유입과 더불어 새로운 직업들이 생겨났다.

판물을 민간인들도 쉽게 만들 수 있게 되었습니다. 각종 출판물은 개화사상을 보급하는 데 중요한 역할을 담당했습니다.

개항을 하자 많은 서양인들이 조선에 오게 되었습니다. 이들은 조선에 새로운 지식과 기술을 전했습니다. 특히 의료와 교육 분야에 있어서 이들의 역할은 컸습니다. 미국에서 온 앨런은 한국 최초의 근대식 병원인 광혜원에서 의사와 교수로 일했습니다. 아펜젤러는 배재학당을 세웠고, 언더우드는 연희전문학교를 세워 조선의 학생들에게 새로운 학문을 전했습니다.

일제의 수탈을 위한 근대 시설

근대 시설 가운데 가장 큰 규모의 공사는 철도의 부설입니다. 1883년 경성과 제물포를 잇는 경인선 철도 건설이 계획되어 1899년에 완공되었습니다. 이어서 경성~부산, 경성~의주, 경성~원산, 대전~목포 사이의 철도가 완성되었습니다. 그런데 이들 철도는 단순히 이동의 편리함이란 목적 때문만 아니라 일본의 대륙 진출이라는 군사적 목적에 의해 완성될 수 있었습니다. 1904년에서 1906년 사이에 완공된 경부선과 경의선은 만주의 철도와도 연결되어 일본의 대륙 침략을 위한 발판이 됐습니다.

제국주의 열강의 경제 침략이 본격화되는 시점에서 너무 늦게 서양의 새로운 문물과 기술을 만난 조선은 일본처럼 산업혁명의 완성을 기대하기 어려웠습니다. 그렇지만 많은 조선 사람들로 하여금 새로운 시대가 왔으며 조선이 실력을 키워야 한다는 생각을 갖도록 만들었습니다.

▲ 경복궁 전기 발상지

▲ 교통의 혁신을 가져온 전차

최초의 전깃불

우리 나라에서 최초로 전기가 사용된 것은 1887년 경복궁 향원정 북쪽 지역이었습니다. 당시 이곳이 고종이 주로 머물렀던 곳이기 때문이었습니다. 향원정의 물을 이용하여 커다란 발전기가 움직여 많은 전등을 밝혔습니다. 비바람에도 꺼지지 않는 전깃불은 당시 사람들에게 매우 신기한 구경거리였습니다. 그런데 발전기가 자주 고장이 나서, 전등도 자주 꺼졌기 때문에 '건달불'이라고 불리기도 했습니다.

▲ 한성 전기 회사

청·일 전쟁과 러·일 전쟁

조선을 지배하고자 하는 일본에게 청나라는 중요한 경쟁자였습니다. 조선의 지배권을 놓고 일본과 청나라가 전쟁을 벌여 일본이 승리했습니다. 그러자 청나라를 대신해서 러시아가 일본의 경쟁자로 등장했습니다. 러시아와 일본의 세력 균형이 이루어진 상태에서 조선은 대한 제국으로 국호를 바꾸며 광무개혁을 실시하며 생존을 위한 몸부림을 쳤습니다.

1885년	청국과 일본의 텐진 조약. 한반도에서 양국군 철수 및 동시 동반 진출 약속.
1885년 4월	영국이 거문도 점령 (~1897년 2월).
1894년 7월 23일	일본이 흥선대원군을 앞세워 친일 정부 조직 및 청·일 전쟁 개시.
1895년 4월 17일	일본이 전쟁에 승리하여 청나라와 시모노세키 조약을 맺음.
1895년 8월 20일	일본에 의해 명성황후가 시해당함. 을미사변.
1896년 2월	고종이 러시아 공사관으로 이동(아관 파천), 친러정권이 수립됨.
1896년 7월	서재필 등이 독립 협회 결성.
1897년 10월 12일	고종이 원구단에서 황제 즉위식. 국호를 대한 제국으로 정함.
1898년	독립 협회. 만민공동회 개최(1월, 10월). 헌의 6조를 결의하여 개혁 촉구.
1904년 2월 10일	일본이 러시아에 선전포고. 여순항, 인천항을 공격해 러시아 함대 격침.
1905년 9월 5일	러시아-일본이 포츠머스 강화 조약. 일본이 대한 제국 지배권 가짐.

청·일 전쟁

동학농민군을 진압하지 못한 조선 정부는 정권을 지키기 위해 청나라에게 원군을 요청했습니다. 아산만에 도착한 청나라 2,400명이 아산만에 상륙했습니다. 그러자 조선 침략의 기회를 엿보고 있던 일본은 1885년에 청국과 맺은 텐진 조약에 의거하여 조선에 군대를 보냈습니다. 그들은 일본 공사관과 거류민 보호라는 구실 아래 해군과 육군의 대부대를 파병했고 이어 인천과 서울 사이의 정치적·군사적 요충지를 장악했습니다. 일본군의 침입에 당황한 조선 정부는 청·일, 양군의 동시 철병을 요구했습니다.

하지만 일본은 동학 농민 운동이 아직 끝나지 않았다는 것과 조선의 내정 개혁을 구실로 철수를 거부했습니다. 일본은 1894년 7월 23일 무력으로 흥선대원군을 앞세운 친일정권을 수립하고 7월 25일, 선전포고도 없이 청·일 전쟁을 도발했습니다. 평양 전투 등에서 거듭 승리를 거둔 일본은 요동 반도와 산동 반도를 장악하고 북경까지 위협했습니다. 결국 두 나라는 시모노세키 조약을 체결했습니다. 일본은 엄청난 배상금과 함께 요동 반도, 대만 등을 청나라로부터 빼앗았습니다.

▲ 청·일 전쟁 당시 붙잡힌 청나라 포로

힘없는 대한제국의 개혁

청·일 전쟁의 승리로 조선을 독점하려던 일본의 계획은 러시아에 의해 방해받았습니다. 러시아는 프랑스, 독일과 함께 3국이 간섭하여 일본이 요동 반도를 차지하는 것을 막았습니다. 그러자 조선 정부는 러시아가 일본보다 강하다고 판단하고, 일본을 배척하고 러시아 편으로 돌아섰습니다. 조선에서 일본의

거문도를 점령한 영국

영국은 러시아가 영토를 확장할 때마다 경계해 온 나라입니다. 영국은 러시아가 조선으로 진출할 것을 견제하기 위해 해상 교통의 요지인 남해안 거문도를 불법으로 점령했습니다. 조선은 영국의 통보를 받고 강력히 항의했으나 스스로 해결할 수가 없어 청나라 등에 도움을 요청합니다.

▲ 거문도를 점령한 영국군.

청나라는 러시아와 협상에 나서 영국이 거문도에서 철수하면 조선 영토를 침범하지 않겠다는 약속을 받아 영국에 전달함으로써 영국군은 철수하게 됩니다. 거문도 사건으로 러시아의 조선 침투는 늦어지고, 청나라의 조선에 대한 영향력은 커졌습니다.

▲ 러시아 공사관 – 고종은 일본의 간섭을 피해 러시아 공사관으로 거처를 옮겼다.

입지가 불안정해지자 일본은 러시아에 치우친 정치를 하는 명성황후를 살해하는 을미사변을 일으켰습니다. 하지만 의병 투쟁이 일어나 일본을 배척하자 일본은 더욱 수세에 몰렸습니다. 게다가 1896년 2월 고종이 러시아 공사관으로 거처를 옮김에 따라 조선에서 일본의 영향력은 크게 줄었습니다.

1897년, 덕수궁으로 돌아온 고종은 자주독립을 선언하며 국호를 대한 제국으로 바꾸고, 왕을 황제라고 고쳐 부르고, '광무' 연호를 사용했습니다. 이어 개화파 인사들과 함께 광무개혁을 단행했습니다.

러·일 전쟁

대한 제국은 러시아와 일본의 세력 균형 아래에서만 존재가 가능했습니다. 일본은 러시아를 몰아내기 위해 1902년, 영국과 동맹을 체결하고 러시아와 협상을 벌여 만주와 한반도를 각기 점유하자는 제안을 했으나 실패했습니다. 그러자 일본은 1904년, 러시아 함대를 공격하여 전쟁을 일으켰습니다. 대한 제국은 국외중립을 선언하고 각국에게 통고했습니다. 그러나 일본군은 이를 무시하고 서울에 군대를 보냈습니다. 그리고 강제로 '한일의정서'를 체결하게 한 후, 조선을 자기 땅처럼 이용하며 러시아와 전쟁을 했습니다. 전쟁은 영국과 미국의 지원을 받은 일본이 러시아의 발틱 함대를 격파하면서 승리를 거두었습니다.

이 전쟁의 승리로 일본은 미국, 영국, 러시아로부터 대한 제국의 지배를 인정받았습니다. 이제 대한 제국은 일본의 식민지가 되는 길로 접어들고 말았습니다.

▲ 러·일 전쟁 당시 러시아 함대를 공격하는 일본 군함

대한 제국

고종은 명성황후가 일본의 낭인들에게 무참히 죽어 가는 상황을 지켜보았습니다. 고종은 일본이 무서워 궁궐을 버리고 러시아 공사관으로 몸을 피해야만 했습니다. 러시아 공사관에서 1년 동안 머문 고종은 변하기 시작했습니다. 국제 정세를 파악한 고종은 다시 덕수궁으로 돌아와 새롭게 나라를 다스릴 준비를 했습니다. 고종은 대한 제국이라고 나라 이름을 바꾸고 자주독립국의 황제가 되겠다는 꿈을 펼쳤습니다.

광무개혁

대한 제국의 황제가 된 고종은 광무개혁을 실시했습니다. 그러나 기득권층의 반발을 우려해 갑오개혁과 달리 온건한 개혁 방식을 택했습니다. 게다가 개혁의 목표는 임금의 권리를 강화하는 데 맞추어져 있었습니다. 농민 생활의 안정과 국가의 재정을 확보하기 위해 토지를 새롭게 측량하고, 각종 회사와 공장을 설립했습니다. 또 기술자와 경영인을 양성하기 위해 상공학교, 기술학교, 의학교 등을 설립했습니다. 또 화폐와 금융 제도를 개혁하는 한편, 외국 자본을 받아들여 산업을 발전시키고자 했습니다. 국방력을 강화하기 위해 근대식 군함을 비롯한 신식 화기와 장비를 도입하고, 궁궐과 서울을 지키는 군대를 늘리고, 고급 장교를 양성하기 위한 무관학교도 설립했습니다. 그러나 광무개혁은 소극적인 개혁에 불과했습니다. 이때 육성된 군대는 열강과 대항하기에는 턱없이 부족한 수준이었습니다.

정부는 외세의 경제 침탈을 막아 내지 못하고, 금광 개발권, 철도 부설권, 삼림 채취권 등 중요한 경제적 권리를 러시아, 미국, 일본 등에게 계속 뺏기고 말았습니다. 그 결과 경제를 발전시켜 근대 국가로 발전할 수 있는 길은 더욱 멀어졌습니다.

독립 협회와 만국공동회

외국의 침투가 계속되어 나라의 주권이 위협을 당하면서 국민들 사이에도 자

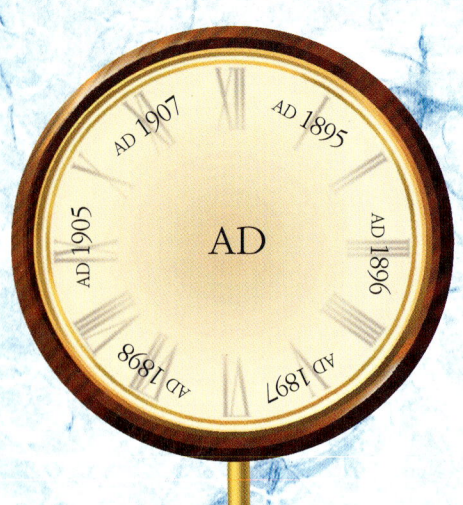

1895년 8월 20일	을미사변으로 명성황후가 시해당함.
1896년 2월 11일	고종이 러시아 공사관으로 거처를 옮긴 아관파천(~1897.2.20).
1896년 7월	서재필 등이 독립협회 결성.
1897년 10월 12일	고종이 원구단에서 황제 즉위식. 국호를 대한 제국으로 정함.
1898년	독립협회. 만민공동회 개최(1월, 10월). 헌의 6조를 결의하여 개혁 촉구.
1901년	금본위 제도 실시. 신식 화폐 조례 공포.
1903년	고종, 근대식 해군 육성을 위해 군함(양무호, 광제호) 구입.
1905년 11월 17일	일제의 위협으로 을사늑약이 이루어짐.
1907년 6월 25일	고종의 특사들이 헤이그에 도착, 만국평화회의 출석에 실패함.
1907년 7월 20일	일본의 압력으로 고종이 퇴위. 순종에게 양위함.

 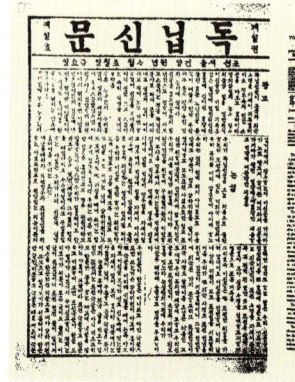 

◀ 서재필과 독립신문

독립협회

한국 최초의 근대적인 사회정치단체로 정부의 외세 의존 정책을 반대하는 개화 지식층이 중심이 되어 자주독립과 내정 개혁을 목표로 활동을 시작했습니다. 만민공동회를 개최하는 등 단체가 크게 성장하자, 정부는 어용단체인 황국 협회를 시켜 독립 협회를 탄압했습니다. 고종의 명령으로 1899년에 해산된 독립 협회는 이후 대한자강회, 대한협회로 그 정신이 이어졌습니다.

▲ 독립문

▲ 대한 제국 성립 후 고종이 머물렀던 덕수궁에는 황제가 사용하는 문양인 용 문양이 있다. - 덕수궁 중화전 앞 답도에 새겨진 용 문양

주독립을 지키려는 움직임이 일어났습니다. 대중 계몽과 실력 양성을 목표로 한 자강계몽운동이 활발히 벌어졌습니다. 안창호가 대성학교를 세우고, 이승훈이 오산학교를 세우는 등 민족 의식을 가진 학생들을 키워 냈습니다. 또 각종 단체를 만들어 교육, 문화 등의 사업을 펼쳤습니다.

민간이 세운 단체 중 독립 협회는 독립신문을 만든 서재필을 비롯해 정부 관리까지 활동한 최초의 정치단체였습니다. 이들은 의회 설립, 사법 제도의 개혁, 외국에 이권을 넘기는 것의 반대 활동, 산업 육성들을 주장했습니다. 이 주장을 실현하기 위해 종로에서 만민공동회라는 대중 집회를 개최했습니다. 정부는 독립 협회의 주장을 받아들여 의회 설립 등에 합의했습니다. 그러나 독립 협회가 황제의 권리를 위협한다고 판단되자 이들을 강제로 해산시켰습니다.

헤이그 특사 사건

고종의 반대에도 불구하고 을사늑약이 체결되자 고종은 조약 체결이 무효임을 선언하고 국제 사회에 독립국가의 정당성을 호소했습니다. 고종은 만국 평화 회의가 열리고 있는 네덜란드 헤이그에 특사를 파견하여 을사늑약이 무효임을 국제 사회에 알리고자 했습니다.

고종은 이상설, 이준, 이위종을 세 사람을 특사로 파견했습니다. 헤이그에 도착한 이들은 머무르던 집에 태극기를 내걸고 독립국가 외교 사절단으로 활동을 시작했습니다. 하지만 일본의 방해로 사절단은 회의 참석과 발언을 거부당했습니다. 그러나 만국 기자 협회에 참석한 이위종이 유창한 프랑스어 실력으로 조선의 비통한 실정을 호소하는 연설을 했습니다. 그러나 구체적인 성과를 얻지는 못했습니다. 이 일로 인해 일본은 고종에게 책임을 추궁하여 강제로 황제의 자리에서 물러나게 했습니다.

◀ 고종은 비밀리에 이상설, 이준, 이위종 세 사람을 헤이그에 특사로 파견했다.

식민지 시대

대한 제국은 1910년 8월 22일 일본에 의해 강제로 국권을 잃고 합병당하고 말았습니다. 1945년 광복이 될 때까지 우리 겨레는 일제의 강압적이고 야만적인 통치를 받으며 고통 속에 살아야 했습니다. 민족의 권리와 자유는 훼손되었고, 토지와 자원은 강제로 빼앗겼습니다. 독립을 향한 강한 열망이 3·1 운동으로 표현되자 일본은 이른바 문화 통치를 내세우며 우리 민족의 분열을 꾀했습니다. 일본이 대륙 침략을 본격화한 후에는 민족 말살 정책을 추진하면서 사람과 자원을 가혹하게 수탈했습니다. 35년간 일제의 억압 속에서도 우리 민족은 굴하지 않고 줄기차게 독립운동을 전개했습니다.

일본의 잔혹한 수탈과 지배

일본은 세계 식민 통치 역사상 유례를 찾아보기 힘들 만큼 조선에 가혹한 수탈을 했습니다. 일본은 조선의 토지를 강제로 빼앗고 일본 사람들을 지주로 만들었습니다. 또한 자국에 부족한 식량을 조선에서 조달하고, 많은 광물자원을 빼앗아 일본 경제 발전의 원동력으로 삼았습니다. 어업자원, 삼림자원의 수탈은 물론, 인적 자원의 수탈도 저질렀습니다. 태평양 전쟁이 시작되자 조선의 청년들을 강제로 끌고 가서 전쟁의 총알받이로 사용했습니다. 젊은 여성들도 강제로 군대 위안부로 끌고 가 삶을 파괴했습니다.

일본은 조선에 공장을 세우고 철도와 도로, 교량을 놓기도 했습니다. 그러나 이것은 조선의 값싼 노동력을 이용하기 위함이고, 조선의 물자를 수탈하기 위함이었습니다. 일본은 조선을 대륙의 진출을 위한 병참기지로 만들었던 것입니다. 일본의 조선 지배는 어디까지나 일본의 이익을 위한 것뿐이었습니다.

식민지 시기의 생활의 변화

일제 식민지 시기는 전 세계적으로 과학기술이 급격히 발전한 시대였습니다. 기관차와 비행기, 전화, 영화, 레코드, 댄스홀, 축구와 야구와 같은 서양 스포츠, 포스터 등 새로운 것들이 조선에 들어와 사람들의 생활을 바꾸었습

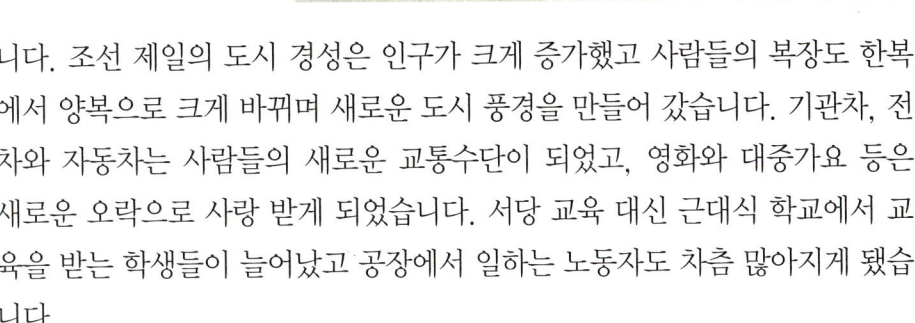

니다. 조선 제일의 도시 경성은 인구가 크게 증가했고 사람들의 복장도 한복에서 양복으로 크게 바뀌며 새로운 도시 풍경을 만들어 갔습니다. 기관차, 전차와 자동차는 사람들의 새로운 교통수단이 되었고, 영화와 대중가요 등은 새로운 오락으로 사랑 받게 되었습니다. 서당 교육 대신 근대식 학교에서 교육을 받는 학생들이 늘어났고 공장에서 일하는 노동자도 차츰 많아지게 됐습니다.

일제의 침략으로 가장 크게 삶의 변화를 겪은 사람들은 조국을 떠나 만주 등지로 이주했던 사람들입니다. 이들 가운데는 멀리 중앙아시아나 사할린 섬으로 강제 이주를 당한 사람들도 있었습니다.

독립운동의 열망

주권을 빼앗기고 일본의 노예로 사는 것은 우리 겨레에게는 참을 수 없는 고통이었습니다. 많은 사람들이 일제 총칼의 위협에도 불구하고 독립운동을 위해 자신의 모든 것을 내던지기도 했습니다. 국내에서 독립군 활동이 어려워지자 만주, 연해주, 중국 등지로 이주하여 그곳에서 독립운동을 지속했습니다. 국내에 있는 백성들도 3·1 운동, 광주 학생 항일 운동 등 비폭력 독립운동을 하여 일본을 놀라게 했습니다. 비록 독립군에 직접 참여하지는 못해도 비밀리에 독립자금을 국외에 있는 독립군에게 보내는 사람들도 많았습니다.

독립군은 청산리 전투 등에서 일본에게 큰 타격을 주었습니다. 상하이 임시 정부의 수립은 독립운동에 큰 발전의 계기가 되었습니다. 상하이 임시 정부는 광복군을 창설하여 미군과 함께 한반도 진주 계획을 세우는 등 조국의 해방을 위한 많은 노력을 기울였습니다. 하지만 광복군이 한반도에 침투하기 전에 일본이 먼저 패망한 탓에 우리 겨레의 독립활동은 해방 후 세계 열강으로부터 제대로 평가 받지 못했습니다.

을사오적과 의병 투쟁

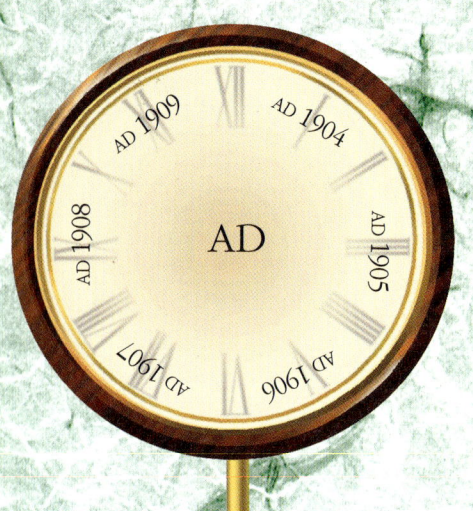

러·일 전쟁에서 승리한 일본은 조선을 완전히 자신들의 손안에 넣었습니다. 일본은 조선을 식민지로 삼고자 했었습니다. 일본의 이런 야심에 부응해 을사늑약을 체결하고 나라를 팔아먹은 자들이 있었습니다. 을사늑약이 체결되자 이 땅의 많은 사람들은 울분을 터뜨리며 의병 투쟁에 나섰습니다. 하지만 의병의 힘만으로는 조선의 멸망을 막을 수가 없었습니다. 마침내 조선은 1910년 일본에 강제로 합병되고 말았습니다.

1904년 2월	일본의 강압으로 한일의정서 체결.
1905년 5월 27일~28일	쓰시마해전에서 일본군이 러시아군 대파. 러·일 전쟁 승리.
1905년 9월	일본과 러시아가 포츠머스 조약 체결. 대한 제국 지배권 인정 받음.
1905년 11월 17일	일제의 위협으로 을사늑약이 체결됨.
1907년 7월 20일	고종이 일제의 압력을 받아 순종에게 양위함.
1907년 7월 24일	한·일 신협약(정미7조약)을 체결. 한국군 해산, 사법권이 일본에 넘어감.
1907년 8월 1일	대한 제국군 군대 해산 명령. 정미의병이 일어남.
1909년 9월 1일	일제가 남한 대토벌 작전을 강행함. 정미의병들 대거 희생.
1909년 10월 24일	안중근 의사, 하얼빈에서 이토 히로부미 사살.

일본의 조선 식민지 만들기

러·일 전쟁이 한창이던 1904년 2월 일본은 대한 제국을 강제로 압박하여 한일의정서를 체결했습니다. 이 조약으로 일본이 전쟁에 필요하다면 조선 땅 어디든 마음껏 이용할 수 있게 되었습니다. 대한 제국의 주권을 무시하고 식민지로 만들기 위한 첫 번째 조약이었습니다.

일본은 8월에는 제1차 한일협약을 맺어 일본 정부가 추천하는 재정고문, 외교고문을 대한 제국이 두도록 만들었습니다. 이어 일본은 1905년 11월에는 제2차 한일협약인 을사늑약을 체결하여 대한 제국의 외교권을 완전히 빼앗았습니다. 또 주한 일본 공사관을 없애는 대신 통감부를 설치하여 이른바 보호 정치를 펼쳐 대한 제국을 실질적으로 지배하기 시작했습니다.

이어 1907년 7월에는 헤이그 특사 사건을 구실로 고종 황제를 강제 퇴위시키고, 한·일 신협약을 강제로 맺게 하였습니다. 이 조약에 따라 대한 제국의 사법권이 일본에 넘어갔고 군대가 해산되었으며 한국인 대신 밑에 실권을 쥔 일본인 차관을 두는 차관정치를 실현하게 되었습니다. 이제 대한 제국은 일본에게 모든 것을 다 내준 것이나 다름없었습니다.

을사오적은 누구?

을사오적이란 일제가 1905년, 을사늑약을 강제 체결할 당시 한국 측 대신 가운데 조약에 찬성하여 서명한 다섯 대신, 즉 외부대신

▶ 을사늑약으로 전국적인 의병 투쟁이 일어났다.

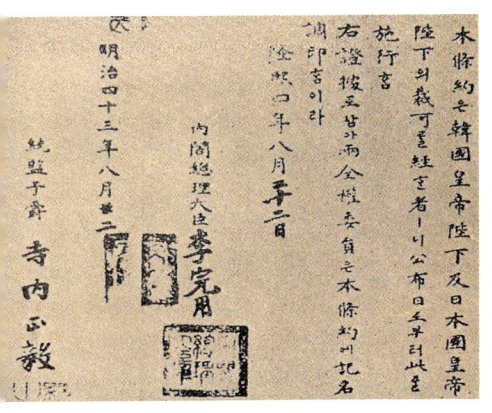
▲ 한·일 병합 조약서

▲ 이토 히로부미를 사살하고 재판을 받는 안중근 의사

나철과 대종교

을사오적 암살단을 조직했던 나철이 1909년 다시 부흥시킨 대종교는 단군, 환웅, 환인의 3위 1체인 한얼님을 신앙하는 한국 고유의 종교입니다. 대종교는 빠르게 전파되어 만주에서 활동한 독립운동가의 대다수가 믿는 종교로 발전했습니다. 청산리 전투의 주역인 북로 군정서의 장병 대부분이 대종교인이었습니다. 대종교의 포교 활동은 곧 독립운동이었기에 일본의 극심한 탄압을 받아 많은 교인이 체포되고 학살되었습니다.

▲ 나철

박제순, 내부대신 이지용, 군부대신 이근택, 학부대신 이완용, 농상부대신 권중현을 말합니다.

조약 체결 당시 이토 히로부미는 조선 주둔 일본군 사령관인 하세가와를 대동하고 헌병의 호위를 받으며 어전회의에 참석한 각료들을 강압적으로 압박하여 조약에 찬성할 것을 강요했습니다. 고종은 끝내 조약 체결을 거부했고 총 9명의 대신 가운데 5명이 조약에 찬성했습니다. 조국을 왜적에게 팔아먹은 이들은 나라를 판 대가로 높은 지위와 돈, 땅을 받았습니다. 일본의 노예가 되는

▲ 을사오적인 이완용

상황에서 이들은 영화를 누렸습니다. 나철은 을사오적암살단을 조직해 이들을 죽이려고도 했습니다. 그런데 조국이 해방된 이후에도 이들 매국노의 후손들은 자기 조상의 죄를 반성하기는커녕 일본에게 받은 더러운 땅을 되찾으려고 소송까지 하고 있습니다. 매국노와 그 후손들에 대한 역사의 심판은 아직 끝나지 않았습니다.

의병 투쟁

일본이 대한 제국의 주권을 하나둘 뺏어 가자 전국 각지에서는 이에 분노하여 일본에 맞서 싸우려는 의병들이 일어났습니다. 특히 일본에 의해 강제로 해산된 군인들은 무기를 갖고 의병 투쟁에 적극 나섰습니다. 특히 동학농민군 출신들이 대거 참여한 전라도와 황해도 등지에서 의병 활동이 활발했습니다. 일본은 1909년 9월 남한 대토벌이라는 이름 아래 전라도 지역 의병에 대한 대대적인 공격을 가했습니다. 일본군은 의병을 도왔다는 이유만으로 마을 전체를 불태워 버리는 만행을 저질렀습니다. 낡은 화승총 정도의 무기만을 가진 의병이 신식 무기로 무장한 일본군을 당해 내기는 어려웠습니다. 결국 의병들은 항쟁 근거지를 찾아 만주나 연해주로 이동하여 독립운동을 펼쳤습니다.

일제의 무단통치

조선을 지배하기 시작한 일본은 이 땅에 식민지 통치 기구로 조선 총독부를 두고, 육군대장 출신인 테라우치를 총독으로 임명했습니다. 총독의 지휘를 받는 행정 조직은 일본 사람이나 친일 조선 사람으로 채웠습니다. 군대와 경찰력을 동원하여 언론과 출판, 단체 활동 등 기본적인 인간의 자유까지도 박탈하는 일본의 강압적 통치는 3·1 운동 때까지 계속되었습니다.

1910년 8월 29일	국치일. 한·일 병합 조약 조인. 테라우치가 초대 총독.
1910년 9월 10일	헌병경찰 제도가 공포, 일제 공포정치의 본격적인 시작.
1910년 9월	토지 조사 사업 실시.
1910년 12월	회사 설립을 허가로 하는 '회사령'을 공포함.
1911년 1월	다수의 신민회원을 체포하여 고문한 105인 사건을 일으킴.
1916년 10월	일본 육군대장 하세카와 조선 총독에 임명.
1918년 5월	조선임야조사령 등을 공포함. 조선의 산림을 본격적으로 약탈함.
1919년 1월 21일	고종 덕수궁에서 죽음. 장례식을 기점으로 대규모 반일 시위.
1919년 8월 12일	3·1 운동의 발생으로 사이토 총독 부임.
1919년 9월 2일	강우규 의사가 남대문역에서 사이토 총독에게 폭탄 투척.

헌병경찰

1910년 대한 제국을 강제로 합병한 일본은 조선 총독부를 두어 조선을 다스렸습니다. 조선 총독은 행정권과 사법권은 물론 함경남도 나남과 서울 용산, 평안남도 평양에 배치된 3개 사단의 육군과 영흥만과 진해만에 배치된 해군의 통솔권을 갖고 있었습니다. 막강한 군사력과 함께 강력한 헌병경찰을 통해 조선을 다스렸습니다. 헌병경찰은 첩보의 수집, '폭도'의 토벌, 범죄 발생시 즉시 처분권, 세금 징수, 일본어 보급, 부업 장려 등 광범위한 범위에서 조선 사람들의 죽고 사는 문제까지 장악했습니다.

일본은 조선 사람이 만든 모든 신문의 발행을 금지시키고, 출판물을 검열하고, 조선의 독립과 관련된 작은 움직임이라도 있는 단체는 그 구성원을 모두 체포했습니다. 또 어린이들이 다니는 보통학교 교사들은 제복을 입고 칼을 차고 수업을 진행했습니다. 이렇게 공포 분위기를 만들어 한·일 병합에 반대하는 의병 활동과 계몽운동을 철저히 탄압해 조선 사람들의 저항을 막으려고 했던 것입니다. 또한 지방의 군수와 면장에는 부리기 쉬운 친일파를 기용해 조선에 대한 억압체제를 완성했습니다. 이러한 통치기구의 정비와 강압적 분위기를 배경으로 일제의 식민지 수탈은 본격적으로 추진되었습니다.

토지 조사 사업

일본은 1908년 동양 척식 주식 회사를 차려 조선의 토지를 강제로 점유하고 매입하여 회

▶ 일제는 무단통치 기간 내내 총칼로 우리 민족을 억압했다.

▲ 무단통치 당시의 조선 총독부 건물

사 소유로 삼아 일본 농민에게 토지를 나누어 주기 시작했습니다. 일본은 1910년 3월부터 1918년 11월에 걸쳐 토지 조사 사업을 실시했습니다. 겉으로는 농민들의 소유권이 인정되는 토지 제도를 확립한다는 사업 목적이었지만 실제로는 까다로운 신고 절차를 통해 신고를 하지 못한 토지를 빼앗으려는 것이었습니다.

결국 일제는 왕실과 관청 소유의 국유지, 마을이나 문중 소유의 토지, 기타 신고가 안 된 토지와 산림, 초원, 황무지 등 전 국토의 40%를 차지하게 됐습니다. 조선 총독부는 빼앗은 땅을 동양 척식 주식회사와 일본 인에게 싼값에 팔았습니다.

이 사업의 결과 조선인 지주가 크게 줄어들고, 땅을 잃어 남의 땅에 빌어 농사짓는 소작농의 비중이 커지는 등 조선의 농민들은 경제적으로 몰락하고 말았습니다. 조선 사람들은 생존을 위해 화전민이 되거나 만주, 연해주, 일본 등지로 이주를 할 수밖에 없었습니다.

▲ 일제에 의해 체포되어 가는 애국지사들

식민지 교육

일본은 조선 사람들을 영원히 자신들의 노예로 만들고 싶어 했습니다. 그래서 일본 사람들은 조선 사람에게 열등 의식을 심어 주는 교육을 시켰습니다. 일본 학생들에게는 일본 사람은 신이 선택한 백성이라는 자부심을 심어 주고 조선 학생들에게는 조선 사람은 과거로부터 자립할 수 없는 열등한 나라 사람이라고 가르쳤습니다. 조선 학생들에게는 고등 교육을 받을 기회를 주지 않고 부려 먹기 적당한 만큼의 초보적인 기술과 실무 교육만을 시켰습니다. 조선 사람들을 어리석게 만들고 일본에 충성하는 백성으로 만들려는 그들은 조선 사람의 신앙을 미신과 원시적인 민간신앙이라고 깎아내리는 등 조선의 고유 문화까지도 말살하려고 했습니다.

동양 척식 주식 회사

토지 조사 사업으로 조선 최대의 지주가 된 것은 동양 척식 주식 회사였습니다. 이 회사는 넓은 땅을 조선 사람에게 경작시켜 높은 소작료를 받았고, 영세농민에게 곡식을 빌려 주고 높은 이자로 받는 방법 등으로 엄청난 이득을 얻었습니다. 의열단 단원인 나석주는 김구, 김창숙 등과 논의하여 1926년 12월 28일 동양 척식 주식 회사에 폭탄을 던지고 권총으로 일본 사람들을 사살하는 의거를 거행했습니다. 이 회사는 해방 후 미군정에 의해 해산될 때까지 조선 사람의 피땀을 빨아 먹는 원흉이었습니다.

▲ 동양 척식 주식 회사

비폭력 독립 만세 운동

일본은 강압적인 무단통치로 우리 겨레의 독립의지를 꺾고자 했습니다. 하지만 독립에 대한 우리 겨레의 열망은 1919년 3·1 운동으로 폭발했습니다. 비폭력 만세 시위에 일본의 헌병경찰과 군대가 총칼로 진압했지만 독립의 열망만은 꺾지 못했습니다.

1918년 11월	만주, 러시아 독립운동가가 대한(무오)독립선언서 발표.
1919년 1월 21일	고종 사망. 일제의 독살설이 제기됨.
1919년 2월 8일	도쿄 유학생들이 독립 선언식을 거행함.
1919년 3월 1일	민족 대표 33인 등이 독립을 선언하고 만세 운동을 시작.
1919년 4월 15일	제암리 교회에서 일제가 양민을 대거 학살.
1926년 6월 10일	순종 임금의 장례식을 기해 6·10 만세 운동이 일어남.
1927년 1월 19일	좌우합작 정치단체인 신간회가 창립됨.
1929년 11월 3일	광주 학생 항일 운동 일어남.

3·1 운동

1918년 11월 1차세계대전에서 독일이 항복함에 따라 동유럽의 여러 민족은 독립의 움직임이 일어나고 있었습니다. 그해 11월 만주 지역 독립군들은 무력에 의한 일제 침략자를 몰아내고 우리 대한이 완전한 자주독립국임을 선포하는 대한 독립 선언서를 발표했습니다.

1919년 2월 8일에는 일본에 간 유학생들이 독립 선언식을 했습니다. 한편 윌슨 미국 대통령은 14개 조의 민족자결주의 원칙을 공포했습니다. 나라 밖에서의 독립선언과 전 세계에서 각 민족의 독립 열풍이 국내에도 영향을 주었습니다.

종교계를 중심으로 민족 지도자들은 학생 단체들과 연계하여 대규모의 독립 운동을 준비하고 있었습니다. 마침 고종 황제의 독살 소식까지 전해져 일본에 대한 대중들의 미움이 더 커지자 민족 지도자들이 독립 의지를 국내외에 밝히기로 결의했습니다. 독립 선언서를 작성해 각 지방에 배포하고 서울에서는 손병희, 한용운 등 민족 대표 33인이 3월 1일 정오에 태화관에서 독립 선언식을 갖고, 학생과 시민들은 탑골 공원에서 독립 선언서 낭독과 독립 만세 시위를 벌였습니다. 독립 만세 시위는 전국 방방곡곡에서 전체 인구의 10분의 1이 직접 참여해 약 2개월 동안 전국에서 1,200여 번의 봉기와 시위로 전개되었습

▶ 일본의 무자비한 폭력 앞에도 굴하지 않고 일어난 3·1 운동

▲ 3·1 운동 독립 선언서

▲ 3·1 운동 독립 선언서가 낭독된 탑골 공원

▲ 서대문 형무소 – 일제가 많은 독립지사들을 고문하고 가둔 곳이다.

니다. 그러자 일본 경찰과 군대는 평화적인 독립 만세 시위를 총칼로 무자비하게 진압해 유관순 열사를 비롯한 많은 사람들이 죽었습니다.

3·1 운동의 의미와 영향

3·1 운동은 일제 식민통치의 부당함과 한민족의 독립 의지를 전 세계에 알린 우리 민족 전체가 일으킨 최대 규모의 독립운동입니다. 민족의 독립 의지가 분명히 드러난 만큼, 독립운동가들도 보다 적극적인 독립운동을 위해 힘을 모으기 시작했습니다. 그 결과 대한민국 임시정부가 수립됐고, 만주 등지에서의 무장독립 투쟁도 한층 속도를 내게 되었습니다.

▲ 3·1 운동 독립 선언서 33인 대표 중 한 사람인 손병희 동상

3·1 운동은 중국의 5·4 운동, 인도의 사타그라하 운동 등에 직접 영향을 준, 비서구사회 최초로 일어난 근대민족주의 비폭력 대중항쟁이었습니다. 3·1 운동에 놀란 일본은 조선에 대한 통치 방법을 변화시킬 수밖에 없었습니다.

6·10 만세 운동과 광주 학생 항일 운동

3·1 운동은 대중들에게 독립의 의지를 불러일으켰습니다. 순종의 장례식이 있던 1926년 2월 6일 장례 행렬을 보기 위해 많은 시민들이 모이자 학생들이 '일본 제국주의 타도' 등을 외치며 독립만세 시위를 시작하였고 시민들도 합세했습니다. 하지만 철저히 경계를 한 일본 무장경찰에 의해 제지당하고 말았습니다. 하지만 6·10 만세 운동은 곧 전국으로 번져 주요 도시에서 대규모의 만세 시위 운동이 일어나, 국내 독립운동에 활력을 불러왔습니다.

1929년, 전남 광주와 나주 사이의 통학열차 안에서 일본 남학생이 조선 여학생을 희롱하는 사건이 일어나자 한국 학생들이 분노해 일본 식민 통치에 반대하는 대규모 시위를 벌였습니다. 이 일은 곧 신간회의 활약으로 인해 전국적인 항일 시위 운동으로 퍼졌습니다. 이처럼 일본에 대항하여 독립과 자유를 찾으려는 대중들의 저항은 계속되었습니다.

유관순

이화학당 학생이었던 17세의 유관순은 고향인 충남 천안의 아우내 장터에서 3천여 군중에게 태극기를 나눠 주고 독립만세 시위를 주도하다가 체포되었습니다. 그녀는 재판정에서 "나는 당당한 대한의 국민이다. 너희들의 재판을 받을 필요도 없고 너희가 나를 처벌할 권리도 없다."고 외치며 의연한 모습을 보였습니다. 유관순은 서대문 형무소에서 일제의 잔악한 고문을 당해 순국했습니다.

▲ 유관순 영정

독립군의 활약

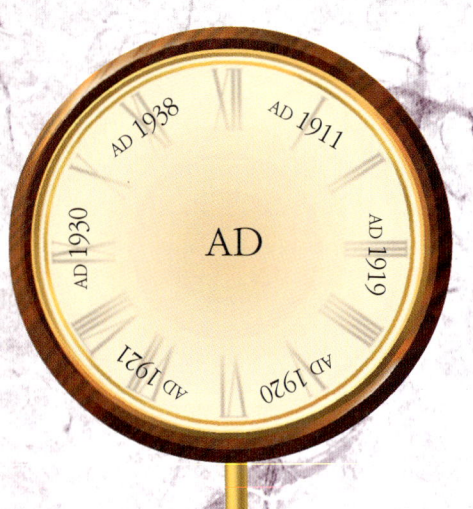

임시정부 김구 주석은 "조국이 독립되는 날에는 독립정부의 문지기가 되어도 좋다."고 하였습니다. 일본의 지배를 벗어나 조국 해방을 위해 자신의 모든 것을 버리고 독립운동을 했던 독립투사들이야말로 우리 역사의 빛이 되는 분들입니다. 그분들의 노력이 없었다면 우리는 결코 독립을 이루지 못했을 것입니다.

1911년	서일이 항일독립운동 단체인 중광단을 조직함.
1919년 10월	홍범도가 평안북도 강계 만포진을 공략. 일본군과 70여 명을 살상.
1920년 6월 7일	봉오동 전투. 홍범도의 지휘로 큰 전과를 올림.
1920년 10월	간도참변. 일제가 3개월간 간도 일대에서 조선 사람 3만여 명을 학살.
1920년 10월21일~26일	청산리 전투. 일본군 대파.
1921년 6월 28일	자유시참변. 러시아에 의해 다수의 독립군 체포되거나 사망.
1929년	신민부, 정의부, 참의부 3부가 통합해 국민부 조직.
1930년	한국독립당과 한국독립군 조직.
1932년	한국 독립군 쌍성보 전투, 조선 혁명군 영릉가 전투에서 일본군을 격퇴함.
1938년	조선 의용대가 창설됨. 임시정부 수립과 저항 운동.

만주로 옮겨 간 독립군

일제의 토지 조사 사업에 의해 토지를 빼앗긴 농민들과, 3·1 운동 이후 일본의 거센 탄압에 독립운동을 하기 어려워진 많은 사람들이 만주 지역으로 옮겨 삶의 터전을 마련했습니다. 독립운동가들은 장기적인 민족 운동의 추진을 위해 만주에 거주하는 동포 사회를 바탕으로 독립운동 기지를 건설했습니다. 학교를 세우고, 군사훈련도 시켜 독립군을 모았습니다. 특히 3·1 운동을 전후로 북로 군정서군, 서로 군정서군, 의열단 등 크고 작은 독립군 부대가 생겼습니다. 이들 가운데는 국내로 진입해 일본군과 싸우기도 했습니다.

봉오동 전투와 청산리 전투

대륙으로 진출할 기회를 엿보던 일본은 만주 지역의 독립군을 없애고자 두만강을 건너 봉오동 조선인 마을로 쳐들어왔습니다. 이곳에 머물던 대한독립군은 홍범도의 지휘하에 봉오동 골짜기에서 일본군을 크게 물리쳤습니다. 일본군 전사 157명, 부상 300명에 비해 독립군은 전사 4명, 부상 2명뿐이었습니다.

참패를 당한 일본군은 대규모 군대를 보내어 우리 동포를 마구 학살하면서 독립군을 포위해 제거하려는 작전을 펼쳤습니다. 서일의 지휘하에 김좌진이 이끄는 북로 군정서군과 홍범도의 대한 독립군 부대 등이 청산리 일대에 모여 일본군과 6일간의 전투를 했습니다. 지형에 익

▶ 청산리 전투

▲ 북로 군정서의 청산리 전투 승리 기념 사진

숙한 독립군은 동포들의 적극적인 협력과 효과적인 작전을 펼쳐 적 1,200여 명을 죽인 반면, 독립군은 100여 명만이 죽는 대승을 거두었습니다.

봉오동 전투와 청산리 전투는 우리 겨레에게 용기와 함께 독립에 대한 희망을 가져다 준 값진 선물이었습니다.

온갖 시련에도 굴하지 않는 독립군

봉오동 전투, 청산리 전투에서 독립군에 대패한 일본군은 간도참변을 일으켜 동포 1만여 명을 학살하고, 민가와 학교를 불태우는 만행을 저질렀습니다. 일본의 보복 전쟁이 펼쳐지자, 독립군은 힘을 키우기 위해 러시아의 자유시로 옮겨 갔습니다. 그런데 러시아의 배신으로 독립군의 무장이 해제를 당하는 자유시참변이 일어났습니다. 이 일로 독립군 활동은 다소 침체되었으나, 다시 만주에서 각 단체의 통합 운동을 추진해 정의부, 신민부, 임시정부의 직할인 참의부 3부를 조직했습니다.

▲ 간도에 이주한 조선 사람을 위한 교육기관으로 윤동주의 모교인 대성중학교

독립군은 이후에도 일본이 만주에 그들의 괴뢰정부인 만주국을 세우게 되자, 더욱 많은 탄압을 받았습니다. 1930년대 만주에서 활동하던 독립군은 지청천의 한국 독립군과 양세봉의 조선 혁명군으로 재편되어 중국군과 연합해 쌍성보 전투, 영릉가 전투 등에서 일본군을 격퇴하였습니다.

하지만 일본이 만주 지역에서 더욱 강한 지배력을 갖게 되자 독립군은 유격전을 펼치거나, 소련이나 중국 내륙으로 활동 무대를 옮겼습니다. 이들 가운데 일부는 조선 의용대를 창설하여 일본군과 싸우다가 임시정부의 한국 광복군에 참여하고, 일부는 화북 지방에서 조선 의용군을 창설하여 항일 투쟁을 계속하다가 북한 정권에 참여하게 됩니다.

▲ 청산리 전투에서 패한 일본군

서일

청산리 전투에서 김좌진의 상관으로 전체 독립군 부대를 지휘한 이는 북로 군정서 총재인 서일이었습니다. 그는 1911년 만주로 건너온 의병 등을 모아 중광단을 조직하여 단장이 되었고, 1918년에는 무오독립선언을 주도했습니다. 그는 청산리 전투 이후 만주의 여러 독립군들을 모아 대한독립군단을 결성하고 그 총재가 되었습니다. 그런데 자유시참변으로 독립군 동지들이 죽자 그는 죄책감과 분노를 못 이기고 자결했습니다.

▲ 서일 장군

임시정부 수립과 저항 운동

3·1 운동을 계기로 독립운동을 보다 조직적이고 적극적으로 하기 위한 정부 수립의 필요성이 커졌습니다. 상하이에서 세워진 대한민국 임시정부는 군주제가 아닌 민주공화제를 갖춘 민주 정부로서 국내외 독립운동을 이끌었습니다. 의열단과 한인애국단은 비밀 조직을 결성해 일본 요인중요한 자리에 있는 사람 사살 등 투쟁을 계속했습니다. 또한 국내에서는 일제의 민족말살정책으로부터 민족을 지키려는 다양한 움직임이 일어났습니다.

1919년 4월 13일	중국 상하이에 대한민국 임시정부가 수립됨.
1919년 9월 2일	강우규가 사이토 조선 총독에게 폭탄을 던짐.
1920년	임시정부가 상하이에 육군무관학교 등을 세워 군사를 양성.
1926년	나석주가 동양 척식 주식 회사에 폭탄을 던짐.
1927년	좌우익 세력이 합작하여 항일단체인 신간회가 탄생.
1932년 1월 8일	이봉창이 도쿄에서 일본 국왕에게 폭탄을 던짐.
1932년 4월 29일	윤봉길이 상하이 훙커우 공원에서 일본군 사령관 등 20여 명을 죽임.
1940년 9월	임시정부가 중경으로 옮김. 광복군 총사령부를 설치함.
1941년 12월	임시정부가 일제에게 선전 포고.
1945년	임시정부가 미군의 OSS부대와 합동 작전으로 국내에 진입하려는 계획을 진행.

대한민국 임시정부 수립

대한민국 임시정부는 3·1 운동 직후인 1919년 4월 13일 중국 상하이에서 수립된 이후, 1945년 11월 김구 등이 귀국할 때까지 일제의 강제 점령을 거부하고 국내외를 통치했던 3권 분립의 민주공화정부였습니다. 1914년 연해주의 블라디보스토크에 대한 광복군 정부가 세워져 활동하기도 했지만, 정부 수립을 위한 본격적인 움직임은 3·1 운동을 계기로 일어났습니다. 한성 정부, 연해주의 대한 국민의회, 미국 등에 임시정부가 세워졌으나, 독립운동 지도자들은 전 국민을 대표할 정부의 필요성을 느끼고 마침내 여러 임시정부를 상하이의 대한민국 임시정부로 통합했던 것입니다.

임시정부는 활발한 외교 활동을 펼쳐, 김규식을 파리 강화 회의에 민족 대표로 파견해 한국의 독립을 주장했고 미국에 구미위원회를 두어 미국 정부에게 한국의 독립을 지지해 줄 것을 요구했습니다. 또 국내외 업무를 연락하는 비밀 행정 조직을 통한 연통제를 실시하여 국내 각 지역의 독립운동을 지도하고 독립 공채를 발행하여 독립 운동 자금을 마련하였습니다. 또 독립신문을 발행하여 독립 정신을 일깨웠습니다. 또한 1940년에는 독립군을 바탕으로 광복군을 창설해 일본에 대한 무장 투쟁을 전개하였습니다.

의열단과 한인 애국단의 의거 활동

애국지사들은 비밀 조직을 결성해 일제 식민지 통치 기관을 폭파하거나 국내외에서 일본 요인을 사살하는 투쟁을 계속했습니다.

▶ 대한민국 임시정부 요인들

▲ 한국 광복군의 모습

대한노인단 단원인 65세의 강우규는 1919년, 새로 부임하는 사이토 총독을 향해 서울역에서 폭탄을 던졌습니다. 김원봉이 이끈 의열단 단원인 김익상은 조선 총독부에, 김상옥은 종로 경찰서에, 나석주는 동양 척식 주식회사에 각각 폭탄을 던졌습니다. 또 김구가 이끈 한인애국단의 단원인 이봉창은 일본 도쿄에서 일본 국왕을 향해 폭탄을 던졌고 윤봉길은 상하이 훙커우 공원에서 폭탄을 던져 일본군을 응징했습니다. 이러한 의사들의 의거 활동은 우리 민족의 독립 의지를 더욱 굳게 다지게 했고, 한국 사람의 굳센 의지를 전 세계에 알리는 계기가 되었습니다.

▲ 김구

민족 실력 양성 운동

일제의 식민지 정책에 맞서 국내에서는 경제, 사회, 문화에서 민족의 실력을 양성하자는 움직임이 일어났습니다. 물산장려운동은 민족 자본을 육성하여 경제적 자립을 하자는 운동이었습니다. 농민과 노동자는 일제의 경제적 침략에 대항해 소작 쟁의와 노동 쟁의를 일으켜, 경제 투쟁과 항일 독립운동을 함께했습니다. 또한 민족의 실력을 키우기 위한 대학 설립 운동이 일어났고, 야학과 강습소를 활용하여 한글을 보급하고, 민족 의식을 고취하는 운동이 일어났습니다. 조선어 학회는 한글 맞춤법 통일안과 표준어를 제정하며 민족 문화와 정신을 고취하려는 운동을 하다가 일제의 탄압을 받았습니다. 대종교는 나라를 되찾기 위해 무장 독립운동과 국학 진흥 운동을 전개했습니다.

▲ 상하이 임시정부 청사

하지만 이러한 저항 운동은 일제의 탄압으로 성공을 거두기가 어려웠습니다.

▲ 조선어 학회

신간회

식민지 상황이 계속되자, 독립보다는 자치 운동을 하자는 타협론자가 생겨나기 시작했습니다. 그러자 민족주의 세력은 20대 이후 등장한 사회주의 세력과 연대하여 이를 저지하기 위해 신간회를 창설했습니다. 신간회는 한국인 본위 교육 실시, 착취 기관 철폐 등을 주장하고 원산 노동자 총파업 지원, 광주 학생 항일 운동 지원 등 대표적인 항일단체로서 활동했습니다. 전국 140여 개 지회와 3만 9천 명의 회원을 확보하는 성장을 거듭했으나 일제의 탄압과 사회주의 진영과의 갈등으로 4년 만에 해산되고 말았습니다.

일제의 약탈

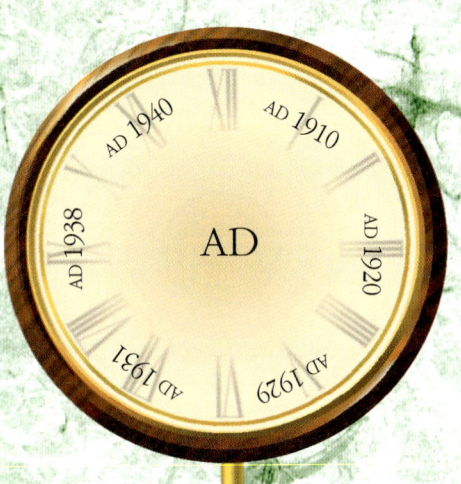

1910년 9월	토지 조사 사업 시작 (1918년 완료).
1910년 12월	회사령 공포로 한국 사람의 회사 설립 규제.
1920년	산미증산계획을 실시하여 일본이 대규모 쌀을 가져감.
1923년	암태도 소작 쟁의 발생. 지주의 대규모 수탈에 농민 저항.
1929년	원산에서 총파업. 일본인 기업주의 노동 탄압에 대한 파업 저항.
1931년	만주사변을 일으킨 일제가 한반도정책을 민족말살정책으로 바꿈.
1937년	친일 여성단체를 동원 금비녀 헌납 운동 시작.
1938년	조선 사람에게 황국신민서사를 암송하게 함. 황국신민화 정책 실시.
1940년 2월	창씨개명 실시.

일본에게 식민지 조선은 일본의 발전을 위한 수탈의 장소였습니다. 일제는 한반도에 항만, 철도, 도로, 공장, 발전소 등을 건설하는 등 근대적인 개발 사업을 했습니다. 이것은 조선을 근대화된 사회로 발전시키기 위한 것이 아니라 조선으로부터 더 많은 것을 빼앗기 위한 도구였을 뿐입니다. 일제는 한반도를 개발한 것이 아니라 발전 잠재력을 체계적으로 착취하고 수탈하고 억눌렀습니다. 그 과정에서 국토는 헐벗고 사회 구조는 점점 더 왜곡될 수밖에 없었습니다.

일제의 민족말살정책

일본은 조선 사람을 일본 황실의 신하로 만들기 위해 어리석은 백성으로 만드는 정책을 펼쳤습니다. 조선 교육령을 만들어 낮은 수준의 실업 교육과 일본어를 보급하기 위한 보통 교육을 시키고, 고급 인력을 키우는 대학 교육은 금지했습니다. 실업 교육을 시킨 것은 일본이 식민지에 세운 공장에서 필요한 노동력을 확보하기 위함이었습니다.

3·1 운동 이후 일본은 무단통치로 식민지를 통치하기 어렵다고 판단해 겉으로는 문화 통치를 내세워 조선어를 필수 과목으로 가르치고 경성제국대학도 설립하였습니다. 하지만 1930년대 일본이 만주국 건립, 중·일 전쟁 등을 일으키게 되자 한국 사람을 침략 전쟁의 협조자로 만들기 위한 교육정책이 시행되었습니다.

한국사는 타율적이며 정체되어 있고, 당파로 나누어 독립할 수 없는 역사를 가졌다고 왜곡하는 식민사관을 앞세워 한국사의 자율성과 독창성을 부정하는 교육을 시켰습니다. 또 못난 한국 사람의 민족성은 고쳐야 한다고 선동해 자긍심을 짓밟았습니다. 그리고는 이름을 일본식으로 고치는 창씨개명을 강요했습니다. 일본의 은혜를 받아 일본의 이류 국민이 된 것에 감사하라고 교육시켰습니다. 이렇게 한국 사람을 교육시켜 일본의 이익에 봉사하는 노예를 양성하고자 했던 것입니다.

▶ 군산항을 통해 쌀을 수탈하는 일본

식량과 자원 침탈과 노동 착취

토지 조사 사업을 통해 대규모의 농지를 빼앗아 간 일제는 1920년부터는 부족한 식량을 식민지에서 가져가기 위해 대규모 산미증산계획을 실시했습니다. 수리 시설 확대와 품종 교체, 화학비료 사용 등을 통한 사업으로 지주들은 다소 이익을 보았으나, 대다수의 소작농들은 수리 조합비나 비료 대금을 비롯한 각종 비용 부담이 늘어나 더 많은 쌀이 생산되었음에도 생활은 더욱 곤란해졌습니다. 일본 지주는 토지 소유를 확대한 반면, 한국 자작농이나 소작농은 땅을 잃고 소작농이나 화전민으로 지위가 떨어졌습니다. 또한 늘어난 생산량보다 더 많은 양의 쌀이 일본으로 실려가 한국의 식생활은 더욱 나빠졌습니다.

▲ 일본이 한국에서 수탈한 쌀을 가져가기 위해 군산항에 쌓아 둔 쌀

일본은 회사령을 통해 한국의 민족 자본이 성장하는 것을 억압한 반면, 일본 자본은 면방직, 식료품, 광업 분야에 투자해 많은 한국 노동자들이 고용되었습니다. 일본 사람들은 한국 노동자에게 장시간 노동과 저임금, 민족 차별을 통한 수탈을 했습니다. 1930년대 이후에 한반도 북부를 중심으로 대륙 침략을 위한 전쟁 물자 생산을 위한 공장이 설립되고, 한반도의 광물과 임업 자원 수탈도 늘어만 갔습니다.

▲ 전쟁에 필요하다는 이유로 놋그릇까지 수탈하는 일제

일본은 한국을 대륙 침략의 발판으로 삼기 위해 철도와 도로, 항만과 통신 시설을 만들어 갔습니다. 군산항의 확장은 쌀을 일본으로 쉽게 가져가기 위함이었고, 수풍댐 건설은 한반도 북부의 전쟁 물자 생산 공장에 필요한 전기를 확보하기 위함이었습니다. 근대적 개발이기는 하되, 그 목적은 오로지 일본과 일본 자본의 이익을 위한 것이었습니다.

한반도에서의 경제 수탈로 일본은 침략 전쟁에 필요한 자원과 물자, 노동력을 확보한 반면, 한국 사람들의 생활은 더욱 비참해져 고향을 떠나는 이들이 늘어만 갔습니다.

▲ 강제 기부를 받아 만든 비행기

회사령

1910년 12월 조선 총독부가 공포한 법령으로 토지조사령과 함께 일본이 조선 경제를 수탈하기 위해 세운 대표적인 악법입니다. 조선 사람들이 조선에서 회사 설립과 지점 설치 등을 하려면 조선 총독의 허가를 받아야 하고, 일본의 요구에 반대하는 회사일 경우에는 언제든지 총독부에 의해 해산과 지점 폐쇄 등의 강제 조치를 당할 수 있었습니다. 당시 일본 법에는 회사를 자유롭게 설립할 수 있었지만, 유독 조선에서 회사 설립을 허가제로 한 것은 우리 민족 자본의 성장을 억제하고자 함이었습니다.

태평양 전쟁과 한국, 한국 사람

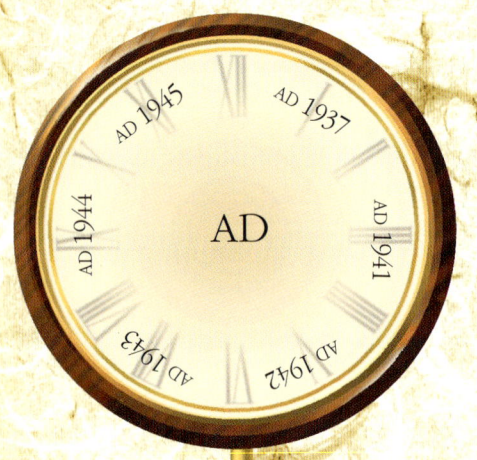

1941년, 일제는 미국 해군 기지가 있던 하와이의 진주만을 기습 공격해 태평양 전쟁을 일으킵니다. 일제는 중국 등 아시아 각국을 침략하는 전쟁과 달리 미국과의 전쟁에서는 계속해서 패배하게 됩니다. 일본은 부족한 군수 물자와 병력을 보충하기 위해 식민지에 대한 착취를 더욱 강화합니다. 그 과정에서 한국 사람들은 더 큰 괴로움을 당해야 했습니다.

1937년 7월 7일	중·일 전쟁의 시작.
1941년 12월 8일	일제가 미국의 진주만을 공격. 태평양 전쟁의 시작.
1941년 12월	임시정부가 일제에게 선전 포고.
1942년 6월	미드웨이 해전에서 일본군 대패.
1943년 3월	조선인 징병제 공포.
1943년 12월	조선학도병징용령 발동, 청년들을 강제로 군대로 보냄.
1944년 5월	여자 정신대 동원. 일본, 남양군도 등지로 군대 위안부 강제 징용.
1945년 8월	미국이 히로시마(6일), 나가사키(9일)에 원폭 투하.
1945년 8월 15일	일제 패망.

전시 총동원 체제

일본은 1937년 중국과의 전쟁을 비롯해 인도네시아, 미얀마 등 동아시아 각국을 향한 침략 전쟁을 전개하고 있었습니다. 게다가 미국과도 전쟁을 시작함에 따라 일본은 많은 병력과 군수 물자가 필요하게 됐습니다. 일본은 1938년, 국민총동원령을 발동해 한국 학생을 대상으로 강제 징병을 실시하여 학도병이란 이름으로 전쟁에 동원했습니다. 자원 개발과 군수 물자 생산을 위해 한국 사람들을 강제로 징발해 일본, 중국 대륙 등지로 끌고 가 광산이나 군수 공장에 강제 동원하기도 했습니다.

여자들도 근로 보국대, 근로 정신대라는 이름으로 군수 공장으로 보내졌는데, 특히 젊은 처녀들은 군대 위안부라는 명목으로 비인간적인 삶을 강요당했습니다.

전쟁에 필요한 물자가 부족하게 되자, 일제는 군수 산업 이외의 기업 활동을 억제했으며, 광물 자원의 약탈은 물론, 집 안의 숟가락, 솥 등도 강제로 공물로 빼앗아 갔습니다. 한국 사람이 경영하던 기업들은 일제의 수탈로 문을 닫아야 했고, 징병과 징용으로 끌려간 사람들의 빈자리를 메워야 했던 남은 사람들의 고통도 컸습니다.

▲ 어린 학생들이 학도병으로 끌려가는 모습

▲ 위안부 모습

군대 위안부

정신대라고도 불리는 군대 위안부는 한국, 중국, 필리핀 등 일본의 식민지와 점령지에서 일본군에 의해 강제로 전쟁터에 끌려가서 성 노예 생활을 강요당한 여성들을 말합니다. 1930년 초부터 시작된 군대 위안부는 1945년까지 계속되었습니다. 이때 고통을 겪은 군대 위안부들에 대해 일본은 지금까지 제대로 사과조차 하지 않고 있으며, 일부 일본의 우익 인사들은 자신들의 만행을 감추려고만 하고 있습니다.

강제로 끌려간 한국 사람들의 운명

일제에 의해 강제로 군대에 끌려간 학도병들은 제대로 훈련도 받지 못한 채 전쟁터에 나갔습니다. 이들은 총알받이가 되어 비극적인 죽음을 당하는 경우가 많았습니다. 일부 병사들은 일본군의 감시를 피해 군영을 빠져나와 임시정부가 창설한 광복군에 참여하기도 했습니다.

▲ 동남아시아에서 강제 노역을 하는 한국 사람들

강제로 끌려간 노동자들도 마찬가지로 비참한 생활을 강요당했습니다. 열악한 작업 여건을 갖춘 광산이나 공장에서 고된 노동을 강요당했습니다. 징용된 일부 사람들은 일본군을 따라 동남아시아 지역의 군사 기지 건설에 동원되었습니다. 이들은 일본군이 후퇴하면서 그 지역에 버려 두고 떠났기 때문에 고국으로 돌아가지 못하고 포로가 되거나 굶주림, 질병 등에 시달리다 죽었습니다. 이들 중 극히 일부만이 탈출하여 귀국할 수 있었습니다. 일본 북쪽 사할린 섬으로 끌려간 한국 사람 3만 2천 명은 일본 패망 후 소련이 섬을 지배하게 되자 귀국하지 못한 채 가족들과 헤어져 살아야 했습니다. 강제 징용된 한국의 피해자는 국내 동원을 포함해 무려 650만 명으로 당시 한반도 인구의 25%에 해당될 만큼 엄청난 규모였습니다.

▲ 임시정부는 미얀마 전선에서 영국군과 연합하여 일본과 전쟁을 했다.

광복군의 활동

일제가 태평양 전쟁을 일으키자 대한민국 임시정부는 일본에 선전 포고를 하고, 연합군과 함께 독립 전쟁을 전개했습니다. 중국군과 함께 일본군과 싸우고, 영국군과 함께 인도와 미얀마 전선에서 일본과의 전쟁을 하였습니다. 임시정부 김구 주석은 스스로의 힘으로 조국 해방을 이뤄야 이후 국제 무대에서 발언권을 가질 수 있다고 판단하고 광복군으로 하여금 국내 진공 작전을 계획했습니다. 1945년 3월 미군 전략사무국(OSS)과 광복군은 한미 연합으로 국내 진공 작전을 공동으로 펼칠 것으로 합의합니다. 미군과 함께 그해 8월 13일 한반도로 진격하려던 계획은 일본의 갑작스러운 항복으로 인해 실현되지는 못했습니다.

▲ 항복 문서에 사인하는 일본

일제강점기 시대의 변화

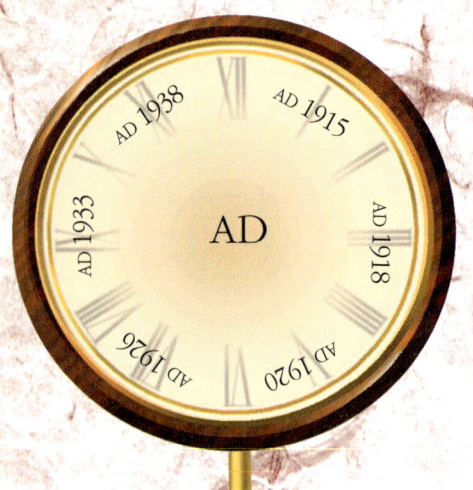

일제강점기 시대는 근대 자본주의 문명이 본격적으로 유입되던 시기입니다. 조선 시대의 전통사회가 붕괴되고, 근대사회로 변화되는 시기였습니다. 식민지라는 현실 때문에 자발적인 근대화가 이루어지진 못했지만, 새로운 근대 문물의 도입과 제도의 변화는 당시 한국 사람들의 생활을 빠르게 변화시켰습니다.

1915년	총독부, 경복궁에서 조선물산공진회 개최. 이 때 궁궐이 많이 파괴됨.
1918년	총독부, 조선어사전 편찬 간행.
1919년	김성수, 경성방직 설립.
1920년	총독부가 조선일보, 동아일보 발행을 허가함.
1922년	한국 최초 비행사 안창남. 도쿄와 오사카 간 비행 성공.
1926년	나운규가 최초의 영화 '아리랑' 상영, 윤심덕의 '사의 찬미' 음반 발표.
1926년	경성제국대학 의학부, 법문학부 개설.
1933년	조선어 학회, 한글 맞춤법 통일안 발표.
1936년	한강 인도교 개통(381미터).
1938년	조선사편수회에서 조선사 37권을 간행.

인구 증가와 도시의 변화

일제강점기의 중요한 변화 가운데 하나는 인구가 크게 늘어나고, 도시가 커진 것입니다. 1910년대 말 국내에 거주하는 한국 사람은 약 1,700만 명이었습니다. 그런데 1942년에는 2,600만으로 늘어났습니다. 특히 경성(서울)의 인구는 20만 명 정도에서 1940년대에는 93만 명으로 크게 늘었습니다. 경성에는 일본인이 10만 명이나 살고 있었습니다. 한국 사람과 일본 사람이 북적대는 경성은 조선 시대의 한양과는 전혀 다른 모습으로 변해 갔습니다.

일본은 경복궁, 경희궁 등의 궁궐을 마구 헐어 버리고, 일제의 식민지 통치를 위한 총독부(옛 중앙청), 경성부 청사(서울 시청), 경성 역사(서울역) 등의 근대식 건물을 건립했습니다. 특히 현재 서울 중심인 을지로, 충무로, 명동 일대는 일본 사람의 거리를 조성하여 서울의 정치와 상업의 중심지로 만들었습니다. 이곳에서 관공서, 은행, 백화점, 상가, 가로등 등 근대 도시의 화려한 불빛을 과시했습니다. 반면 청계천 북쪽에 한국 사람들의 상가 거리인 북촌 거리는 일본 사람 거리에 비하면 초라했습니다.

일제의 식민지 수탈로 인해 개항장이 된 부산, 인천, 군산, 목포, 마산 등이 큰 도시로 성장했습니다. 군산은 쌀 수출 항구로 대전은 경부선 철도와 호남선 철도의 교차지가 되어 충남 도청이 공주에서 이전해 오는 등 도시로 성장하기 시작했습니다. 새롭게 성장하기 시작한 도시에는 일본 사람 거리와 한국 사람 거리가 구분되어 이중적인 모습을 갖추었습니다.

근대 문물의 유입

19세기 말에 철도와 전차가 들어온 이후, 1910년대에는 자동차도 일본 고관을 중심으로

▲ 일제강점기 시대의 서울 모습

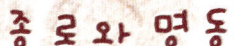
▲ 당시 일본 사람의 거리였던 충무로

종로와 명동

종로와 명동은 일제강점기 시대 대표적인 한국과 일본의 거리였습니다. 종로는 조선 시대에 육의전이 들어선 곳으로, 식민지 시대에도 조선 사람이 경영하는 상가가 많았습니다. 반면 명동은 혼마치로 불리며, 일본 사람들의 집단 거주지로 새로운 상업지역으로 등장한 곳이었습니다. 동양 척식 주식 회사, 조선 식산 은행 등 식민지 수탈 기관도 이곳에 들어섰고, 미쓰코시 백화점 경성 지점이 들어서 종로에 위치한 화신 백화점과 경쟁 구도를 이루었습니다.

▲ 종로 거리

운행되기 시작했습니다. 1920년대에는 대형 버스도 등장하여, 전차와 함께 도시를 누볐습니다. 1920년대에는 영화가 등장했는데, 나운규의 '아리랑'은 특히 대중들의 인기를 끈 영화였습니다. 당시 영화는 목소리를 변사가 내는 무성영화였으나, 차츰 연기자가 목소리를 내는 영화로 발전해 갔습니다. 대중음악도 이때 등장해 윤심덕의 '사의 찬미'와 같은 노래가 인기를 끌었습니다.

뿐만 아니라 서구식 술집이나 댄스홀과 같은 오락과 유흥 산업도 번창했습니다. 서양 선교사를 통해 축구와 야구, 농구 등의 스포츠가 전해져 학생들을 중심으로 퍼지기 시작했습니다. 이러한 변화를 타고 유행을 쫓는 모던보이가 등장하였습니다.

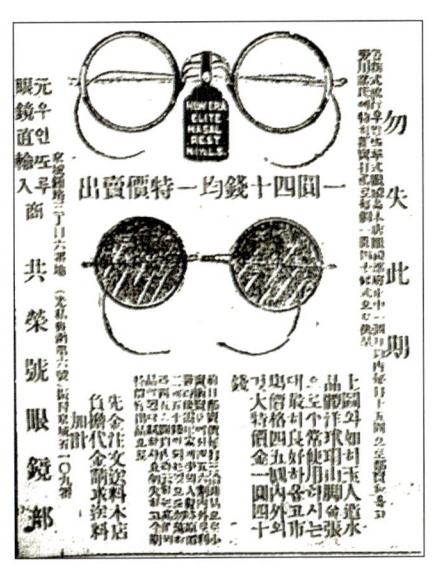
▲ 일제강점기 시대 안경 신문 광고

의식주의 변화

일제강점기 시기에 직장인을 중심으로 양복을 입는 사람이 늘어났습니다. 또 블라우스와 스커트를 입고 단발머리, 파마머리를 하여 과거의 쪽진 머리, 댕기머리와는 전혀 다른 스타일의 신여성들이 늘어났습니다. 식생활에 있어서는 과자, 빵, 케이크 등 서양 음식이 대중들에게 소개되었으나, 도시 상류층에만 전해졌을 뿐 일반 서민들은 여전히 잡곡밥을 비롯한 거친 음식으로 굶주린 배를 채우는 일에 급급했습니다. 주거 생활에 있어서는 개량 한옥이 등장하여 유리문과 페인트와 니스 칠을 한 문이 달렸습니다. 2층 양옥집, 연립주택도 들어섰습니다. 새로운 주택은 과거의 집과 달리 남녀의 공간을 크게 구분하지 않았습니다.

일제강점기는 한국 사람의 생활상을 크게 바꾼 변화의 시기였습니다.

▲ 일제강점기 시대의 의복의 변화

나라를 떠난 동포들

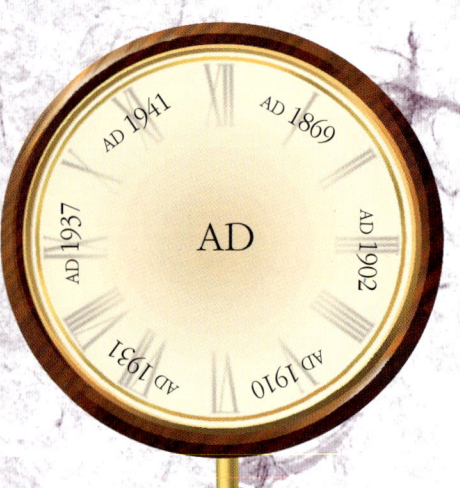

여러 이유로 고향을 떠나 외국으로 가서 사는 사람들은 어느 시대나 있었습니다. 특히 19세기 말부터 동포들의 국외 이주는 크게 늘어 간도, 연해주, 일본, 미국 등지로 떠나 살게 되었습니다. 또한 일제에 의해 강제로 징용을 당해 사할린 섬이나, 중국 등지로 끌려가 살게 된 사람들도 많았습니다. 그 결과 현재 6~7백만의 동포들이 외국에서 거주하게 되었습니다.

- 1869년 함경도 지방의 대흉년. 많은 사람들이 간도로 이주.
- 1902년 최초의 하와이 이민 110명 인천 출발.
- 1903년 이범윤을 북간도관리사로 임명. 간도에서 조세 거두고, 간도 영유권 확보해 나감.
- 1905년 하와이로 가려던 농민 1천여 명이 멕시코에 도착함.
- 1909년 일본이 청나라와 간도 협약을 맺어 불법적으로 간도를 청에 넘김.
- 1910년 강제로 한일합방이 체결되자, 2만 5천 명의 사람들이 대거 간도로 이주.
- 1914년 이상설, 이동휘 등이 대한광복군 정부를 블라디보스토크에 수립함.
- 1931년 만주사변을 일으킨 일본이 한국 사람을 강제로 이동. 약 83만 명이 만주로 이동.
- 1937년 소련이 연해주 지역의 동포 20만 명을 중앙아시아로 강제 이주시킴.
- 1941년 태평양 전쟁을 일으킨 일본의 강제 징집령. 약 120만 이상이 일본으로 이동.

간도와 만주로의 이주

19세기 말 가난과 자연재해, 수탈 등을 피해 조선 사람들은 두만강을 건너 간도 지역으로 이주했습니다. 개척할 농경지가 많은 간도는 많은 조선 사람들에게 새로운 희망의 땅이었습니다. 1910년 간도 등지에는 약 20만 명의 동포들이 살게 됐습니다.

일제의 탄압을 피해 간도로 이주해 온 의병들과 독립운동가들은 이곳에서 학교를 세워 민족 의식을 고취하고, 독립군을 양성하고, 국내와 연결된 독립운동의 기지로 삼았습니다.

러시아도 연해주를 개척할 목적으로 한국 사람의 이주를 허가하자 한반도와 가까운 연해주에도 많은 동포들이 이주해 독립운동의 기지로 삼았습니다. 한국 사람들은 러시아가 준 토지를 경작하거나 황무지를 개척하고 쌀농사 등을 지으며 살았습니다. 블라디보스토크, 하바롭스크 등에 약 8만 명의 한인들이 집단으로 모여 살면서 100여 개의 신한촌을 세웠습니다.

이곳에 자치 기구를 만들고 학교를 세우고, 임시정부까지 세우며 무장 독립 투쟁의 기지로 삼았습니다. 하지만 1921년 자유시참변을 일으킨 소련은 1937년 연해주의 한인들을 강제로 중앙아시아로 이주시켜 버렸습니다.

미국으로의 이주

미국은 넓은 영토에 비해 인구가 적었기 때문에 외국 이민을 적극적으로 받아들인 나라였습니다. 미국은 하와이의 사탕수수 농장의 노

▶ 현재의 연변 자치주의 모습

중앙아시아의 고려인

1937년, 소련의 지도자 스탈린은 한국 지도자들 2만 5천명을 스파이라는 명목으로 제거하고, 연해주에 사는 한국 사람들을 강제로 중앙아시아로 이주시켰습니다. 강제 이주당한 많은 한국 사람들은 굶주림과 추위로 목숨을 잃었습니다. 살아남은 한국 사람들은 갈대밭을 농토로 바꾸고 사막 같은 그곳에서 벼농사를 지으며 생존력을 발휘했습니다. 지금도 20만 이상의 한국 사람들이 우즈베키스탄, 카자흐스탄 등지에서 '고려인', '카레이스키'라 불리며 살고 있습니다.

▲ 중앙아시아의 고려인 어린이들

▲ 간도로 강제 이주당하는 한국 사람들

▲ 연변의 조선족 모습

동자를 구하기 위해 대한 제국 정부에 한국 농민의 이민을 요청했습니다. 1902년 제물포를 떠난 한국 농민들 121명이 최초로 하와이에 도착하게 되었습니다. 이주가 시작된 지 3년 만에 하와이에 약 7천 명의 농민들이 살게 되었습니다. 이들 동포들은 농장 일뿐만 아니라 개간 사업 등 고된 노동을 하였습니다. 인종 차별의 어려움 속에도 이들은 차츰 한인 사회를 발전시켰습니다. 이들 중 일부는 미국 본토로 다시 이주해 갔습니다. 또 악덕 상인들에 의해 하와이 이민을 가려던 농민들 가운데 일부는 멕시코로 끌려가 노예 생활을 하기도 했습니다.

일본에 의한 강제 이주

일본은 토지 조사 사업으로 농민들을 못살게 만들어 스스로 고향을 떠나게 만들었습니다.

이후 일본은 전쟁에 필요한 노동자를 확보하기 위해 징용이란 명목으로 많은 한국 사람들을 끌고 갔습니다. 1931년 만주사변을 일으켜 만주국을 세운 일본은 한국 사람 83만 명을 만주로 강제 이주시켰습니다. 또 중·일 전쟁과 태평양 전쟁을 일으킨 후에는 약 120만 명의 한국 사람들을 일본으로 끌고 갔습니다. 중국과 일본으로 이동한 동포들 가운데 약 60% 정도가 이때 일본으로 강제 이주를 당했습니다. 조국이 해방되자 이들 가운데 일부는 귀국하였지만 귀국하지 못한 사람들과 그 후손들이 지금의 210만 재중동포, 64만의 재일동포가 되었습니다. 재미동포는 해방 이후 자발적인 이민자가 대부분인 반면, 재중동포와 재일동포는 일제강점기가 빚어 낸 아픈 역사의 상처로 형성된 것입니다.

분단과 민주국가의 진통

일본의 패망으로 해방을 맞이한 우리 겨레는 독립 국가를 세우게 되었다는 희망을 갖게 되었습니다. 그러나 우리 겨레의 의지와는 상관없이 남북 분단의 비극적인 사건이 생겼습니다. 미국과 소련의 대립에 의한 냉전체제가 낳은 희생물이 된 우리 나라는 6·25 전쟁으로 많은 희생을 치렀습니다. 전쟁 후에는 민주주의 정착이라는 큰 문제를 갖게 되었습니다.

8·15 광복과 분단

2차 세계 대전이 연합국의 승리로 끝나고 일본이 패망하자 우리 민족은 가혹한 식민 통치에서 벗어나 그토록 원하던 광복의 기쁨을 맞이했습니다. 광복은 우리 겨레가 꾸준히 전개한 독립운동의 결실이기도 했지만, 가장 중요한 원인은 미국과 소련을 비롯한 연합국이 일본과의 전쟁에서 승리했기 때문이었습니다. 그 결과 해방 후 우리 나라의 운명은 미국과 소련 등 강대국에 의해 좌우되었습니다. 우리 민족의 강한 독립 의지가 있었기에 강대국은 독립을 약속했지만, 미국과 소련의 이익을 위해 남과 북 둘로 나누고 말았습니다.

해방 전부터 형성된 사회주의 계열 좌익과 민족주의 계열 우익의 대립은 분단을 재촉했습니다. 결국 두 개의 정부가 세워졌습니다.

6·25 전쟁과 이념 대립

1950년 6월 25일, 북한은 탱크를 앞세워 남한을 기습적으로 공격했습니다. 전쟁 준비에 소홀했던 남한은 순식간에 낙동강 전선까지 밀려나고 말았습니다. 다시 미국을 중심으로 한 유엔군이 인천상륙작전의 성공을 계기로 반격에 나서 국군은 한때 압록강까지 진격했습니다. 하지만 소련을 대신하여 중공군이 참전함으로써 다시 서울을 빼앗기며 후퇴했습니다. 다시 반격에 나선 국군과 유엔군은 38도선 부근에서 계속 전투를 하다가 휴전하였습니다. 전쟁이 완전히 끝난 것이 아니기에, 이후 남한과 북한은 계속 대립하였습니다. 북한은 김일성, 김정일 세습정권체제가 갖추어지며 사회주의 경제체제를 이룬 반면, 남한은 민주주의와 자본주의 경제체제가 정착되었습니다. 남한과 북한은 서로 적대시하면서도 꾸준히 접촉을 하며, 남북 스포츠 단일팀 구성, 이산가족 상봉, 금강산 관광, 개성 공단 건설 등 보다 진전된 남북 관계를 맺고 있습니다. 하지만 남한과 북한은 통일이란 과제를 아직 풀지 못하고 있습니다.

민주주의 정착의 진통

수천 년간 왕의 지배하에서 살아 오던 한국 사람들에게 국민들이 주인이 되어 정치를 하는 민주주의는 익숙하지 않은 것이었습니다. 비록 대한민국 임시정부가 공화정부를 세운 바 있지만, 당시 정치 지도자들은 여전히 대통령을 임금과 같은 의미로 받아들였습니다. 초대 대통령 이승만과 그의 주변 정치인들은 이승만이 죽을 때까지 집권하기를 바라며 무리하게 헌법을 고쳤습니다. 또한 정권에 반대하는 세력을 탄압하는 한편, 부정부패를 저질렀습니다.

4·19 혁명으로 민주정부를 세워졌으나 정부는 민주주의를 운영할 능력이 부족하여 사회 혼란이 계속되었습니다. 그러자 군부의 박정희 소장이 5·16 쿠데타로 권력을 장악하고, 18년간의 독재정권을 누렸습니다. 그가 피살되자 이번에는 전두환, 노태우 군사정권이 들어섰습니다. 오랜 독재정권의 부패와 강압 정치에 염증을 느낀 시민과 학생들은 민주화 요구를 지속했고, 그 결과 국민 직선제에 의한 민주정부가 탄생하게 됐습니다.

광복과 분단

1945년 8월 15일, 우리 민족은 일본의 패망으로 광복을 맞이합니다. 그러나 광복의 기쁨도 잠시, 미군과 소련군은 한반도에 군대를 보내 주둔하게 하면서 38도선을 군사 경계선으로 삼아 남과 북을 따로 통치하였습니다. 우리 민족의 뜻과 관계 없이 그어진 38도선은 이후 남과 북에 각기 다른 이념과 제도를 가진 두 개의 정부가 들어서면서 분단국가로 만들었습니다.

1943년 11월	미국, 영국, 중국 사이에 카이로 회담 열림. 한국을 적당한 시기에 독립시키기로 결정.
1945년 8월 15일	일본이 패망하면서, 광복을 맞이함. 여운형이 조선 건국 준비 위원회 발족.
1945년 12월	모스크바 3국 외상 회의. 한국 신탁통치 결정.
1946년	제1차 미·소 공동 위원회 개최(3월). 이승만 남한 단독 정부 수립 주장(6월).
1947년	제2차 미·소 공동 위원회 개최했으나, 결렬됨. 유엔 감시 아래 총선거 결정.
1948년	제주도 4·3 사건 발생.
1948년 8월 15일	대한민국 정부 수립.
1948년 9월 9일	북한 정권 발족.
1948년 10월 19일	여수, 순천 사건 발생. 빨치산 투쟁.
1949년 6월	김구 피살.

광복의 짧은 기쁨

일본의 항복으로 우리 민족은 꿈에도 그리던 광복을 맞이합니다. 우리 민족이 끝없는 독립 투쟁을 벌인 탓에 일본을 패망시킨 연합국 지도자들은 카이로 회담을 통해 우리 민족의 독립을 약속했습니다. 광복을 맞이하자 여운형 등은 조선 건국 준비 위원회를 결성하고 치안 유지와 독립 국가 건설을 준비했습니다. 또한 외국에 망명해 있던 애국지사들과 강제로 일본에 끌려갔던 동포들도 고국으로 돌아왔습니다. 우리 민족은 독립 국가를 건설할 꿈에 부풀었습니다. 그러나 이것은 착각이었습니다.

일본이 항복하기도 전인 1945년 8월 11일, 소련군은 이미 함경도 땅에 발을 딛었고 8월 22일에는 평양에 도착했으며 9월 16일에는 소련군이 38도선 이북의 통치를 선포했습니다. 미국도 9월 8일, 인천에 상륙하자마자 그 다음날로 38도선 남쪽에 대한 통치를 선포했습니다.

이런 상황에서 대한민국 임시정부 요인들이 당당하게 귀국하려고 하자, 미군은 이들에게 개인 자격으로 귀국할 것을 요구했습니다. 결국 김구 등은 임시정부 활동을 인정받지 못하고 11월 23일 개인 자격으로 귀국할 수 있었습니다.

▲ 광복 당시 만세를 부르며 전 국민이 환호했다.

남북 분단

처음 미국과 소련은 38도선을 일본군의 무장 해제를 위한 군사 경계선으로 설정했으나 시간이 지나면서 북쪽은 소련, 남쪽은 미군에 의한 점령지 구분선이 되었습니다.

1945년 12월 모스크바에서 미국, 영국, 소련 3국의 외상은 회의를 열고, 한국에 임시 민주정부를 수립하기 위한 미소공동위원회를 설치하고, 한국을 최대

여운형

독립운동가인 여운형은 해방 당시 국민들이 가장 많이 지지하는 정치 지도자며 혁명가로 인정받았던 인물입니다. 그는 일본의 패망을 예상하고 1944년 조선건국동맹을 조직하고 독립을 위한 준비에 나섰습니다. 광복 후 안재홍 등과 건국준비위원회를 조직하였고, 조선인민공화국을 선포했으나 미군정에 의해 거부되었습니다. 그는 계속해서 좌익과 우익 양측을 아우르는 좌우합작운동을 추진했습니다. 그러나 극우파 한지근에 의해 1947년 암살당하고 말았습니다.

▲ 서울 시민들과 광복의 기쁨을 함께하는 여운형

5년간 강대국들이 신탁통치할 것을 결정했습니다. 그러자 온 국민이 신탁통치의 반대 시위를 했습니다. 그런데 소련의 지시를 받은 공산주의 세력이 신탁통치에 찬성 운동을 전개하면서, 해방 후 정국은 공산주의 세력인 좌익과 민족주의 세력인 우익의 대립이 치열해졌습니다.

미국과 소련은 공동위원회를 개최했습니다. 소련은 모스크바 3국 외상 회의 결정을 지지하는 단체로만 임시정부를 세울 것을 주장했으나, 미국은 이를 반대했습니다.

▲ 신탁통치 반대 운동

대한민국 정부 수립

미국과 소련이 한국의 정부 수립 문제를 해결하지 못하자 이 문제는 국제연합(UN)의 결정에 넘겨졌습니다. 유엔은 유엔한국임시위원단을 구성하고, 통일 한국 정부 수립을 위해 한반도 전역에서 선거를 실시하기로 하고 유엔한국임시위원단이 선거 감시 임무를 맡도록 했습니다. 하지만 유엔한국임시위원단은 소련의 거부로 북한 지역에 들어가지 못하였습니다. 그러자 유엔은 유엔의 감시가 가능한 지역인 남한 지역에서만 선거를 실시하기로 결의했습니다.

1948년 5월 31일 선거가 실시되어 의회가 구성되고, 의회에서 이승만을 대통령으로 선출하여 행정부를 구성하였습니다. 그 결과 그해 8월 15일, 독립을 선포함으로써 대한민국정부가 탄생하게 됐습니다. 그러자 소련은 9월 9일 이른바 조선민주주의인민공화국이라는 공산정권 발족을 선포했습니다. 이로써 일본군의 무장 해제를 목적으로 설정한 북위 38도선이 우리 겨레를 반 토막 낸 분단의 선이 되고 말았습니다.

◀ 1948년 8월 15일, 대한민국 정부가 수립되었다.

6·25 전쟁

남과 북으로 갈라진 우리 겨레는 민족 최대의 비극인 6·25 전쟁한국 전쟁을 겪게 됩니다. 소련의 지원을 받은 북한이 1950년 6월 25일 새벽 4시에 기습적인 남침을 감행하여 시작된 6·25 전쟁은 미국을 비롯한 연합국과 소련을 대신한 중국군의 참전으로 규모가 크게 확대됩니다. 3년간의 전쟁 끝에 휴전을 맞이했지만 우리 민족은 엄청난 피해를 입었습니다.

1949년	북한 정권이 소련과 중국의 지원을 받아 전쟁 준비.
1950년 1월	미국 극동방위선에서 한국 제외. 스탈린 김일성의 6·25 전쟁 개시 승인.
1950년 6월 25일	북한의 남침으로 한국 전쟁이 일어남.
1950년 6월 28일	북한군 서울 시내 장악.
1950년 8월	북한군과 낙동강 전선에서 대립.
1950년 9월 15일	인천 상륙 작전 개시. 10월 17일 압록강까지 진격.
1950년 10월 19일	중공군이 압록강 넘어 참전.
1951년 1월 4일	중공군 참전으로 유엔군 서울에서 철수하여 37도선으로 후퇴.
1951년 6월 26일	한국 정부의 휴전안 반대 결의.
1953년 7월 27일	판문점에서 휴전 협정이 조인됨. 한·미 상호 방위 조약 조인.

남북과 좌우파의 대립

북위 38도선을 경계로 2개의 정부가 들어서면서 좌익과 우익의 대립은 남북한 정권 간의 대립으로 더욱 격화되었습니다. 그 결과 38도선을 통한 북한 무장공비의 침투 사건과 빨치산이라 불리는 남한 후방 지역에서의 공산주의자들에 의한 남한 정부 전복 활동으로 나타났습니다. 정부 수립 이전인 1948년, 제주도 4·3 사건과 10월 20일 여순 사건과 지리산·태백산 및 오대산 일대에서의 빨치산 활동 등으로 남한의 치안은 극히 불안한 상태였습니다. 반면 북한은 소련과 비밀리에 군사 협정을 맺고 군사력을 키우고 무력 남침을 준비하고 있었습니다.

북한의 남침

북한은 전쟁 준비가 갖춰지자 1950년 6월 25일 새벽 4시, 38도선 전 지역에 걸쳐 남침을 감행했습니다. 탱크를 앞세운 북한군의 공세에 3일 만에 서울이 함락되었습니다. 이어 북한군은 7월 20일 대전을 함락하고, 7월 말에는 낙동강까지 밀고 내려왔습니다.

병력과 장비가 크게 부족한 국군은 후퇴할

▲ 전쟁 개시 3일 만에 서울로 진군한 북한군

▲ 지도로 보는 6·25 전쟁

수밖에 없었고, 이승만 정부는 서울 시민을 버리고 부산으로 도망갔습니다. 한편 미군을 중심으로 영국 등 16개국 군대로 구성된 유엔군이 참전하자, 전쟁 상황에 변화가 일어났습니다. 화력과 병력에서 우세해진 국군과 유엔군은 9월 15일 인천 상륙 작전을 계기로 반격에 나서 38도선을 넘어 10월 말에는 압록강까지 진격하게 되었습니다. 그러나 소련의 대타로 나선 중국군이 개입하면서 전쟁 상황은 다시 변했습니다. 많은 병력을 앞세운 중국군의 인해전술로 인해 국군과 연합군은 다음 해 1월 서울을 내주고 37도선까지 후퇴해야 했습니다. 이후 다시 반격에 나선 국군과 연합군은 38도선 일대에서 북한군과 중국군과 밀고 밀리는 전투를 지속하였습니다. 전쟁이 점점 커져 세계대전으로 확대될 것을 우려한 세계 여러 나라는 휴전을 제의했고 결국 미국은 소련의 휴전 제의를 받아들였습니다. 휴전 협상은 2년 넘게 지속되다가, 결국 53년에 7월에 정식으로 조인되었습니다.

6·25 전쟁의 피해와 그 여파

북한의 남침으로 인해 시작된 6·25 전쟁은 같은 동포가 동포를 죽이는 비극이었습니다. 전쟁 중에 죽은 사람만 남북한과 유엔군, 중국군 합쳐서 약 330만에 이를 정도로 수많은 사람들이 죽었습니다. 그 가운데 절반은 민간인이었습니다. 뿐만 아니라 국토가 황폐화되고, 공장과 철도, 도로 등이 파괴되어 우리 민족의 발전에 큰 피해를 입혔습니다. 전쟁으로 가족이 뿔뿔이 흩어진 이산가족과 고아가 많이 발생했습니다. 무엇보다 남북한 사이의 적대 감정이 커져 이념 대립이 심해졌습니다. 남한과 북한은 서로 적대시하면서 남북의 분단 상황은 지금까지 지속되고 있습니다.

▲ 피난민 행렬

탱크

6·25 전쟁 초기 북한군의 가장 위력적인 무기는 탱크였습니다. 탱크는 위력이 큰 포나 기관총을 차에 싣고 두꺼운 장갑으로 보호된 차체를 갖고 도로가 없는 들판에서도 움직일 수 있는 전투 차량입니다. 북한은 소련으로부터 T-34 탱크 수백 대를 공급 받아 이를 앞세워 남침했던 것입니다. 총을 쏘거나 수류탄을 던져도 파괴되지 않는 탱크 때문에 국군은 낙동강까지 후퇴해야 했습니다. 연합군이 인천 상륙 작전 무렵 탱크를 상대할 무기를 가져온 이후에야 북한군의 탱크가 파괴되었습니다.

▲ 북한군이 남침에 사용한 T-34 탱크

이승만 독재정권과 4·19 혁명

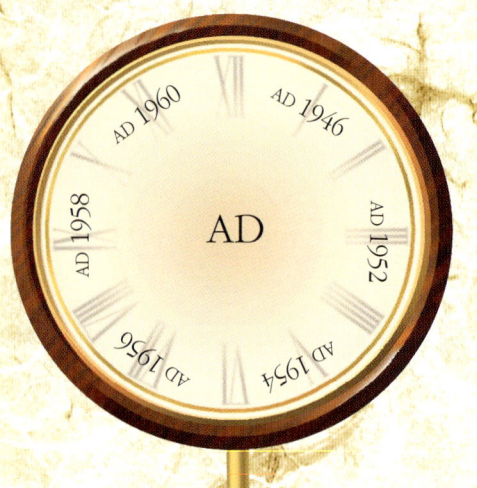

이승만은 자신이 죽을 때까지 대통령을 계속하기를 원했습니다. 그를 받드는 자유당 또한 이승만이 죽은 후, 이기붕이 권력을 계승해 계속해서 권력을 장악하기를 원했습니다. 이러한 욕심은 부정선거를 저지르게 했고, 이는 곧 시민과 학생들의 반발을 낳게 되었습니다. 4·19 혁명은 한국 최초의 성공적인 시민혁명이었습니다. 4·19 혁명으로 이승만 정권의 12년 장기 집권이 끝나고, 제2공화국이 탄생하게 되었습니다.

1946년 6월	이승만 남한 단독 정부 수립 계획을 발표. '정읍발언'.
1948년 7월	대통령 중심제로 헌법을 제정·공포. 국회에서 이승만을 초대 대통령으로 선출.
1952년	이승만 재선을 위해 헌법을 대통령 직선제로 개정. 제2대 대통령에 재선됨.
1954년	초대 대통령에 대한 연임 제한을 철폐하기 위한 사사오입 개헌을 강행.
1956년	이승만이 대통령 선거에서 제3대 대통령에 당선됨.
1958년	이승만이 독재를 위한 국가보안법 등 관계법령을 개정.
1960년 3월 15일	이기붕을 부통령으로 당선시키려는 대대적 부정선거.
1960년 4월 19일	부정선거에 대한 국민적 저항인 4·19 혁명으로 이승만 대통령 사임.
1960년	의원내각제로 헌법을 개헌. 4대 대통령에 윤보선 취임. 장면 내각 성립.

제1공화국의 정치

이승만은 6·25 전쟁이 계속되던 1952년 2대 대통령 선거가 다가오자 국회에서 선출될 가능성이 없음을 깨닫고 발췌개헌을 강행하여 직선제로 대통령을 뽑도록 제도를 고쳤습니다. 또 1954년에는 초대 대통령에 한해서 횟수 제한 없이 대통령에 출마할 수 있다는 개헌안을 국회에서 표결에 붙였습니다. 이 표결은 1표 차이로 부결되었는데 이틀 후에 반올림(사사오입)을 내세워 통과되었다고 선언했습니다.

이승만은 국내에서 약한 자신의 정권을 유지하기 위해 친일파를 다시 등용해 자신의 부하로 부렸고, 공산당에 반대하는 체제를 강화한다는 명분으로 비판 세력을 탄압하는 등 독재정권의 행패를 부렸습니다. 일본이 남긴 공장, 토지 등을 처리하는 과정에서 뇌물을 받고 특정인에게 특혜를 주는 등 이승만과 자유당 정권은 부정부패로 썩어 가고 있었습니다.

4·19 혁명

1956년 3대 대통령 선거에서는 야당 후보 신익희가 갑작스럽게 죽고, 1960년 4대 대통령 선거에서도 야당 후보 조병옥마저 병으로 죽자, 이승만은 대통령에 계속 당선되었습니다. 하지만 이때 이승만은 85세였습니다. 자유당은 그의 죽음에 대비하여 이기붕을 부통령에 당선시키자고 1960년 3·15 선거에서 돈과 권력을 이용해 부정을 저질렀습니다.

▶ 이승만 독재정권은 시민들의 민주화 요구를 탄압했다.

▲ 사사오입 개헌

그러자 시민, 학생, 교수 등 지식인들은 부정선거에 항의하여 시위를 벌였습니다. 그러다 선거 당일 시위를 하던 마산의 김주열 학생이 실종되었다가 한 달 뒤에 마산 앞바다에 눈에 최루탄을 맞은 시체로 떠올랐습니다. 분노한 마산 시민과 학생들이 정부에 항의하는 시위를 벌였습니다. 4월 18일에는 고려대 학생들이 국회까지 시위를 하고 돌아가다 정치 깡패들에게 공격당하는 일이 발생했습니다. 그러자 4월 19일에는 일반 시민까지 가세한 전국적인 시위가 일어났습니다.

▲ 4·19 혁명 당시 사진

▲ 4·19 혁명 기념탑

이승만 정권의 퇴진을 요구하는 시위가 커지자 정부는 계엄령을 선포하고 군대를 동원했습니다. 하지만 지식인들도 나서서 정권 퇴진 시위에 나서고, 미국마저 이승만 정권에 등을 돌렸습니다. 결국 이승만은 대통령직을 내놓고 하와이로 망명을 떠났습니다.

제2공화국의 정치

이승만 정권이 무너진 후, 내각책임제 개헌이 이루어졌습니다. 새 헌법에 따라 야당이었던 민주당이 정권을 장악하고, 대통령 윤보선, 국무총리에 장면이 당선되었습니다. 그런데 민주당은 당 내부의 파벌로 나뉘어 권력 다툼만 할 뿐, 사회의 민주화 요구를 수용하지 못했습니다. 국회 의사당 앞에는 매일같이 시위가 벌어졌습니다. 이승만 정권 아래에서 부정한 방법으로 돈을 번 사람들에 대한 처벌이나, 3·15 부정선거 책임자 등을 처벌하는 일에도 소극적이었습니다. 내각을 구성하고 정권을 잡은 장면 정권은 정치를 안정시키는 데 실패하였습니다. 4월 혁명의 결실이었던 제2공화국은 불과 1년 만에 5·16 쿠데타에 의해 좌절되고 말았습니다.

의원내각제

우리 나라 역사에서 오직 제2공화국만이 채택한 정부 형태가 의원내각제입니다. 의원내각제는 국회의원이 행정부의 수장인 수상을 뽑는 정부 형태를 말합니다. 다수당 또는 여러 당이 연합하여 국회를 지배하고, 수상(국무총리)을 뽑고 수상은 내각을 구성해 행정부를 장악하게 됩니다. 국회의원 선거 결과 다수당이 바뀌면 정권이 바뀌고, 수상도 다수당의 상황에 따라 바뀔 수도 있습니다. 영국, 일본 등이 이 제도를 채택하고 있습니다.

박정희 독재정권

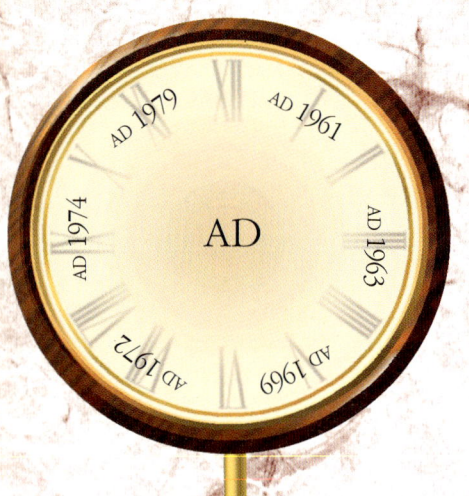

박정희는 가난한 조국을 굶주림으로부터 벗어나 잘사는 나라로 만들겠다는 신념과 추진력을 갖춘 인물이었습니다. 그는 18년간 대통령직에 있으면서 한국 경제를 발전시킨 공적을 남겼습니다. 하지만 그는 자신이 아니면 안 된다는 생각에 빠져, 대통령 지위를 유지하기 위해 헌법을 개정하고, 헌법을 능가하는 막강한 권력을 휘둘렀습니다. 민주주의를 탄압한 그는 정부 수립 이후 등장한 가장 강력한 독재자였습니다.

1961년 5월 16일	박정희 소장, 5·16 쿠데타를 일으키고 권력 장악.
1961년 7월	'국가 재건 최고 회의' 의장에 박정희가 취임해 2년간 군정 실시.
1963년 12월	박정희 5대 대통령에 당선. 제3공화국 성립.
1969년 9월	박정희 3선 연임을 위한 개헌안을 국회에서 변칙 통과.
1972년 10월	박정희 장기 집권을 위한 유신헌법 발표. 제4공화국 성립.
1974년 8월	영부인 육영수 여사가 간첩 문세광에게 저격당함.
1979년 10월	부산 마산 등에서 민주화를 위한 대규모 반정부 시위 전개.
1979년 10월 26일	궁정동 만찬 석상에서 중앙정보부장 김재규의 저격으로 박정희 사망. 정권 붕괴.

5·16 쿠데타와 제3공화국

제2공화국 시기, 민주주의 정착을 위한 얼마간의 혼란이 지속되자 1961년 5월 16일 박정희 소장을 중심으로 한 군인들이 탱크를 앞세워 서울 중심부를 점령하고 권력을 장악한 사건이 일어났습니다. 이들은 전국에 비상계엄령을 선포하여 헌법을 정지시키고, 국가재건최고회의를 구성하고 군사정부를 출범시켰습니다. 2년간 지속된 군정이 끝난 후, 박정희는 헌법을 개정하고 실시된 1963년 대통령 선거에서 승리하여 5대 대통령이 되었습니다.

박정희는 조국 근대화 실현을 국가 운용의 주요 목표로 삼고, 경제 개발 정책을 적극적으로 추진했습니다. 이를 위해 일본과 국교 정상화를 서둘러, 일본과의 과거사 청산보다는 경제 개발에 필요한 유상, 무상 원조 5억 달러를 받기로 했습니다. 그는 과거사를 청산하지 못하고 일본과 국교를 맺은 것에 대한 불만이 많은 시민, 학생들을 억누르고 일본과의 국교를 정상화시켰습니다. 또 미국의 요청을 받아 베트남에 군대를 파견하고 그 대가로 경제 개발에 필요한 차관과 기술 도입을 했습니다.

1967년, 대통령 선거에서 다시 당선된 박정희는 대통령을 3번까지 할 수 있도록 헌법을 바꾸는 삼선개헌을 단행하고 1971년, 대통령 선거에서는 야당 후보인 김대중을 간신히 물리치고 당선되었습니다.

유신체제의 성립

그는 3선에 만족하지 못하고 이승만과 똑같이 자신이 죽을 때까지 권력을 가질 욕심을 가졌습

▶ 1961년 5월 16일, 박정희 소장을 중심으로 한 군사 쿠데타가 일어났다.

10월 유신

1972년 10월 17일, 박정희가 장기 집권을 목적으로 단행한 초헌법적인 비상조치가 10월 유신입니다. 박정희는 국가 개혁을 계속 추진해야 한다는 명분을 내세워 유신헌법을 만들어 간접선거에 의한 임기 7년의 대통령 선출과 대통령 연임 제한을 없앴습니다. 또한 대통령이 국회의원의 3분의 1을 임명할 수 있는 권한과 헌법 기능 일부까지도 마음대로 정지시킬 수 있는 긴급조치권을 갖도록 했습니다. 유신헌법의 결과 의회민주주의와 삼권 분립 체제가 사라지고 독재권력이 탄생했습니다.

▲ 10월 유신을 알리는 신문

▲ 5·16 쿠데타 당시 모습

니다. 그는 1971년 12월, 국가비상사태를 선언하고 대통령에게 초법적인 비상대권을 부여했습니다. 이어 1972년 10월에는 전국에 비상계엄을 선포하여 국회를 해산하고 10월 유신을 단행했습니다. 그는 한국적 민주주의라는 명분을 내세우며 대통령이 왕에 버금가는 권력을 갖도록 만드는 헌법을 만들었습니다. 게다가 통일 주체 국민 회의를 통한 간접선거로 대통령을 선출하게 하여 자신의 영구적인 집권을 가능하게 만들었습니다. 그는 7년 임기의 대통령에 연이어 당선되어 죽을 때까지 대통령의 자리에서 내려오지 않는 자신의 꿈을 이루었습니다.

독재정권에 대한 국민들의 저항

박정희는 뚜렷한 목표를 갖고 나라의 경제 성장을 위해 노력을 기울여 성공을 거두었습니다. 그의 18년 집권 기간 동안 대한민국은 발전을 이루었습니다.

▲ 박정희

그러나 독재 권력에 의해 자유와 권리를 억압당한 국민들은 민주주의를 회복하기 위해 저항하기 시작했습니다. 유신헌법을 개정하자는 시위와 집회가 이어지고, 언론 자유화 운동, 노동조합의 민주화 운동이 계속되었습니다. 그러자 박정희 정권은 긴급 조치를 발동하여 국민의 저항을 제압했습니다. 하지만 국민들의 저항은 계속되었고 특히, 1979년에는 부산, 마산 등지에서 대규모 민주화 항쟁인 부마사태가 일어났습니다. 이의 대처 방안을 놓고 권력 핵심부에서 갈등이 생겨 중앙정보부장인 김재규가 박정희에게 총을 쏴 죽임으로써 유신체제는 끝나고 말았습니다.

▲ 베트남 파병 모습

5·18 민주화 운동과 군사독재정권의 연장

18년간 장기 독재정권을 유지해 온 박정희는 1979년 10월 26일 중앙정보부장 김재규가 쏜 총알을 맞고 죽었습니다. 그의 갑작스런 죽음으로 인한 정치권의 혼란을 틈타 전두환, 노태우 등의 신군부세력이 쿠데타를 일으켜 권력을 잡게 되었습니다. 이들은 5·18 민주화 운동 등을 무력으로 진압한 후, 헌법을 개정하여 전두환을 대통령으로 당선시켰습니다.
군부독재권력에 대한 국민들의 저항은 전두환 집권 시기 내내 계속됐으나 전두환은 군사독재를 연장하기 위해 이들을 계속해서 탄압했습니다.

1979년 12월 6일	최규하 대통령권한대행이 통일 주체 국민 회의에서 대통령으로 선출됨.
1979년 12월 12일	전두환, 노태우 등 신군부세력이 군사반란 사건을 일으켜 권력을 장악.
1980년 5월 17일	정부, 계엄령을 전국으로 확대.
1980년 5월 18일	광주에서 학생, 시민의 대규모 시위.
1980년 5월 27일	계엄군, 5·18 민주화 운동 진압.
1980년 8월 16일	최규하 대통령 사퇴.
1980년 8월 27일	통일 주체 국민 회의를 통한 간접선거로 전두환이 11대 대통령에 당선.
1981년 3월 3일	개정된 새 헌법에 의해 전두환이 12대 대통령에 취임.
1985년 2월	김대중, 김영삼이 이끄는 신민당이 총선에서 제1야당으로 약진.

12·12사태 발생

박정희가 피살되자 제주도를 제외한 전국에 비상계엄이 선포되었습니다. 그런데 계엄군의 합법적인 절차에 의해 민간에 정권을 이양하겠다는 발표와 달리 군부 내부에서는 권력 다툼이 일어났습니다.

1979년 12월 12일 전두환, 노태우, 정호용 등 박정희를 따르며 사조직인 하나회를 만들어 성장해 온 신군부 세력이 병력을 동원하여 계엄사령관인 정승화를 체포하고 정권을 장악했습니다. 당시 최규하 대통령은 이름뿐, 아무런 권력도 갖지 못한 허수아비나 마찬가지였습니다. 전두환이 중앙정보부장에 취임하여 국가의 정보를 움켜쥐는 등, 전두환 일당은 계엄 기간을 연장하며 자신들이 권력을 독점할 준비를 마쳤습니다.

5·18 민주화 운동

1980년 봄이 되자 민주적 절차에 의한 민간 정부 수립 등을 요구하는 시민과 노동자, 학생들의 요구가 높아져 갔습니다. 유신헌법 폐지, 전두환 퇴진, 비상계엄 철폐, 민간 정부 이양 등을 요구하며 정치인, 학자, 노동자, 학생 등 시민 모두가 참여하는 대규모 시위가 벌어졌습니다. 5월 15일 시위 규모가 수십만에 이르게 되자 전두환 일당은 비상계엄령을 전국으로 확대하

▲ 5·18 민주화 운동 당시 사진

고, 5월 17일에는 김대중 등 주요 정치 지도자들을 체포하는 등 민주화 요구를 묵살했습니다.

5월 18일부터 5월 27일까지 전라남도와 광주에서 시민들이 계엄령 철폐와 전두환 퇴진, 김대중 석방 등을 요구하며 민주화 시위를 벌이자 전두환은 계엄군에게 이를 진압하게 했습니다. 특히 전두환은 공수부대원을 투입해 과잉 진압을 하게 했습니다. 이들이 시민들을 향해 총을 쏘아 사상자가 생기자 성난 시민과 학생들은 도청을 점거하고 경찰서 등에서 총기를 탈취하여 저항했습니다. 계엄군은 광주 외곽을 봉쇄하고, 5월 27일 무력으로 시민군을 진압하였습니다. 이 과정에서 계엄군에 의해 어린 학생, 부녀자, 시민까지 무차별 죽임을 당하였습니다. 신군부는 이를 북한 무장 간첩의 소행이라고 국민을 속였습니다.

▲ 대통령 선서를 하는 전두환

이후 전두환은 최규하를 밀어내고 대통령이 되었으나 광주 학살의 죄악 때문에 대통령 집권 기간 내내 민주화 세력으로부터 계속된 퇴진 요구를 받게 되었습니다.

▲ 제5공화국 당시 김대중 재판

전두환 독재정권

전두환은 새로 개정된 헌법에 의해 7년 임기의 대통령에 다시 당선되어 1987년까지 권력을 장악했습니다. 전두환은 집권 기간 동안 물가 안정, 서울 올림픽 유치, 무역 흑자 등과 경제 분야에 있어서는 어느 정도의 업적을 만들었습니다. 또한 통행금지 해제, 해외여행 자유화 등 생활 관련 규제 완화 등을 통해 부족한 정권의 정통성을 메우려고 했습니다. 하지만 국민들을 강압적으로 통제하여 정권에 반대하는 세력을 탄압했습니다. 백성들의 정치적 관심을 다른 데로 돌리는 우민화 정책을 실시하기도 하였으나, 국민들은 여전히 전두환 독재정권 타도와 직선제 개헌 등의 민주화 요구를 외치며 시위를 벌였습니다.

▲ 수감되는 전두환 사진

프로 스포츠 리그의 탄생

전두환 정권은 국민들의 정치에 대한 불만을 다른 곳으로 돌리기 위한 우민화 정책의 하나로 프로 스포츠를 도입했습니다. 1982년 프로 야구 리그가 탄생하고, 1983년 프로 축구와 프로 씨름 대회가 시작되었습니다. 전두환 정권은 컬러 텔레비전 방송과 비디오 보급을 통해 국민들을 영화와 텔레비전 드라마에 빠지게 했습니다. 프로 야구와 프로 축구 등의 탄생은 비록 정부 주도하에 목적을 갖고 만들어졌지만, 지금은 국민들의 여가 활동을 위한 건전한 볼거리로 자리 잡았습니다.

▲ 전두환 정권 당시 탄생한 프로 야구

6월 민주 항쟁과 시민 사회의 형성

전두환 독재정권은 5·18 민주화 운동을 총칼로 짓밟으며 국민들의 민주화 요구를 거부했습니다. 그러나 민주정부 수립을 위한 국민들의 민주화 요구는 6월 민주 항쟁에서 승리하여 그 결실을 보기 시작했습니다. 공정선거에 의해 민주정부가 탄생하면서, 시민들은 시민 단체 등을 통해 사회 전반에 걸친 개선과 개혁을 요구하게 됐습니다.

1987년 1월 14일	대학생 박종철이 정부 기관에 고문을 당해 사망함.
1987년 4월 13일	전두환 정권이 국민의 바람인 직접선거제 개헌을 전면으로 거부함.
1987년 6월 10일	민주헌법쟁취를 위한 6월 민주 항쟁 시작.
1987년 6월 29일	민주정의당 대통령 후보 노태우가 직선제 개헌을 수용한 6·29 민주화 선언 발표.
1987년 12월 16일	13대 대통령에 노태우 당선.
1988년	88 올림픽 개최.
1997년	김영삼 정부의 실책으로 외환 위기를 맞이하여 국제통화기금(IMF)의 지원 받음.
1998년 11월 18일	북한이 금강산을 개방하여, 해로를 통한 관광 시작.
2000년 6월 15일	평양에서 김대중 대통령과 김정일 국방위원장의 남북 정상 회담 열림.

6월 민주 항쟁

독재 권력을 휘두르던 전두환은 대통령 임기가 끝나갈 무렵 후임자로 군사 쿠데타의 동료인 노태우를 지목하였습니다. 통일 주체 국민 회의에 의한 간접 선거로 대통령을 뽑는 헌법이 지속될 경우 군사정권의 지속은 당연한 것이었습니다. 야당과 국민들은 헌법 개정을 강력히 요구했으나 전두환은 이를 거절했습니다. 직선제 개헌과 민주 헌법 제정을 요구하는 시민과 학생들의 시위는 대학생 박종철이 고문을 당해 죽은 사건 등을 계기로 1987년 6월 10일 전국적인 민주 항쟁으로 확대됐습니다. 6월 내내 수백만 명이 참가하는 독재정권에 반대하는 민주화 투쟁이 계속되자, 마침내 6월 29일 전두환과 노태우는 대통령 직선제 개헌과 구속 인사 석방, 정치 활동 규제 철폐 등을 약속했습니다. 이에 따라 헌법이 개정되어 5년 단임제 대통령을 뽑는 직접선거가 실시됐습니다.

개정된 헌법에 의한 대통령 직접 선거에서 야당 지도자인 김영삼, 김대중이 서로 양보 없이 다툰 탓에 노태우 후보가 당선되고 말았습니다. 노태우 정부는 전두환 정권의 비리 청산 청문회를 여는 등 국민들의 민주화 열망을 일정 부분 해소했으나 전두환을 제대로 처벌하지는 못하는 모습을 보이는 등 군사정권의 한계를 벗어나지 못했습니다.

▲ 민주화 시위를 하다가 목숨을 잃은 박종철을 애도하는 시위

전두환, 노태우 정권의 부도덕성

독재정권은 부패하기 마련입니다. 전두환, 노태우는 막강한 권력을 휘두르면서 대통령 퇴임 후에 자신의 권력을 유지하기 위해 불법적으로 자금을 모았습니다. 결국 이들의 불법적인 행위가 발각되어 법원은 전두환이 모은 비자금 2천 2백 59억 원, 노태우 2천 8백 38억 원의 환수를 명령했습니다. 두 전직 대통령은 감옥에 수감되기도 했으나 아직까지 불법적인 비자금을 국가에 완납하지 않고 있습니다.

▲ 88 올림픽이 개최되었던 현장인 서울 올림픽 경기장

▲ 입법 기관인 국회의사당

대외 관계의 변화

노태우 정부는 88 올림픽 성공적 개최를 기회로 삼아 헝가리, 소련, 중국 등 공산주의 국가들과 연이어 국교를 수립하고 1991년에는 남북한 동시 유엔 가입에 성공했습니다. 동유럽 사회주의 국가들이 몰락하고 1992년 소련이 15개 공화국으로 나누어지고, 전 세계적인 무역 자유화 시대로 변화하는 흐름에 따라 대한민국도 외국과의 교류와 협력을 다변화하게 되었습니다. 김대중 대통령은 2000년 북한을 방문하여 정상 회담을 열었고, 북한 관광을 추진하는 등 남북 사이의 사람과 물자의 교류를 크게 늘렸습니다. 남북 간의 대립보다는 교류와 협력을 통한 서로의 발전이 더 중요한 시대로 접어들게 되었습니다. 최근 대한민국은 미국 중심의 외교 관계에서 일본, 중국, 러시아, 유럽 등 많은 나라들과 더 긴밀한 협조와 교류를 하면서 나라 간의 장벽이 줄어드는 국제화 시대에 발맞추어 가고 있습니다.

▲ 6·15 남북 정상 회담

시민운동의 활성화

정부 수립 이후 등장한 이승만, 박정희, 전두환 등의 독재정권은 서양에서 비롯된 민주주의 역사가 짧았던 나라들에게 볼 수 있는 공통된 현상이었습니다.

민주 정부가 들어선 이후, 국민들은 사회 전반에 걸친 개혁을 요구하게 됩니다. 경제 활동에 있어 뇌물과 비리가 발붙이지 못하게 하고, 산업화로 인해 오염된 환경을 개선하고, 노동 조건의 개선, 올바른 교육 등을 요구하는 목소리가 커져 갔습니다. 민주노총, 참여연대, 환경운동연합 등 다양한 시민단체들이 성장하여 사회의 문제점을 개선하고, 정부 정책을 감시하고 비판하는 기능을 담당하게 되었습니다. 일부 단체의 행동이 집단 이기주의로 변해 가는 잘못된 경우도 있지만 시민단체의 성장은 대한민국의 민주주의가 좀 더 발전된 결과입니다. 이제 정부도 국민들의 뜻에 반대하는 정책은 함부로 하지 못하게 되었고 국민 합의에 의한 정치가 이루어져 가고 있습니다.

◀ 6월 민주 항쟁은 독재 권력의 폭력에도 굴하지 않고 얻어 낸 값진 승리다.

해방 이후 북한의 상황

해방 이후 북한에서는 소련의 공산주의 정권이 성립되었습니다. 권력을 쥔 김일성은 6·25 전쟁 이후 권력이 강해져 경쟁자들을 제거하고 강력한 독재 권력을 만들었습니다. 김일성은 사상의 주체와 경제 자립 주장을 내세우며 주체사상을 발전시켰습니다. 1994년 김일성이 죽자 권력은 그의 아들 김정일이 승계하여 지금까지 지속되고 있습니다. 북한은 자립 경제에 매달려 대외 개방에 소극적이고, 군을 우선하는 정책 등으로 인해 경제적인 어려움을 겪고 있습니다.

1956년	북한 내부 권력 다툼. 소련파, 연안파 숙청. 김일성 독재정권 확립.
1968년 1월	미 해군 정보수집함 푸에블로 호 납치 사건 발생. 북한-미국 간 대립.
1972년	헌법을 개정하여 주체사상을 사회 이념으로 공식화함.
1972년	7·4 남북 공동 성명. 제1차 남북 적십자 회담 개최.
1984년 9월	'합영법'을 제정하여 외국 자본 유치에 노력.
1991년	남북한 동시 유엔 가입.
1992년 12월	북한 '나진·선봉자유경제무역지대' 개발 구상을 공식 발표.
1994년 7월 8일	북한의 초대 주석 김일성 사망.
1998년	김정일, 공식적으로 북한 정권 승계.

김일성의 권력 장악

북한도 남한과 같이 6·25 전쟁을 치르면서 독재체제가 이루어졌습니다. 김일성은 6·25 전쟁 실패에 대한 책임을 남한에서 활동하던 박헌영의 남로당 계열의 책임으로 몰아 이들을 제거했습니다. 이어 해방 전 중국에서 활동하던 김두봉 등 연안파 공산주의자들도 제거하는 등 김일성 독재체제를 굳혀 갔습니다.

김일성은 전쟁으로 파괴된 산업 시설을 복구하는 과정에서 천리마 운동을 전개했습니다. 김일성은 사상 교육을 통해 북한 주민을 완전한 공산주의적 인간형으로 만들고자 했습니다. 소련과의 관계가 멀어지자 김일성은 경제 자립과 공산주의 사상의 주체적 정립을 위해 주체사상을 발전시켰습니다. 김일성과 노동당은 독재를 강화하기 위해 주체사상을 주민들에게 철저히 교육시켰습니다. 김일성은 1972년 헌법을 개정해 주체사상을 사회 이념으로 공식화했습니다. 그 결과 북한은 김일성 중심 체제로 변했습니다. 김일성을 중심으로 단결하고, 모든 주민들은 김일성과 노동당의 지도에 절대적으로 복종해야 했습니다.

김일성은 북한에서 신격화된 존재가 되었습니다. 그는

▲ 신격화된 김일성 동상

▲ 북한의 국가 행사가 열리는 인민대학습당

자신의 후계자로 아들 김정일을 내세웠습니다. 1994년 그가 죽자 김정일이 권력을 계승하게 되었습니다.

북한의 경제

북한의 경제정책은 소련을 모델로 한 계획경제로 진행되었습니다. 1954년부터는 전후 복구 3개년 계획을 세워 소련과 중국 등의 원조를 받아 빠르게 생산 시설을 복구했습니다. 1957년부터 제1차 5개년 계획을 세워 실시했습니다. 북한은 일제가 대륙 침략을 위해 만들어 두었던 수풍 발전소, 흥남 비료 공장 등 중공업시설을 기반으로 1960년대까지는 남한보다 경제적으로 앞서 있었습니다. 하지만 주민들의 자발적인 노력을 이끌어 내지 못하는 비효율적인 공산주의 경제체제와 과다한 군사비 지출은 북한 경제의 발전을 가로막았습니다. 미국, 일본, 유럽 등 자본주의 무역권역에서 소외된 북한에게 1980년대 말 소련의 붕괴는 커다란 타격을 주었습니다. 이후 북한 경제는 에너지 부족, 식량난 등 경제적 어려움을 겪게 되었습니다. 이러한 경제난으로 인해 북한을 탈출하는 사람들도 늘어나게 되었습니다.

▲ 주체사상탑

▲ 김일성 생가인 만경대

▲ 평양시 모습

▲ 평양 예술 공연

▲ 굶주림에 북한을 탈출한 북한 어린이, 꽃제비라고 한다.

북한의 문화

북한은 사회 전체가 김일성, 김정일 부자와 노동당에 의해 통제되고 있습니다. 문화와 예술이 아름다움을 추구하는 목적보다는 대중에게 공산주의 혁명사상을 가르치는 무기로 활용되고 있습니다. 공산주의 계급 혁명과 김일성 부자를 찬양하는 음악, 시, 소설, 연극, 영화 등이 발달했습니다. 특히 다른 예술 장르보다 영화가 중요시되고 있습니다. 또한 대중들을 동원한 집단 체조, 카드 섹션 등의 집단문화가 발전했습니다.

북한은 주체사상을 강조한 탓에 외래어의 사용을 억제하며, 우리 역사와 문화의 우수성을 강조하는 문화정책을 지속하고 있습니다.

천리마 운동

1958년부터 북한에서 전국적으로 전개된 천리마 운동은 하루에 천 리를 달리는 천리마처럼 빠른 속도로 생산을 증대하자는 노동 강화 운동입니다. 천리마 운동의 전개로 제1차 5개년 계획이 예정보다 1년 앞당겨지는 등 효과도 있었으나 차츰 노동 강화 운동은 한계에 부딪혔습니다. 북한은 빠른 속도로 생산을 증대하기 위해서는 사상적인 개조가 필요하다고 여겨 북한에서는 사상 교육을 매우 강조하고 있습니다.

경제 성장과 세계화

광복 이후 한국 사람들에게 민주국가 확립과 함께 가장 중요한 과제는 경제 성장이었습니다. 과거에는 한 나라의 힘을 인구, 영토, 병력 수, 문화 등으로 평가했으나, 이제는 '얼마나 잘사는가?'라는 경제력에 의해 나라의 힘을 판단하는 시대입니다. 전쟁의 승패도 '첨단 무기를 얼마나 갖고 있느냐?'는 경제력에 의해 결정되는 시대입니다. 우리 나라도 1960년대부터 경제 발전을 위한 노력을 기울여 지금은 세계적인 경제 강국이 되었습니다.

세계에서 가장 가난했던 한국

1945년 일제의 억압에서 해방되었지만, 남북이 분단되어 형제가 서로 총부리를 겨누는 비극을 겪었습니다. 1953년 6·25 전쟁이 끝난 직후 우리 나라는 전 세계에서 가장 못사는 나라들 가운데 하나였습니다. 지하자원은 부족하고 산업 시설도 거의 없는 가운데 인구만 많은 한국은 외국의 도움을 필요로 하는 가난한 나라였습니다.

그렇지만 우리 한국 사람들에게는 배우겠다는 불타는 교육열과 잘살아 보겠다는 의지가 있었습니다. 5천년 역사를 가진 문화 민족의 숨은 힘이 서서히 드러났던 것입니다.

세계가 놀란 한강의 기적

1960년대부터 한국은 경제 구조를 개혁하며 경제 발전을 시작했습니다. '하면 된다.', '잘살아 보세'라는 구호는 모든 국민의 마음을 움직였습니다. 섬유, 가발, 합판 등 큰 기술이 필요 없는 산업부터 시작해서 제철, 자동차, 전자 산업을 발전시켰습니다. 수출 100억 달러, 국민 소득 1인당 1천 달러도 목표보다 빠른 1977년에 달성했습니다. 그리고 지금은 세계 최첨단의 기술을 갖춘 반도체, 조선, IT, 자동차 산업을 가진 나라가 되었습니다. 세계 선진국들의 모임인 OECD

회원국으로, 수출입액 세계 11위, 국민소득 2만 달러, 경제 규모 세계 12위의 경제 강국으로 성장한 것입니다.

세계에서 가장 가난했던 나라 가운데 하나였던 한국이 이렇게 성장한 것을 두고 외국인들은 '한강의 기적'이라고 불렀습니다. 한국의 놀라운 경제 성장은 전 세계가 주목했습니다.

경제 성장이 가져온 변화

경제 성장은 한국 사회 전체를 뒤바꾸어 놓았습니다. 한적한 농어촌이었던 곳이 대도시가 되어 아파트와 공장이 밀집하며 사람들이 북적이는 곳으로 변했습니다.

겉모습만 바뀐 것이 아니라, 사람들의 생각도 바뀌었습니다. 돈이 무엇보다 우선시되는 사회가 되면서 전통 사회의 따뜻한 인간 관계가 무너져 갔습니다. 고향을 떠나 대도시로, 다시 외국으로 활동 무대가 변화하면서 세계인과 어울리는 개방적인 사람들로 변해 갔습니다. 경제 활동을 위해 외국인과 접촉이 잦아지면서 문화 전반에 걸친 변화도 일어났고 학문과 기술, 예술이 동시에 발전하게 되었습니다. 교육 받은 인재가 성공의 지름길이라는 인식이 널리 퍼지면서, 어린이부터 청소년까지 외국어 교육과 대학입시 공부 등에 매달리는 등 교육의 비중이 크게 커졌습니다.

무엇보다 달라진 점은 20세기 초반 어두운 식민지 시절의 기억과 가난했던 시절을 떨쳐 버리고 성공적인 경제 발전에 힘입어 우리 겨레가 자존심과 자부심을 되찾은 일입니다.

경제 개발 계획의 추진

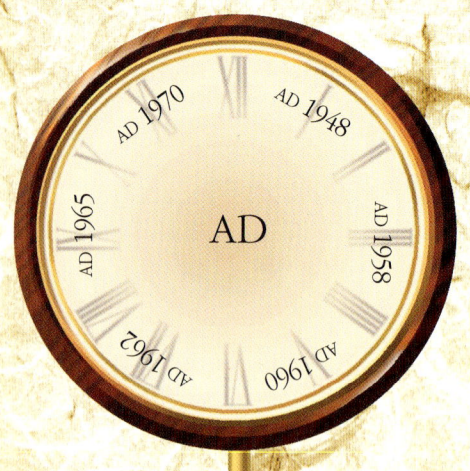

1945년, 광복된 직후 우리 나라는 매우 가난한 나라였습니다. 게다가 6·25 전쟁으로 경제적 기반 시설이 크게 파괴되자 한국은 미국의 경제 원조로 겨우 굶주림을 면할 정도였습니다. 가난을 벗어나고자 하는 국민들이 열망이 커질 무렵 박정희 정권은 국민들의 요구에 맞춰 경제 성장 계획을 수립하고 실천으로 옮겼습니다.

1948년	대한민국 정부 수립.
1949년	농지 개혁법 공포(50년 실시).
1950년	6·25 전쟁.
1958년	미국의 경제 원조가 최고조에 이름. 이후 줄어듦.
1960년	4·19 혁명, 장면 내각 성립. 경제 개발 계획서 수립.
1962년	박정희 군사정권, 제1차 경제 개발 5개년 계획 실시.
1963년	독일에 광부 인력을 파견하고(80년까지 8천 명) 차관을 얻음.
1965년	베트남에 군대를 보냄(73년까지 34만 명). 한·일 협정 조인.
1966년	독일에 간호원 파견(76년까지 1만여 명).
1970년	경부고속도로 개통.

광복 후의 경제 혼란

광복 후, 우리 나라 경제 활동은 정상적으로 진행될 수 없었습니다. 대규모 공장들을 운영하던 일본이 떠나자 공장 대부분은 문을 닫아야 했습니다. 공장들을 가동하기 위해서는 유능한 경영자가 있어야 하고 원료 조달과 기술 능력, 그리고 운영 자본이 필요한데 이 모두가 당시 우리 나라에는 부족했습니다. 또한 정치적 혼란으로 인해 식민지 때의 문제점들을 바로잡지도 못하고 있었습니다. 그러자 물가는 치솟고, 생활필수품은 크게 부족했습니다.

또한 수풍댐을 비롯한 전기를 생산하는 시설이 북한에 모여 있었는데, 북한이 전기 공급을 중단하자 남한의 공장들은 가동조차 힘들어졌습니다.

미국의 원조와 경제 왜곡화

6·25 전쟁은 도시와 농촌을 파괴하고, 도로와 철도, 공장을 파괴했습니다. 6·25 전쟁으로 대한민국은 세계에서 가장 가난한 나라 중 하나가 되었습니다. 굶주린 사람들에게 희망을 준 것은 미국의 원조였습니다. 미국은 식료품을 비롯해 옷, 의료품 등의 소비재를 주로 공급했습니다. 또 방직, 제당, 제분 공업의 원료를 공급해 주어 공장을 가동하게 했습니다.

미국은 한국이 가난해지면 공산화가 될 것을 우려했고, 미국이 지원하는 이승만 정권이 안정되기를 원했기 때문에 돈을 받지 않고 경제적 지원을 했습니다. 하지만 미국의 경제 원조는 한국 경제를 왜곡시키기도 했습

▶ 경부고속도로 건설은 경제 발전의 기반 시설을 갖추는 계기가 되었다.

니다. 값싼 미국의 밀가루는 당시 농촌 경제에 큰 타격을 주었습니다. 또 빵, 초콜릿, 껌, 청바지 등 미국 제품에 익숙해진 한국 사람들은 미국의 원조가 끝난 이후에도 미국 제품을 계속 구입해야 했습니다. 미국은 경제 원조를 통해 한국을 미국 물건을 팔 시장으로 키웠던 것입니다.

1950년대 말부터 미국은 경제 원조를 돈을 빌려 주는 차관으로 전환시켰습니다. 미국 원조에 의존하던 한국 경제는 다시금 타격을 받았습니다.

경제 개발 계획의 추진

이승만 정권이 무너지고 성립된 장면 내각은 자립 경제 건설을 목표로 경제를 개발할 계획을 세웠습니다. 하지만 경제 개발 계획을 제대로 추진한 것은 5·16 군사 정변 이후 박정희 군사 정권에 의한 제1차 경제 개발 5개년 계획부터입니다. 제1차 경제 개발 계획은 5배의 수출 증가와 연평균 7.8%의 높은 경제성장을 보이며 성공적인 경제 성장의 발판을 마련하게 되었습니다. 이렇게 경제가 성장할 수 있었던 원인은 국내의 풍부한 노동력과 결합된 자금이 확보되었기 때문입니다.

▲ 노동집중적인 산업의 성장으로 많은 농촌 인구가 도시로 유입됐다.

▲ 경부고속도로 개통 당시 사진

정부는 경제 성장에 필요한 자금을 얻기 위해 외국으로부터 돈을 빌리고, 일본과의 국교 정상화의 조건으로 돈을 받았습니다. 또 미군 대신에 베트남에 군대를 파병하는 조건으로 경제 지원을 받았습니다. 또한 베트남에 파견된 병사, 독일 등에 취직한 광부, 간호사 등 해외 파견 근로자들의 국내 송금은 부족한 자금을 확보하는 데 결정적인 힘이 되었습니다.

제2차 경제 개발 계획도 연평균 9.7%에 달하는 높은 경제 성장을 보이며 순조롭게 진행되었습니다. 이때 경제 성장을 이끈 산업은 특별한 기술력이 없이도 가능한 섬유, 신발 등 경공업과 광업 등이었습니다.

▲ 1960년대에 만들기 시작한 자동차는 10년 후 주요 수출품이 되었다.

농지 개혁

대한민국 정부 수립 후, 토지 개혁을 요구하는 사회적 요구에 따라 농지개혁법이 제정되면서 농지 개혁이 실시되었습니다. 광복 직전까지 전체 농민의 70%가 남의 땅을 농사짓는 소작농이었습니다. 농지 개혁은 지주를 없애고, 실제 농사를 짓는 사람만이 농지를 가질 수 있게 했습니다. 이를 통해 남의 땅에서 농사지으며 높은 소작료를 내던 농민들의 고통은 사라졌습니다. 하지만 농가당 3정보(약 9,000평)로 소유 토지를 제한함으로써 영세한 농민을 양산하여 농업 발전에 큰 장애가 되기도 했습니다.

경제 성장과 도시화

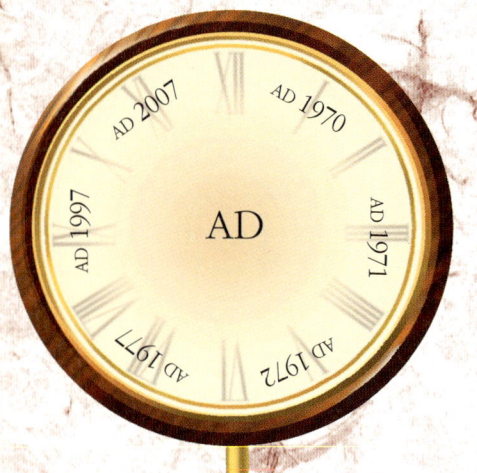

한국 경제는 세계 경제의 변화에 잘 적응하며 어려움을 이겨 내고 지속적이고 빠른 성장을 이루어 냈습니다. 경제 성장은 한국을 크게 바꾸었습니다. 농촌의 인력들이 일자리가 있는 도시로 모여들고 도시는 크게 커졌습니다. 그러나 경제 성장의 혜택이 모든 이들에게 골고루 돌아가지는 못하는 등 부작용이 많았습니다. 하지만 한국의 경제 성장은 전 세계가 부러워하는 대단한 성공이었습니다.

1970년	박정희 집권 당시 새마을운동을 제창함.
1971년	제2차 경제 개발 5개년 계획이 끝남. 수출 10억 달러 달성.
1972년	제3차 경제 개발 5개년 계획 시작. 10월 유신.
1973년	제1차 석유 파동. 중동 건설 특수 시작.
1977년	제4차 경제 개발 5개년 계획. 수출 100억 달러 달성.
1979년	10·26 사태, 박정희 대통령 피살.
1980년	제2차 석유 파동으로 경제 개발 이후 처음으로 마이너스 성장.
1997년	외환 위기 닥침. IMF 구제 금융 지원을 받음.
2007년	1인당 국민 총소득 2만 달러 달성. 수출입 총액 7천억 달러 시대 돌입.

수출 중심의 경제 성장

1970년대 들어서면서 외국의 원료를 들여와 큰 기술 없이 노동력만을 이용하여 만든 경공업 제품의 수출이 주춤하기 시작했습니다. 외국에 갚아야 할 빚이 늘어나고 있었고 석유 파동으로 수입액이 크게 늘어나는 등 경제 여건이 나빠졌습니다. 이때 정부는 중화학 공업화 정책을 추진하고 외국인의 직접 투자를 유치하는 등의 조치를 취했습니다. 제철, 정유, 조선 등 중화학 공업 제품을 생산하는 기업들이 늘어나면서 다시 수출이 늘어났습니다. 또한 중동 산유국들의 건설 시장에 뛰어든 국내 건설업체들도 크게 성장했습니다. 많은 건설 기술자들이 외국에 나가 외화를 벌어들였습니다.

정부는 각지에 공업 단지를 조성하고 경부고속도로를 비롯하여 도로와 항만들을 건설해 전국을 일일생활권(하루 동안 볼일을 끝내고 되돌아올 수 있는 거리)으로 만들었습니다. 경공업 중심에서 중화학 공업으로 산업 구조를 전환시킨 한국은 수출 산업을 집중 육성한 덕분에 1977년 100억불 수출을 달성하는 등 계획보다 빠른 성장을 이루었습니다.

새마을운동과 도시화

경제 개발이 진행되는 가운데 서비스업과 공업의 발전을 따라가지 못한 농업은 시간이 지날수록 국내 생산에서 차지하는 비중이 크게 줄어들었습니다.

정부는 1970년 새마을운동을 전개해 농

▶ 새마을운동은 낙후된 농촌 환경을 크게 변화시켰다.

▲ 1970년대 당시 중동 건설 시장에서 일하는 한국 건설 노동자들

▲ 새마을운동으로 바뀐 농촌 모습

전태일

한국의 경제 성장은 노동자들의 많은 희생이 있었기에 가능했습니다. 전태일은 서울 청계천 평화시장 재단사 출신 노동자였습니다. 그는 1970년 노동자들의 근로 조건을 개선하기 위해 동료들과 시위를 벌이다가, 경찰에 의해 강제로 해산당하게 되자 몸에 불을 지르며, "근로 기준법을 준수하라! 우리는 기계가 아니다!"라고 절규하며 죽어 갔습니다. 그의 희생은 이후 노동자들의 권리와 이익을 지키는 데 큰 역할을 했습니다.

촌의 초가집을 없애고 마을 길을 넓히는 등 농촌을 변화시켰습니다. 정부 주도의 사회 개혁 운동인 새마을운동은 환경 개선, 의식 개혁 등의 성과도 있었지만, 전통문화를 파괴하는 등 부작용도 있었습니다. 새마을운동의 시행에도 불구하고 농촌에서 무작정 도시로 오는 사람들이 많아졌습니다. 서울을 비롯해 수출 항구인 부산과 인천, 섬유산업이 발달한 대구, 산업 단지가 있는 울산, 마산, 구미 등에 인구가 크게 늘어났습니다. 특히 서울 주변에 성남, 부천, 안양 등 새로운 도시가 생겨나면서 수도권에 교통, 주택, 환경 등의 문제가 커져 갔습니다.

세계 속의 한국 경제

급속한 발전을 이룬 한국 경제는 1979년 전 세계적인 석유 위기와, 1997년 외환 위기 등을 겪으며 잠시 위기를 맞이하기도 했습니다. 외국 자본과 대외 무역에 의존하여 발전한 한국 경제는 한때 마이너스 성장을 겪으며 경제가 퇴보하였습니다. 하지만 이를 극복하고, 새로운 첨단 기술로 무장한 정보통신, 반도체, 자동차, 조선, 철강 등의 산업이 국제적인 경쟁력을 갖추게 되면서 지속적인 경제 발전을 이룰 수 있었습니다. 국내 총생산 규모는 세계 11~12위, 무역 규모 세계 11위 등 세계적인 경제 강국으로 성장하였습니다.

경제 성장의 과정에서 노동자의 희생, 농촌의 파괴 등 많은 부작용도 있었습니다. 또 빈부 격차, 지역 및 산업 간 불평등을 비롯한 많은 문제들이 발생하여 아직도 해결되지 못한 것이 많습니다. 그럼에도 불구하고 세계인들이 '한강의 기적'이란 찬사를 보낼 만큼 빠른 경제 성장의 결과는 한국 사람의 능력을 전 세계에 과시한 대단한 성과라고 할 수 있습니다.

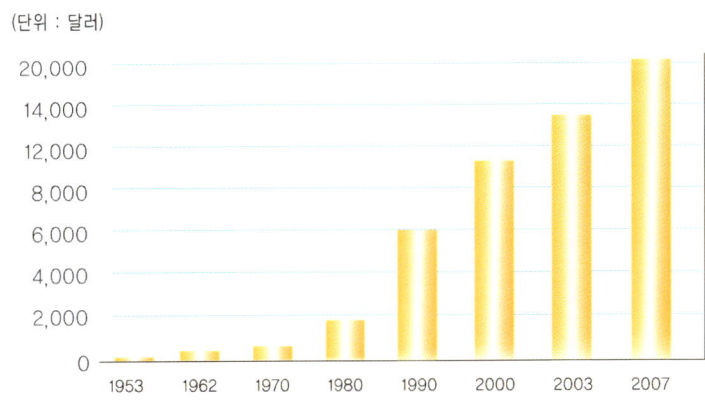
▶ 1인당 국민 총소득 변화 그래프

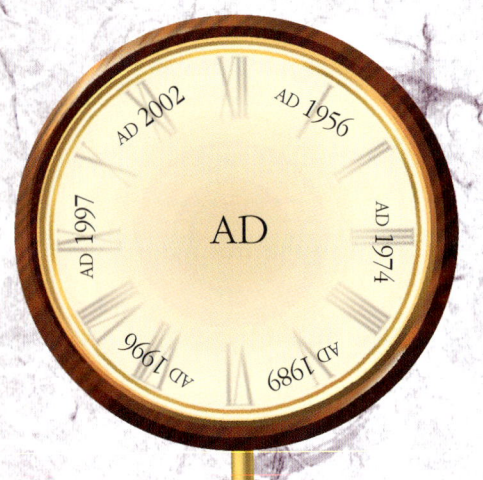

대중문화 발전과 생활의 변화

급격한 경제 성장과 과학 기술의 발전은 사람들의 생활을 크게 바꾸었습니다. 조선 시대 사람들은 해외여행을 꿈꾸지도 못했지만 현대인들에게 해외여행은 여가 활동의 일부가 되었습니다. 세탁기의 보급은 여성의 고된 집안일을 대폭 줄여 주었습니다. 텔레비전의 보급은 대중문화를 크게 발전시켰고 전화는 사람들의 거리감을 좁혀 주었습니다. 생활이 변함에 따라 사람들과의 관계도 변하고, 가치관의 변화 등도 잇달았습니다.

1950년	6·25 전쟁 발발. 미군에서 통조림, 껌, 초콜릿, 햄 등이 전해짐.
1956년	세계 15번째 텔레비전 전파를 발사함(1961년 전국적인 텔레비전 방송 시작).
1965년	한국에서 최초로 전화기를 생산함(냉장고-1965년, 흑백 텔레비전-1966년, 에어컨-1968년).
1974년	한국 기업이 만든 최초의 자동차 포니가 생산됨.
1980년	컬러 텔레비전 방송이 시작됨.
1982년	프로 야구 시작.
1989년	해외여행 자유화 실시.
1996년	세계 최초 CDMA방식으로 이동 통신 서비스 시작.
1997년	초고속 인터넷 시대 시작.
2002년	한일월드컵 개최.

신문, 방송과 대중문화

20세기를 대표할 발명품의 하나는 텔레비전이었습니다. 텔레비전은 시청자들에게 같은 정보를 동시에 대량으로 전달했습니다. 나라 안팎의 소식을 빠르게 전파함으로써 정부 정책을 보다 투명하게 집행하게 하는 효과를 얻게 되기도 했습니다. 하지만 텔레비전은 대중문화를 획일화시켰고, 일방적 정보를 주입함으로써 진실을 호도하는 도구가 되기도 했습니다.

권위주의 정부는 언론의 영향력을 의식하여 언론을 장악하고 통제하려고 했습니다. 특히 전두환 정권은 5·18 민주화 운동에 대한 보도를 통제하는 등 언론의 보도 내용까지 강제로 규제했습니다. 그러나 6월 민주 항쟁 이후 언론의 자유는 확대되었습니다. 하지만 언론의 상업주의와 편파적인 정보의 보급 등의 문제 등 언론의 사회적 책임도 커지게 되었습니다. 90년대 말 이후 등장한 인터넷 매체는 기존 언론의 대안으로 영향력이 커지고 있습니다. 그러나 여론 형성 과정에서 자신의 이름을 숨긴 채 거짓 정보나 왜곡된 정보를 퍼뜨리는 부정적인 문제점도 나타나게 되었습니다.

대중 교육과 학원 산업의 발달

한국 경제 성장의 원동력은 높은 교육 수준을 받은 인재들이 많기 때문입니다. 학자들을 우대한 전통이 강했던 우리 나라는 교육열이 높은 나라입니다. 국민 대다수가 고등교육 이상을 받게 되었고, 전체 인구 중 글을 모르는 사람들의 비율이 세계에서 가

▶ 텔레비전은 문화의 빠른 보급, 세계화의 도구가 되었다.

장 낮은 수준을 유지하고 있습니다. 하지만 일류 학교 진학을 위한 과열 경쟁은 학교 교육보다 학원 산업을 발전시켰습니다. 학생들은 어린 시절부터 공부에만 매달려 운동과 놀이를 통한 체력을 기를 시간이 부족하게 되었고, 과다한 학원비는 가계의 부담과 경제의 왜곡 현상을 불러왔습니다. 대학 교육이 보편화되었지만, 이제는 대학을 졸업해도 일자리를 얻지 못하는 대졸 실업자의 증가라는 새로운 문제를 낳게 되었습니다.

새로운 상품의 등장에 따른 생활의 변화

텔레비전뿐만 아니라 과학 기술의 발달에 따라 새롭게 등장한 상품들은 사람들의 일상생활을 크게 바꾸었습니다. 세탁기의 등장은 여성들의 가사 노동을 크게 줄여 주어, 여성들의 경제 활동 참여를 늘리는 데 큰 기여를 했습니다. 냉장고는 음식 문화 전반을 바꾸어 주었고 전국 각지의 특산물을 어디서든 맛볼 수 있게 해 주었습니다. 전화와 휴대 전화는 사람들의 대인 관계를 크게 바꾸어 주었습니다. 컴퓨터는 사람들에게 정보, 오락, 교육 제공 등은 물론 개인용 생산 설비가 되는 등 생활 전반에 큰 영향을 끼쳤습니다. 아파트는 사람들의 주거 문화를 크게 바꾸었고 자동차와 초고속 열차, 비행기 등은 사람들의 여행의 범위를 변화시켜 해외여행을 일상적으로 즐길 수 있게 해 주었습니다.

앞으로도 과학 기술의 발달에 따라 새로운 제품이 등장하게 되면 사람들의 일상생활은 계속해서 변화되어 갈 것입니다.

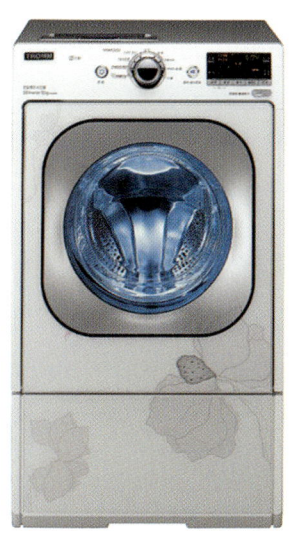
▲ 여성들의 생활을 크게 바꾼 물건 1위로 뽑힌 세탁기

▲ 휴대 전화는 21세기 현대인의 최고 필수품이 되었다.

▲ 컴퓨터 교육의 보편화로 우리 나라는 세계 IT 산업의 최강국이 되었다.

스포츠와 국가

스포츠는 국민을 단합시키고, 우리 나라를 세계에 널리 알리는 데 큰 기여를 하였습니다. 우리 나라는 1988년 서울 올림픽과 2002년 월드컵 축구 대회를 개최함으로써 세계인의 축제 무대에서 우리 나라의 발전된 모습을 널리 알리는 데 성공했습니다. 1960년대 이후 정부는 국가 대표 선수 중심의 엘리트 체육에 지원을 집중함으로써 스포츠 성적을 통한 국가 홍보에 큰 관심을 기울였습니다. 하지만 최근에는 이러한 국가 정책에 대한 반성이 일어나고 국민들이 직접 참여하며 즐기는 사회체육 분야가 차츰 활성화되고 있습니다.

▲ 세계 4강에 오른 2002년 월드컵 경기

부록

연대표

역대 왕조표

찾아보기

연대표

	BC 10000년 이전	BC 10000년 ~ BC 3000년	BC 3000년 ~ BC 1000년
왕과 정치	구석기 시대 인류는 왕이 없이 평등한 사회를 누림.	평등 사회가 깨지며, 강한 권력을 가진 종교, 정치 지도자가 등장함.	BC 2333년 단군왕검이 고조선을 건국함.
전쟁	인간과 짐승 간의 먹고 먹히는 투쟁이 있었음.	부족과 부족 사이에 잦은 다툼이 발생함.	청동검을 이용한 잔인한 전쟁이 시작됨.
문화	구석기 시대 말부터 활과 토기가 만들어지기 시작함.	BC 6000년대 말부터 빗살무늬 토기 등장.	고인돌이 만들어짐.
종교와 사상	시신을 묻으며, 죽음 이후의 세상에 대해 생각함.	샤머니즘이 널리 퍼짐.	하늘에 제사를 올리는 제천행사를 주관하는 종교 지도자가 정치 지도자가 됨.
경제와 생활	동굴, 막집에서 살며 먹을거리를 찾아 이동함.	움집을 만들며 정착 생활을 시작함.	청동기를 사용하는 자와 그렇지 못한 자 사이에 빈부 격차가 커짐.

	BC 1000년 ~ BC 200년	BC 200년 ~ BC 1년	AD 1년 ~ 200년
왕과 정치	고조선의 왕이 장군, 경, 대신 등의 신하를 거느리고 정치를 함. BC 200년 이전 부여가 건국됨.	BC 194년 위만이 고조선 왕위를 빼앗음. BC 57년 신라 건국. BC 37년 고구려 건국. BC 18년 백제 건국.	42년 김수로왕이 금관가야 건국.
전쟁	BC 300년경 연나라 진개의 침략을 받아 고조선이 서쪽 영토를 빼앗김.	BC 109년 한나라와 고조선의 전쟁이 벌어져 1년 후 고조선 멸망.	22년 고구려와 부여의 전쟁. 대소왕의 죽음으로 부여가 내분에 빠져 약해짐. 37년 고구려가 낙랑국을 정벌함.
문화	고도의 기술이 발휘된 다뉴세문경이 만들어짐.	백제 왕성으로 추정되는 풍납토성이 만들어짐.	고구려에서 돌을 쌓아 만든 적석총이 발달함.
종교와 사상	종교 지도자(천군)와 정치 지배자(신지 등)가 차츰 분리됨.	나라의 지배자가 하늘 신의 자식임을 내세움.	나라를 건국한 시조신에 대한 숭배가 본격화되어, 시조묘가 만들어짐.
경제와 생활	BC 700년경 산둥 반도의 제나라와 교역 활발. BC 400년 철기 사용 이후, 철제 농기구 사용으로 농업 생산이 크게 늘어남.	고조선에 법 조항이 8조에서 60여 조로 늘어남. 중국 한나라 문화가 퍼져, 사회가 각박해짐. BC 1세기 붓과 칠기 사용(창원 다호리 유적).	가야의 철이 낙랑, 대방, 왜국 등 주변 국가에 널리 수출됨. 194년 고구려에서 진대법이 실시되어 농민의 생활을 안정시킴.

	AD 201 ~ 400년	AD 401 ~ 600년	AD 601년 ~ 700년
왕과 정치	260년 백제 고이왕이 6좌평과 16관등제를 실시함. 373년 고구려가 율령 반포.	427년 고구려가 수도를 평양으로 옮김. 538년 백제가 수도를 사비성으로 옮김.	632년 신라에서 최초로 여왕이 등장함(선덕여왕). 642년 고구려 연개소문이 영류왕을 죽이고 권력을 잡음. 698년 대조영이 발해를 건국함.
전쟁	313년 고구려가 낙랑군을 멸망시킴. 371년 백제가 평양 전투에서 고구려 고국원왕 죽임. 396년 고구려가 백제 아신왕으로부터 항복을 받음.	400년 고구려가 가야, 왜군을 격퇴. 남해안까지 세력 확대. 475년 고구려가 백제 한성을 함락하고, 개로왕 죽임. 553년 신라가 백제 성왕을 죽이고, 한강 유역 독차지.	612년 고구려가 수나라 대군을 살수대첩에서 격퇴. 660년 신라-당의 연합 공격으로 백제 멸망. 668년 당나라와 신라 연합 공격으로 고구려 멸망. 676년 신라가 당나라군을 기벌포 전투 등에서 격퇴.
문화	357년 고구려 안악3호분 벽화고분이 만들어짐. 일상생활, 장식 무늬 등이 그려짐.	408년 덕흥리벽화고분 등 고구려 고분벽화에 다양한 신선, 사신도가 그려짐.	639년 백제에 미륵사탑이 만들어짐. 645년 신라에 황룡사 9층탑이 만들어짐.
종교와 사상	372년 고구려가 불교를 받아들임. 384년 백제가 불교를 받아들임.	527년 이차돈이 순교함으로써 신라에 불교가 널리 전파됨.	600년경 원광법사가 화랑인 귀산과 취항에게 세속오계를 전함. 682년 신라에서 국학을 세워 유교 경전을 교육함.
경제와 생활	314년 낙랑, 대방군 멸망 이후 고구려와 백제에서 이곳 출신 기술자를 적극 받아들임. 392년 고구려와 백제 간의 서해 해상권 다툼이 심해짐(관미성 전투).	551년 백제가 왜국에 불교를 전해 주는 등, 삼국 사람들의 일본 열도 진출이 크게 늘어남.	605년 유성에 있는 고구려 시장에 한 번에 2만 명의 상인이 왕래함. 삼국통일 전쟁으로 많은 사람들이 죽음.

	AD 701년 ~ 800년	AD 801년 ~ 900년	AD 901년 ~ 1000년	
	766년 혜공왕 즉위 후, 왕위를 놓고 신라 진골 귀족들이 잦은 다툼을 벌임.	818년 발해 선왕 즉위. 이 무렵 발해가 해동성국으로 불림. 887년 진성여왕 즉위. 정치가 문란해지고, 궁예, 견훤 등이 후고구려와 후백제를 세움.	918년 고려 건국. 936년 후백제를 멸망시키고, 고려가 후삼국을 통일.	왕과 정치
	732년 발해 무왕이 장문휴를 시켜 당나라 등주를 공격해 등주 자사를 죽임.	828년 장보고가 청해진을 제거하고, 해적 소탕에 나섬.	926년 거란이 발해를 공격해, 발해를 멸망시킴. 993년 거란의 소손녕이 고려 침입. 서희의 담판으로, 강동 6주를 획득.	전쟁
	751년 불국사와 석굴암이 만들어짐. 771년 성덕 대왕 신종 완성.	6두품, 승려 등이 당나라에 대거 유학. 당나라 문화가 신라에 널리 전파됨.	고려 태조 왕건의 장려로 팔관회와 연등회가 고려의 중요한 연중행사로 열림.	문화
	신라에 화엄종 등 불교가 크게 발전함.	821년 도의 스님이 당나라에서 선종을 들여와 전파한 이후, 신라에 9개의 선종 문파가 번성함.	958년 과거 제도가 실시되면서 유학이 널리 전파됨.	종교와 사상
	752년 신라 상인 김창겸이 일본에서 대량으로 교역.	828년 장보고가 청해진 설치하여 해상 무역 활동 전개. 846년 이슬람 기록에 신라가 등장. 889년 원종과 애노의 농민 반란이 일어남.	956년 광종의 노비안검법 실시로 많은 노비들이 양인으로 풀려남.	경제와 생활

	AD 1001년 ~ 1100년	AD 1101년 ~ 1200년	AD 1201년 ~ 1300년
왕과 정치	1052년 이자연이 문종의 외척이 됨. 경원 이씨 등 문벌 귀족이 득세함.	1126년 이자겸의 난이 일어남. 1170년 무신정변으로 무신이 권력을 쥠.	1232년 수도를 강화도로 옮겨, 몽골과 투쟁.
전쟁	1010년 거란의 2차 침입. 1018년 거란의 3차 침입. 강감찬 장군이 귀주에서 거란군 전멸시킴.	1107년 윤관이 별무반 17만으로 여진족 토벌하고 9성을 쌓음. 1135년 묘청이 서경에서 반란을 일으킴.	1231년 몽골군 침입 시작. 1270년 고려의 항복. 몽골의 지배가 시작됨.
문화	고려 귀족 문화가 화려하게 꽃 핌.	고려청자가 전성기를 맞이하여, 상감청자 등 최고의 작품들이 만들어짐.	1232년 몽골군이 초조대장경 불 태움. 1238년 몽골군에 의해 경주 황룡사가 불에 탐.
종교와 사상	1007년 월정사 8각 9층탑이 세워짐. 1097년 의천이 천태종을 개창함.	1129년 묘청이 풍수지리설 등을 내세워 서경 천도를 주장. 1190년 지눌이 정혜결사문 운동을 시작함.	1251년 부처님의 공덕으로 몽골군을 물리쳐 주기를 바라며 팔만대장경을 만듦.
경제와 생활	1024년 아라비아 상인 등이 고려를 방문해 교역. 1058년 요나라, 동남아시아 등과 활발한 교역 활동.	1170년 무신의 난 이후, 만적의 봉기 등 농민, 노비들의 봉기가 크게 일어남.	수십 년에 걸친 몽골과의 전쟁과 몽골의 수탈로 고려의 상업과 농업이 크게 퇴보하여 나라가 가난해짐.

	AD 1301년 ~ 1400년	AD 1401년 ~ 1500년	AD 1501년 ~ 1600년	
왕과 정치	1354년 공민왕이 원나라에 반대하는 정책을 실시함. 1392년 이성계가 조선을 건국함.	이방원이 정도전을 제거한 후, 1401년 왕위에 오름. 수양대군이 김종서 등을 제거하고, 1456년 왕위에 오름.	1572년 무렵 '동인'과 '서인'의 붕당이 발생함.	왕과 정치
전쟁	1361년 홍건적 등 10만 명이 고려 침략. 최영 등이 격퇴. 1370년 고려가 원나라 동녕부 공격. 1380년 이성계가 황산에서 왜구를 크게 격파.	1433년 최윤덕이 건주야인 정벌. 압록강 남쪽 4군 설치. 1434년 김종서가 두만강 유역 6진 개척. 1510년 삼포왜란 발생.	1592년 임진왜란 발생. 1597년 정유재란 발생.	전쟁
문화	청화백자가 만들어지기 시작함. 성리학 등 새로운 학문과 원나라 문화가 전파됨.	1474년 조선의 기본 법전인 경국대전이 만들어짐.	1568년 이황이 성학십도를 왕에게 지어 올림.	문화
종교와 사상	불교 전반의 퇴폐 풍조가 커지자, 수선사 등 결사 운동 일어나 불교 개혁을 시도.	1432년 맹사성 등이 삼강행실도를 만들어 성리학 가치관을 백성들에게 널리 전파.	1543년 주세붕이 최초로 백운동 서원을 세움.	종교와 사상
경제와 생활	1394년 개성에서 한양으로 도읍을 옮김.	밭농사에서 조, 보리, 콩의 2년 3모작 실시. 모내기 농사법이 시작되었고, 벼농사가 황해도, 평안도 등으로 확대됨.	임진왜란 등의 여파로 농경지가 황폐화됨. 1592년 선조가 한양을 버리고 떠나자, 노비문서를 보관 중인 장예원이 불탐.	경제와 생활

	AD 1601년 ~ 1650년	AD 1651년 ~ 1700년	AD 1701년 ~ 1751년
왕과 정치	1623년 인조반정으로, 신하들이 광해군을 몰아냄.	1659년과 1674년 1차, 2차 예송 논쟁으로 당쟁이 극심해짐. 숙종은 서인, 남인에게 번갈아 권력을 줌.	1725년 영조가 탕평책을 실시함. 1749년 당파 싸움의 결과로 사도세자가 뒤주에서 죽음.
전쟁	1628년 후금(청)이 쳐들어온 정묘호란 발생. 1636년 청나라가 쳐들어온 병자호란 발생.	1654년 청나라 요청으로 러시아 정벌에 원군 보냄. 1658년 청나라 요청으로 2차 러시아 정벌 원군 보냄.	1728년 이인좌의 난이 발생. 청주, 안성 등지에서 관군과 싸움.
문화	1610년 허준이 동의보감 완성. 1614년 이수광이 지봉유설을 써서 서양 학문을 소개.	1670년 유형원이 반계수록을 완성함.	1740년 이익이 성호사설 완성. 실학자들이 청나라의 새로운 문물을 널리 소개함.
종교와 사상	1645년 소현세자가 청나라와 서양 문물을 받아들이려 했으나, 의문의 죽임을 당함.	유학자들이 예송 논쟁으로 치우침.	인성, 물성이 같은가 다른가에 대한 인물성동이론이 벌어짐.
경제와 생활	황무지 개간 등 새로운 농토 개간이 일어남. 1650년 은광 개발을 허용.	넓은 땅에 농사짓는 광작이 유행함.	1708년 대동법이 전국적으로 실시됨.

AD 1751년 ~ 1800년	AD 1801년 ~ 1825년	AD 1826년 ~ 1850년	
1777년 정조의 즉위. 조선 후기의 문예 부흥기를 맞음. 남인이 등용되어 집권 세력인 노론을 견제함.	1805년 외척인 안동 김씨 가문에 의한 세도 정치가 시작됨.	1850년 철종 즉위. 풍양 조씨와 안동 김씨의 세도 정치가 최고조에 달함.	왕과 정치
	1811년 평안도에서 지역 차별에 항의하는 홍경래난이 일어남.		전쟁
1796년 정약용이 과학적으로 설계한 수원 화성이 완성됨. 풍속화가 김홍도, 신윤복이 활약함.	1817년 다산 정약용이 경세유표 지음, 1818년 목민심서, 1822년 흠흠신서를 지음.	서양 이양선 출몰이 잦아짐. 천주교 전파가 빨라짐.	문화
1784년 이승훈이 조선인 최초로 천주교 영세 받음.	1801년 신유박해. 천주교도가 탄압됨.	1846년 조선 최초 신부 김대건 체포되어 순교.	종교와 사상
1763년 조엄이 일본에서 고구마를 들여옴. 1791년 신해통공으로 금난전권 폐지함.	1801년 공노비 해방. 1825년 청나라를 통해 감자가 조선에 전해짐.	세도 정치의 피해가 극심. 매관매직을 일삼은 관리들이 농민들을 크게 수탈하여, 농민들의 불만이 커짐.	경제와 생활

	AD 1851년 ~ 1875년	AD 1876년 ~ 1900년	AD 1901년 ~ 1925년
왕과 정치	1863년 안동 김씨에 의한 세도 정치가 끝나고, 고종 즉위하며 흥선대원군이 권력을 가짐.	1884년 개화파에 의한 갑신정변이 일어났으나 3일 만에 실패함. 1896년 고종이 대한제국을 선포함.	1910년 대한제국 멸망, 강제로 한일합병됨. 1919년 상해 임시정부가 수립됨.
전쟁	1866년 프랑스가 조선을 공격한 병인양요 발생. 1871년 미국이 강화도를 침략한 신미양요 발생.	1894년 청·일 전쟁이 일어나, 조선이 전쟁 무대가 됨. 1895년 일본이 명성황후를 시해한 을미사변 발생함.	1904년 러·일 전쟁 발발. 조선이 전쟁 무대가 됨. 1909년 일본군의 대대적인 의병 공격. 1920년 독립군이 청산리 전투, 봉오동 전투에서 일본군을 격퇴함.
문화	1861년 김정호가 대동여지도를 만듦. 1866년 프랑스가 강화도 외규장각에 보관된 왕실 의궤 등의 국보급 문화재를 약탈해 감.	1883년 최초의 근대 학교인 원산학사가 세워짐. 1896년 독립협회 창립.	1910년 일본의 무단통치로 문화적 암흑기를 맞이함. 1913년 안창호 등이 흥사단을 결성함.
종교와 사상	1860년 최제우가 동학을 창시함. 1866년 대원군이 프랑스 신부 등을 죽인 병인박해 일어남.	1876년 강화도조약 체결 이후 서양의 사상이 널리 전파됨. 1892년 동학교도들의 삼례집회. 최제우의 억울함을 풀어 달라고 정부에 요구함.	1909년 나철이 대종교를 창시함. 1917년 러시아 혁명 이후로 사회주의 사상이 조선에 널리 전파됨. 1919년 3·1 운동에서 천도교, 불교, 기독교가 큰 역할을 함.
경제와 생활	1851년 서얼 허통 실시, 서얼에 대한 차별 없앰. 1862년 진주 농민 봉기 발생, 삼남 지방에서 대대적인 농민 봉기 일어남. 1871년 호포제가 실시되어, 양반도 상민과 같이 호 단위로 군포를 냄.	1894년 고부군수 조병갑의 수탈에 대항하여 농민 봉기 일어남. 갑오개혁으로 신분제도 폐지됨.	1910년부터 1918년까지 지속된 토지 조사 사업으로 많은 농민들이 농토를 잃고 소작농이 됨.

AD 1926년 ~ 1950년	AD 1951년 ~ 1975년	AD 1976년 ~ 2000년	
1945년 광복으로, 일제 식민지에서 벗어남. 1948년 이승만 남한 단독 정부의 대통령이 됨.	1961년 이승만과 자유당의 영구 집권을 위한 부정선거에 대한 국민적 저항인 4·19 혁명 발생. 1962년 5·16 쿠데타로 박정희 군사독재정권 등장.	1979년 박정희 대통령 피살. 1987년 6월 민주 항쟁으로 군사독재정권에서 민주정부로 이양. 1994년 북한 김일성 주석 사망. 1998년 김정일 북한 정권 공식 승계.	왕과 정치
1937년 만주사변. 1941년 태평양 전쟁 발생. 학도병, 의용병, 징용, 정신대 등으로 무고한 백성들이 일제의 강압에 의해 전쟁터로 끌려가 죽음. 1950년 6·25 전쟁 발발.	1965년 베트남 전쟁에 한국군 참전(73년까지 34만 명).	1991년 걸프 전쟁으로 파괴된 이라크의 전후 복구사업에 비전투병 파병. 이후 소말리아, 아프가니스탄 등에 평화 유지군을 파견하여 세계 평화에 기여함.	전쟁
1933년 조선어 학회에서 한글 맞춤법 통일안 제정.	1956년 텔레비전 방송 시작. 대중문화가 널리 보급됨. 1970년 새마을 운동 시작.	1988년 올림픽 개최. 1997년 초고속 인터넷 시대 개막.	문화
1937년 일본의 황국신민화 정책에 따라, 조선 사람의 강제 신사 참배가 이루어짐. 1945년 미국과 소련에 의해 남북이 갈라짐에 따라 자본주의와 공산주의의 이념 대립이 심해짐.	1950년대 이후 미국과의 관계가 친밀해짐에 따라 서구사상과 기독교가 널리 퍼짐. 1962년 경제개발 실시 이후 '돈'이 최고라는 배금주의사상이 널리 퍼짐.	1989년 해외여행 자유화로 세계화가 진전됨. 전 세계의 주요 종교와 사상이 널리 전해짐.	종교와 사상
1938년 일제는 국가총동원법을 통해 강제로 공물을 수탈함. 1939년 국민 징용령으로 많은 조선 사람들이 전쟁터에 징용, 학도병, 정신대 등으로 끌려감.	6·25 전쟁의 여파로 생산시설이 파괴됨. 미국 원조로 경제가 지탱됨. 1962년 제1차 경제개발 5개년 계획 실시됨. 1977년 수출 100억불 달성.	1988년 올림픽 개최 등 세계적 경제강국으로 성장.	경제와 생활

역대 왕조표

고구려 BC 37~AD 668

동명(성)왕	BC 37~BC 19
유리왕	BC 19~AD 18
대무신왕	AD 18~44
민중왕	44~48
모본왕	48~53
태조왕	53~146
차대왕	146~165
신대왕	165~179
고국천왕	179~197
산상왕	197~227
동천왕	227~248
중천왕	248~270
서천왕	270~292
봉상왕	292~300
미천왕	300~331
고국원왕	331~371
소수림왕	371~384
고국양왕	384~391
광개토태왕	391~412
장수왕	412~491
문자(명)왕	491~519
안장왕	519~531
안원왕	531~545
양원왕	545~559
평원왕	559~590
영양왕	590~618
영류왕	618~642
보장왕	642~668

백제 BC 18~AD 660

온조왕	BC 18~AD 28
다루왕	AD 28~77
기루왕	77~128
개루왕	128~166
초고왕	166~214
구수왕	214~234
사반왕	234
고이왕	234~286
책계왕	286~298
분서왕	298~304
비류왕	304~344
계왕	344~346
근초고왕	346~375
근구수왕	375~384
침류왕	384~385
진사왕	385~392
아신왕	392~405
전지왕	405~420
구이신왕	420~427
비유왕	427~455
개로왕	455~475
문주왕	475~477
삼근왕	477~479
동성왕	479~501
무령왕	501~523
성왕	523~554
위덕왕	554~598
혜왕	598~599
법왕	599~600
무왕	600~641
의장왕	641~660

신라 BC 57~AD 935

혁거세	BC 57~AD 4
남해	AD 4~24
유리	24~57
탈해	57~80
파사	80~112
지마	112~134
일성	134~154
아달라	154~184
벌휴	184~196
나해	196~230
조분	230~247
첨해	247~261
미추	262~284
유례	284~298
기림	298~310
흘해	310~356
내물	356~402
실성	402~417
눌지	417~458
자비	458~479
소지	479~500
지증왕	500~514
법흥왕	514~540
진흥왕	540~576
진지왕	576~579
진평왕	579~632
선덕여왕	632~647
진덕여왕	647~654
무열왕	654~661
문무왕	661~681
신문왕	681~692
효소왕	692~702
성덕왕	702~737
효성왕	737~742
경덕왕	742~765
혜공왕	765~780

선덕왕	780~785				
원성왕	785~798				
소성왕	798~800		**고려 918~1392**		**조선 1392~1910**
애장왕	800~809				
헌덕왕	809~826	태조	918~943	태조	1392~1398
흥덕왕	826~836	혜종	943~945	정종	1398~1400
희강왕	836~838	정종	945~949	태종	1400~1418
민애왕	838~839	광종	949~975	세종	1418~1450
신무왕	839	경종	975~981	문종	1450~1452
문성왕	839~857	성종	981~997	단종	1452~1455
헌안왕	857~861	목종	997~1009	세조	1455~1468
경문왕	861~875	현종	1009~1031	예종	1468~1469
헌강왕	875~886	덕종	1031~1034	성종	1469~1494
정강왕	886~887	정종	1034~1046	연산군	1494~1506
진성여왕	887~897	문종	1046~1083	중종	1506~1544
효공왕	897~912	순종	1083	인종	1544~1545
신덕왕	912~917	선종	1083~1094	명종	1545~1567
경명왕	917~924	헌종	1094~1095	선조	1567~1608
경애왕	924~927	숙종	1095~1105	광해군	1608~1623
경순왕	927~935	예종	1105~1122	인조	1623~1649
		인종	1122~1146	효종	1649~1659
		의종	1146~1170	현종	1659~1674
발해 698~926		명종	1170~1197	숙종	1674~1720
		신종	1197~1204	경종	1720~1724
		희종	1204~1211	영조	1724~1776
		강종	1211~1213	정조	1776~1800
고왕	698~719	고종	1213~1259	순조	1800~1834
무왕	719~737	원종	1259~1274	헌종	1834~1849
문왕	737~793	충렬왕	1274~1308	철종	1849~1863
폐왕 원의	793	충선왕	1298, 1308~1313	고종	1863~1907
성왕	793~794	충숙왕	1323~1330, 1332~1339	순종	1907~1910
강왕	794~809	충혜왕	1330~1332, 1339~1344		
정왕	809~812	충목왕	1344~1348		
희왕	812~817	충정왕	1348~1351		
간왕	817~818	공민왕	1351~1374		
선왕	818~830	우왕	1374~1388		
왕(이진)	831~857	창왕	1388~1389		
왕(건황)	857~871	공양왕	1389~1392		
현석	871~894				
위해	894~906				
인선	906~926				

찾아보기

ㄱ

가야 연맹 20, 34, 44, 46
간석기 12
갑오개혁 58, 62, 182, 185, 213, 220
개경 52, 54, 58, 90, 101, 103, 109
개혁 정치 32, 131, 134, 156, 168, 213
거북선 55, 142
견훤 51, 73, 78
경당 28
계루부 26, 44
고국천왕 58, 62
고고학 15
고려도경 52
고려청자 47, 65
고이왕 30
고인돌 15, 19, 66
고조선 13, 18, 21, 25
골품제도 50, 63, 78
공명첩 176, 182
공민왕 90, 101, 104, 117, 118
공자 89
과거 제도 70, 81, 88, 90, 93, 96, 151
과전법 105, 127, 183
곽재우 144
관산성 전투 34
광개토태왕 32, 34, 47, 61
광개토태왕릉비 33
광군 108
광무 219
광무개혁 219, 220
광종 58, 70
광주 학생 항일 운동 229, 233
광해군 148, 164, 182
괴유 69
교정도감 102
교종 85, 90, 91
구가 20
국가 재건 최고 회의 250
국내성 32, 34, 188
국자감 88, 107
국학 88, 94, 161, 169
국학 연구 168

국학 진흥 운동 233
군대 위안부 236
군대 해산 224
군사정부 250
군역 127, 161, 177, 183, 184, 192, 194
군포 176, 180, 194
굴포 운하 계획 193
궁예 51, 72, 78
권율 144
귀주대첩 110
규장각 169, 170
균역법 194, 169
근초고왕 30
금관가야 44, 72
기묘사화 131
길재 89, 157
김구 227, 230, 232, 244
김규식 232
김대건 173
김부식 56
김사미 100
김상옥 233
김시민 140, 145
김옥균 211
김원봉 233
김유신 29, 72
김육 168
김윤후 115
김익상 233
김일성 243, 256
김정일 243, 257
김정호 169
김종서 119, 124
김종직 129, 157
김좌진 231, 230
김춘추 39
김홍도 198
김홍집 210, 214
김효원 131, 164

ㄴ

나석주 227, 233
나운규 239

나철 225
난중일기 143
남북국 73, 76
남북 적십자 회담 256
남북 정상 회담 254
남연군 206
남인 131, 163, 165, 172
남한산성 151
내각책임제 249
노동 쟁의 233
노론 131, 133, 135
노비문서 58, 146
노비안검법 58, 96, 98
노비변정도감 184
노태우 정부 254
농민 봉기 78, 180
농사직설 125, 159, 178
농지 개혁 261

ㄷ

다뉴세문경 19
단군 16, 62, 81
단발령 215
대가야 35, 90
대동법 168, 187, 193, 194, 196, 204
대동여지도 169
대성학교 221
대야성 38
대왕암 75
대위국 99
대조영 40
대종교 225
대한노인단 233
대한독립군 230
대한민국 임시정부 232, 237, 244
대한제국 218, 220, 226, 241
덕진진 207
도학 159
독도 67
독립선언서 229
독립신문 220
독립운동 230, 232
독립협회 218, 221

돌궐 106
동복 69
동맹 20, 34, 82, 92, 200
동양 척식 주식회사 227, 233
동예 20
동진 44
동학 160, 213
두레 179

ㄹ

러시아 공사관 219
러·일 전쟁 218, 219, 224

ㅁ

마한 27, 30, 46
만민공동회 218, 221
만석보 212
만적 103
만적의 난 102
망이,망소이의 난 100
매소성 전투 39
명도전 19
모스크바 3국 외상회의 245
묘청의 난 99, 113
무과 29, 128
무단통치 226, 228, 234
무령왕릉 19
무열왕 39
무오사화 128, 156
무천 19, 20, 82, 187
미·소 공동 위원회 244
미륵불 78
미천왕 30
민며느리제 21
민족말살정책 232, 234
민족자결주의 228
민종식 214

ㅂ

박서 114

박영효 210, 211
박위 138
박제가 155, 168, 172
박지원 155, 166, 172
박혁거세 27
발해고 169
백운동 서원 88
백제 금동 대향로 65, 83
백제 부흥 운동 38
법화원 51
법흥왕 28, 34, 84
벽란도 52
별기군 210
별무반 112
병인양요 204, 206
병자호란 150, 166
보은집회 212
봉오동 전투 230
부곡 59
부산포 124, 136
부여 16, 20, 67
북로 군정서군 230
북인 131
북진정책 118
붕당 132, 140, 164
비류 27
비변사 164
비파형 동검 17, 19
빗살무늬 토기 14

ㅅ

사간원 120
4군 6진 119
사림 153
사림파 121, 128, 130, 156, 159, 61, 162, 164
사르후 전투 149
사학 12도 97
4·19 혁명 248
살수대첩 37
삼강행실도 63, 88, 124, 159
삼년산성 35
삼례집회 212
삼별초 54, 116

3·15 부정선거 249
3·1 운동 226, 230, 232, 234
삼전도 151
삼정 180, 212
상서성 120
생육신 127
서경 97
서당 160
서로 군정서군 230
서옥제 21
서얼 176, 182
서원 88, 157, 161
서원 철폐 88, 161
서인 131, 149, 163
서일 231
서재필 211, 220
서학 160, 163, 172
서희 108
선종 85, 87, 91
성골 63, 176
성균관 89, 130, 156, 160
성덕 대왕 신종 65, 87
성리학 89, 105, 117, 182
성삼문 127, 158
성왕 35
세도정치 134, 163, 173
세속오계 88, 95
세시풍속 200
세형 동검 25
소 185, 196
소과 161
소론 131, 133, 164
소손녕 108
소수림왕 32
소수 서원 160
소작 쟁의 233, 234
소학 160
손병희 228
손화중 212
솔거노비 59
송시열 133, 153
쇠뇌 29
수군 24, 36, 185
수군절도사 142
수령 120, 157
수렴청정 134

수신사 208, 210
순장 58
승계 90
승정원 120, 128
10월 유신 251
시조신 83
신간회 228, 229, 233
신검 78, 79
신경준 169
신돈 90
신돌석 215
신립 141
신라방 50
신문고 122
신미양요 67, 202, 217
신숙주 126, 128, 156
신유박해 164, 171, 172
신윤복 199
신지 21
신진사대부 104, 123
신탁통치 244, 245
실력 양성 운동 233
실학 167, 169
심의겸 131, 164
13도 창의군 214, 215
10·26 사태 262
쌍성총관부 104, 116, 118
쌍화점 53

ㅇ

아관파천 118
아라비아 상인 49
안동 김씨 121, 134
안동도호부 40
안승 40, 72
안시성 36, 37, 40
안용복 67
안재홍 245
안정복 169
안중근 225
안창호 221
안향 89, 117, 161
암행어사 181
양규 110
양반 136, 146, 161, 176
양인 58, 183, 184
양헌수 207
언문지 169

여운형 245
역관 139
연개소문 37, 39
연등회 91, 200
연맹왕국 18, 20
연통제 232
연해주 181, 206, 225
연등회 91
열하일기 166
염포 139
영고 20
영류왕 37
영창대군 148, 164
예송 165, 166
5부 26
오산학교 221
5·16 군사 쿠데타 250
5·18 민주화 운동 252, 264
오페르트 206
옥저 20
온조 26
완사천 51
왕건 51, 67
왕검성 18
왕오천축국전 85
왜관 147
왜구 55, 104
외국어 139
외거노비 59
요동 정벌 105, 118
용비어천가 159
우금치 전투 212
우산국 56, 66
우왕 105, 118
우정국 211
운요호 208
울릉도 55, 67
움집 15
원납전 206
원효 85
위례성 27
위만 17, 24
위정척사 운동 167, 214
위화도 105
위화도 회군 105, 122
유관순 229
유교 50, 63, 88
유득공 169
유수원 168
유신체제 251

유신헌법 251, 252
6월 민주 항쟁 254, 264
유인석 214
유정(사명대사) 144, 145, 147
유향소 157 159
유형원 168
유희 169
6두품 63, 72, 78, 94, 95
6방 180
6·10 만세 운동 229
6·29 민주화 선언 254
6·23 평화 통일 선언
6·23 평화 통일 외교 정책
6·25 전쟁(한국 전쟁) 242, 244, 248, 256, 260
6·15 남북 정상 회담 255
육의전 195
6조 123, 126, 127
윤관 93, 100, 112, 119
윤동주 231
윤보선 249
윤봉길 233
을미사변 219
을사늑약 215, 221, 224
을지문덕 36, 39, 56, 94
음서 제도 96
읍차 21, 81
의금부 125
의병 136, 144, 150, 214, 224, 226, 231, 240
의상 85
의열단 227, 230, 232
의자왕 38
의정부 120, 123, 126, 164
의원내각제 249
이가환 172
이괄의 난 150
이기론 162
이봉창 233
이산 가족 상봉 243
이삼평 147
이상설 221
이성계 55, 71, 93, 104, 118, 121, 122
이소응 100
이수광 168
이순신 136, 142, 144
이승만 243, 245, 247, 248, 250, 255, 260
이승훈 172, 221

이완 153
이완용 225
이위종 221
이의민 101, 102
이이 131, 155, 161, 162, 164, 166
이익 168
이인영 215
이자겸의 난 98
이준 221
이중환 169
이차돈 84
이토 히로부미 225
이항로 205, 214
이황 131, 155, 161, 162, 164, 166
인내천 213
인목대비 148
인조반정 127, 139, 149, 150, 164
인천 상륙 작전 247
임경업 153
임신서기석 94
임오군란 209, 210
임진왜란 136, 140, 142, 144, 146, 150, 164, 166

ㅈ

자유당 정권 248
잡과 88, 97
장면 내각 248, 261
장보고 43, 47, 50, 67
장수왕 33
장영실 125
재가화상 113
전두환 252, 254, 264
전봉준 212
전세 180
전시과 98
전태일 263
정도전 89, 93, 104, 119, 121, 122, 155, 156, 158, 162
정동행성 116
정몽주 89, 105, 123
정묘호란 150
정문부 144
정방 102
정안국 79, 108
정약용 155, 168, 170, 172
정중부 101, 102
정지상 89

정효공주 77
제너럴 셔먼호 207
제물포 조약 211
제암리 228
제주도 4·3 사건 244, 246
제천 행사 82
제포 139
조개더미 15
조광조 131, 157, 158
조·미 수호 통상 조약 209
조병갑 212
조선 건국 준비 위원회 244
조선어 학회 233
조선왕조실록 146, 202
조선왕조의궤 202
조선 의용군 231
조선 의용대 231
조선 책략 210, 214
조선 총독부 226, 233, 235
조운 185, 187, 192
조위총 101
조준 155
조총 136, 140, 142, 153
조헌 144
족보 167
종묘제례 88
좌식자 28
주리파 162
주기파 162
주세붕 88, 161, 162
주자대전 157
중농 학파 168
중방 100
중상 학파 168
중서문하성 120
중시(시중) 97
중인 139, 172
중·일 전쟁 234, 241
중종반정 127, 130
중추원 120
지봉유설 168
지증왕 67
지청천 231
직전법 127
진골 63, 78, 94
진성여왕 61, 63, 78
진한 21, 27
진흥왕 29, 35
집강소 213
집현전 124, 126, 155, 158

징병제 236

ㅊ

추모왕 26
초헌 191
처인성 전투 114
척준경 99
척화비 209
천군 21
천도교 155, 213
천리마 운동 256
천리장성 112
천주교 134, 152, 155, 170, 172
철도 부설권 218
철제 농기구 64
청동 거울 19, 53
청산리 전투 223, 225, 230
청·일 전쟁 218
청해진 50, 67
초지진 206
최무선 55, 117
최시형 213
최씨 무신정권 102, 115
최영 104
최우 93, 102
최윤덕 119
최익현 214
최제우 155, 213
최충 97
측우기 125
치외법권 209
친일파 226, 248
7·4 남북 공동 성명 256
칭기즈 칸 102

ㅋ

카이로 회담 244

ㅌ

탑골 공원 228
탕평비 133, 165
탕평책 165
태극기 210, 221, 229
태종 무열왕 39

태평양 전쟁 222, 236, 241
태학 32, 81, 88, 93, 94, 97
택리지 169
텐진 조약 210, 218
토지 조사 사업 226, 230, 235, 241
통신사 136, 140, 146
통일 주체 국민 회의 251, 252, 254

ㅍ

파리 강화 회의 232
팔관회 53, 91
팔도지리지 125, 158
팔만대장경 90, 103, 114, 202
폐정 개혁 12조 213
포석정 79
풍수지리설 99
필암 서원 131

ㅎ

한국 광복군 231, 233
한글 맞춤법 통일안 233
한성 정부 232
한용운 228
한인 애국단 232
한·일 신협약(정미 7조약) 224
한·일 협정 260
해상 무역 50, 52
해시계(앙부일구) 125
행랑 185
향교 160
향리 88, 97, 105, 177
향약 157
허준 182
헤이그 특사 221, 224
현량과 131, 159
혜초 85
호족 51, 52, 78, 79, 85, 96
호패 127
호포제 127, 177
홍건적 104
홍경래의 난 181
홍대용 168
홍문관 120, 129, 157, 159
홍산 문화 15
홍범도 230
홍영식 211

화랑도 29, 73
화성 168, 170
화엄종 85
환곡 180, 206, 211
환국 165
황국 협회 221
황룡사 84, 112
황룡사 9층탑 65, 84, 113
황토현 전투 212
회사령 235
후금 136, 148, 150
훈구파 121, 128, 130
훈민정음 124, 158, 169
훈요 10조 91
흥선대원군 135, 206, 208, 211, 216, 218

어린이 역사책의 영원한 스테디셀러
청솔 이야기 역사 시리즈(전12권)
2008년 올컬러 개정 신판

하룻밤에 다 읽어버리는 동화보다 더 재미있는 이야기 역사

총 2,000여 컷의 관련 유적과 유물 사진, 그림이 더욱 생생하게 엮어졌습니다.

타임머신 타고 갈까? 한 컷 속 역사 박물관

철저한 고증을 거쳐 그려진 그림으로 옛 조상들의 생활상 그대로를 보여 줍니다.

한눈에 정리하자! 지도로 떠나는 역사 여행

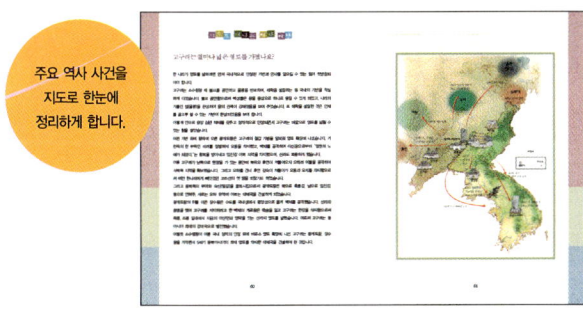

주요 역사 사건을 지도로 한눈에 정리하게 합니다.

논리적 생각을 키우는 역사 박사를 위한 되짚어 볼 우리 역사

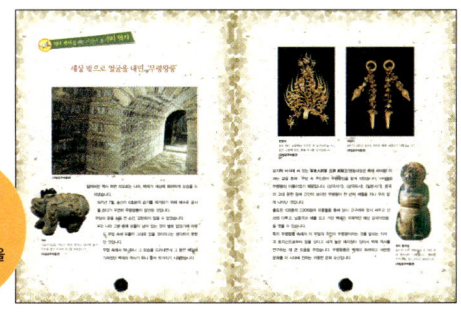

주요한 사건과 그 속에 담겨진 의미를 돌아보며 올바른 역사 의식을 갖게 합니다.

이야기 한국사
이근호 감수 | 우리미래역사체험학습 강사진 외 엮음 | 오지은 최주영 그림

이야기 세계사 1 -고대~중세-
우리미래역사체험학습 강사진 외 엮음 | 권현숙 최주영 그림

이야기 세계사 2 -르네상스~현대-
우리미래역사체험학습 강사진 외 엮음 | 권현숙 최주영 그림

이야기 고구려왕조사
김용만 감수 | 우리미래역사체험학습 강사진 외 엮음 | 오지은 최주영 그림

이야기 백제왕조사
김용만 감수 | 우리미래역사체험학습 강사진 외 엮음 | 오지은 최주영 그림

이야기 신라왕조사
여성구 감수 | 우리미래역사체험학습 강사진 외 엮음 | 오지은 최주영 그림

이야기 발해사
김용만 감수 | 우리미래역사체험학습 강사진 외 엮음 | 오지은 최주영 그림

이야기 고려왕조사
이근호 감수 | 우리미래역사체험학습 강사진 외 엮음 | 오지은 최주영 그림

이야기 조선왕조사
이근호 감수 | 우리미래역사체험학습 강사진 외 엮음 | 오지은 최주영 그림

이야기 미국사
우리미래역사체험학습 강사진 외 엮음 | 권현숙 이연주 최주영 그림

이야기 중국사
우리미래역사체험학습 강사진 외 엮음 | 하동심 최주영 그림

이야기 일본사
우리미래역사체험학습 강사진 외 엮음 | 하동심 최주영 그림

 **청솔** 주소 경기도 파주시 교하읍 문발리 출판문화정보산업단지 507-7 전화 031)955-0351 팩스 031)955-0355

초등학교 눈높이에 가장 잘 맞춘 **초등 논술 대표 고전**

새롭게 읽는 좋은 우리 고전

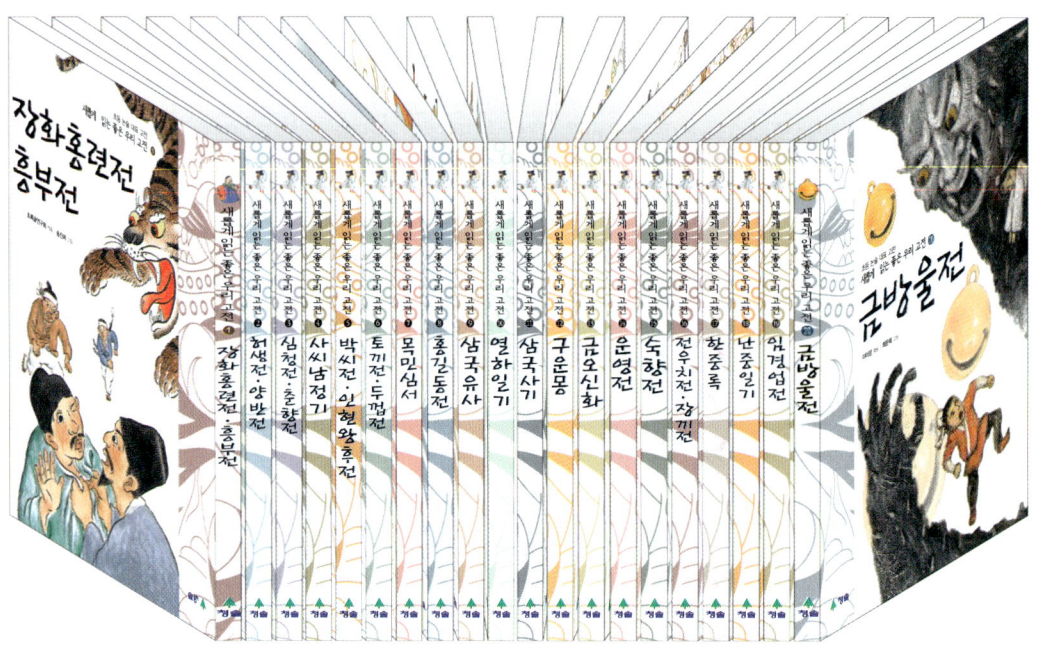

우리 민족의 빛나는 문학 정신의 보고인 고전에서 재미와 감동을 함께 느껴보세요!

❶ **장화홍련전·흥부전** 초록글연구회 엮음 | 송진희 그림
❷ **허생전·양반전** 박지원 지음 | 초록글연구회 엮음 | 황문희 그림
❸ **심청전·춘향전** 초록글연구회 엮음 | 신영은 그림
❹ **사씨남정기** 김만중 지음 | 초록글연구회 엮음 | 박향미 그림
❺ **박씨전·인현왕후전** 초록글연구회 엮음 | 강효숙 그림
❻ **토끼전·두껍전** 초록글연구회 엮음 | 송진희 그림
❼ **목민심서** 정약용 지음 | 초록글연구회 엮음 | 이희탁 그림
❽ **홍길동전** 허균 지음 | 초록글연구회 엮음 | 윤정주 그림
❾ **삼국유사** 일연 지음 | 초록글연구회 엮음 | 한창수 그림
❿ **열하일기** 박지원 지음 | 성나미 엮음 | 최수웅 그림

⓫ **삼국사기** 김부식 지음 | 고정아 엮음 | 김태환 그림
⓬ **구운몽** 김만중 지음 | 고향란 엮음 | 김담 그림
⓭ **금오신화** 김시습 지음 | 고영숙 엮음 | 정병식 그림
⓮ **운영전** 고향란 엮음 | 조성덕 그림
⓯ **숙향전** 신혜옥 엮음 | 조성덕 그림
⓰ **전우치전·장끼전** 이이정 엮음 | 경혜원 그림
⓱ **한중록** 혜경궁 홍씨 지음 | 류혜경 엮음 | 오지은 그림
⓲ **난중일기** 이순신 지음 | 하상만 엮음 | 이문영 그림
⓳ **임경업전** 하상만 엮음 | 유승옥 그림
⓴ **금방울전** 이이정 엮음 | 최문희 그림

책읽는교육사회실천회의 추천도서 / 한우리독서운동본부 추천도서
중앙일보 좋은책 선정도서 / 어린이도서연구회 추천도서 / 아이북랜드 선정도서 / 대교 솔루니 선정도서

청솔 경기도 파주시 교하읍 문발리 출판문화정보산업단지 507-7 문의 031)955-0351~4 팩스 031)955-0355 홈페이지 www.청솔출판사.kr